THE JOURNAL OF CHAOSHAN HISTORY AND CULTURE STUDIES

潮汕历史文化研究中心主办

潮学集刊

第 五 辑

林立 主编

社会科学文献出版社

SOCIAL SCIENCES ACADEMIC PRESS (CHINA)

潮学集刊·第五辑

目 录
CONTENTS

潮 籍 人 物

宗 教 信 仰

附 录

本 辑 特 稿

边缘的权力中心

——新加坡潮人俱乐部醉花林的历史变迁与角色审视

李志贤[*]

摘　要：成立至今已逾一个半世纪的醉花林俱乐部是新加坡历史悠久的华人俱乐部，也是东南亚潮州人最早成立的一所享有盛誉的俱乐部。早期的醉花林，入会资格门槛甚高，它的许多发起人和领导人都是新加坡财势声望皆显赫的潮籍名流巨擘、社会贤达，俨然是一所潮社精英俱乐部，时人称为"阿爷俱乐部"。它成立之初衷在于提供潮商侨领一个交换资讯、联络感情及消闲之处。其会所古意盎然，典雅幽静，成为早期富商侨领冠盖云集，醉酒挹花的首选场所。然而，这并不是醉花林应有的历史定位。在其历史变迁中，始终坚守"谋事业（潮侨）之发展，促社会（华社）之进步"，对新加坡潮人社群发展具有举足轻重的作用。

本文以早期报章、乡讯、华人社团刊物、醉花林的文献档案，包括旧照片，以及口述资料为基础，从其领导人的身份地位、社会资源与影响力，它与华社的关系，在潮帮内部权力斗争中所扮演的角色等方面论证以上观点，梳理和勾勒出醉花林在新加坡潮人社群发展历程中的角色变迁，以还原其历史面貌，并从潮社生态的大视角，应用"边缘中心论"引申说明它虽然未曾是潮帮正式的权力中心，却俨然是潮帮权力中心边缘的另一中心。

中心与边缘是一个对立的概念，它体现了一个群体存在的某种不平衡的关系。但是这种不平衡的状态不是绝对的，也不是一成不变的，无论是将这个概念用在政治、经济、文化发展的语境里，中心与边缘关系的发展都可以是一个动态过程，也可以形成一个互补的关系，边缘不一定就被"边缘化"。醉花林的发展

---

* 李志贤，1957年生，新加坡国立大学文学暨社会科学院中文系副教授。

变迁与所扮演的角色，应该可以为这个观点提供一个注脚。从潮社权力结构来看，醉花林是权力中心边缘的一个核心组织，若跳出潮社权力结构的固有框架，而从整个潮社生态的大视角来观察，无论是在早期的潮帮或今日的潮人社群，醉花林又何尝不能被视为潮社的一个权力中心？

关键词： 新加坡潮人社群 醉花林俱乐部 陈成宝 非正式权力核心 边缘中心论

一 引言

成立至今已逾一个半世纪的醉花林俱乐部是新加坡历史悠久的华人俱乐部，也是东南亚潮州人最早建立的一所享有盛誉的俱乐部。早期的醉花林，入会资格门槛甚高，它的许多发起人和领导人都是新加坡财势声望皆显赫的潮籍名流巨擘、社会贤达，俨然是一所潮社精英俱乐部，时人称为"阿爷俱乐部"。

醉花林成立之初衷在于为潮商侨领提供一个交换资讯、联络感情及消闲之处。其会所古意盎然，典雅幽静，确是早期富商侨领冠盖云集、醉酒挹花的首选场所。然而，新加坡潮人侨领陈振贤在1948年所撰写的《重兴醉花林俱乐部记》却指出：

> ……夫俱乐部之为团体小矣，及其至也，联络感情，切磋磨砺，谋事业之发展，促社会之进步，是王猛之扪虱，非王衍之清谈。商人卜式，倾囊以助边，弃职陶朱，三徙而致富，其益人之际，有如是者，岂只戏方城，饮醇醪而已哉。
>
> 潮醉花林之成立，将百年矣，此百年中，前辈创始于前，继者维持于后，集同侨之英才，执商界之牛耳，捐资救国，筹款赈灾，凡公益事业，各尽其力量而行之，所以国内外人士，无不知有醉花林者也……①

陈振贤之言，并非溢美之词，他对醉花林在新加坡潮人历史上所扮演的重要角色做了很好的阐释。本文要指出的就是，醉花林的历史定位不该止于"戏方城"，"饮醇醪"，系乡谊的层面上。在其历史变迁中，它始终坚持"谋事业（潮侨）之发展，促社会（华社）之进步"，对新加坡潮人社群发展具有举足轻重的作用。

本文将以早期报章、乡讯、华人社团刊物、醉花林的文献档案，包括旧照片，以及口述资料为基础，从其领导人的身份地位、社会资源与影响力，它与华社的关系，在潮

---

① 陈振贤：《重兴醉花林俱乐部记》，载吴以湘《潮州乡讯》1948年第二卷第六期，第10页。

帮内部权力斗争中所扮演的角色等方面论证以上观点，梳理和勾勒出醉花林在新加坡潮人社群发展历程中的角色变迁，以还原其历史面貌，并从一个潮社生态的大视角，试图以"边缘中心论"引申说明它虽然未曾是潮帮一个正式的权力中心，却一直是潮帮权力中心边缘的另一中心；很多时候，它是处理潮侨事务、协调潮商关系、排解潮帮纠纷的一个重要场所。

二　醉花林的创立与变迁

据潘醒农在《马来亚潮侨通鉴》的介绍，醉花林俱乐部虽然迟至 1890 年 5 月 2 日才向新加坡社团注册局申请备案，但其始创年代更为早远，今天已不可考，相传是成立于清道光二十五年（1845 年），至今已有 170 年。俱乐部的创始人是陈成宝（1805—1879）等先贤。[①] 陈成宝是英属马来半岛霹雳甲必丹陈亚汉之子，也是新加坡开发初期从事胡椒、甘蜜种植的潮籍（澄海）巨富和侨领佘有进（1805—1883）[②] 的妻舅，颇有声望。他深受英殖民地政府器重，被委为新加坡鸦片专卖局局长，获得鸦片专卖权，并受封太平局绅与名誉推事，很快便跻身潮侨四大富，与佘有进、陈旭年、黄金炎齐名。[③]

英国人莱佛士于 1819 年开发新加坡之前，早有潮人在这个小岛上从事甘蜜垦殖。新加坡开发初期，从事胡椒、甘蜜种植和买卖的都是潮州人。[④] 19 世纪中叶以后，潮人侨居新加坡日众，许多潮籍商人业务渐盛，应酬日繁，他们期望有一个交换商讯、联络感情及消闲聚会之幽雅场所。1845 年，陈成宝乃倡组醉花林俱乐部，且腾出其家族在庆利路（Keng Lee Road）门牌 190 号的亚答屋和园地作为会所。陈成宝逝世后，陈永锡、王柘榴、吴合弟、陈亚两、佘智章、庄振浩、刘老四、陈明和、何瑞吉和黄金炎等 10 人，各捐资 400 元，以 4000 元[⑤]向陈成宝家属购得该地作为永久会址，并将原有的亚答屋拆除，改建为一间空间更大的木屋，而他们也理所当然地成为俱乐部最早的 10 位产业信托人。[⑥]

---

① 潘醒农编著《马来亚潮侨通鉴》，南岛出版社，1950，第 343 页。
② 有关佘有进的生平，参见李志贤《石叻澄邑先哲传略》，澄海会馆，2015，第 14～18 页。
③ 有关陈成宝生平，参见宋旺相《新加坡华人百年史》，叶书德译，新加坡中华总商会，1993，第 17、108～110、128、132、135、139、141～142、148～150、153、158、161、164、172、277 页；潘醒农编著《马来亚潮侨通鉴》，第 136 页。
④ 潘醒农：《回顾新加坡柔佛潮人甘蜜史》，载《汕头侨史论丛》（第一辑），汕头华侨历史学会，1986，第 158～184 页；Yen Ching - hwang, "Power Structure and Power Relations in the Teochew Community in Singapore, 1819 - 1930", 载郑良树主编《潮学国际研讨会论文集》（下册），暨南大学出版社，1994，第 685～732 页。
⑤ 400 元、4000 元均指当时英国殖民地政府在新加坡（石叻）发行的货币，称"叻币"，以元（Dollar）为单位。
⑥ 潘醒农编著《马来亚潮侨通鉴》，第 343 页。

1940 年，澄海籍侨领李合平接任醉花林俱乐部总理，适逢第二次世界大战，日军南侵。新加坡沦陷后，俱乐部荒废了一段很长的时间。战后，会所已损坏不堪，每遇风雨，破漏不已，会员多无兴趣涉足。潘醒农指出："民国三十四年（1945），由李合平君等倡捐重修，始恢复今日之旧观。"① 1948 年，时任俱乐部总理的陈振贤在上述《重兴醉花林俱乐部记》一文中也指出：二战后"醉花林俱乐部乘时重兴矣。于是呼工命匠，整理修葺，焕然一新，同人咸集，旧雨新欢，一堂济济"。他对醉花林之"重兴"感到欣慰，"以志鸿爪，于是乎书"②。因此，虽然今天没有详细的记录保存下来，我们仍可以相当肯定俱乐部在二战后确实曾进行过一次相当规模的修建工程。

到了 20 世纪 60 年代初，醉花林会所又进行了一次修建工程。1962 年，时任总理黄诗通，司理庄卓岩，财政杨绍和和董事们皆认为应该及时集资重修会所，以恢复旧观。于是，董事会乃向会友募捐，获得热烈响应，在大家慷慨解囊资助下，顺利完成修建工程。尔后，历届董事会不时整修会所，继续增辟网球场、图书室，订购书籍，添置各种运动器具，将会所从原有的消闲去处，扩充为一个充实知识及增加体育活动之场所。③

虽然经过数次修葺，醉花林始终还是保留大木屋作为俱乐部会所，而这栋古老的建筑物耸立在一片超过 1 万平方米的土地上，也成了一个家喻户晓的地标。新加坡独立以后，在国家经济高速发展和市区重建计划的影响下，这所先贤留下的文化遗产，"年久失修，破烂不堪的外表，确与该地段的黄金价值和俱乐部的精神面貌极不相称。"④这所风光一时的潮州富商俱乐部，不仅建筑物有坍塌之虞，会所内的设施多已陈旧不堪，会务也日渐式微，会员急速老化，古老俱乐部面临着如何存续下来的挑战。

从 1990 年开始，醉花林的历届董事会曾数次向市区重建局提出各种重建新会所的方案，都未能获得批准，可谓一波三折。让董事会感到棘手的另一个问题是创会先贤们虽留下俱乐部这片永久地契的土地，但立下章程，规定后人"不准典卖或抵押"⑤，换言之，既不能卖地，也不能把土地抵押给银行，董事会是不能通过借贷筹集发展资金的。

迨至 2006 年，董事会重新周详研究和修改发展计划，决定用一部分地段重建俱乐部会所，另一部分地段"出租"予发展商建造高级住宅。这个把土地分割为二，不卖地，只"租赁"，租契为期 99 年的方案，解决了先贤的规定所带来的难题，而"出租"部分土地的收益，正可用来兴建新的俱乐部会所，这是使俱乐部取得资金重建会所和发展会务的一个较实际、一举两得的途径。董事会向国家发展部提交新的"二用"议案，并向时任外交部部长，祖籍潮安的杨荣文陈情。杨荣文从保存文化遗产的角度为醉花林

---

① 潘醒农编著《马来亚潮侨通鉴》，第 343 页。
② 潘醒农编著《马来亚潮侨通鉴》，第 343 页。
③ 李志贤编著《流金岁月：醉花林俱乐部 166 周年暨新会所开幕双庆纪念特辑，1845～2011》，新加坡醉花林俱乐部，2012，第 62 页。
④ 醉花林董事会：《告会员书》，《醉花林俱乐部会讯》，2006 年 8 月。
⑤ 《醉花林俱乐部章程》，第四章"产业"，1928 年。

请命。当时另一位祖籍澄海的部长，新闻、通讯及艺术部部长李文献医生也表示将协助醉花林落实重建和发展计划。至此，古老的俱乐部才有了新契机。①

新计划终于在 2006 年 3 月 20 日获得当局的批准，董事会很快委任重建发展小组，紧锣密鼓地展开重建事宜。2011 年 11 月，醉花林俱乐部新会所竣工开幕。崭新的会所占地 4700 平方米，楼高四层，备有许多新颖的和现代化的设施。新会所东侧的一片 5725 平方米的土地，"出租"予发展商建造 116 个高级住宅单位。令人不胜唏嘘的是，一座百年古老建筑物为了让位给现代化的会所，终于逃不过被拆除的命运。新加坡又一处宝贵的文化遗产无声无息地被时代的洪流吞噬了。②

各种硬件设施齐全的醉花林，开始征募年轻的新会员，以加强俱乐部的软实力。在 2010 年的会员大会上，俱乐部通过了修改章程议案，一改过去非富则贵的潮州人才能加入醉花林的条规，开放门户让更多潮籍人士成为会员。董事会也建立了新的内部管理结构和运作机制，如设立"投资基金委员会"，以更妥善和透明地管理俱乐部的资产，成立由学者和文教界、企业界等领域的专业人士所组成的文教委员会，计划将会所内的图书馆建设为一个以潮人历史与文化藏书为主的资料中心，充分利用俱乐部先进齐全的设备，推广潮州传统文化，举办各种教育活动，希望醉花林俱乐部也能扮演一个潮州文化区域中心的角色。③

三　醉花林俱乐部的几个特色

回顾醉花林 170 年的历史，我们可以归纳出这个古老俱乐部曾经展现的一些特色。

严格审批会籍，入会门槛甚高

早期的醉花林俱乐部是潮人社群的一块金字招牌，会员都是当地的富商巨擘，潮人精英，是名副其实的"潮州阿爷俱乐部"，要成为醉花林的会员，也因此须经过一套严格的审批程序。醉花林的章程第二章"社员"一栏有如下的明文规定：④

　　第五条　资格：本社社员以潮州人，年满二十一岁，经营正当商业，或实业家或商行之经理为限。

---

① 参见李志贤编著《流金岁月：醉花林俱乐部 166 周年暨新会所开幕双庆纪念特辑，1845～2011》，第 94～108 页。

② 参见李志贤编著《流金岁月：醉花林俱乐部 166 周年暨新会所开幕双庆纪念特辑，1845～2011》，第 94～108 页。

③ 参见李志贤编著《流金岁月：醉花林俱乐部 166 周年暨新会所开幕双庆纪念特辑，1845～2011》，第 94～108 页。

④ 《醉花林俱乐部章程》，第二章"社员"，1962 年修订本。

第六条　入社：（甲）凡欲加入本俱乐部为社员者，须有社员二人之介绍，并填具志愿书，揭示于通告处二星期，再经职员投乌白枳审定。

（乙）审查入社之职员六人，以乌白枳决定，如其中有二人投乌枳反对者则不准加入。以后如再欲入社，须过六阅月方能提出。

（丙）获准加入之社员，须在二星期内缴纳基金贰百元，否则虽经通过亦属无效。

从章程可知，申请人首先要有另二位"阿爷"推荐。被推荐的申请人最低条件虽然是"经营正当商业，或实业家或商行之经理"，但董事会对申请人并非来者不拒。申请人在社会上除了要有一定财富权势、地位名望外，还须获得董事会的主要领导人（正总理，两位副总理，正副司理和财政），以独特有趣的投票方式，至少获得四颗"白枳"，才能成为会员。

当然，这种投票方式在今日已经不合时宜了，在1993年修订的新章程里，已经不见主要领导人"投乌白枳审定"的规定，申请会籍和审批程序更为明确。凡年满21岁的潮籍新加坡公民或永久居民都有资格申请会籍，申请人若符合资格和申请程序，"再经董事会以3/4多数票通过接纳之"[1]，即可成为会员。同时，申请人资格也不再限于商界人士，新章程同意招收专业人士为会员。长期以来，醉花林的会员人数都限制在100名，但为了解决会员老化的问题，醉花林在2010年再次修改章程，将会员结构改为两层制，即原有的100名"基本会员"，以及在章程修改后才加入，不享有投票权的"普通会员"。[2] 这是董事会为了开放门户让更多本地潮人和外来潮籍居民参加，同时又维护原有会员的权利的一种权衡之策。

环境优雅宁静，文人骚客最爱

"醉花林"之名为何而来，由谁选取，至今已不可考，然从先贤取名"醉花林"，却可让我们想象古老俱乐部当时那种幽林深处，花香人醉之意境。

俱乐部会所是一间高脚屋，坐北朝南，虽称不上雄伟壮观和富丽堂皇，但园林宽敞，几经修葺后，呈现一片古意盎然，优雅幽静。园内古木参天，浓荫密布，青松翠竹，鸟语花香，置身其中，如沐春风，远离喧嚣，令人身心舒畅，倍感平和。俱乐部大门楼的门楣和大厅门梁上端皆悬挂着漆金的"醉花林"牌匾，笔法苍劲有力；厅堂梁柱皆镶上金色花卉飞鸟，雕艺精湛，惟妙惟肖，栩栩如生，就连大厅摆设的茶几椅子等古董家具，以及所展示的许多名人雅士题赠的诗联书画，也为会所增添了几许的古色古

---

[1] 《醉花林俱乐部章程》，1993年修订本，第二章"会员"第五条"入会"（甲），第1页。

[2] 《醉花林俱乐部章程》，2010年修订本，第五条"会籍"、第七条"普通会员"、第八条"基本会员"、第九条"入会资格"、第十条"申请会籍"，第39~40页。

香和诗情画意。

由于有这样令人陶醉的景观，醉花林不仅是当时潮籍富商侨领最爱去醉酒抱花之场所，它也曾经迎来了许多慕名到访的文人骚客，他们被醉花林的幽雅环境所感而引发雅兴，留下许多诗文墨宝作为纪念。① 例如在中国抗日战争期间南来新加坡担任《星洲日报》编辑的郁达夫，曾应侨领李伟南、陈振贤邀约，出席在醉花林所设的盛宴。晚宴过后，宾主移座前院品尝潮州工夫茶，郁达夫乘兴作诗，信手拈来，即成佳句，还写下"醉后题诗书带草，花香鸟语似上林"的一副对联。可惜的是，这位才子当年为醉花林所题的墨宝，早已遗失，只留下一段郁达夫夜宴醉花林的佳话。②

潮菜"阿总"一流，潮帮庆宴首选

古色古香的醉花林，不仅是潮籍俊彦陶情聚首处，也是潮帮重要庆宴之场所。那是因为醉花林聘有一流的"阿总"（即厨师），为会员提供驰名新马的正宗潮州菜肴。

二战前的新加坡，传统的潮州菜馆不多，作为潮帮的高层俱乐部，醉花林聘有一流的厨师，绅商俊彦最爱在那里欢宴好友，款待宾客。早期的醉花林经常是冠盖云集，许多名流政要都曾是座上嘉宾。除上述的郁达夫夜宴醉花林是一例外，醉花林还保存了1921年民国专使朱某莅访时和俱乐部董事及其他潮人侨领的合照。③ 此外，据潘醒农所述，"清时之醇亲王、1922年英太子威尔斯莅星、克利福坡督及其他来往嘉宾，均尝在该部欢宴"。④《潮州乡讯》也载，1948年潮州八邑会馆曾假醉花林设宴欢迎前两广监察使刘侯武。同年，民国政府行政院顾问，国大代表郑振文抵新加坡省亲，醉花林俱乐部也在会所设欢迎宴。翌年10月，郑振文也承各方盛意款待，假醉花林宴谢好友和潮社侨领，座上还有曾任《星洲总汇报》主编的新闻学名教授冯列山博士，以及当时在新加坡开画展，后来迁居新加坡，成为南洋画风开创人之一的陈文希。⑤

除了会员们宴请宾客之外，醉花林在二战后恢复活动，就"每周聚餐一次，由部员轮流做东，以资联络感情"⑥，自此在古色古香的会所举行会员例常聚餐成为醉花林的传统，至今不变。此外，每逢华人佳节，如端午节、中秋节等，当时许多华人社团，如中国学会，也经常借用俱乐部园林，举行文人墨客吟诗赏月的高雅聚会。至于潮帮重要的宴会，以醉花林作为首选场所的例子就更加不胜枚举了，谨于文末列表仅举数例，

---

① 参见李志贤编著《流金岁月：醉花林俱乐部166周年暨新会所开幕双庆纪念特辑，1845～2011》，第68～70页；潘醒农编著《马来亚潮侨通鉴》，第344页。

② 蔡建奕：《醉花林诗酒夜宴话当年——郁达夫与〈星洲日报〉杂忆》，载《新加坡醉花林俱乐部成立一百五十周年纪念特刊，1845～1995》，醉花林俱乐部特刊编辑委员会，1996，第142～147页。

③ 李志贤编著《流金岁月：醉花林俱乐部166周年暨新会所开幕双庆纪念特辑，1845～2011》，第76～77页。

④ 潘醒农编著《马来亚潮侨通鉴》，第344页。

⑤《潮州乡讯》1949年第四卷第三期，第5页；第四期，第5页。

⑥《潮州乡讯》1947年第一卷第一期，第4页。

其余不予赘述。

值得一提的是，1894 年 3 月，新加坡粤商原定于醉花林宴请当时率领大清王朝北洋水师的海军提督丁汝昌。遗憾的是，因丁汝昌不想当地绅商为他破费，"均以足疾辞"，没有去赴宴，醉花林错过了接待这位海军将领的机会。① 更令人唏嘘感伤的是，北洋舰队离开新加坡后约半年，就在中日甲午战争中全军覆没，丁汝昌也在战役中自杀殉国。

早期潮帮权力的中心

以上的论述或会让人觉得醉花林是早期潮人的一所普通俱乐部，而它那怡人的环境和典雅的氛围，以及令人垂涎三尺的潮州佳肴则是它最大的号召力。虽然在潮人团体中成立较早，但相对于同一年创立的义安公司和迟至 1929 年才成立的潮州八邑会馆，它只是潮人社群权力中心之边缘的一所提供休闲活动的俱乐部。

从新加坡潮人社群的历史变迁来看，在余有进创立义安公司之前，19 世纪初就已经存在的粤海清庙和管理古庙的万世顺公司可说是潮人帮群最早的宗教中心和权力中心。1845 年义安公司成立后，接管粤海清庙，继续满足潮人社群的宗教需求，同时也为潮人购置了不少公产，包括义山、土地和房屋，而且扮演了联络乡谊、为潮人谋求福利、代表潮帮对外交涉的社会功能，甚至在早期华人社会的帮群结构下，领导粤系帮群（潮、广、客、琼）联盟，与势力最大的福建帮对抗。② 在 1929 年由林义顺等人召开的潮侨大会上，潮社赋予新成立的潮州八邑会馆正式的帮权，潮州八邑会馆成为潮社最高代表机关，而义安公司则重组，成为潮帮的信托与慈善机构，继续办理潮社的慈善公益与教育事业。③ 此后，两个组织在处理潮帮事务上相辅相成，许多时候还是"两块牌子，一套班子"的情况。一直到 20 世纪 60 年代，这两个组织仍然是潮帮的权力中心。在这段长时期的潮帮历史进程中，表面上看来，醉花林始终是在这个中心的边缘，因为在当时的帮权结构下，醉花林的定位是一个"公余憩息之所，以交换知识联络感情为宗旨"④ 的休闲俱乐部。新加坡独立后，在强大的政府行政体系下，帮权结构解体，华社的许多社会功能已无须由各帮的"权力中心"来承担，各帮群的社团会馆过去扮演的社会功能逐渐式微，遑论是俱乐部。

事实上，醉花林的历史定位不该止于醉月飞觞系乡谊的层面上。正如曾任该俱乐部总理的陈振贤所言，醉花林俱乐部"岂只戏方城，饮醇醪而已哉"，它不单是潮籍侨领"联络感情，切磋磨砺"之地，对"谋事业（潮侨）之发展，促进社会（华社）进步"，也有举足轻重的作用。

---

① 《叻报》1894 年 3 月 6 日。
② 李志贤：《粤海清庙与新加坡潮人的妈祖信仰》，载陈哲聪主编《2006 国际海洋文化研讨会会后论文集》，耀昇企业社，2007，第 15～33 页。
③ 潘醒农编著《马来亚潮侨通鉴》，第 301～302、331～333 页。
④ 《醉花林俱乐部章程》，第一章"总纲"，第二条"宗旨"，1962 年修订本。

在潮州八邑会馆成立之前，潮社的许多重要事务都在醉花林商议筹划。义安公司、端蒙学堂、各儒乐社、善堂，以及后来的潮州八邑会馆等潮帮组织，大部分领导层都是俱乐部的董事与会员，故各个组织之重要议程，事先均假俱乐部商谈后，才回去召开正式会议讨论和表决。最重要的事例是 1927～1929 年间，林义顺和其他侨领向佘有进家族交涉有关潮社资产管理权和筹组潮州八邑会馆，就曾在醉花林商讨议事，还在会所前廊摄影留念。① 由此可见，正如俱乐部成立时"社旗上四角为蓝色，中间白地间以十粒红星，取升平世界，潮州十属之意"②，将自己定位为融聚潮州十邑的一个核心，醉花林可说是早期潮帮的另一个权力中心。

此外，潮帮许多重要的庆典宴会，尤其是接待外地来访的各国政要名流、潮侨首领和商界巨子，也多以醉花林为首选地点。③ 其中原因不能简单地以醉花林向来具有景色宜人、潮菜驰名的号召力来解释，我们还必须注意到这种现象其实也从侧面上折射了醉花林当时在新加坡华人社会中的重要地位。

即使是今日的潮社生态，这种现象也没有改变。例如 2012 年初，潮州八邑会馆与义安公司对创立"潮州总会"产生争议，这两大潮人社团过去发生的一些摩擦因此而浮出水面。在潮州总会成立前，其发起人曾召集潮社七个邑的会馆代表在午宴上商讨成立潮州总会事宜，寻求各会馆的认同与支持，商谈的地点正是醉花林。④ 当时，潮人社团的紧张关系一直延续约一年半后，潮州八邑会馆的领导层换届才有所缓和。新任会长郭明忠在 2013 年 4 月 1 日走马上任后，不仅花了两个月的时间，主动拜访义安公司和潮州总会的领导人，也和醉花林俱乐部的总理会面，并在同年 11 月 29 日宴请各大潮人社团主要领导人，希望化解过去八邑会馆和各大潮人社团之间的歧见。八邑会馆首选的宴请地点也是在醉花林俱乐部新会所里的品潮轩潮州酒楼。在这个聚会上，各大会馆和醉花林的领导人都欣然同意两个月聚餐一次，轮流做东，以此作为敦睦乡谊、交流合作的平台。⑤ 由此可见，在潮社发展历史上两次重要纷争的磨合过程里，醉花林皆扮演了独特的角色，这不是偶然的现象，而足以说明它在潮社中的地位与重要性。

2011 年醉花林新会所启用后，理事会修改章程招募年轻会员，致力于发展文教活动，醉花林重新定位出发。过去曾经沉寂一段长时间、无人问津的俱乐部，逐渐活跃起来，开始重获社会的关注，恢复了它在潮社中的地位。今天，无论是刊登在报章或其他出版物上有关潮社的通告、贺词、挽词，我们都可以看到醉花林和义安公司、潮州八邑

---

① 李志贤编著《流金岁月：醉花林俱乐部 166 周年暨新会所开幕双庆纪念特辑，1845～2011》，第 78～79 页。
② 《醉花林俱乐部章程》，第五章"旗式"，1928 年。
③ 参见李志贤编著《流金岁月：醉花林俱乐部 166 周年暨新会所开幕双庆纪念特辑，1845～2011》，第 72～73 页。
④ 《联合早报》2012 年 1 月 31 日。笔者按：会议日期是 2011 年 12 月 13 日。
⑤ 参见《新加坡潮州八邑会馆 2013 年度会务报告书》，新加坡潮州八邑会馆秘书处，2014，第 12～28 页；《本会馆与醉花林俱乐部的活动》，新加坡潮州八邑会馆秘书处，2015。

会馆这两大主要潮人社团署名并列，俨然是另一个潮人的"中心"。

我们还可以从醉花林历任领导人所具备的"社会权力"① 这个角度来观察。醉花林历任总理中如廖正兴、林义顺、李伟南、杨缵文、陈振贤、连瀛洲等人，都曾在二战前担任过新加坡中华总商会会长，担任过中华总商会董事的醉花林领导人就更多了。② 他们同时也是各属地缘会馆或宗亲组织的领导人，也是新加坡华社具有影响力的一些跨帮社团的关键成员。这些领导人通过所掌握的社会资源和人脉关系，对潮社，乃至于整个华社作出了许多贡献。由这样一批具有实力和声望的侨领所领导的醉花林，其社会地位也当然会水涨船高。

如果说对慈善公益事业有所贡献是作为一个帮权中心须具有的重要条件，那醉花林在这方面所展现的实力和贡献也符合这个标准。早期报章中就有许多醉花林推动公益，赞助教育活动的新闻报道，③ 一直到今天，在周年庆典上颁赠善款予慈善与公益机构已经成为醉花林的传统。④ 这些贡献并不限于在新加坡本土，早在 1922 年，时任孙中山在广州的大元帅府秘书长，后来出任南京国民政府主席和行政院院长的谭延闿便因为醉花林诸董事曾经积极捐助中国教育事业而题赠谢词，表示"甚荷诸君子之助，知拳拳祖国教育之心，至可感也"⑤。1928 年，醉花林也联合余娱儒乐社在当时位于大坡的庆维新戏院举行汉剧义演，筹款赈济中国山东难民，当时著名的潮侨领袖林义顺还亲自北上，代表潮社向中国政府捐献义款。二战期间，醉花林俱乐部也与潮州八邑会馆等积极参与发动、组织潮侨参加抗日救国活动，多次举办义演，募捐筹款，救济中国受灾同胞，⑥ 醉花林的成员还因此被占领新加坡的日军列为要检证肃清的反日分子。⑦ 由此可见，醉花林成立以后，捐资救国、赈灾公益、兴办学校等贡献早已享誉中外，不容漠视。

四 总结

无论是从影响力或历史地位来看，醉花林在早期新加坡社会中不仅仅是一所潮商的俱乐部，还是一个群英济济，具有标志性的潮人组织。但是在潮人帮权结构的框架下，

---

① 据颜清湟的解释，"社会权力"为帮权社会结构下一项重要的权力，其来源主要集中在控制潮人社会组织如会馆和宗亲会。参见 Yen Ching-hwang, "Power Structure and Power Relations in the Teochew Community in Singapore, 1819 – 1930", 第 685 ~ 732 页。

② 参见李志贤编著《流金岁月：醉花林俱乐部 166 周年暨新会所开幕双庆纪念特辑，1845 ~ 2011》，第 146 ~ 173 页。

③ 陈钰杭、吴静玲、方思齐：《关于醉花林的报刊资料汇编》，新加坡国立大学中文系海外华人专题课程作业，2015，未刊。

④ 李志贤编著《流金岁月：醉花林俱乐部 166 周年暨新会所开幕双庆纪念特辑，1845 ~ 2011》，第 86 ~ 87 页。

⑤ 李志贤编著《流金岁月：醉花林俱乐部 166 周年暨新会所开幕双庆纪念特辑，1845 ~ 2011》，第 80 页。

⑥ 李志贤编著《流金岁月：醉花林俱乐部 166 周年暨新会所开幕双庆纪念特辑，1845 ~ 2011》，第 80 页。

⑦ 智英：《醉花林史话》，《南洋文摘》1965 年第六卷第五期，第 45 页。

醉花林却不具有代表潮社的权力。正是处于正式权力中心之外的边缘，为醉花林创造了一个没有包袱、不带标签的轻松氛围，将潮帮中不同团体和各个领域的精英聚集在一起，建立起一个不代表任何利益集团或派别门户的共同身份——"醉花林会员"，一种"胶己人"（自己人）、"我群"的认同。这样一种身份认同使潮帮精英更愿意将潮人的议程或纷争带到醉花林谈论、探讨、商议，并达致共识。这样的交流沟通与处理方式，更为客观、平和，也符合华人社团在作正式决策之前先以非正式的协调达致共识的传统作风。就是在这样的前提条件下，再加上俱乐部优美的环境和驰名的潮菜，以及其他资源所带来的优势，使醉花林自成立以来，超越了作为一所俱乐部所扮演的功能，而成为潮帮权力中心以外另一个非正式的权力核心，对潮社的历史与发展起着关键性的作用。

　　不少学者运用中心与边缘这个概念进行不同领域的研究。① 中心与边缘是一个对立的概念，它体现了一个群体存在的某种不平衡的关系。但是这种不平衡的状态不是绝对的，也不是一成不变的静态，葛兆光便一针见血地指出："在历史和文化的研究中……中心与边缘，原本并不固定。"② 无论是将这个概念用在政治、经济、文化发展的语境里，中心与边缘关系的发展都可以是一个动态过程，也可以形成一个互补的关系，边缘不一定就被"边缘化"。醉花林的发展变迁与所扮演的角色，应该可以为这个观点提供一个注脚。从潮社权力结构来看，醉花林是权力中心边缘的一个核心组织，若跳出潮社权力结构的固有框框，而从整个潮社生态的大视角来观察，无论是在早期的潮帮或今日的潮人社群，醉花林又何尝不能被视为潮社的一个权力中心。

附表　潮帮在醉花林举行的一些重要宴会

年份	项目	东道主	备注
清末	恭迎清朝王室醇亲王宣慰侨胞	不详	李大祺等清廷大员陪同。据说醇亲王还以醉花林为行辕
1922	恭迎英国太子爱德华威佐星访问	醉花林俱乐部	英驻新加坡总督陪同。醉花林还特地从潮州定制"纱丁"（潮州传统彩扎手工艺品）参加欢迎会游行,过后还在俱乐部展览三天,开放予公众参观,并英太子商求,赠送数具,陈列英伦皇室展馆
1948	马来亚潮州公会联合总会第十届代表大会欢迎晚宴	潮州八邑会馆	该届大会由新加坡潮州八邑会馆举行
1950	庆贺潮帮领袖杨缵文荣获英国女王赐授新加坡荣誉奖章	潮州八邑会馆	杨氏时集潮州八邑会馆、义安公司总理;端蒙学校、义安女校董事长;华侨中学副董事长;醉花林副总理等职位于一身,英殖民地政府委任为参事局委员

---

① 参见穆昭阳《中心与边缘》，http：//www.chinesefolklore.org.cn/blog/？374，最后访问日期：2011年1月21日。

② 葛兆光：《中心与边缘·分歧与认同·离散与聚合》，《文汇报》2015年3月6日。

续表

年份	项目	东道主	备注
1951	宴请遄京潮侨商界巨子陈振敬	侨领陈振贤、郭子千、陈三余联合宴请	
1951	欢庆乡亲陈才清荣任政府立法议员暨行政委员	潮阳会馆	
1951	宴请香港保良局总理、华商总会理事李朝江;暹罗商界巨子许统勤和萧泽昭等人	南安善堂主席兼蓝十字中华善堂救济总会副财政朱裕锦	潮人侨领如杨缵文、李伟南、陈锡九、连瀛洲等和善堂领导人皆受邀作陪
1952	庆贺蓝十字中华善堂救济总会主席叶玉平荣膺英国女王颁授M. B. E 勋章	蓝十和所属修德、南安、普救、同奉、同敬、同德等六善堂;醉花林	受邀出席的除侨领和各界乡亲两百余人外,华民政务司卫威廉也是座上贵宾。醉花林俱乐部还请戏班助兴
1954	庆贺潮州八邑会馆司理林锦成荣膺英国女王颁赐M. B. E 勋章	潮州八邑会馆	
1979	宴请首次来新演出的中国广东潮剧第一团	义安公司、新加坡潮州八邑会馆	

资料出处:李志贤编著《流金岁月:醉花林俱乐部166周年暨新会所开幕双庆纪念特辑,1845～2011》,第73页。

责任编辑:林 立

海上丝绸之路与华侨华人

南洋早期著名侨领陈旭年事迹考略

陈贤武*

摘　要： 陈旭年（1827—1902 年），潮州彩塘镇金砂乡人。少有大志，不甘心于在家乡当小贩，南渡到柔佛种植胡椒和甘蜜。他在柔佛拥有第一至第七条港，成为一个大港主，获得广泛的特权。后来事业重心南移，成为新加坡一代富商。历经千难万险来到东南亚的华人移民，用自己的聪明才智和艰辛劳作，改变了当地的面貌，在异国浇铸下一座座丰碑。深受儒家思想影响的华人移民，给当地带去了中国传统的儒家文化。而在中国历史上，中国统治者对这批出洋谋生的子民最初的态度是弃之如敝屣。随着近代国门被迫"洞开"，清朝政府开始逐渐改善对这批海外华人的看法。本文借助陈旭年的发家史个案，从中寻绎近代海外华人的变迁史。

关键词： 陈旭年　近代海外华人　制度

一

潮州市彩塘镇从熙公祠以其精美的石雕建筑，被评为第六批全国重点文物保护单位。而从熙公祠的主人陈旭年先生更具有传奇色彩。

陈旭年原名陈毓宜[①]，又名从熙，生于 1827 年（清道光七年），卒于 1902 年（清光绪二十八年），享年 75 岁。陈旭年可能是据其英文名（Tan Yeok Nee）译成中文时谐

＊　陈贤武，1974 年生，潮州市图书馆馆员、潮州市地方志办公室特约编辑。

①　陈毓宜，光绪《海阳县志·选举表五·封荫》作"陈宜敏"，参见广东省地方史志办公室编《广东历代方志集成·潮州府部》第 12 册，岭南美术出版社，2009，第 142 页。

图1　陈旭年

音所致。陈旭年原籍海阳县梅林湖北岸的上莆都金砂寨（今潮州市潮安区彩塘镇金砂乡）。

关于陈旭年的资料，在大陆，早期关注较少，随着改革开放，华侨研究渐成热潮，且他的从熙公祠保存完整，建筑精美，关注始多。他的成就是建立在异国他乡，回国后履迹历经天灾兵燹，其资料多半荡然无存。其早年在家乡的事迹多系民间相传。因而，有关他的资料在海外的潮州会馆侨刊及新马的档案馆保存较多。目前所能看到的资料，无疑是由潘醒农先生编著，1950年新加坡南岛出版社出版的《马来亚潮侨通鉴·马来亚潮侨古今人物志·陈旭年》较为翔实。本文依据此传略，参考其他资料，略述如下。

陈旭年早年丧父，从小家境十分贫寒，备受豪绅欺凌，"幼年生活平常，稍长在故乡为油贩。"[①] 由于生活陷入困境，为了生存，年仅17岁的陈旭年被迫出洋谋生。

民间则相传陈旭年少时家贫如洗，母子俩相依为命，生活极其艰难。一日，老母病危，旭年借贷无门，只好再到庵埠舅父家求助。他一边走一边想："我每次向舅父要钱要粮，给的又少，还要遭责骂，这一次不如向舅父谎报母亲病逝，多骗来一些银子。"于是，刚到舅家门口，就放声大哭，报说母亲不幸身死。舅父急忙凑了些银子，让他回家办丧事。

旭年兴高采烈地拿钱回家，看见路上赌场很多，便跑进去赌"花会"，想多赢些钱。谁料把所有的银子输了个精光！

到了家里，母亲果真死了。旭年不敢再去找舅父开口了，痛哭之后，就用床上的破草席，把母亲尸体卷起来，找条麻绳捆紧，趁着天黑，带着一把锄头，把母亲背到桑浦山麓掩埋。

到了桑浦山脚，不料下起暴雨来，陈旭年只得暂时把母尸塞到一块大石下，自己躲进一间小庙。大雨过后，母亲的尸体却不见了，他前后左右遍地都找不到，只见大石下面被雨水冲积起一堆新土，他知道母亲已被掩在里面就不再寻找，回家来了。

想不到隔天一早，舅父带着风水先生上门来了。旭年只好撒谎说，昨天下午买了个薄馆，把母安葬了。舅父只好叫旭年带他们到坟地去看一看。

来到母亲"坟"边。舅父又悲又气，责骂旭年说："这哪像坟堆？"风水先生稍一看，再用罗盘测量后，大声说："这是一块宝地，一块活地，名叫鲇鱼出洞。可惜裹着

---

① 潘醒农编著《马来亚潮侨通鉴》，南岛出版社，1950，第133页。

薄棺，就差了！"旭年至此才坦白说："我母只有破草席卷着，连一片薄板也没有。"那先生说："这就太好了，鲇鱼若是藏在棺木里，就会被闷死。现在这样，乃是求之不得的事呀！你外甥不久将能大富大贵！"①

清道光二十四年（1844 年），"为求发展，乃冒险搭航船南来。初履新加坡，曾往彭亨（州），后屡返新加坡以贩布为业。逐日行贩于直落吻嘞加（Telok Blangah，俗称石叻门），因其信用孚著，该地居民，均乐于交易。至观来贵族德曼干之阿武巴加（Abubakar）尤为友善，结拜为盟兄弟，阿布巴加后为柔佛苏丹。"后来他又与阿武巴加的表妹结婚，被潮人称为"番驸马"。②

二

在 1855 年以前，柔佛州的苏丹是东姑胡仙，他死后，由儿子继承王位，但实权控制在天猛公伊布拉欣（阿武巴加之父）手里。由于有英国势力作后盾，伊布拉欣自 1855 年起，已成为柔佛的实际统治者。

天猛公伊布拉欣成为实际统治者后，由于他雄才大略，有意把当时尚是地芜人稀，属于荒芜地区的柔佛州，全都开放。于是他开始鼓励华人迁入柔佛州，利用华人的努力去拓荒，同时，更推行"港主制"有计划地发展柔佛州。

陈旭年通过天猛公的关系进入柔佛州，是在 1853 年。这时，他和另一名股东同乡陈万泰（Tan Ban Tye）已取得柔佛河一支流叫作武吉伯兰卡（Bukit Berangan）的港主委任状，进行甘蜜和胡椒的种植。

18 世纪时期，马来西亚各州多属森林处女地，尚未开发，当地土人都属于半开化民族。而柔佛是马来西亚半岛最南端的一个州属，北邻马六甲和彭亨州，南与新加坡仅一水之隔（不及 2 英里），发展较易。1855 年，苏丹阿里签约，将柔佛的统治权交予属下天猛公伊布拉欣，创立"港主制度"，招募华人前往柔佛开港种植胡椒和甘蜜。

甘蜜（Gambier）为一种单宁酸的植物，熬煎成膏后，可供鞣皮染色和用做丝绸染料；又是嚼槟榔所不可少的配料。在树胶及棕油还未成为新、马经济命脉之前，胡椒和甘蜜，曾被誉为两地的"兴邦之母"，为这两个地区奠下初步的经济基础。19 世纪以来，国际市场对胡椒和甘蜜的需求日益增多，新加坡的种植业随之迅速发展。但种植成长期长，所需劳力多，而政府颁布的法令不利于种植家投资，所以欧洲人裹足不前，种植者几乎清一色是华人尤其以潮人为多。1848 年，新加坡的甘蜜种植业达到高潮，甘蜜店有 100 家左右。甘蜜与胡椒种植（两种植物是 10∶1 并种方式栽种）占当时新加坡

---

① 蔡绍彬：《著名侨领陈毓宜先生及其传说》，《汕头日报》1987 年 6 月 2 日。
② 参见宋旺相《陈旭年传略》，《新加坡华人百年史》，新加坡中华总商会，1993，第 276 页；潘醒农编著《马来亚潮侨通鉴》，第 133 页；郑良树：《柔佛州潮人拓殖与发展史稿》，马来西亚南方学院出版社，2004，第 274 页。

全岛耕地面积的 76%，而且从业者 90% 以上是潮州人[①]。

港主（Tuan Sungai）制度始于新加坡而推广于柔佛一带。天猛公伊布拉欣以"河流契约"方式，给予华侨开发土地者一张"港契"（Surat Sungai），全面控制管理土地的专有权。在陆路交通尚未发达，满是原始森林之地，河流是重要的交通之道。在河与河（主要是支流）交汇的地带开辟荒山野陇，当年称为"开港"。港主在该港的河口建一大厝，充作办事处，附近的河口便名为"港脚"（Kangkar）。"这是潮州人的方言，因为港主多数是潮人，这证明柔佛州现在的市镇，原是甘蜜园，是昔年潮人由无数血汗拓殖所换来的。"[②] 港主于港地之内，有地面行政之权，征收财务之权，发行及使用货币、纸币之权，拘留住民讯问之权，专卖烟酒及设赌开当等饷码之权，转让他人之权。说白点，"港主简直是一位具体而微小的封建小诸侯"[③]，而港主每年只需纳税若干与苏丹。当时柔佛大大小小的港主和工人全是华人，潮人占十分之九。[④]

当时的柔佛荒山叠叠，峻岭重重，森林蔽日，虎豹成群，经常吞噬人畜，周围数十里渺无人迹，长期被人们视为天然"绝域"。陈旭年等来柔佛后，为了避虎狼之害，使垦殖事业顺利进行，他首先采取烧山除草的办法，使一切走兽无所藏身。然后以坚强的毅力，带领乡人起早摸黑顽强劳动，烧山、砍柴、锄地、种植，进而全面规划，使阡陌纵横，道路畅通，旧貌换新颜。他成为这一地区历史上的开埠创始人。"我潮侨富冒险性，群起领地开发，蔚成风气，故传说谓仅柔佛州，即有一百三十八条港之多，潮侨开辟者占有十分之九"[⑤]。

1862 年，天猛公伊布拉欣逝世，由儿子阿武巴加继承为天猛公。阿武巴加通晓英文和马来文，同英国王室关系良好。同彭亨州的纷争结束后，自 1863 年中期起，天猛公阿武巴加便倾全力重组柔佛州行政权，并大力开发土地。自 1863 年 6 月至 1866 年 12 月止，共发出 47 个河流的港主委任状（Surat Sungai），范围由柔佛南岸直至峇株一带。

这时，陈旭年虽然只是一位 30 开外的年轻小伙子，却已是一个炙手可热的风云人物。在 1863 年 9 月 5 日至 11 日，短短的一周间，陈旭年取得 4 个港主权，这时，他已是一位拥有 7 条港的大港主了。

此外，陈旭年还获得确定 1853 年地契[⑥]及其新领域；获得柔佛河岸的港主权，其

---

① 安焕然：《马来西亚柔佛潮人的开垦与拓殖——以"搜集柔佛潮人史料合作计划"成果论述》，《潮人拓殖柔佛原始资料汇编》，马来西亚南方学院，2003，第 625 页。

② 潘醒农：《回顾新加坡柔佛潮人甘蜜史》，《汕头侨史论丛》第一辑，汕头华侨历史学会，1986，第 166 ~ 167 页。

③ 许云樵：《柔佛的港主制度》，《新山中华商会庆祝银禧纪念特刊》，马来西亚新山中华商会，1970，第 195 页。

④ 潘醒农：《回顾新加坡柔佛潮人甘蜜史》，《汕头侨史论丛》第一辑，第 169 页。

⑤ 潘醒农：《潮人南来发展史》，《马来亚潮侨通鉴》，第 32 页。

⑥ 该年陈旭年取得柔佛 Bukit Berangan 的港主委任状，参见安焕然《马来西亚柔佛潮人的开垦与拓殖》，《潮人拓殖柔佛原始资料汇编》，第 635 页。

范围自哥打丁宜起至乌敏岛对岸的双溪港主业；获山地河，即柔佛河左边港湾地带的控制权。

安焕然在《马来西亚柔佛潮人的开垦与拓殖——以"搜集柔佛潮人史料合作计划"成果论述》一文中根据 Carl A. Trocki 搜集的港契资料显示，从 1853 年至 1880 年都有不少关于陈旭年当港主的记录。①

由于港主权的不断扩大，陈旭年俨然已成为柔佛州最大的头家，富甲一方。他既懂得经营管理，又有雄厚的经济实力，加上柔佛苏丹做后盾，在当地论声势他最大。他对柔佛王国的经济起着支柱作用，是柔佛王国财政、税收的主要来源之一。1863 年 9 月 11 日，陈旭年被委任为依斯干达德利［后易名为新山镇（Johor Bahru）］税收负责人。

在新加坡方面，陈旭年也没有放弃发展。在 1866 年，他创设的广丰、宜丰、宜隆、谦丰四家公司，业务发达，使他成为一名富有的甘蜜和胡椒商人。同时，他也和别人在新柔两地经营鸦片和酿酒生意。1863 年至 1866 年之间，陈旭年管辖着柔佛州甘蜜和胡椒的出口，以及鸦片的进口。

陈旭年也在同时期，在新山市中心的纱玉河西岸开辟市场。今天，在纱玉河附近的一条街即以他的名字来命名，这也是对陈旭年开发柔佛所作贡献的一种肯定，这条街名就是陈旭年街（Jalan Tan Hiok Nee）。他在新山直律街（Jalan Trus）建有一座堂皇的住宅，后来转手给马来人端亚山。1913 年，业主将该旧宅租给新创立的宽柔学校为校址，到了 1917 年第一届高小毕业时，董事部以 12000 元，购买该陈旭年故居，作为宽柔学校的永久校址。

到了 1870 年，陈旭年被授为柔佛侨长（Major China of Johor），他的声誉、地位和事业，可说已发展了顶峰。他是担任侨长职位的唯一华人，自陈旭年以后，就不再有这样的官衔了。1874 年，陈旭年又被州议会（State Council）委为议员。他还是义兴公司的首领。历史说明，天猛公伊布拉欣独具慧眼，结合陈开顺（1803—1857 年，潮州东凤人）② 义兴公司的力量南拒英国、北抗彭亨，捍卫了柔佛的主权。1873 年港主制度法令条款第十三条清楚说明，除义兴之外，不得设立其他会党。其实行"独尊义兴"的政策，也大大减少了柔佛帮派火拼的可能性，使柔佛得以稳健发展，欣欣向荣。另一方面，也使义兴公司成为唯一合法的华人代表组织。如果说陈开顺时代的义兴扮演的是武警的角色，那么 1863 年陈旭年的崛起，则是华社领导进入了"商贾时代"。随着时代的演进，阿武巴加面对国内方面和英国方面的压力而逐渐采取了"抑制会堂，扶扬商贾"的政策。当时，由于皇室与彭亨方面的连年内战，造成国库空虚。从而，陈旭年也就成为阿武巴加发展柔佛和建设柔佛的主要经济资助者。从这点上看，陈旭年和阿武

---

① 安焕然：《马来西亚柔佛潮人的开垦与拓殖》，《潮人拓殖柔佛原始资料汇编》，第 635 页。
② 关于陈开顺的事迹，可参见拙文《拓殖柔佛的先驱者陈开顺与陈厝港》，载赖宏主编《第六届潮学国际研讨会论文集》，澳门潮州同乡会，2005，第 528～537 页。

巴加的联合可说是柔佛近代史的第二阶段。义兴公司南下肩负着的"反清复明"任务，在1863年后宣告结束。其后陈旭年多次陪同阿武巴加大君或其稚子进奉清朝。他本身也以赈捐方式获得顶戴花翎，封官晋爵。

这时候，陈旭年已成为南洋最著名的华侨领袖和实业家，他的声誉、地位和事业，可说已发展到顶峰。当地流传有"陈天蔡地佘皇帝"[①] 的民谚。当年英国皇太子阿培维持及乔治亲王（后为英皇）于1882年访问柔佛时，陈旭年被推举为招待委员会委员之一。

为表彰陈旭年对柔佛州开发作出的贡献，新山市中心纱玉河附近的一条街于1889年被命名为"陈旭年街（Jalan Tan Hiok Nee）"。今此街口尚立有一个铁花架的告示牌，以简单的马来文和英文介绍这位风云人物，还附有小肖像，陈旭年蓄着白胡子，浓眉大眼，有一种豪气干练的气势。而今这条街已成为当地的文化名街，每逢星期六晚上7时至11时进行不同形式的文化活动，并成立"陈旭年文化街委员会"，让这条老街注入了新元素与新活力。柔佛河的最大一条港被命名为"砂陇港"（砂陇是陈旭年故乡金砂的俗称）。1985年8月17日，马来西亚柔佛州大臣在马来西亚潮州公会联合会51周年纪念会上致辞中，特别赞扬当年陈旭年对开发柔佛作出的重大贡献。至今，当地华人都尊称他为"旭年公"。[②]

三

陈旭年的事业蓬勃发展，在柔佛州也影响到一部分权贵者的实际利益，他们对他产生了妒忌，把他当眼中钉，有意排挤他。因此，从1875年以后，陈旭年的事业重心南移到新加坡。他对新加坡的开发建设和经济繁荣作出了重大贡献。当时，新加坡开埠不久，地价很贱，他大量购进土地，开发房地产，在谐街（俗称水仙门）、桥北路（俗称桥头）、里利路（俗称皇家山脚）等地开发开创广丰、宜丰、宜隆、谦丰等商号，从事胡椒和甘蜜买卖，又投资房产，在新加坡热闹地区，购置许多店屋。同时，与章芳琳（福建人）、陈成宝等人在新加坡、柔佛两地合营烟酒等专卖，获得丰厚利润。

在新加坡，陈旭年起初居住在克里门街（Coleman Street）的寓所，该屋后改为阿达菲旅店。到了1885年，他兴建一座中国式大宅，准备作为久居之所，这就是新加坡昔日俗称潮侨"四大厝"之一的"资政第"大宅。"四大厝"是19世纪下半叶，分别

---

① "陈天"，指当时新加坡、柔佛一带陈姓盛极一时，著名的有陈开顺、陈旭年、陈成宝等；"蔡地"，指的是新加坡义兴公司首领、潮人蔡长茂；"佘皇帝"是新加坡潮侨领袖佘有进，参见潘醒农编著《马来亚潮侨通鉴》，第46页。

② 参见吴华、舒庆祥编选《陈旭年与文化街》，新山华族历史文物馆，2010。

由新加坡四位潮籍富商修建的大宅①。

他的"资政第"建成于 1885 年，位于当年的登路（Tank Road），也就是现在的克里门梭道（Clemenceau Av-enue）和槟榔路（Penang Road）的交叉口。据说当年新加坡缺乏建造中国式房屋的人员和建筑材料，因而"资政第"所有建筑员工和建筑材料都来自潮州。其建筑风格则是按照陈旭年在其故乡——潮安金砂乡所建的"从熙公祠"的建筑风格建成的，以此寄托他深深眷恋故土的情怀。两座建筑物同为二进院落布局，飞檐雕栋，古色古香。"资政第"的屋檐用潮州传统的工艺将瓷片镶砌成精美的中国古代人物和鸟兽；梁木则作黑色，以高超的工艺雕刻成一条条栩栩如生的飞龙，经历 100 多年至今仍完好无损。

图 2　新加坡邮局发行的"资政第"明信片

这座古色古香的中国式建筑物，所有建材与工匠都来自中国。年事已高的陈旭年想居住在这所富有中国情调的住宅修身养性，享其晚年。岂料，1900 年新加坡本土的铁路开始铺设，其中一条穿过"资政第"背后，吵声破坏了"资政第"的安宁环境，使陈旭年居住其中心绪不安宁，最后不得不将心爱的大宅放弃，转卖给铁路局。

这四座大厝中，只有陈旭年的旧居"资政第"至今尚存。1974 年，新加坡政府宣布将其列为国家保护古迹，成为永久保留的历史建筑物。1984 年还以它为主题发行纪念邮票，向全球发行。今为美国芝加哥大学商学院新加坡分校所在地，并加以修缮，使

① 除陈旭年的"资政第"外，其余三座大厝分别是：最早的一座是建于 1869 年，为马来亚霹雳州甲必丹、祖籍潮安的陈亚汉的儿子陈成宝的故居，坐落在禧街（Hill Street，俗称打火厝前）。1877 年，清朝政府首次派领事驻新加坡后，曾将该大宅作为中国领事馆多年。后来被拆除。第二座大厝是潮籍侨领佘有进（澄海人）的旧宅，建于 1872 年，位于驳码头（Boat Quay，俗称十八溪墘或柴船头），其后为牙直得公司的货仓所在地，已无迹可寻。第三座位于禧街，为潮籍大地主黄亚佛的住宅，建成于 1878 年，原名为"大夫第"，后来成为中华总商会的会所。

这座有 130 年历史的古宅负起新时代的使命，重焕生机。人们亦可从中窥见当年潮州人开发新加坡的一些蛛丝马迹。①

图 3 修复后的"资政第"

陈旭年的崛起，固然是当年的历史因素所促成，因为他是依赖拜把兄弟天猛公阿武巴加的权势而扶摇直上的，免不了招致不少人的妒忌，于是有人把陈旭年当作眼中钉，务必拔去而后快。由于天猛公阿武巴加经常在外，给了要陷害陈旭年的人以可乘之机，1875 年的某一天，陈旭年终于被迫漏夜逃回新加坡，使他在柔佛州的全部事业毁于一旦。究竟因为什么缘故陈旭年必须漏夜逃亡呢？迄今还是一个谜，令史学家难以讲述清楚。但若干史料显示，柔佛州政府通过一些代理人，逐渐取回了陈旭年的产业和港主的拥有权，却是千真万确的。但他的"侨长"的职位，却一直悬空了。陈旭年离去后，天猛公阿武巴加曾要求另一个侨领陈宝声（Tan Seng Poh）继其位，亦为后者所拒绝了。②

---

① 张清江：《陈旭年与"资政第"》，载洪云生主编《新加坡潮州文化展特刊》，新加坡七洋出版社，2002，第 150 ~ 152 页。

② 舒庆祥：《新山陈姓名人：陈开顺、陈旭年、陈大存的事迹》，《柔佛颍川陈氏公会成立 65 周年纪念特刊》，马来西亚柔佛颍川陈氏公会，2016。安焕然：《马来西亚柔佛潮人的开垦与拓殖》（《潮人拓殖柔佛原始资料汇编》，第 635 页）认为："据我们在新山的国家档案局搜案 1880 以后的相关港契文件资料，却不见关于陈旭年的记载。这是令人纳闷的事情。是否与陈旭年曾突然撤离柔佛，退居新加坡的民间传说有关，其详情为何，仍是一个悬案，还有待更进一步的史料印证了。"但他与天猛公关系密切，他的曾孙陈乾枢曾回忆约在 1947 或 1948 年之间，曾与父亲陈振贤及兄嫂一起受到柔佛苏丹伊布拉欣的召见，而令陈乾枢难忘的一件事是：他看到了曾祖父的照片，"照片端端正正高挂在大皇宫的墙上。"舒庆祥：《陈乾枢谈曾祖父陈旭年》，载吴华、舒庆祥编选《陈旭年与文化街》，第 81 ~ 82 页。

四

陈旭年为人乐善好施、爱国爱乡，在祖国遭受严重自然灾害时，他积极响应清政府劝谕捐输，"封翁光前裕后，家业昌大，封翁食旧德习贾，获奇赢，（广东）邻省灾歉，好义助赈，叠蒙朝廷优获"①，先以子鼎新封朝议大夫、南康府知府②，而后又再以赈捐方式得封资政大夫的正二品衔，顶戴花翎，建坊表彰③。在家乡他慷慨大方，"在其故里创建新乡，广厦多幢。"④

图 4　"资政第"匾额

他对故乡怀有深厚的感情，清同治九年（1870 年）他历时 14 年耗巨资在家乡金砂斜角头兴建"从熙公祠"。后又重建"陈氏家祠"（俗称麒麟祠），"光绪辛丑（1901年），封翁出赀集公派下子孙拆旧宅立公庙，岁时祭祀，用申孝享"⑤。当地俗语有"砂陇祠堂，下美沈厝"（均属彩塘），即比喻这二个地方的祠堂建筑的精美。可以说，"从

① （清）陈瀺源：《余庆堂记》，载彩塘镇志办公室编《彩塘镇志》，1992，第 381 页。他的曾孙陈乾枢回忆说他"捐钱救济当时的陕西饥荒灾民，还把孩子送回中国接受教育"。莫美颜：《名门子孙话昔日辉煌：陈旭年曾孙陈乾枢谈家族逸事》，载吴华、舒庆祥编选《陈旭年与文化街》，第 77 页。
② 光绪《海阳县志·选举表五·封荫》，载广东省地方史志办公室编《广东历代方志集成·潮州府部》第 12 册，第 142 页。
③ 急公好义坊，在金砂寨城（今作"斜"）角头，为江西南康府知府陈鼎新之父二品封职陈从熙建。参见光绪《海阳县志·建置略四·牌坊》，载广东省地方史志办公室编《广东历代方志集成·潮州府部》第 12 册，第 196 页。坊已拆毁。
④ 潘醒农编著《马来亚潮侨通鉴》，第 133 页。
⑤ 《彩塘镇志》，第 381 页。

熙公祠"是陈旭年梦魂萦绕的精神家园。

陈旭年返新后,在新加坡住了 7、8 年,郁郁不乐,便买棹归返桑梓,于 1902 年 5 月 21 日因患疟疾死于故乡,享年 75 岁。

陈旭年有 5 个儿子。他的次子鼎新(金藩)"产自新嘉之岛,不忘故里之踪。赋归来以见志,操成算而在胸",由郎中外补江西省南康知府,"始策名部署,继游宦于豫章。"清廉爱民,为官绅民众所爱戴,逢鼠疫流行,逝世于任上。[①] 鼎新子振贤(1893—1976 年),字少铭,曾加入同盟会,从事光复革命活动。1925 年重回新加坡。1935 年出任四海通银行司理,1937 年荣任中华总商会第二十一届会长。历任潮州八邑会馆正副总理,义安公司正副总理,新加坡参事局议员,南洋筹赈大会常委,广东会馆财政,潮安会馆名誉主席以及端蒙、树人等校董事。是新加坡华人中声名颇著的领袖。振贤有子女 14 人,其次子翼枢曾任自由社会党秘书。其后人大约有一两百人,除新加坡外,有的定居加拿大和澳洲。[②]

结　语

潮汕地处广东省的最东端,与福建省毗邻,总面积 10346 平方公里。地形大势,跟整个中国大陆有点相似,西北高而东南低,正应了古人"天高西北,地倾东南"的形容。潮汕东北部和西北部多高山丘陵,绵延起伏,东南方瀚海连天,潮汐渺溟,形成一个内陆相对比较封闭,又有很长海岸线的地理小区域。特殊的地理位置,造成了海上交通在潮汕历史发展过程的重要地位。潮商群体的产生、发展和群体性格的形成都与海上交通有着莫大的关系。

潮汕的地理环境,本来就是山地多、耕地少。宋元时期,已经有部分人口,靠着鱼盐工商为业谋生。到了明清时期,人口快速增长,而潮汕平原还没有完全形成良好的农业生产环境,水旱灾害多,务农苦而收益薄,远不能与行贩海外相比。利之所在,人乐趋之。民间海外贸易因此兴盛起来。明代林大春撰写于隆庆年间的《潮阳县志》论潮阳的"乡间之俗",亦可以用来证明生态环境如何导致潮人海外商贸传统的形成:

> 惟峡山至于黄陇,爰及贵山,同条共贯。农士攸分,质文强半。江口鱼蓑,牛背牧笛,欸乃相闻,樵唱山隔。中有故家,杨陈范蔡。礼仪是敦,宾主百拜。暇日登临,骚墨间作。或仕或隐,扣槃为乐。
>
> 惟隆井至于举练,地产鱼盐,俗长会计。一水之隔,乡音各异。宛彼中洲,渔人所利。高田弗雨,水车作苦。海水漂流,田禾半死。风景不殊,人才间出。习尚

---

① 《彩塘镇志》,第 381、497 页。

② 吴华、舒庆祥编选《陈旭年与文化街》。

稍差，文法是逐。

惟砂浦至于招收，地近俗殊。砂产美士，招多健儿。煮海为盐，下广为生。千顷霜飞，万斛鸥轻。况复精悍，视死如归。环堵以居，贼闻而悲。惜哉靡常，易动难固。惟有士者，礼义干橹。习俗难移，吁嗟砂浦。①

尽管明代海禁非常严厉，然而本地豪强、百姓私行贸易，窝藏、接济、通番不绝。亦正因为如此，当清代海禁一开，民间海外贸易被认可，本地的海外贸易船队，就成为东南沿海交通与外贸的主要力量之一。嘉庆《澄海县志》"风俗"篇"生业"条的按语说：

《旧志》曰：邑僻处海滨，号称沃壤，农安陇亩，女勤绩纺，务本业，谨盖藏，为潮属九邑最。第地狭人众，土田所入，纵大有年，不足供三月粮。濒海居民，所恃以资生而为常业者，非商贩外洋即鱼盐本港也。《前志》云：农工商贾皆藉船为业。信矣。②

历经千难万险来到东南亚的移民，用自己的聪明才智和艰辛劳作，改变了当地的面貌。他们或开矿拓荒，或种植橡胶，或修房筑路，以其心血汗水，在异国浇铸下一座座丰碑。深受儒家思想影响的移民，同时给当地带去了中国传统的儒家文化。

"富贵不归故乡，如衣绣夜行，谁知之者！"③ "仕宦而至将相，富贵而归故乡。此人情之所荣，而今昔之所同也。"④ 而在中国历史上，朝廷对这批出洋谋生的子民的态度最初是弃之如敝屣。早在明代，统治者就曾禁止国民通商或居留外洋，他们认为"华侨是抛弃祖国的行为不端者"⑤，明朝政府不仅严禁人民出洋，同时亦禁止外国人在华私买或诱拐中国人。明万历年间就明确规定，"凡新旧夷商，不许收买唐人子女，倘有故违，举觉而占吝不法者，按名究追，仍治以罪。"⑥ 清朝自建立后继续坚持明朝政府对海外华侨一贯歧视的政策。尤其是清初，于华人出洋，禁令甚严，《大清律例》第二百二十五条："一切官员及军人等，如有私自出海经商者，或移往外洋海岛者，应照交通反叛律处斩立决。府县官员通同舞弊，或知情不举者，皆斩立决。仅属失察者，免死，革职永不叙用。道员或同品官员失察者，降三品调用。督抚大员失察者，降两级留

---

① 隆庆《潮阳县志》卷八"风俗"，载广东省地方史志办公室编《广东历代方志集成·潮州府部》第13册，第82～83页。
② 嘉庆《澄海县志》卷六"风俗·生业"，载广东省地方史志办公室编《广东历代方志集成·潮州府部》第27册，第362页。
③ （汉）司马迁：《史记·项羽本纪第七》，中华书局，1972，第315页。
④ （宋）欧阳修：《相州昼锦堂记》，《欧阳修全集》，李逸安点校，中华书局，2010。
⑤ 吴泽：《华侨史研究论集》，华东师范大学出版社，1984，第481页。
⑥ （清）印光任、张汝霖：《澳门纪略》（上卷），上海书店出版社，2003，第25页。

任，如能于事后拿获正犯明正典刑者，得免议。"① 郑成功据守台湾时，企图反清复明，清政府为了切断郑成功军队的后援，不惜推行残酷的迁界令，将沿海居民内徙，夷沿海村镇为废墟。② 为了防止臣民沦为海盗或与外国海盗勾结，对私出外境及违禁下海者执行更为严厉的政策："凡官员兵民私自出海贸易及迁移海岛居住耕种者，以通贼罪论斩"，"凡国人在蕃托故不归，复偷漏私回者，一经拿获，即行正法"。③ 《澳门纪略》中还有如下记载："（康熙）二十三年，海宇大宁，弛洋禁。五十六年，禁商船出贸南洋。明年，复以澳夷及红毛诸国非华商可比，听其自往吕宋、噶啰吧，但不得夹带华人，违者治罪。"④ 在纪录片《下南洋》中为我们讲述了这样一些故事：

1740 年（清乾隆五年）10 月 9 日，荷兰人命令搜查所有在巴达维亚（今印尼雅加达）的华人居民的住处。这最终演变成持续 3 天的大屠杀，约 5000 到 10000 华人被屠杀。这就是史上著名的"红溪惨案"。惨案背后是因为华人众多给西方殖民者造成的不安全感。惨案发生后，荷兰总督华尔庚尼尔被逮捕并死在监狱里。据荷兰史料记载，荷兰国会曾对此事进行辩论，担心处于盛世中的乾隆政府的军事报复以及中断经济往来，于是给中国皇帝写了一封极为谦卑的道歉信："这实在是一件骇人听闻的惨案，一些无辜的华人也未能幸免，在惨案中被害。对此，我深表遗憾。"不过令他们意外的是，乾隆皇帝甚至都没有斥责他们，反而认为海外华人是"自弃王化""系彼地土生，实与番民无异"，是"彼地之汉种，自外圣化"，因此华人遭屠杀，"事属可伤，实则孽由自作"，"圣朝"无须加以责备。

1754 年（乾隆十九年），在吕宋经商多年的福建武举人杨廷魁作为一个进贡倒置的副使回国，幻想着衣锦还乡的他，同样是在码头直接被官府缉拿，即刻发往黑龙江做苦力。

1784 年（乾隆四十九年），三宝垄显赫一时的华人甲必丹陈历生去世。他生前留下遗嘱，死后无论如何也要回家乡安葬。但万万想不到，他的棺材刚到故国的码头就被官府以"私通外国"的罪名扣押，直到朋友用大笔银两贿赂了地方官，他的遗体才入土为安。

在中华帝国的统治伦理中，南洋华人是背弃正统教化的"叛民"，但这些"叛民"最终的心理归宿，仍然是这个国家。与母国对违背王朝意志子民的冰冷无情形成强烈反差的，是无法冷却的乡愁，是被抛弃的子民对母国的眷恋。⑤

---

① （清）姚雨芗辑录：《大清律例全纂》卷 20，海南出版社，2000，第 2 页。
② 李长博在《南洋华侨史略》中对当时华民出洋有如下论述："明亡于清，遗民多亡命海外，而福建之漳、泉二郡多附郑成功抗清，其逃亡于海外者，尤多于粤人及他省之人。故清廷尤嫉视闽省华侨，遂有出海之禁。"参见李长博《南洋华侨史话》，上海书店出版社，1991，第 29 页。
③ （清）姚雨芗辑录：《大清律例全纂》卷 20，第 2 页。
④ （清）印光任、张汝霖：《澳门纪略》（上卷），第 25 页。
⑤ 《下南洋》摄制组编著《下南洋》，江苏文艺出版社，2014，第 174、185 页。

　　而陈旭年之所以能荣归故里，建"资政第"，在于"适逢其时"，近代鸦片战争以来，国门被西方人用枪炮打开，在屈辱之下清政府被迫开放贸易、割地赔款，满目疮痍的清廷对于南洋子民的态度，终于发生了变化。1891 年，黄遵宪任大清驻新加坡总领事，统辖槟城、马六甲及附近各英属殖民地清廷的外交事务。交涉事务时，在新加坡创立了华人最早的护照制度。时至今日，一些老归侨仍然记得自己祖辈总挂在嘴边的一句话："千万别把那张黄纸弄丢了。"因为这张纸，他们终于有了被法律认可的身份，有了被国家保护的可能。① 陈旭年亦通过对国内的赈捐，使自己有官衔，堂皇荣归，因为有这重光环，特别是在当时官本位这种思想意识深入中国社会的方方面面的情况下，他才能回乡建府第，立祠堂，甚而通过捐纳制度，让次子陈鼎新得于谋实缺，任四品的南康知府实职。② 现在我们能够看到的陈旭年照片，是身着清朝官服，佩带柔佛天猛公授予的勋章。而身着清朝官服的画像、照片在南洋华人宗祠里比比皆是，这些早期华人虽在南洋发迹，但他们内心对于功成名就的最高期待，仍是母国朝廷赐予的官衔。

　　从陈旭年的发家史个案，我们从中似乎可以看出近代海外华人的变迁史，阅历了整个中华千年和百年来的双重命运。

责任编辑：陈俊华

---

① 《下南洋》，第 176 ~ 177 页。

② 陈历明主编《潮汕文物志》（汕头市文物管理委员会办公室，1985）所记载涉海外华人的建筑物除从熙公祠外，有潮州官塘陈式的卫分府、彩塘华美的沈氏以成公祠、凤塘淇园郑智勇的淇园新乡，澄海莲阳的孝天公祠、东里东里乡的丕猜·纳深叻君祖第、隆都林国英旧居、前美陈慈黉的郎中第、莲下程洋冈狭石巷薛藩同泰的中宪第等，除卫分府外，均营建于鸦片战争以后。而据潮州市地方志编纂委员会《潮州市志》（广东人民出版社，1995，第 1851 页）记载：陈式，海阳鹳塘（今潮州官塘）人。因家境贫寒，15 岁即远走暹罗（今泰国）谋生。当时暹罗国边境不断受到寮国（今老挝）骚扰，屡遭损失。暹罗王苦无良策，下诏招贤。陈式报名应征，出谋献策，立下汗马功劳。暹罗王十分高兴，赏赐他大批金银玉帛，并封他为将军。陈式在侨居国作出贡献，并不居功自傲。他于清嘉庆年间以家乡母老多病为由乞请回乡。回乡后，在鹳塘石湖（今潮州官塘石湖）建将军府，取名卫分府。这一建筑至今犹存。陈式得到暹罗王封赐，衣锦回乡的消息传到潮州府及惠潮嘉道，道台由于对其勒索不遂，竟诬他为海匪，并将其判罪，充军伊犁。宣统元年（1909 年）广州《时事画报》第 9 期就以"为丛驱雀"，报道了同样的内容："近日华侨归国，动被仇家指为革党，邮禀当道。当道不察，发兵逮捕，严刑迫供。其后冤虽得白，然已九死一生，家亦随破。如去年揭阳袁寿文，今年之潮阳马兴顺，二人皆被冤数月，身上所有金银等物，悉被抢尽。提讯时，以天平架种种严刑迫供，皆濒死者再。嗣得华侨联保，始获省释。故数百万华侨闻之，皆有戒心，视祖国为畏途云。年来叠奉明诏：保护华侨。呜呼！其所谓保护，盖如此也。说者谓此等事，为仇家诬陷。吾以为不然，盖返国华侨，类多股实商人，焉得如许仇家？毋亦官弁择肥而噬，托为仇家耳。而当道对于此等事件，亦藉以邀功。于是不分皂白，而逮捕，而逼供，而冤押，华侨之生命财产，遂断送于若辈之手矣。"可见陈旭年通过账捐获赠二品封职资政大夫光环是多么的重要。

东南亚华侨民族主义认同研究评介*

温建钦**

摘　要：华侨民族主义认同是华侨史研究的重要问题之一。目前学术界关于华侨民族主义认同的研究已经在宏观层面取得了丰硕的成果。要突破和深化已有的研究成果，需要在微观个案研究、研究视角的转换及贯通多方史料方面做出努力。而从中国影响论转换为华侨自身的研究视角尤为重要。

关键词：华侨　民族主义　东南亚　认同

华侨华人研究是国内外学术界的热点话题之一，20 世纪学术界曾出现四次研究的高潮。[①] 华侨认同又是这一领域颇为重要的问题，因为它涉及了侨居国与移居国之间的政治、经济与文化往来的诸多问题。早在 20 世纪 30～40 年代国内就有一批重要的论著研究"华侨民族主义论"。[②] 20 世纪 80 年代之后华侨认同问题再次掀起国内学术界研究热潮，因为改革开放之后中国的经济得到了快速发展并日益成为全球化的重要力量之一。

目前关于华侨民族主义认同的成果已经相当丰硕。而这些成果主要集中在东南亚华侨民族主义认同方面，这主要是因为东南亚是华侨的主要聚居地，约占海外华侨的 90％。东南亚（含澳大利亚）学者、台湾学者与中国大陆学者占据了研究东南亚华侨

　＊　基金项目：广东省社科规划特别委托项目"广东华侨学术史与史料学研究"（项目编号：GD14TW01—21）。

＊＊　温建钦（1987～），男，广东普宁人，华南师范大学历史文化学院博士研究生，主要从事区域历史文化及华侨华人历史研究。

　①　这四次高潮分别为 20 世纪初、第一次世界大战后、第二次世界大战后及 20 世纪 80 年代之后，具体情况可参见李安山《中华民国时期华侨研究述评》，《近代史研究》2002 年第 4 期，第 290 页。

　②　李安山：《中华民国时期华侨研究述评》，《近代史研究》2002 年第 4 期，第 310～313 页。

民族主义认同的大部分。东南亚学者和台湾学者自第二次世界大战之后开启了研究这一问题的热潮并持续至今，比如澳大利亚籍华人学者王庚武自 20 世纪 50 年代开始涉足东南亚华侨华人问题研究至今已经取得相当大的成绩。中国大陆学术界真正全面开启华侨民族主义认同问题的研究是改革开放之后。应该说，不同国家和地区的学者对东南亚民族主义认同的研究各有特色。本文尽笔者之所见对目前学术界（主要是东南亚地区）华侨民族主义认同的研究成果试做一评介，不尽周全之处祈请方家学者批评指正。

一　目前的研究概况

华侨民族主义的萌发、形成、发展及转变经历了三个不同的阶段。第一阶段为 1912 年以前，是华侨民族主义的萌发及形成阶段。辛亥革命的发生和中华民国的成立标志着华侨民族主义认同的形成，辛亥革命还成为此后华侨民族主义认同的历史记忆资源。[①] 第二阶段为 1912 年到 1945 年，是华侨民族主义认同发展的阶段。中国的抗日战争促使华侨民族主义发展到了高潮。第三阶段为 1945 年之后，是华侨民族主义认同转变的阶段。第二次世界大战结束后，伴随着国际形势及华侨居留国国情的发展，华侨民族主义认同由认同中国转变为认同居住国。

（一）1912 年以前认同情况的研究

1912 年以前华侨认同经历了由乡土认同到民族主义认同的阶段。这一阶段的转变既与西方殖民势力的刺激有关，也与中国国内各股政治势力的影响有关。

按有关史籍记载，我国最迟从汉代开始就已经与东南亚建立了联系，"据汉书地理志所载，则汉代交通实已冒重洋而远至南洋群岛"。[②] 不过，千百年来我国移居东南亚的华侨多数出自社会底层，他们与乡土文化保持着千丝万缕的联系，与主流的国家意识形态存在着一定的距离。明清政府实行海禁政策，海外的华侨成为王朝的"弃民"。[③] 为此，华侨骨子里有乡土认同，而很少有国家认同。[④] 于是，他们在海外组成了血缘、地缘与业缘的组织。这些组织在近代以前为华侨在当地的生存和发展提供了不少帮助。但随着西方殖民主义接踵而来的入侵，华侨建立在乡土认同之上的松散社会组织已经很难与强大的西方国家组织抗衡，"自欧人东渐葡西各国各奋其冒险精神，驱逐华人，先

---

① 徐炳三：《百年辛亥记忆对华侨爱国主义精神的激励》，《广东社会科学》2011 年第 5 期，第 27～34 页。
② 郑洪年：《发刊词》，《南洋研究》1928 年第 1 卷第 1 期，第 1 页。
③ 郑振满：《国际化与地方化：近代闽南的侨乡社会文化变迁》，《近代史研究》2010 年第 2 期，第 72 页。
④ 黄挺对新加坡潮侨沈以成父子情系家乡父老、热心公益事业的研究指出，晚清东南亚华侨具有强烈的宗亲乡土观念，表现出来的是对乡土的认同，这种认同很难说与国家认同有什么关系。参见黄挺《从沈氏〈家传〉和〈祠堂记〉看早期潮侨的文化心态》，《汕头大学学报》（人文社会科学版）1995 年第 4 期，第 87、89～94 页。

后占领之。厥后荷英也接踵而来。先之以商业，继之以武力，次第据为己有。而我侨民乃大受其影响，今则无论不能移民于此，旧有之华人亦有不能立足之势"[1]。这在客观上刺激了华侨认同的转化。

晚清是华侨由乡土认同逐渐走向民族主义认同的重要时期。鸦片战争之后，中国面临着内忧外患的民族危机，国内的民族主义得到了发展。与此同时，在清政府的有识之士、保皇派及革命党的影响下，华侨民族主义认同得以萌发。庄国土从宏观上研究了清政府实权派的有识之士倡导的一系列保护与利用华侨的措施，保皇派与革命派的宣传和动员促使了华侨对祖国的全面关注与认同。这种认同以民族文化为基础，上升为对国家的政治认同，从而构成了民族主义认同的核心。[2] 美国著名人类学家施坚雅（G. William Skinner，1925—2008 年）的研究指出泰国民族主义的形成与甲午中日战争之后清政府的政策转变、保皇派和革命党的宣传及泰国国内排华政策有着密切的关系。[3] 澳大利亚阿德雷德大学学者颜清湟认为新马地区的华侨民族主义认同主要是华侨对祖国前途和国际声望的关注，其在清政府、改良主义者及革命者之间拉锯，形成了分歧的民族主义认同。除了政治的民族主义认同之外，新马地区还有文化的中华民族认同，这是现代中国民族主义的支流。[4] 谢美华通过对清廷、维新派与革命党人在东南亚推动华人教育的情况，剖析了教育对 20 世纪初华侨民族主义产生的影响。[5]

此外，也有具体考察清政府政策的转变对华侨民族主义形成的刺激的研究。比如叶小利的研究指出晚清政府通过对外交涉、对内立法，并在海外设立相关机构管理和保护华侨的措施，促使华侨的认同由乡土认同逐渐转化为对清政府的认同。[6]

以康有为和梁启超为首的保皇派在海外的活动对华侨民族主义的萌发也有着重大的影响。秦素菡探讨了 1882 年美国排华法案通过后，华侨出现了认同危机。而以康、梁为首的保皇派的宣传和动员促使华侨由传统的家乡认同转化为中华民族的文化认同，是民族主义认同的萌发。[7]

然而，孙中山为首的革命党在海外宣传和动员华侨革命，极大地推动了华侨民族主

① 马殿才：《南洋与中国之关系》，《学生文艺丛刊》1925 年第 2 卷第 8 期，第 18 ~ 19 页。

② 庄国土：《论清末华侨认同的变化和民族主义形成的原因》，《中山大学学报》（社会科学版）1997 年第 2 期，第 86 ~ 93 页。

③ 〔美〕G. W. 史金纳（G. William Skinner）：《泰国华侨社会：史的分析》，许华译、力践校，《南洋问题资料译丛》1964 年第 3 期，第 81 ~ 90 页；也可参见施坚雅《泰国华侨社会：史的分析》，许华等译、力践等审校，厦门大学出版社，2009，"第五章 进入新时代：向民族主义和团结的过渡"。

④ Yen Ching - Hwang, "Overseas Chinese Nationalism in Singapore and Malaya 1877 - 1912", *Modern Asian Studies* Vol. 16, No. 3, 1982, pp. 397 - 425.

⑤ 谢美华：《华侨教育与 20 世纪初东南亚华侨民族主义的产生》，《华侨华人历史研究》1997 年第 1 期，第 25 ~ 29 页。

⑥ 叶小利：《晚清华侨政策转变之影响——以华侨认同为角度的解读》，《北华大学学报》（社会科学版）2014 年第 2 期，第 73 ~ 76 页。

⑦ 秦素菡：《康梁保皇派与美国华侨的认同问题》，《丽水学院学报》2012 年第 3 期，第 21 ~ 25 页。

义的形成。颜清湟从新马地区社会变迁和孙中山革命思想在此地区传播为两大主线，揭示了新马华人认同的变化及其实质。① 金绮寅的研究指出作为同盟会新加坡分会的机关刊物《中兴日报》成为革命派与保皇派论战的阵地。革命派通过《中兴日报》宣传"反满"民族主义，有效激发了南洋华侨的爱国热情和狭隘的民族主义。② 吴前进指出孙中山等革命党人的海外宣传活动，对于华侨民族主义的形成有着重要的作用。③ 而陈胜、彭鹏的研究则指出清末海外华侨支持孙中山推翻清政府的革命透视出海外华侨已经萌发出了民族主义认同。④

（二）1912 至 1945 年认同情况的研究

辛亥革命之后到第二次世界大战结束之前，华侨民族主义得到不断发展和升华。这主要是因为：一方面，日本一步步侵华，中国面临着严重的民族危机，华侨奋起共同抵抗，客观上刺激了华侨民族主义的不断发展；另一方面，华侨在居住国面临着殖民者和当地国家的诸多限制，华侨以民族主义作为对抗的力量。庄国土研究指出辛亥革命之后，南洋华侨的民族主义随着中国本土民族危机的加深而加强，最终上升为爱国主义。日本在东南亚的经济扩张也加强了这种民族主义认同。此时的认同不但是对民族、国家的认同，而且还具体为对中国政府的认同。而这种认同却忽视了对华侨内部的自我整合和创造在地的生存、发展条件，使得二战后华侨与土著的矛盾加深。⑤ 与庄国土观点不一样的是李章鹏的研究，他通过梳理流行于东南亚地区的零散报刊和杂志发现二十世纪二三十年代新马华侨流露出南洋意识和马来亚意识等在地观念。这是华侨生存发展的需要、顺应华侨社会、受世界潮流和殖民主义影响及受东南亚有关地区独特的历史特点影响的结果。⑥

这一时期的民族主义认同以 1928 年国民政府在形式上统一全国及"济南惨案"的发生为界大致可以划分为前后两阶段。辛亥革命之后到 1928 年这一阶段由于国内政权尚处于不稳定的阶段，华侨民族主义认同更多是体现在对中华民族的认同上，还没有完全达到对国民政府的政治认同深度。这正如著名的东南亚华侨华人研究专家王庚武指出的那样："对自己作为中华民族成员的信心，而不是对中华政府具有信心"。⑦ 尽管中华

---

① 〔澳〕颜清湟：《星马华人于辛亥革命》，李恩涵译，联经出版事业公司，1982。
② 金绮寅：《简析辛亥革命前革命派对南洋华侨的"反满"民族主义宣传——以〈中兴日报〉观点为例》，《华侨华人历史研究》2008 年第 2 期，第 65～71 页。
③ 吴前进：《孙中山与海外华侨民族主义》，《华侨华人历史研究》2011 年第 3 期，第 1～7 页。
④ 陈胜、彭鹏：《试论华侨支持孙中山推翻清王朝的文化背景——以南洋及美洲华侨为中心》，《中山大学学报》（社会科学版）1996 年第 6 期，第 80～91 页。
⑤ 庄国土：《从民族主义到爱国主义：1911～1941 年间南洋华侨对中国认同的变化》，《中山大学学报》（社会科学版）2000 年第 4 期，第 110～116 页。
⑥ 李章鹏：《二十世纪二三十年代南洋华侨在地观念发绪及其动因初探——以新马为中心》，《华侨华人历史研究》2013 年第 4 期，第 51～62 页。
⑦ Wang Gungwu, *Community and Nation: China, Southeast Asia and Australia*, Singapore, 1992, p. 50.

民国成立后，新兴的国民政府冒着国际交涉的危险，在华侨请求之下，确立了华侨回国参政的权利。这表现出了民国肇建，华侨对革命政权的认同和民族主义的高涨。[①] 但是这种认同不能简单理解为对国民政府的认同，华侨此般表现是渴望国内有一个强有力政府能够为华侨提供庇护。1925 年国内热心于东南亚华侨事业的学者指出自荷兰和英国接踵入侵南洋之后，"我侨民乃大受其影响，今则不论不能移民于此，即就有之华人亦有不足之势"。并指出造成如此局面的原因，"在于政治之不良、国势之不振，而我华侨民无以自卫"。[②] 这正流露此这一阶段华侨的真实心态。美国学者以 1908 年至 1928 年东南亚华侨多次抵抗日货所透视出来的民族主义情怀为依据，认为这一阶段的华侨民族主义认同是中华民族认同而非对国内政权的认同，比如 1915 年"二十一条"签订后所引起的华侨抵制日货运动就很好体现这一点，"这一次，南洋华侨民族意识又是认同于中华民族，而不是在北京的袁世凯政府，因该政府对待国民党（该党过去得到南洋华侨的普遍支持）的政策得不到华侨的支持"。[③] 不过，1928 年"济南事件足以表明华侨具有高度的民族主义和爱国主义精神"，然而，"在蒋介石统一中国后，南洋华侨的民族主义思想变得更加旗帜鲜明，对他们来说，蒋介石象征着民族主义，他就是中国"。[④] 也就是说 1928 年华侨民族主义发生了变化，从原来的中华民族认同逐渐上升到对国民政府的政治认同。此外，1928 年作为华侨民族认同转折点的研究还可以见诸颜清湟的微观探讨，他考察了 1928 年"济南惨案"发生之后，新加坡和马来亚华侨是如何在民族主义促使下做出反应，并最终走向民族主义高潮的。[⑤]

1928 年至第二次世界大战结束的华侨民族主义认同呈现出不断加强的趋势。继 1928 年"济南事变"之后，日本相继制造了 1931 年的"九一八事变"、1935 年的"华北事变"与 1937 年的"卢沟桥事变"。伴随着这些事变，中国的民族危机日益加深。受此刺激，华侨的民族主义认同逐步加强，也就是说华侨的民族主义认同已经由中华民族的文化认同上升为对国民政府的全面认同，即集文化认同与政治认同于一体。1937 年到 1945 年的抗日战争时期这种认同更是达到了顶点。[⑥] 徐炳三运用新文化史的方法考察了 1931 年到 1945 年东南亚华侨利用辛亥纪念活动来开展救国宣传和社会动员，从

---

① 张坚：《民族主义视野下的民初华侨回国参政》，《华侨华人历史研究》2004 年第 1 期，第 46～53 页。
② 马殿才：《南洋与中国之关系》，《学生文艺丛刊》1925 年第 2 卷第 8 期，第 18～19 页。
③ 〔美〕明石阳至：《1908～1928 年南洋华侨抗日和抵制日货运动：关于南洋华侨民族主义的研究（上）》，张坚译，向来校，《南洋资料译丛》2000 年第 3 期，第 70 页。
④ 〔美〕明石阳至：《1908～1928 年南洋华侨抗日和抵制日货运动：关于南洋华侨民族主义的研究（下）》，张坚译，向来校，《南洋资料译丛》2000 年第 4 期，第 68、70 页。
⑤ 〔澳〕颜清湟：《新加坡和马来亚华人对 1928 年济南惨案的反响》，《海外华人史研究》，新加坡亚洲研究学会，1992。
⑥ 1928 年之后华侨民族主义随着国势的发展而呈现出加强的趋势研究，可参见庄国土《从民族主义到爱国主义：1911～1941 年间南洋华侨对中国认同的变化》，《中山大学学报》（社会科学版）2000 年第 4 期，第 111～112 页。

而大大激发了华侨的民族主义认同。① 任贵详全面考察了抗日战争时期华侨各阶层通过踊跃捐款、捐物及回国参与抗战等方式支持中国的抗日活动，体现了华侨民族主义的高涨。② 林小坚和赵红英采用了大量的档案资料和数据资料论证了华侨参与抗日战争的爱国行为及抗日战争对华侨民族主义的加强。③

1912 年到 1945 年这一时期的民族主义认同研究有学者从教育角度出发。比如冯翠与夏泉通过对 1929 年 6 月在国立暨南大学组织和召集下召开的第一次南洋华侨教育会议的考察，揭示了南京国民政府通过华侨教育培育华侨华人对民族文化的认同（族群认同、祖国文化认同与祖国政治文化认同）与对居住地社会生存适应的策略。④ 于锦恩探究了民国时期海外华侨华语教材的发行情况，指出华侨的华语教材主要来自国内，具有明显的民族主义认同倾向，但是国内当局也注重培养华侨的在地适应能力。⑤ 值得注意的是，这种在地适应能力是被动的，也是为民族主义认同服务的，而非华侨自发的。

也有学者从报刊创办的角度出发去窥视华侨如何建构民族主义认同。如徐炳三考察了抗战时期《叻报》关于辛亥纪念日的报道，从而得出华侨利用报刊塑造特别纪念日来激发民族主义热潮结论。⑥ 刘敏以 1930 年创办于美国芝加哥的《时事画报》为例，探讨了华侨是如何利用报刊媒介建构家、国与世界图像，体现了华侨基于血缘地缘的自我身份认同与民族主义认同。⑦

还有学者从经济角度考察了华侨民族主义。研究民族主义认同一般比较关注政治和文化视角，往往忽视从经济角度切入。而张坚从日本人在东南亚势力壮大而冲击华侨经济入手，认为日本人在东南亚的发展也是刺激华人民族主义形成和发展的关键因素。⑧

（三）1945 年以后认同情况的研究

第二次世界大战之后，东南亚各国纷纷在反帝和反殖民斗争中取得独立并建立了民族国家。美苏两大不同意识形态的国家也从合作走向了分裂，并促使了冷战局面的形

---

① 徐炳三：《辛亥遗产与南洋华侨抗战之精神动力》，《史学集刊》2011 年第 2 期，第 11～16 页。

② 任贵祥：《华侨第二次爱国高潮》，中共党史资料出版社，1989；《华夏向心力——华侨对祖国抗战的支援》，广西师范大学出版社，1993。

③ 林小坚、赵红英：《海外侨胞与抗日战争》，北京出版社，1994。

④ 冯翠、夏泉：《1929 年第一次南洋华侨教育会议研究：以文化认同与适应为视角》，《东南亚研究》2010 年第 6 期，第 72～78 页。

⑤ 于锦恩：《民国时期华语教材的民族认同导向和当地化进程》，《东南大学学报》（哲学社会科学版）2011 年第 4 期，第 112～117 页。

⑥ 徐炳三：《辛亥纪念与华侨民族主义的加强——基于〈叻报〉的中心考察》，《华中师范大学学报》（人文社会科学版）2011 年第 2 期，第 65～70 页。

⑦ 刘敏：《20 世纪 30 年代海外华侨的家国认同建构：以〈时事画报月刊〉为例》，《编辑之友》2013 年第 8 期，第 106～108 页。

⑧ 张坚：《试论 20 世纪初东南亚日人对当地华侨民族主义的影响》，《华侨华人历史研究》2002 年第 3 期，第 59～66 页。

成。作为共产党领导建立的社会主义国家，中国自然"一边倒"地投向了社会主义阵营。而美国等西方帝国主义为了阻止中国的共产党势力渗透到东南亚，遂推行阻止华侨参与东南亚建国的活动。为了争取更广泛的战线，中华人民共和国政府放弃了华侨"双重国籍"的身份。华侨所在的国家也推行一系列政策促使华侨加入居留国的国籍。海外华侨在这种国际和国内背景的促使下，不得不转变认同方式，由移居国的民族主义认同转变为居住国的民族主义认同。

王付兵的研究指出二战后由于国际国内形势发生了极大变化，东南亚华侨开始调整自我认同的策略，主要体现在民族（当地）认同、文化认同与族群认同等三方面的变化，其中最根本的变化为民族（当地）认同。[①] 郑强的研究指出由于二战后东南亚国家从殖民地中独立、中华人民共和国的成立及执行相关政策、世界冷战及两大阵营的宣传等国际国内实际形势推动，海外华人发生了国家认同方面的变化，即从"叶落归根"到"落地生根"的转变。[②] 骆莉考察了第二次世界大战之后，东南亚华侨的"华侨"及"海外华人"身份转变为"华人"身份的过程，并指出这是华侨适应国内外形势发展不得不塑造新的国族认同（对居留国的民族主义认同）及族群认同（以中华文化为核心华人族群认同）。[③] 值得注意的是，朱桃香和代帆的研究指出二战之后尽管东南亚华人纷纷产生了对当地国家的认同，但其文化始终保留着中华文化的认同，这样便产生了与居住国潜在的冲突，使华人无法真正融入地方社会。[④] 庄国土的研究指出二战之后由于世界形势的转化，东南亚华侨民族主义认同由全面认同于中国变为全面认同于当地政府，作为文化认同的族群认同也从中华民族转变为华人族群。[⑤] 崔贵强利用大量的华文报刊和英殖民档案资料，揭示了 1945 年到 1959 年新加坡和马来亚华人民族主义认同的转变过程。他认为这个过程可以分为三个阶段：第一阶段为 1945 年到 1948 年，新马的国民党、同盟会员及其支持者仍然认同中国，马共及其支持者则认同于当地政府，以期建立一个"马来亚共和国"；第二阶段为 1949 年到 1955 年，向新马认同过渡的阶段，主要是受中华人民共和国成立和侨务政策影响与殖民政府政策的影响；第三阶段为 1956 年到 1959 年，华人全面认同于当地政府，因为新马从殖民国家中自治独立出来。[⑥]

海外华侨的认同并非是均质的，这与居住国的政治、经济与文化政策的影响有关。

---

① 王付兵：《二战后东南亚华侨华人认同的变化》，《南洋问题研究》2001 年第 4 期，第 55～66 页。

② 郑民：《略论东南亚华人的认同意识问题》，《华侨大学学报》（哲学社会科学版）1993 年第 1 期，第 18～23 页。

③ 骆莉：《国族塑造与族群认同——二战后东南亚民族国家建构中的华族身份认同变化》，《东南亚研究》2010 年第 4 期，第 75～80 页。

④ 朱桃香、代帆：《融合与冲突：论海外华侨华人的认同》，《东南亚研究》2002 年第 3 期，第 64～68 页。

⑤ 庄国土：《略论东南亚华族的族群认同及其发展趋势》，《厦门大学学报》（哲学社会科学版）2002 年第 3 期，第 63～71 页。

⑥ 崔贵强：《新马华人国家认同的转向（1945—1959 年）》，厦门大学出版社，1989；《新马华人国家认同的若干考察（1945—1959 年）》，《南洋问题研究》1989 年第 2 期，第 2～22 页。

谢剑通过对比 1949 年前后及 20 世纪 90 年代两个阶段海外华侨认同的情况指出，海外国族（民族主义）认同受居住国华侨人口、从事行业及政策的影响，如果居住国宗教及入住权等各项政策要求比较严格，华侨不容易产生对居住国的国族（民族主义）认同，甚至坚持对移居国的国族（民族主义）和文化认同；反之华侨则比较容易融入当地社会，产生对居住国的国族（民族主义）认同。[①]

二战之后华人的民族主义具有多元性和复杂性特点，王庚武认为 20 世纪 50 年代到 70 年代华人民族主义认同就有民族认同（当地认同）、文化认同、人种认同和阶级认同。[②]

二　现存研究成果的特点

华侨民族主义认同问题是一个较为复杂的问题，不同地区有着不同的认同情况，同一地区也有不同群体的认同情况。现存的研究成果已经在这方面做出了比较大的努力，主要呈现出如下的特点。

第一，在研究深度和广度上，宏观研究相当丰硕，微观考察需要进一步提升。华侨民族主义认同的宏观研究主要是指揭示出华侨民族主义产生、发展与转变的各个阶段基本情况。如徐炳三考察了 20 世纪辛亥纪念日作为一种历史文化资源如何在促进华侨认同方面起作用。他认为 20 世纪前期华侨通过辛亥纪念日来凝聚力量，促进民族主义认同的生成和发展；抗战时期辛亥纪念日成为动员华侨抗战救国的精神动力，加强了民族主义认同；第二次国内战争时期辛亥纪念日发挥了团结人心的功能，巩固了民族主义认同；新中国成立之后辛亥纪念日成为华侨支持两岸统一的历史资源，重新发展了民族主义认同。[③] 本文第一部分评述的研究成果大部分是宏观研究，已经把华侨民族主义认同的产生、发展与转变阐述得比较清楚，在此不加赘述。

华侨民族主义认同的微观考察主要是指对不同地区或同一地区的不同华人的群体认同与具体事件对华侨民族主义认同的影响做个案式的细化探讨。比如颜清湟微观考察了1928 年"济南惨案"发生之后，新加坡和马来亚华侨是如何在民族主义促使下做出反应，并最终走向民族主义高潮的。[④] 罗杰（Roger）研究了 1885 年到 1912 年帝国主义殖民地菲律宾地区的中国宣传如何影响华侨民族主义认同的形成。[⑤] 本文第一部分也列举

---

① 谢剑：《试论全球化背景下的国族认同：以东南亚华人为例》，《浙江大学学报》（人文社会科学版）2010 年第 5 期，第 15 ~ 26 页。

② 〔澳〕王庚武：《东南亚华人认同问题的研究》，林金枝译，吴叶校，《南洋资料译丛》1986 年第 4 期，第 92 ~ 108 页。

③ 徐炳三：《百年辛亥记忆对华侨爱国主义精神的激励》，《广东社会科学》2011 年第 5 期，第 27 ~ 34 页。

④ 〔澳〕颜清湟：《新加坡和马来亚华人对 1928 年济南惨案的反响》，《海外华人史研究》，新加坡亚洲研究学会，1992。

⑤ Andrew Roger Wilson, Ambition and Identity: *China and the Chinese in the Colonial Philippines*, 1885 - 1912, Ph. D. diss. , Harvard University, 1998.

了部分微观考察的研究成果，但是相对于海外华侨居住的这么多国家与地区，这些研究成果还是不能够很细致地揭示出华侨民族主义认同的不同面相。

第二，在研究视角上，站在中国的角度居多，立足于华侨自身的视角偏少。目前学术界关于华侨民族主义认同的产生、发展与转变各个阶段的情况基本上理得比较清晰。然而由于大多数研究站在中国而非华侨的视角，所以对华侨民族主义认同背后的实质情况并没有揭示清楚。此外，中国大陆大部分学者认为华侨民族主义认同是中国影响的结果，而忽视了华人居住国的社会变迁对华侨民族主义认同的影响。如李盈慧利用档案等一手材料论证了民国时期中国侨务政策的变化对华侨民族主义发展的影响。[1] 美国学者杨金发（C. F. Young）与卖肯拿（R. B. Mckenna）认为英属马来亚华侨民族主义认同的形成和发展是国民党在该地区运动的结果。[2] 这样的研究其实是把华侨民族主义认同从（东南亚）整体隔离出来的结果。

第三，在研究史料上，中文与英文材料使用得较多，荷文、日文与法文资料没有得到系统开发和利用。（东南亚）华侨民族主义认同的研究中文史料是比较直接的材料，但是东南亚地区也有英国、荷兰、日本及法国等殖民帝国存在。所以系统开发并贯通对照这些材料才能更全面和彻底地认识（东南亚）华侨民族主义认同的实质。台湾学者古鸿廷、张震东就曾指出使用单一材料的弊端：“以英国殖民部档案为主要资料的研究，却很容易感染到大英帝国当年的‘阴谋论’，将许多华人的政治表现归因于国民党‘左派’的煽动。”[3] 许多中国大陆学者认为华侨民族主义认同是中国影响的结果，大概跟他们使用单一的中文材料有关系。

三 未来的研究展望

在华侨民族主义认同问题的研究取得了既有成绩的同时，还需要从视角转换及材料拓展等方面进一步深化和细化成果。

第一，加强微观个案研究。华侨民族主义认同并非均质的，各个地区及同一地区不同群体有自己不同的发展道路。要纵深把握华侨民族主义认同问题，必须对更多的地区或不同的群体作个案式的微观考察。比如上述提到的学者对新马地区、菲律宾、印度尼西亚等华侨民族主义认同的探讨及王庚武对东南亚华侨不同华人集团的华侨民族主义认同的分析都属于此类。然后采用历史比较研究法把这些个案式的探讨进行比对，从而深化既有的宏观研究。此外，还可以通过特定的历史事件入手微观分析华侨民族主义认同

---

① 李盈慧：《华侨政策与海外华侨民族主义（1912～1949）》，“国史馆”，1997。

② C. F. Young & R. B. Mckenna, *The Kuomingtang Movement in British Malaya*, 1912 – 1949, Singapore：Singapore University Press, 1990.

③ 古鸿廷、张震东：《论南洋华人民族主义运动之研究》，载崔贵强编《东南亚华人问题之研究》，新加坡教育出版社，1978。

的情况。比如上述颜清湟通过"济南事件"入手分析华侨民族主义认同就是一例。此外，美国学者明石阳至就微观剖析了 1908 年中国官员扣押日本船只辰丸号引起中日冲突、1912 年中华民国成立、1915 年袁世凯同日本签订"二十一条"、1919 年"五四运动"、1928 年"济南事变"等不同事变所激起的华侨的不同民族主义认同及同一地区不同华侨群体的民族主义认同情况。① 这种研究能够弥补宏观研究的不足，展现华侨民族主义认同多元复杂的一面。

第二，转换研究视角。华侨民族主义认同受多方面的影响，既有中国的影响，也有帝国主义的刺激，还有居留地社会环境变迁的促成。目前华侨民族主义认同的研究占据上风的是中国影响论，这样的研究对于加强中国的爱国主义无疑是有好处的，但却容易激起其他国家"中国威胁论"的情怀。站在学术研究的角度来看，中国影响论拔高了外力的因素，割裂了（东南亚）华侨地区整体的历史，忽视了当地社会环境变迁的内力作用。其实，华侨民族主义认同的背后有其深刻的本质，"华侨民族主义既是移民对他们祖国的热爱的表现，也是他们用以抗衡居留地政府的敌意政策的武器"。② 也就是说华侨民族主义认同的实质是华侨为了适应当地社会变迁的生存和发展策略。20 世纪 70 年代末，台湾学者古鸿廷、张震东对东南亚华侨民族主义研究进行了总结，他们批判了站在中国的视角得出东南亚民族主义认同是中国反帝斗争直接影响结果的结论。③

自 20 世纪 50 年代以来，国外已经有一些学者开始站在华侨的视角对华侨民族主义认同进行探讨。威廉斯（Lea E. Williams）利用一手荷文资料对印度尼西亚华侨民族主义运动进行了研究，他指出印度尼西亚华侨利用民族主义认同来应对荷兰殖民政府歧视的政策。④ 廖建裕参照华文和西文资料对爪哇土生华人的民族主义认同进行研究，他指出当地社会环境的变迁推动了华侨民族主义的发展。⑤ 美国学者采用人类学的田野调查方法并结合英文和荷文资料对印度尼西亚华人的社会地位进行研究，他认为华侨在当地享受待遇的好坏直接影响着华侨的民族主义认同。⑥ 王庚武是较早提出站在华侨的角度研究华侨问题的学者之一，他特别强调民族主义认同是研究华侨历史的重要切入点，他

---

① 〔美〕明石阳至：《1908～1928 年南洋华侨抗日和抵制日货运动：关于南洋华侨民族主义的研究（上）》，张坚译，向来校，《南洋资料译丛》2000 年第 3 期，第 68～79 页；〔美〕明石阳至：《1908～1928 年南洋华侨抗日和抵制日货运动：关于南洋华侨民族主义的研究（下）》，张坚译，向来校，《南洋资料译丛》2000 年第 4 期，第 65～73 页。

② 陈丽娟：《华侨·华人·中国民族主义》，《读书》2004 年第 5 期，第 15 页。

③ 古鸿廷、张震东：《论南洋华人民族主义运动之研究》，载崔贵强编《东南亚华人问题之研究》，新加坡教育出版社，1978。

④ Lea E. Williams, *Overseas Chinese Nationalism*: *The Genesis of the Pan - Chinese Movement in Indonesia*, 1900 - 1916, Glencoe, Ill. : Free Press, 1960.

⑤ 廖建裕：《爪哇土生华人政治（1917～1942）》，李学民等译，中国友谊出版公司，1985。

⑥ Donald E. Willmott, *The National Status of the Chinese in Indonesia*, 1900 - 1958, New York: Conell University, 1961.

曾指出归化与同化是两次世界大战期间东南亚华侨民族主义认同演变的基本旋律。[①] 此外，他对 1912～1937 年东南亚华侨民族主义认同的研究指出华侨存在三个不同的认同集团：第一集团十分关心中国的事务，第二集团关心华侨内部利益，第三集团致力于争取自己在居住国的政治地位。他进一步探究出现三个不同认同集团的根本原因是谋求在当地发展的策略不同。郑立仁（Zheng Liren）的研究指出，1894～1941 年英属马来亚的华侨民族主义认同与其说是中国宣传的结果，还不如说是马来亚华人为了适应当地的社会环境而建构起来的"想象共同体"。[②]

20 世纪 80 年代之后中国国内也有部分学者开始意识到了这个问题，也尝试从华侨居留地社会环境的变迁来探讨这一问题。庄国土对华侨华人与中国关系的探讨就集中探讨了华侨民族主义认同问题，他认为华侨民族主义认同不单是中国影响的结果，还受华侨乡土认同的宗亲观念、新移民及当地经济利益变化等关系的影响。[③] 张坚在综合前人研究的基础上，把华侨民族主义认同放在东南亚整体历史中加以考察，他认为 1912～1928 年华侨民族主义认同的兴衰与华侨在当地的生存环境变迁有密切关系。这时候华侨民族主义认同是华侨在当地谋求生存发展的重要手段之一。他的研究摒弃了传统华侨民族主义认同的不足，努力站在华侨的立场上对华侨民族主义认同的实质进行客观探讨。[④]

这些站在华侨视角研究的成果揭示了华侨民族主义认同研究的多元性，并为华侨民族主义认同由中国视角转换成华侨视角提供了借鉴。

第三，贯通多方研究史料。华侨民族主义认同研究的史料是比较丰富的，既有中文、英文，也有日文、荷文及法文等。从目前学术界的既有成果看，还未有学者能够贯通利用这些多方史料。这主要是因为存在诸多主客观条件的限制，比如有些档案尚未公开、研究经费不足及个人无法同时精通这么多国的语言等。不过，只要学术界做出努力还是会慢慢改变这种状态。如 1957 年由厦门大学南洋研究所创办的《南洋资料译丛》到现在已经翻译了不少不同语种的研究资料和论著。再如近年来由崔丕与姚玉民翻译的《日本对南洋华侨调查资料选编》（上中下）由广东高等教育出版社于 2011 年出版，为研究者使用多方史料提供了不少便利。不同方面的史料，代表了不同的立场，假如对这些史料进行比对解读并贯通使用将能够摒弃诸多的偏见。

责任编辑：吴孟显

---

① 王赓武：《同化、归化与华侨史》，载郑赤琰等编《两次世界大战期间亚洲之海外华人》，香港中文大学出版社，1989，第 11～21 页。

② Zheng Liren, Overseas Chinese Nationalism in British Malaya, 1894 - 1941, Ph. D. diss., Cornell University, 1997.

③ 庄国土：《华侨华人与中国的关系》，广东高等教育出版社，2001。

④ 张坚：《东南亚华侨民族主义发展研究（1912～1928）》，博士学位论文，厦门大学历史系，2002；《东南亚华侨民族主义发展研究（1912～1928）》，广西师范大学出版社，2008。

崇武大岞《针路簿》所见潮汕航海史料

林　瀚[*]

摘　要： 针路簿是我国航海舟师在传统木帆船时代重要的航行指南，因其所记航路关涉港口商业网络及海域资源等秘密，舟师火长持之多秘而不宣，故而又被称为"舟子秘本"。笔者在对泉州海港进行调查中，从崇武造船师傅手中得到一册针路簿钞本，就其所记内容而言，航路南起香港、北抵天津、东至台湾，且对沿途岛礁港澳所记颇详；除此之外，还记录下详细的辨水望天等海洋气象知识，是目前所见针路簿中较为完备者之一。此针路簿钞本所涉潮汕海道针路与岛澳形势亦有多处，这对于丰盈我们对潮汕航海史的认识颇有裨益。

关键词： 崇武　针路簿　潮汕航海史料

针路簿是我国航海舟师在传统木帆船时代重要的航行指南，因其所记航路关涉港口商业网络及海域资源等秘密，舟师火长持之多秘而不宣，故而又被称为"舟子秘本"。就目前所刊印整理的航海针路文献来看，惟向达所编的《两种海道针经》[①]，张燮所著的《东西洋考》[②]，李廷钰校刊的《海疆要录》[③]，窦振彪撰写的《厦门港纪事》[④]，李

---

* 　林瀚（1986～），男，广东汕头人，历史学硕士，泉州海外交通史博物馆助理馆员，潮汕历史文化研究中心青年委员会委员；研究方向：东南区域史、海洋史及船舶史。

① 　（明）佚名著，向达校注：《两种海道针经》，中华书局，2012。

② 　（明）张燮著，谢方点校：《东西洋考》，中华书局，2008。

③ 　（清）李廷钰校刊：《海疆要录》，咸丰六年（1856年）初刻本，泉州海外交通史博物馆复制泉州市图书馆所藏本，厦门同安区图书馆藏有《海疆要略必究》一书，为清光绪二十五年（1899年）重印本，是书之点校本收录于陈峰辑注的《厦门海疆文献辑注》一书中，由厦门大学出版社于2013年出版。笔者就此书撰写《〈海疆要录〉所见潮汕航海史料》一文。

④ 　（清）窦振彪：《厦门港纪事》，载陈峰辑注《厦门海疆文献辑注》，厦门大学出版社，2013。

增阶所撰《外海纪要》①，陈佳荣、朱鉴秋编著的《渡海方程辑注》② 等数种而已；除此之外，周伟民、唐玲玲所著《南海天书：海南渔民"更路簿"文化诠释》③ 一书于2015年出版，该书收录海南更路簿文献颇为详尽，对于研究南海诸岛地貌、海域范围、航行路线、水文气象等方面具有重要价值。不过目前对散落于民间的针路钞本进行系统整理的仍较少见。

笔者在对泉州海港进行调查的过程中，从崇武造船师傅手中得到一册针路簿钞本，就其所记内容而言，航路南起香港、北抵天津、东至台湾，且对沿途岛礁港澳所记颇详；除此之外，还记录下详细的辨水望天等海洋气象知识，这也是笔者目前所见针路簿中较为完备者之一。此针路簿钞本所涉潮汕岛澳形势与海道针路亦有多处，这对于丰盈我们对潮汕航海史的认识颇有裨益。

一 崇武大岞《针路簿》概说

本针路簿由崇武大岞造船师傅张国辉先生（1946年出生）所提供，为线装影印本，左开，共184页。其外观为长方形，宽29.8厘米，高25.1厘米，封面为蓝色，素面未题字。内页为红线竖格记账簿册页，勾栏通宽21.5厘米，通高19厘米，分上下两栏，内容按竖行墨书，有甯栏书写，亦有分上下栏誊写的情况，行楷书法，字体颇为工整。内页右侧偏下位置盖有"合成 HS"戳记。抄录者不详，无抄写纪年，内容保存基本完整。

该钞本所记录的资料分为针路、潮汐情况与占验歌谣式口诀等几大类，具体内容为：沈家门漏落头内皮针路；在乌屿往宁波南风针路直落；北势回头针路；漏落船对倚针路；揭阳港至上海漏内皮针路；对开直落针路；再录厦门往北对坐针路；台湾澎湖对山针路；放北风洋往台湾淡水港；台湾回头放洋北风针路；横洋往澎湖；台湾基隆对坐针路；放洋往台湾南风针路；北风放台湾洋；泉州往宁波各处埃岙打水定深浅；北风放洋往淡水针路；北风放鹿港针路；北风放淡水针路；西南春雨西南寻郊放洋针路；大坠放笨港北风针路；香港敲出目门关；獭窟岙漏至香港目门针路；白沙湖漏南风至磁头直起针路；厦门出港往北；丁厝岙出金塘门放上海洋；再放入吴淞港；东椗往外皮山针路及各山岙再详；往山东天津针路；录山东至登州各处海边礁石深浅；每月海水返退时辰定应验；钱塘潮返；宁波、镇海潮返水时；定一年十二月日出落歌；占每月出歌；钱塘潮返水；玉匣一年日期冲犯不用者；一年每月日红纱冲犯不可用着，每年月日四时八节照算便是也；大冰消日冲犯不用者；凡事行船冰消月忌冲犯不用者；每年月忌冲犯不用

① （清）李增阶撰：《外海纪要》，载陈峰辑注《厦门海疆文献辑注》，厦门大学出版社，2013。

② 陈佳荣、朱鉴秋编著《渡海方程辑注》，中西书局，2013。

③ 周伟民、唐玲玲：《南海天书：海南渔民"更路簿"文化诠释》，昆仑出版社，2015。

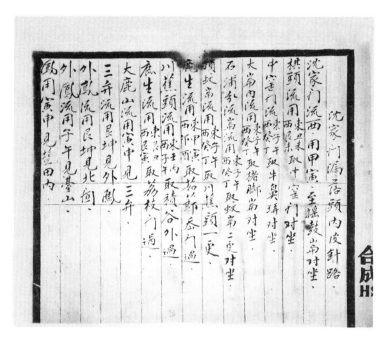

图1 崇武大岞《针路簿》首页

者；观星望斗法；占天；占虹；占雾；占云；恶风先报；占云；占日；恶风报头可防之前后三日内俱是；猫眼占时法；红沙日每年逐月四时八节算定；定四方雷电法；定四方法；最后附有罗盘图。

据张国辉师傅介绍，该钞本为村中同辈好友张甘泉先生所藏，闻说该本得自张甘泉的父亲张文吓，张文吓为大岞当地有名的船老大，因张甘泉为张文吓的长子，所以在分家时分得该书，由于张甘泉先生已于数年前去世，其父如何获得该钞本已无法得知，而该钞本的原本在张甘泉去世时被其妻子焚化，幸运的是张国辉师傅在此之前借得复印，所以即使现在留存下来只是影印本，仍显珍贵。①

历史上，崇武地临滨海，山拱水朝的地理环境，使当地人很早就以讨海为生。《崇武所城志》中就写道："崇武滨海军民人等，以渔为生。……此间有不渔耕者，挟赀鬻货，西贾荆、襄，北走燕、赵，或水行广之高琼，浙之温、台、处等郡，装载茹榔、米谷、苎麻杂物。富商巨贾几遍崇中，此大买卖比前得息大不相侔。"② 清嘉庆十年（1805年）惠安县正堂吴忠也提到"崇武澳为商船渡台捷径"，而民间也有像"鸡笼（基隆）打狗（高雄），自家门口"的渔谚，由此也可见泉台两地之间交流的频繁与便

---

① 访谈于惠安大岞村张国辉师傅家中，2016年4月16日。
② 泉州历史研究会、惠安县志办公室、惠安县文化馆整理：《崇武所城志》之"生业"条，福建人民出版社，1987，第41~42页。

利。当然,除了东渡台湾外,崇武商船还北上津沪,南抵广汕。当地这种渔业商贸传统,直接造就了航海针路文献的积累与扩充,而这种航海传统又与当地民间航海文献的记载是互为表里的。

二 崇武大岞《针路簿》所涉潮汕海道针路与岛澳形势

就该钞本所记海道针路及岛澳形势来看,所涉潮汕针路有四条,其中又多以南澳为望山。历史上,南澳虽为孤悬之海岛,然而却是"界联闽粤,兵民杂处,商船络绎,实为海疆冲要之区"①,其岛澳形势为四面大洋,周回三百里,由隆、深、云、青四澳所组成,隆、深二澳曾隶属于广东潮州府饶平县管辖,云、青二澳则隶属于福建漳州府诏安县管辖。乾隆《南澳志》引万历旧志云:"南澳前襟大海,后枕金山,屏障内地,控制外洋,大小莱芜之浮屿,远近澎山之列峙,闽粤咽喉形势之最胜者也。"② 关于南澳一岛中之港澳方位、风浪、暗礁及船只停泊情况,志书中亦有所记:

> 深澳,在城之北,内宽外险,腊屿、赤屿环于外,一门通舟,中容千艘,明寇舟多泊此。
>
> 青澳,在城之东,自深澳东折而入,风波险恶,鲜有泊舟者。
>
> 云澳,在城之南,以云盖山得名,旧志只载云盖寺,不称云澳,澳内远通漳泉,商舶往来不绝。
>
> 隆澳,在城之西,宽衍可泊舟。③
>
> 中澎屿,上有泉,海舶过者必取汲于此,其下即黑水外洋商船必由之处。
>
> 北澎屿,三澎列峙,海中周围各一里许,距云澳约四五十里,又有小岛曰北尖尾,四面皆危石暗礁,可寄泊不可久住。④

正因南澳地理位置特殊,同时又是海上航行的重要补给点,所以成为海上船民重要的望山之一。这又可以从《两种海道针经》以及牛津藏《明代东西洋航海图》、章巽藏《古航海图》、耶鲁藏《清代东南洋航海图》等海洋文献中所标识出来的情况得到印证。

另外值得注意的是钞本中记录有从揭阳港至上海的航路,所涉沿线望山十分详细。而就沿海岛澳情况来看,又记有甲子岙、神前岙、赤岙、靖海岙、海门岙、外表馨岙、长山尾岙、正林岙、云界屿岙等处,对于这些岛澳周边的暗礁情形、海底地质、有无网

---

① (清)齐翀:(乾隆)《南澳志》卷三《建置》,第21页。
② (清)齐翀:(乾隆)《南澳志》卷二《形胜》,第1页。
③ (清)齐翀:(乾隆)《南澳志》卷三《建置》,第6~7页。
④ (清)齐翀:(乾隆)《南澳志》卷三《建置》,第7页。

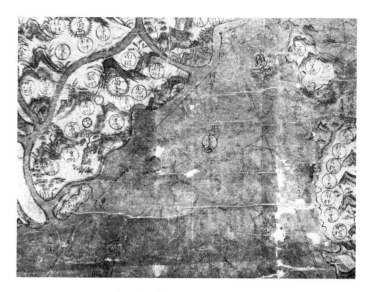

图 2 牛津藏《明代东西洋航海图》局部

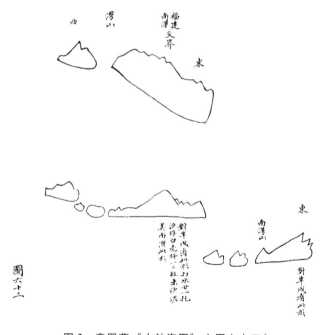

图 3 章巽藏《古航海图》之图六十三 *

资料来源：章巽《古航海图考释》，海洋出版社，1980，第 133 页。

桁、如何望山定位、能否寄流逃台等均有极详尽的介绍。

现将钞本中关涉潮汕的航海史料整理如下，以飨同好。

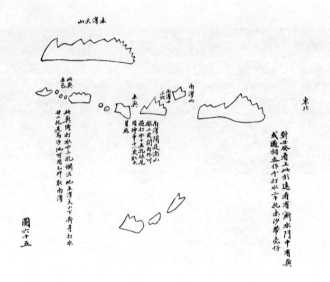

图 4　章巽藏《古航海图》之图六十五*

资料来源：章巽《古航海图考释》，海洋出版社，1980，第 137 页。

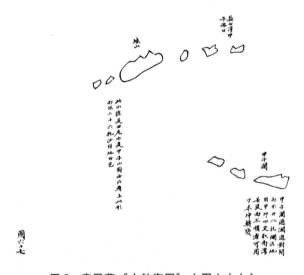

图 5　章巽藏《古航海图》之图六十七*

资料来源：章巽《古航海图考释》，海洋出版社，1980，第 139 页。

北势回头针路

宫仔前用甲庚、寅申入南岙。

南岙用艮坤、寅申见响圭山揭阳港。①

---

① 《崇武大岞针路簿》，第 8 页。

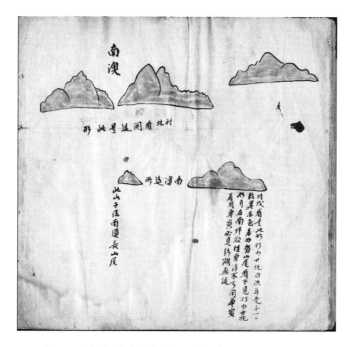

图6　耶鲁藏《清代东南洋航海图》之图63（40）

资料来源：钱江、陈佳荣《牛津藏〈明代东西洋航海图〉姐妹作——耶鲁藏〈清代东南洋航海图〉推介》，《海交史研究》2013 年第 2 期。

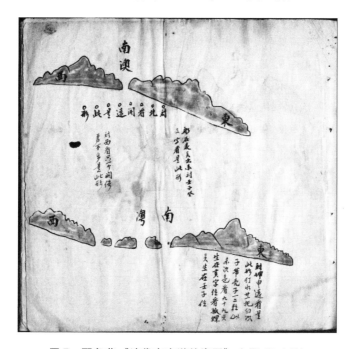

图7　耶鲁藏《清代东南洋航海图》之图69（41）

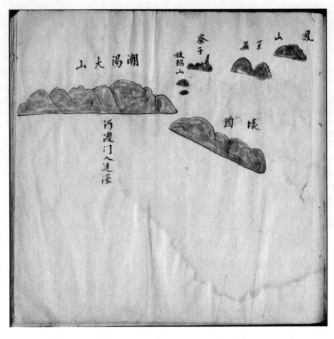

图8　耶鲁藏《清代东南洋航海图》之图72（37）

揭阳港至上海漏内皮针路

揭阳港响圭山用艮坤、寅申见南峇；南峇用寅申见宫仔前；虎豹狮象用艮坤、寅申见周门；周门用艮坤、寅申见镇海；虎豹狮象用艮坤见孤螺；虎头山用艮坤见将军峇；樟门用丑未见虎头山；将军峇用艮坤见南进屿；北□用艮坤、丑未见石峻；石峻用艮坤、丑未见祥芝尾；祥芝尾用艮坤见大岞；大岞用甲庚、寅申见乌龟山；大岞用艮坤、丑未见南日山；湄州（洲）北椗用甲庚、卯酉见乌龟；猪母礁用卯酉见东沪山；西塞用丑未见野马山；小日头用艮坤见白屿；白屿用丑未见门扇后；纺车头用艮坤见墓仔口；墓仔口用艮坤、寅申见吉吊；吉吊用壬丙见分流屿；分流屿用子午、癸丁见乌礁；竹排礁用丑未见四屿；苦屿用艮坤见牛鼻（珠）；牛鼻（珠）用子午、癸丁见兹峇；兹峇用甲庚、卯酉见白犬；牛角山用艮坤、寅申见白犬；白犬用子午见南塘山；官塘用巽乾、辰戌见定海头；官塘用壬丙见黄岐；官塘用子午见北家头硎屿；硎屿用癸丁见小西洋；硎屿用巽乾、辰戌见媳妇娘峇；小西洋用癸丁、丑未见老湖；小西洋用艮坤见老湖门；小西洋用寅申见芙蓉头；老湖用艮坤、丑未见风火门；风火门用艮坤见南关，转寅见北关；北关用艮坤见风洋山；金香用艮坤见盐山；北门拜屿用丑未见金香；金香鼻用艮坤见盐田；盐田鼻用寅申见风山；内风用艮坤见三弁；虎仔屿用艮坤、丑未见三弁；三弁用艮坤转丑见坎门；三弁用艮坤、寅申见大鹿；大鹿用艮坤、寅申见石塘；吊邦用寅申见积谷；积谷用子午见川招半月；（崙）壳用子午、壬丙见川招；咳呵鼻用艮坤见牛头门；

咳呵鼻用甲庚、卯酉见急水；茶盘草屿用艮坤、丑未见三门；牛生其用子午见蜈蚣
吞；朴鐪用子午见奎心屿；圭心屿用子午、癸丁见连礁洋；牛鼻（珙）用子午见
南窑；青龙港用艮坤、寅申见棋头；棋头用乾戌见火烧鼻；老虎山用艮坤、寅申见
打石吞；丁厝吞用子午见鱼山；丁厝吞用丑未见双头通；鱼山用子午见杨山；杨山
用巽乾、辰戌见炭山。杨山用子午见大（蟮）；大（蟮）用于午一更，打水四五
托，食桉涂沙，转乾戌打水四托半至五托，见柳树内是头燉，又入去二燉，再入内
去是川招营，有炮台，海塘岸白烟燉不远，入去是吴淞港口，打水十二托，好抛
椗，且须记之，夜间可防走过身西去也。①

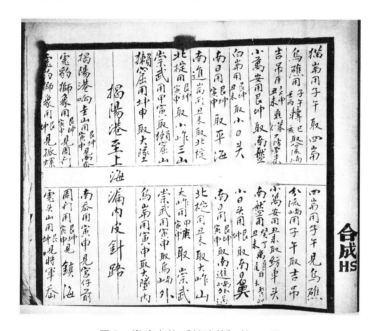

图 9　崇武大岞《针路簿》第 11 页

对开直落针路

南岙用坤申十一更取大星。②

横洋往澎湖

南岙往台湾山，南风轻轻，用乙辛、辰戌见澎湖花猫屿，南势过。

南岙西南风用乙辰十五更，见澎湖西屿头北势，打水十五托，硬地也。

南岙开船用甲庚、卯酉九更见猪母落水。③

①　崇武大岞《针路簿》，第 11～14 页。
②　崇武大岞《针路簿》，第 15 页。
③　崇武大岞《针路簿》，第 22 页。

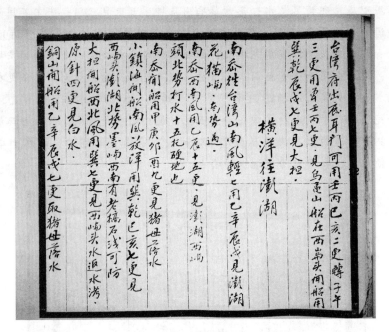

图 10　崇武大岞《针路簿》第 15 页

香港敲出目门关

甲子吞口，西南面，有礁一块，出水打浪，名曰船尾礁，礁脚有沙汕一条伸长南落，若要寄流东北大山脚，寨仔外，可抛船，打水三四托水，又外鼻尾内，沉水礁一块，名曰三点金，横山步看本吞内，有树包塔，耽内鼻头，寨仔正身，再看横山步塔树，拖落甲仔心就是礁南过，直山步鼻尾内，尽白沙胩密门正身，鼻外有甲子栏一列数十块，生头东而去，有门，好风可过，外有屿仔二个，出水鼻尾外有碎礁一列出水，若要过此门，风面北，可从中门过，碎礁东面倚倚过甲子栏北面山脚，有礁数块出水打浪，上去神前吞角。

神前吞角好寄流，妈宫口倚，尽是石出水，若抛船，看外鼻内礁，不可出外鼻汕内，是神前，内有沙汕，生头南落，沙汕东北山脚，有半洋礁一块，直山步看城仔西门出头，北面外鼻，有屿仔二个，外沉水打浪，上去是赤吞。

赤吞有一列出水礁，东南有块沉水，水退干打浪，沉水礁东南，有出水礁一块，内有大屿一个，就是赤吞，南面若要抛船，可从赤吞礁南，沉水礁北入内，好抛，外鼻有礁打浪，行船不可太倚，上去是靖海吞、乌涂吞。

靖海吞南山脚，有礁出水打浪，吞内好寄桵，打水三四托，有屿仔一个，若要寄靖海，可从中门入，从屿脚过橹畔尾甚妙，内有石散，损桵缲，鼻头尽是石，出水打浪，鼻头北面，亦尽是石，出水打浪，过北面白沙胩，甚然开阔，上去是海门吞，又过此北面鼻头，有礁甚多，亦有沉水，亦有出水，切切防之，此礁生在

□□□大山鼻头，鼻北有屿仔一个，出水，屿脚有沉水礁，屿外亦有礁沉水，水退半出水，屿北面亦有沉水礁，水退半出水，上去是海门岙。

海门岙内好逃台，水满打水二三托水，又有礁出水，鼻头内，白沙畔，名曰浅岙，好寄北风，白沙畔东面鼻尾，有拖尾，若有流，不可倚，东面鼻，海门鼻头北面大山脚，有石散一条打浪，敲船不可太倚，北有白沙畔，甚开阔，上去是内外表馨岙。

外表馨岙，内外岙内，好寄流，身外有礁名曰乌礁，外表白沙畔，亦甚好抛，打水三四托水，过表头上去，西内是汕头，汕头鼻有二屿，内是凤鸡，外是鸠屿，鸠屿外有一粒，名曰青屿，若要入汕头，看北风鼻尾，不可搭篮蒲，内有铁板汕，倘再往汕头，看山步北风屿，与篮蒲山，小开门一枝竹篙位，不妨上去是长山尾（长山尾岙）。

长山尾岙好寄流，西北面鼻尾，有网桁，北风寄流，切可防之，西面是篮蒲，行船可从中门过，北面是风可抛北风，打水四五托，风北面一粒名曰风蛋，看直山步，小篮蒲仔，搭风磬，横山步，内面莲山搭五屿第二个涂坪，北面是桥，看好风，寄北风桩，打水二三托内有沙汕甚浅，西有大山，名曰海山，东面大山脚，是后宅岙，好寄南风，若要抛后宅，可从硼仔屿南屿北名曰走马埔，甚浅，水退干，打水二托甚浅，走马埔北面大山脚，好寄流，北风打水三四托上北去是南岙，岙内好抛船，北面虎仔蚋屿，西面是正林屿。

正林岙大门外有屿仔一个名曰青屿，南倚有沉水礁一块，屿内外可过正林大门口，北面有沙汕一条，敲船不可太倚，恐防打柁，若入正林可从大门内网桁南过小船网桁北过，山脚倚倚过，网桁内甚浅，打柁切要点水为准，正林有一门，小船好出虎仔屿，鼻内南有礁一列出水，东外星礁内有半洋一块，名曰寮牛，水退干打浪，直看宫仔前，后面鼻头，出九厦大山鼻，横看长山鼻尾，出后宅鼻正身，又再看横山步，莲花山搭诏安山，搭正身，诏安山内北有一列大山就是九十九点，南畔一个员山，就是莲花山。

长山尾岙敲外驾，东北面去是云界屿岙，好寄流，打水五六托，云界屿东外，有屿三个，名曰彭屿，彭屿内有沉水礁数块，甚是混什，彭屿西南有屿仔一个，名曰勤屿，屿脚一尽混碎，西南有礁二粒，名曰海翁目礁，又是混碎，彭屿内，有吾屿，南有门二个，好过，吾屿脚，打水十二三托，云界屿岙口，有网桁甚多，外鼻头有礁一块，名曰网尾礁，出水打浪，行船可从礁外过，屿身北面，有小门，水满小船可过，若入，可从土地公屿，屿内边倚倚过，西去是涂坪，甚浅，土地公屿尽东北，有一屿，名曰红屿，西面有沉水礁三块，名曰三脚香炉，看直山步，马埔鼻头过北，出土地公屿，行船可倚内鼻头倚倚过，内鼻头过北畔大山脚有礁一块出水，红屿东北有礁一列，水满出水，有拖尾石汕，生头东北，上落头漏船，可从吾屿外边过可也。对东北面红屿出水礁外过，南有并排二屿，门中好过，红屿东，有沉水礁一块，名曰打芒礁，水退干打浪，看直山步，吾屿并齐，南呑北面大山脚，倚倚有沉水礁一块，上去是寮牛七星礁。①

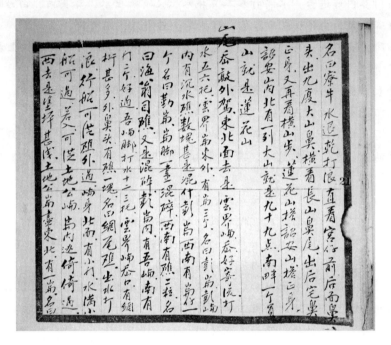

图 11　崇武大岞《针路簿》第 40 页

　　船只在航行过程中如果是以离岸的岛屿作为参照坐标，则需注意该岛屿各个方位所成形状的差别。不仅要直看，还要横看；要看前，同时还需顾后。不过对于潜伏水底的暗石、沉沙来说，则较难防范，只能通过船头、船身、船尾与附近山屿所成角度如何，是"齐身"抑或"过身"，将水下的礁沙走势默记于心，这样才能尽量避免触礁事件的发生。对于沙汕来说，因其形状常随水流、风向发生变动迁形，所以如果不是经常在该片海域活动，了解其变化，极为容易迷失方向或搁浅，所以在行船过程中不仅要抬头望山，还需低头看水，通过倒影成像及光线与水面的折射情况来辅助导航，这种方式对于发现礁石、沙汕同样有效。除此之外，舟师还需要时刻留意流水的变化，这主要是因为在不同海域，洋流的流动方向与潮汐时间皆有不同；水的颜色变化也表明离岸远近，并提示是否进入另一海域；而通过打水托、下铅筒的方式，又可以探知水面距离海底的深浅，再根据所粘取的泥沙差异进行综合分析，便可大致判断舟船所处航位。

----

① 崇武大岞《针路簿》，第 36 ~ 41 页。

三　小结

目前民间所保存的这些航海针路簿，是我们理解传统船民生活及航行经历的重要文本资料，同时对于我们进行水下沉船考古调查，以及理解传统航海史中船与海、船与人、船与社会等关系提供基础性支撑，对之进行收集整理显得必要而紧迫。我们只有读懂这些民间航海文献，才有可能进入到传统船民的生活实态中去，而这又需要文献与口述相印证。从笔者对泉州海港传统船民的调查情况来看，经验丰富的船老大正日渐凋零。如果没有船老大的口述及回忆来辅助理解，试图通过枯坐书斋冥想而读懂读透这些针路文献是几乎不可能的事情。此外，传统航海技艺作为一门实践性很强的技术，如何传承这门古老技艺也是摆在我们面前重要的课题。

就目前潮汕民间海洋文献的收集整理情况来看，航海针路还是一个重要的缺环，近几年笔者在潮州、澄海、潮阳、南澳等地进行田野调查，在地学者及渔民告诉笔者，潮汕历史上也曾有过相类似的文献，当为针路一类的海洋文献，可惜未能保存下来，是否还有潮汕本地讨海人记录的这种海洋文本存世我们也不得而知，只能留待以后继续留意搜集。

因笔者工作生活半径的延伸，也就扩大了搜集的范围，现在在闽南地区发现仍保留有数十种的航海针路，散落在博物馆、私人收藏家及讨海人手里。在这些民间文献里面，仍保留有许多关于潮汕海域岛礁港澳及行船需要留意的事项，通过文本解读与实地调查的比对，我们可将潮汕海洋史放在更大的海域时空中进行讨论。而对这些民间航海文献进行系统的收集、整理、研究，对于我们理解潮汕海域历史的发展仍有着重要的价值与意义。

责任编辑：陈贤波

明清潮州城市网络中心转移

——从潮州城到汕头埠*

吴丹华**

摘 要：明清时期，潮州府通过一系列的地方行政建制活动与下辖的各县构成具有一定层级结构的行政联系，并且始终居于行政等级的上层而成为地方行政中心城市。同时，由于处在货物集散的枢纽地带，潮州府城逐步从纯粹的行政中心城市发展成兼为经济重心的多功能城市。其后，随着东西交流日益密切与远洋贸易日趋繁荣，汕头凭依其滨海的有利条件以及先天酝酿形成的商业发展传统，并且借助开埠等机遇，逐渐取代潮州府的商业重心地位，崛起为新的商业中心。

关键词：城市网络中心 潮州城 汕头埠 明清时期

施坚雅曾运用中心地理论模型将经济中心的城市与行政治所城市加以区别，认为"行政治所只不过是经济中心地的一个子集合而已，因为所有治所都为腹地发挥着重要的经济职能"①，他还指出城市区域体系是一个有"中心－边缘"结构的多阶次层级。但该说法预先设定了经济职能为城市的基本职能，因而只适合于分析商业活动中心城市，却难以解释那些因行政需要而建的城市。此外，地方中心城市的地位是动态变化的，地方行政中心城市可在特定的社会背景下发展为商业城市，而新的中心城市的形成往往促成旧中心区的转移与城市网络的变迁。基于此，本文以潮州为例，探讨潮州城如何从纯粹的行政中心城市发展为该区的商贸中心的过程，并讨论其后汕头港市如何凭借

---

* 本文是作者主持的国家级大学生创新训练计划项目"明清时期潮汕地区城市体系的形成与演变"（201510384026）的阶段性成果之一，并获厦门大学大学生创新训练计划项目资助资助，特此致谢。

** 吴丹华，1993年生，厦门大学2013级历史系本科生。

① 〔美〕施坚雅主编《中华帝国晚期的城市》，叶光庭等译，中华书局，2000，第327页。

海贸的发展兴起，逐步取代潮州府城成为本区城市网络新中心的过程，借此分析不同社会历史背景对于区域中心城市的功能转变的影响以及由此带来的区域联系网络的转移。

一　以潮州城为中心的行政建制

"府境据岭表东隅，宸山襟海，右连循惠，左接汀漳。"[①] 潮州地处粤东，内陆拱以层峦丘陵（如海阳山、桑浦山等），滨海地带环以澳湾岛屿（如南澳、妈屿等），海山交错，为河海交汇之区；另外，其东为诏安，西为嘉应，南至大海，东北连汀赣，西南则接循、惠，为闽赣粤的冲要之地。而这也造就了潮郡特有的城池形态，府城与所辖诸县及其他山海要隘之城共成臂首相连之势，其军事战略与行政地位可见一斑。明清时期潮州府城的政治中心地位的确立更与之有莫大的关系。

据《通典》载，潮州府"秦属南海郡，秦末属尉佗。汉初属南越，后亦属南海郡。后汉因之。晋置东官郡，又分置义安郡。宋齐因之。梁置东扬州，后改为瀛州，及陈而废。隋平陈，置潮州；炀帝初，置义安郡。大唐复为潮州，或为潮阳郡。"[②] 自唐乾元元年（758年），改"潮阳郡"为"潮州"[③]后，"潮州府"之名基本确定下来。明初因之，设潮州府，领海阳、潮阳、揭阳、程乡四县。明成化以来，山海寇盗流劫地方，潮州府辖区内增设饶平、惠来、澄海、普宁等十一县以保境安民，所取县名也颇有靖乱澄氛之意，如普宁意为"普遍宁谧"、澄海取意"海宇澄清"。明万历年间，郭子章尝由潮州府下辖县邑之名，抒时变升降感之叹："国初四县仍汉隋，旧海潮揭以山川名，程乡以人名，何其淳雅也。自饶以下，则夷盗窟，辟草莱，而邑之所命名，不以章武功，则以来远人，盖治乱殊故矣。"[④] 清初沿袭明制，仍设潮州府，其间也曾因盗寇频发多次调整建制，如康熙三年（1664年）迁界，澄海县毕裁；至康熙八年（1669年），复澄海县；雍正十一年（1733年），析程乡、平远、镇平三县；乾隆三年（1738年），置丰顺县。

通过以上的行政变动过程的分析，我们不难看出，是行政管理所需而非经济发展促成了潮郡县邑的频繁更置，而潮州府正是通过这一系列的地方行政建制活动与下辖的各县构成具有一定层级结构的行政联系，并且始终居于行政等级的上层位置，成为地方行政中心城市。

---

① 宣统《广东舆地图说》卷4，《中国方志丛书》，成文出版社，1967年影印本，第195页。

② 杜佑：《通典》卷182《州郡十二》，中华书局，1984，典969上栏。

③ 在隋唐时期，"潮州"之名经过了多次的变更，才在唐代乾元元年最终确定。其过程为："隋平陈，置潮州。炀帝大业三年，罢州复为义安郡。唐武德间，改郡为州，复为潮州。天宝元年，为潮阳郡。乾元元年，复为州。凡五易，然后州名以定。"（解缙：《永乐大典》卷5343《建制沿革》，中华书局，1986，第2452页。）

④ 郭子章：《潮中杂记》卷1，饶宗颐主编，香港潮州商会第三十八届会董会，1993年影印本，页码不详。

二 潮城区域商贸体系的形成

其实，潮州府城并非纯粹的行政中心城市，而是兼有经济重心的多功能城市。在政治界域里，潮州府居于地方行政系统的上层，下辖的各县处于次级地位，府城可以通过行政职能取得对辖区的政治管理，并借此确立自身的中心位置。在经济发展层面上，明清时期的潮州府城，是本区域的经济重心，它可以通过将本地区的商品货物吸引至府城，从而将其附郭厢区、所辖各县联系在一个商贸网络里。另外，它还可以通过韩江等内河航道、内陆交通线路以及远洋近海的航道超越行政边界的束缚，与循梅汀漳、南洋西番等地取得跨地域的商贸联系，"以故郭门内外，商旅辐辏，人烟稠密，俨然自成都会。"① 因此，潮城区域商贸体系不失为讨论潮州府中心地位的形成与确立的历史演变过程的重要命题，商业联系对地域商业中心和区域商贸体系的形成起着不可忽视的作用，我们需要对潮州城与其辖区各县、国内其他省区以及海外其他国家地区的商业联系状况有相对清楚地把握，才能更准确地思考潮州府城在城市发展过程中所处的地位及其形成的特色所在。

（一）交通运输网络

区域的联系与物资交流有赖于发达交通运输网络的形成。而潮州区域的联系网络恰恰是依靠着便利的河海陆运交通网以及各个散落的商货交易点而得以形成并扩展的。

陆路交通主要为官道铺驿。潮郡的官道，通连循梅闽赣，既是行政邮传重要的道路，也是实现区域联系的重要凭借，故而历代地方官多重视驿路铺递的建设，光绪以前，驿路始终是主要的陆路交通。此外，乡道民路也是重要的陆路交通。

在水运方面，潮州城东郭的韩江，就是潮州昔时最重要的河运航道。潮州通闽之路多沿韩江而至。古时入都，也多取道赣浙，经长江转运河北上。若由府城东城外广济桥泛舟而下，则可抵海。榕江、练江也是本区重要的水路。实际上，韩、练两江通过榕江得以连接——榕江北溪自西南汇入，而练江则首受揭阳县南溪。这就为潮州地区联系提供更加畅通的水运通道。另外，至明代，潮人纷纷拓殖南洋，海运日趋发展，到清代后期尤显突出。汕头开埠，更进一步地扩大了本区的海外远洋贸易联系。

而在此基础上，潮境形成了星罗棋布的市场渡头。潮城内的大街、东门街等，货栈商铺林立，为潮州城繁华的商业市区。潮城外日常交易的墟市更为稠密。周府志曾载："潮民殷盛，物产亦饶，墟距城或数里，或数十里百里，大率三日一市，其犹古之遗意欤。"② 各县与郡城、各县之间均有相互通连的关津渡口，如在潮阳县有抵揭阳的揭阳

---

① 俞蛟：《梦厂杂著》卷 10《潮嘉风月·丽景九则》，上海古籍出版社，1988，第 181 页。
② 乾隆《潮州府志》卷 14《墟市》，《广东历代方志集成》，岭南美术出版社，2009 年影印本，第 170 页。

渡、抵府城的水头渡、① 达省城的营前渡；饶平有傍及邻邑的黄冈市、柘林渡等。

总之，发达的交通运输网络促进了各地人流商货往来，客观上推动了本区商业系统、跨区域贸易网络的形成。

（二）本区商业系统

"商业重心在郡城，滨海居民供其鱼盐、农产以易，取内地燃料、纸、瓷等物，直至清道咸间犹然。"② 这说的是，潮州府城中居民日常消费仰给于辖区诸县，各邑则通过府城的集散网得以互通有无。而在"自然"发展的贸易联系中，潮州府城逐步取得经济中心地位，成为本区商业重心。

由各县邑流向潮州城的物产货材莫过于粮米、瓜果、布、竹木、纸张、蔗糖、矿产、渔盐以及各类手工制品。不过，由于各县的地理环境等方面的不同，其所产与输出之物各有不同：

粮米主要由潮阳、揭阳供应。揭潮两地平畴无际，素为产谷之区。《论食货》云："潮之饔飧，半取资于兹土，担负舟移，日计千百，而南澳一岛，告籴岁烦文移，菽粟水火，利波于邻。"③ 因此，郑成功将潮阳县作为驻军措饷之地。

瓜果菜蔬及其加工制品主要来自揭阳、丰顺。揭阳所输的水果有甘蔗、龙眼、荔枝、柑、佛手、地芝、柚等④。隘埠、汤坑各村枇杷、柰、菠萝、橄榄、柑、橙、桃李之类，"多销潮州"⑤。另外，潮城无酱菜，酱瓜、酱茄、酱姜多出程乡⑥。

布所产有麻布、蕉布、苎布、波布、绸绢、葛布等。揭阳主要产蕉布、麻布、苎布；汤坑主要出夏布和波布；海阳产绸绢；程乡多为茧布蚕绸。云葛多产自潮阳，凤葛则产自饶平。

竹木、纸张主要产自丰顺、程乡、大埔等县。这些地区崇山邃谷，山涧多植竹木。所产竹木或砍伐后直接在韩江堤岸集散，顺韩江顺流而下达府城（府城东城墙专有竹木门，当因竹木进城而得名）；或烧成木炭，运销梅埔潮澄揭各县；或是制成各类竹器、木器，再销运他邑，如丰顺沙田乡内山所产笔管就销运至潮州笔铺、⑦ 潮郡所用椅

① 康熙《潮阳县志》卷2《舆地·津渡》，《广东历代方志集成》，岭南美术出版社，2009，第215页。
② 民国《潮州志》不分卷《实业志·商业》，潮州市地方志办公室，2005年铅印本，第3册，第1166页。
③ 雍正《揭阳县志》卷4《物产·论物产》，《广东历代方志集成》，岭南美术出版社，2009年影印本，第422页。
④ 参见乾隆《潮州府志》卷39《物产》，《广东历代方志集成》，岭南美术出版社，2009年影印本，第952~958页。
⑤ 民国《丰顺县志》卷13《物产三》，《广东历代方志集成》，岭南美术出版社，2009年影印本，第287~288页。
⑥ 郭子章：《潮中杂记》卷12，饶宗颐主编，香港潮州商会第三十八届会董会，1993年影印本，页码不详。
⑦ 民国《丰顺县志》卷13《物产三》，《广东历代方志集成》，岭南美术出版社，2009年影印本，第330页。

海上丝绸之路与华侨华人 | 57

棹匣勺之类大半是由大埔所制[①]。

矿产之类，主要有铜、铁、锡、铅等。大埔、丰顺等地矿山均有铜、铅、铁，故而多产铁器，如锅、鼎、斧、斤之类，其中"埔制最佳"。潮阳、普宁、丰顺、大埔都有锡矿，而揭阳汤坑山的锡矿优于洋锡，但其加工品通过潮阳匠人的雕镂镕范才成上品，有谚云："姑苏样，潮阳匠，揭阳之锡居其上。"由此，亦不难窥见地区性的产业分工形态与物产的流动。潮阳虽非锡等矿产资源的产区，但因其工匠的技艺，亦可以发展锡铜等方面的手工业生产。清初府志曾载，"白铜锁，潮阳铜匠制，取工价值三百钱"。

渔盐则多出沿海地带。澄海多鱼盐蜃蛤之利，甚为富饶；南澳海带、龙须菜尤多，同时，珠螺、青螺等一大半出于南澳[②]；潮阳水产品"惟鱼最多，甲于诸邑，其大者数百斤，名称动以千数，此外又有龙虾、蚶蛤、水龟、海胆、仙掌、千金子之类，不可数举"[③]。沿海之渔盐多销至内地诸邑，换取粮米、布帛等。需注意的一点是，潮州城东城外的广济桥是盐船所经之处，设有榷盐场所。盐商需要从本府管桥官领票到盐场收买，再运至桥门，遵照规定先纳在库饷银，这在某种程度上使得潮州城成为本区的榷盐中心。

综上，潮城与其辖区各县邑形成了互通有无的商贸联系网，而这一贸易网络又嵌入了具有明显的地区差异的土货贸易圈，形成了区域性的专业化商贸系统——山区发挥林木果矿之优势出产竹木、纸张、竹木器物和铜铁铅器皿；平原地带多运销粮米和布帛；沿海输盐与各类海产品。在这样的基础上，府城将辖区各邑联结在一起形成了本区的商业系统，而潮州城因处于货物集散的枢纽而处于商业发展的上层，对各邑货产具有很强的向心力，使得各类物产货材流向以府城为中心的集散网，其商业重心地位也因此得到进一步加强。

（三）跨区域的联系网络

此外，潮州还与闽赣、淞沪、苏杭、东南亚、日本等地有着密切的商业往来，其路线主要有：借韩江通达上游的汀赣地区；沿海岸线北上浙杭、天津、东北等地，南下广州、高州等地；沟通日本、琉球、暹罗等远洋航路。本区所输出的商货主要有粮食、糖、盐。输入的则多是韩江上游的竹木、纸张、茶、果干；长江下游地区的棉花与布；东北的豆饼等。

潮粮不仅供养本区民众，还外销各地。可通过韩江销至汀州、赣南等地，或由海船

① 乾隆《大埔县志》卷 10《风土志·方产》，《广东历代方志集成》，岭南美术出版社，2009 年影印本，第706 页。
② 乾隆《潮州府志》卷 39《物产》，《广东历代方志集成》，岭南美术出版社，2009 年影印本，第 978 页。
③ 隆庆《潮阳县志》卷 7《民赋物产志》，《广东历代方志集成》，岭南美术出版社，2009 年影印本，第 80 页。

运到泉州、厦门等地，揭阳县始行于明末的落地税就是专为闽省海船进港市籴而设。① 沿海潮民直接以米粟与来船交易，如三饶百姓常用粟与海外鱼盐小舟做交易。② 但是，当揭阳、潮阳等地因旱涝等灾害而导致粮食歉收，或者是所产难以供养增长的人口之所需时，则需从惠州、高州、雷州等地运米，如惠州永安有余米，便会从米潭、大梧运至潮；雍正五年（1727 年）潮郡出现粮荒，抚藩派拨省仓西谷发运，惠潮观察楼公曾议往高州买谷运潮。

其次，潮糖为潮州外销出口之大宗。潮郡揭阳、潮阳、海阳等县多植蔗榨糖，所产之糖，除本区消费外，多溯韩江而上销往汀赣地区，或由各海港出口。据《澄海县志》载："邑之富商巨贾，当糖盛熟时，持重赀往各乡买糖。或先放账糖寮，至期收之有自行货者；有居以待价者，候三四月好南风，租舶艚船装所货糖包，由海道上苏州、天津，至秋东北风起，贩棉花、色布回邑。下通雷、琼等府，一往一来获息几倍，以此起家者甚多。"③

盐、竹木、纸张、茶、果干等货产交易也是潮城跨区域贸易联系形成的重要一环。潮盐例配潮、惠、汀、赣四府，各盐船经韩江、汀江等水道运至韩江上游地区。而韩江上游的长汀、上杭、连城等县的竹木、纸张、茶、果干通过水路运至潮城集散，部分在潮州本区销售，其余则继续沿韩江运至樟林、庵埠、鮀浦等港埠出口。④

商货的流动也带动了人群的交流。这一方面表现在工匠佣工的流动，如在潮州糖生产基地，来自雷、琼等处的煮糖佣工甚多，⑤ 大埔"陶旅匠多在本地佣作，其木匠、墁匠相率往漳泉各府，铁匠相率往三阳澄惠各县，春初离家，岁暮旋里，计工受值"⑥等。另一方面还表现为具有地域标签的会馆、商会的建立。随着商业发展，各地商人开始在潮城内建立镇平会馆、大浦会馆、汀龙会馆、两浙会馆等。潮州本籍商人还在本区外建立会馆，如明代创于金陵的苏州潮州会馆、建于清乾隆三十四年（1769 年）以前

① 蓝鼎元：《蓝鼎元论潮文集》，郑焕隆选编校注，海天出版社，1993，第 19 页。
② 光绪《饶平县志》卷 2《城池·墟》，《中国地方志集成·广东府县志辑》，上海书店出版社，2003 年影印本，第 27 册，第 46 页。
③ 嘉庆《澄海县志》卷 6《风俗·生业》，《广东历代方志集成》，岭南美术出版社，2009 年影印本，第 360 页下栏。
④ 参见黄挺《明清时期的韩江流域经济区》，《中国社会经济史研究》1999 年第 2 期，第 26～34 页；黄挺、杜经国：《宋至清闽粤赣边的交通及其经济联系》，《汕头大学学报》1995 年第 2 期，第 76～84 页；林瀚：《闽粤边界纸张流动——从唐史标〈潮州汀龙会馆志〉谈去》，载陈景熙主编《潮青学刊（第二辑）》，社会科学文献出版社，2013；《韩江流域竹木生产、贸易研究（1644～1949）》，载陈景熙主编《潮学集刊（第三辑）》，社会科学文献出版社，2014，第 166～179 页；刘正刚：《汀江流域与韩江三角洲的经济发展》，《中国社会经济史研究》1995 年第 2 期，第 70～89 页。
⑤ 嘉庆《澄海县志》卷 6《风俗·生业》，《广东历代方志集成》，岭南美术出版社，2009 年影印本，第 360 页。
⑥ 乾隆《大埔县志》卷 10《风土志·民风》，《广东历代方志集成》，岭南美术出版社，2009 年影印本，第 704 页。

的北京潮州会馆等①。

潮州跨区域的商贸网络与本区商业系统共同构建了以潮州城为中心的经济联系网络，潮汕地区各县的土产材货通过府城这个中转站得以集散，外域的人群、商品也通过相似的方式进入到潮州城所主导的商贸网络中。通过各类物产货材的交流集散，潮州跨区域的商业联系网络得以形成与发展，并且相对"自然"地连接到苏、杭、闽、赣以及海外地区的商业交易圈里，它与本区域的商业系统共同构建了潮州的商业空间贸易体系。在这个商贸体系网络里，潮州府始终处于商业发展的高层位置，本区各县的土货通过府城这个中转站得以集散交流，外域的人群、商品也通过相似的流动方式进入到潮州府所主导的商业联系网络里，实现的跨区域的交易。这里还要注意一个问题，在鸦片战争（1840 年）以前的那段历史，明清社会的主要政策基调是海禁。尽管隆庆元年（1567 年），隆庆皇帝（明穆宗）宣布解除海禁；康熙二十三年（1684 年）又有开海贸易的举措，但所谓的开海禁，其实是有限制的，如硝磺军器等物严禁外运、禁止商人在国外造船、禁民私自出洋或久居国外、不得打造超过五百石的双桅船出洋等等②。在这样的背景下，潮州的远洋贸易在很多情况下受到约束。简言之，潮州城区域商贸体系是有层级差别的，它以本区的商业交易和与邻区的闽赣循梅地区的交流为主。而远洋国际贸易主要为官方层面上的朝贡贸易和非法的走私形式进行，这使得潮州城商业重心的辐射力主要在内陆。

三　重心转移与体系演变

潮州府的中心地位不是一成不变的，一旦在潮州这片土地上出现了足以挑战既有的结构体系的社会变动要素，旧的联系网络可能会被打破，原先流向中心地各类资源也流向新的重心而出现中心地的易位。在汕头的商业地位日渐凸显后，潮州城的商业吸引力逐渐下降，经济中心地位逐步被汕头取代。

汕头昔为海澳，后经泥沙淤积而逐渐成陆。初时仅有渔民、盐民在此耕田、晒盐和捕鱼，后随着商船来汕寄碇贸易，商业街区形成而渐具港市雏形。咸丰十年（1860 年），辟汕头为商埠。③ 外国商品大量从汕头港涌入潮汕及内陆，而本区各县邑、粤东、赣西南、闽南的货物多通过水陆从汕头中转集散，许多产业从韩江中上游等内地区域迁往汕头港等沿海地带，如金纸业最早源于福建的南台，后来随着汕头对外贸易日趋发

---

① 参见周昭京：《潮州会馆史话》，上海古籍出版社，1995。

② 参见姚贤镐编《中国近代对外贸易史资料：1840～1895（第一册）》，中华书局，1962，第 3～28 页。

③ 参见汕头市金平区地方志编纂委员会编《汕头市金平区志》，方志出版社，2013，第 23～45 页；汕头市港口管理局编《汕头港引航史：1860～2010》，人民交通出版社，2010；另参见郑可茵、赵学萍、吴里阳辑编点校《汕头开埠及开埠前后社情资料》，潮汕历史文化研究中心，2003。

达，分布重心最后转移至汕头。① 正是如此，汕头最终成为商船停泊之总汇，商业地位日益凸显，据《潮州志·实业志》载，自开埠后，汕头商业十分兴盛，"贸易额岁有增加，其初出入口总额为一千三百五十万两，民国十二年（1923 年）增至八千四百万两；二十五年（1936 年）增至一亿四千余万两，七十年间膨胀逾十一倍之巨"②。约在 1950年间，汕头商业发展居全国第七位③。

在此过程中，新式的交通运输更新了旧有的联系模式，据《潮州府志略》所载，民国时期，汕头已有海、陆、空全面发展的交通路线④，这极大地推动了贸易网络的扩展。于此，以汕头为重心的新区域贸易网络逐步形成：（1）潮州当地开始以汕头作为商货中转的枢纽，各县的土货多由出产地运至汕头转售，如南澳的咸鱼脯料、澄海的海介纸箔、丰顺的柴炭等，同时，各县又从汕头购进其所需的外货，如豆饼、花生。（2）汕头与国内的其他地区开始建立直接的商业联系，相互转销土产洋货，从本港出发往北，所输出之物以土糖、纸箔为大宗，而运进上海的棉布、芝罘和天津等地的豆饼、福州和厦门的药材等。而往南的沿海航线上，汕头多与高州府、雷州府和琼州府所辖的港口进行贸易，运出食糖、花生、花生饼、油、木材、柑橘、瓷器和桂皮等，到了香港或者广州腾空后承载返程货物。（3）远洋国际贸易网络的形成与扩展。汕头与暹罗、安南、吕宋、新加坡、英国、日本等国也均有相对密切的贸易联系。需指出的是，在海外贸易中，汕头贸易一贯以南洋诸商埠为主，主要供应侨居国外的华侨。向港澳和东南亚诸国出口的土特产品有陶瓷、潮绣、渔网、夏布、竹器、茶叶、土糖、柑橘、蒜头、菜籽、腌咸菜等，进口则以大米、木材、香料、锡、铝等为主。

伴随着商业重心的转移，原先集中于潮州城的商人、资本等逐渐从城里流向更有发展前景的汕头等沿海港口新城。如府城官员为筹措营修资金开始到汕头置办商铺租项；樟潮会馆、南商公所、商会等开始兴建。此外，汕头商贸还呈现出新的特色，出现新式银行等金融机构和侨汇、香港汇等新兴业务。这在很大程度上扩展了以汕头中心的区域联系网络的范围，同时相比旧有的区域体系来说，也是具有革命性的新发展。

在清末民初东西交流日益密切与远洋贸易日趋为主流的时代背景下，汕头凭依其滨海的有利条件，借助开埠等机遇成为本区的商业中转站和中国南北通货的中介，此外，它尤其倚仗远洋国际贸易，是国际贸易网络里的一个重要的枢纽，俨然为滨海一大都会。故而，与以潮州府为中心的商贸网络不同，其所辐射的区域联系范围在很大程度上

---

① 范毅军：《汕头贸易与韩江流域手工业的变迁》，《中央研究院近代史研究所集刊》1982 年第 11 期，第 141页。

② 民国《潮州志》不分卷《交通志·水运》，潮州市地方志办公室编，2005 年铅印本，第 3 册，第 919 页。

③ 民国《潮州志》不分卷《实业志六·商业》，潮州市地方志办公室编，2005 年铅印本，第 3 册，第 1215页。

④ 参见民国《潮州府志略》附录 3《潮汕现状》，《中国地方志集成》，上海书店出版社，2003，第 101 页。

已经超越了原有的区域体系规模，货物人流集散更繁盛，这也是它最后能够取代潮州府城成为新商业中心的重要原因。

四 总结

某一地域的政治经济空间结构并不是一成不变的，某一个特定的中心城市也不是永远都处于上层，一旦在这一地域上出现了足以挑战既有的结构体系的社会变动要素，旧有的区域结构将有可能被重组，流向旧的中心地的各类资源也将可能改变其流动的轨道，中心地也可能因此而发生易位。简言之，特定区域环境的变化，会导致城市功能的变化，进而推动区域联系网络中心的转移与原有联系网络发生演变。明清时期，潮州城通过一系列的地方行政活动逐步强化自身的政治功能，成为本区行政中心。但随着区域商贸联系网络的构建，它从纯粹的行政中心城市，转变成兼为经济重心的多功能城市。不过，在以海禁为主流的国家政策和以河陆交通为主的背景下，潮州城商业重心的辐射力主要在于内陆。其后，随着东西交流日益密切与远洋贸易日趋繁荣，潮州城的商业中心吸引力逐渐下降，其经济地位也开始下降，甚至需要仰给集中在汕头的商货。相反地，汕头逐步崛起为新的商业中心，并拥有更大范围的经济联系与辐射力。与潮州府所构筑的结构体系有着很大的区别，它是一个在经济活动的触发下形成的新兴港口城市，同时，它的商业中心地位更多的是建立在远洋国际贸易之上，其地域的辐射范围比潮州府更广阔，货物往来也更加的兴盛。

责任编辑：陈嘉顺

文化遗产

宋代笔架山潮州窑的几个问题

李炳炎[*]

摘　要： 本文就20世纪40年代以来，国内外学者和文博单位对笔架山窑的研究、发掘历程进行回顾。在他们的努力下，宋代笔架山窑的窑场规模、产品工艺为世人所知，但尚未对本窑的产品原料进行科学测试，加之海外考古发现等局限，很难对本窑进行较为系统、客观的研究。对此，本文从文献资料、科学测试及海外考古成果对笔架山窑的烧造背景、工艺特征、佛像的描绘原料成分、产品海外发现等问题进行探究，抛砖引玉，希望对本窑的研究有所裨益。

关键词： 宋代　笔架山窑　工艺特征　海外发现

　　笔架山窑是北宋潮州窑的代表性窑场，也是潮州陶瓷史的重要组成部分。2001年，该窑被国务院公布为全国重点文物保护单位，命名为宋代笔架山潮州窑[①]。历史上，广义的"潮州窑"指潮州区域内所有窑场的总称[②]，狭义指宋代潮州笔架山窑。站在潮州陶瓷史的高度上看，对笔架山窑的研究显得极其重要，其研究成果大多集中在20世纪50~80年代。随着科学技术的发展与先进考古仪器的应用，一些原有的学术观点逐渐被修正。有鉴于此，本文拟从笔架山窑的烧造背景、产品工艺特征及海外发现这几个问

---

[*]　李炳炎，1962年生，文物博物副研究馆员，潮州市颐陶轩潮州窑博物馆馆长。

[①]　中国大多古窑址都以窑场所属州府命名。有关笔架山窑的命名：1974年11月广东省博物馆编《潮安笔架山宋代窑址发掘报告》内部征求意见稿，以笔架山窑所在的区域潮安县为其命名；1981年出版的《潮州笔架山宋代窑址发掘报告》改以潮州为区域名；2001年国家命名为宋代笔架山潮州窑。

[②]　潮州窑指的是唐宋以来在潮州（即今粤东的潮州、汕头、揭阳三市和梅州市部分行政区域）广泛分布的，主要为外销而生产，并在瓷器的制作工艺、烧造系统、产品特征和外销路线等诸多方面表现出共性和延续性的窑址及产品。

题入手进行探究。

自 20 世纪 30 年代开始，或更早一些，不少国外学者就注意并热衷于中国古窑址的研究，尤其是 20 世纪 50 年代以后，世界各国从事这方面研究的学者逐年增多，发表的专题论文、专著和图录更是与日俱增。

有关宋代笔架山潮州窑的研究，是因纪年佛像的发现而引起广泛关注的。1922 年 10 月，军队在潮州城西羊鼻冈挖掘战壕时①，在距离地表约一米处，挖到一个小石室，室内藏着四尊青白釉佛像及一个莲花瓣炉，每尊佛像的底座都刻有铭文，一尊为北宋治平四年（1067 年）、两尊刻有熙宁元年（1068 年）及一尊为熙宁二年（1069 年）所制，佛像的发现随即引起有关学者的关注②。20 世纪 50 ~ 80 年代国家、省有关文博专家及潮学知名学者饶宗颐对宋代笔架山潮州窑做了研究③。2004 年笔者接着前人的研究成果，结合新发现的笔架山窑器物，编著《宋代笔架山潮州窑》，著名潮学专家黄挺教授在序言中对笔架山宋窑研究做了较为全面的学术回顾，书中收录饶宗颐、曾广亿等的研究文章，并收录了省、市博物馆及民间的笔架山窑藏品共 230 件；2012 年首届潮州窑学术研讨会在潮州举行，出版《南国瓷珍——潮州窑学术研讨会论文集》④，里面收录多名国内知名文博专家对宋代笔架山窑的研究，其中栗建安的《东渐西输——潮州窑与周边瓷业关系及其产品外销的若干问题》及郭学雷的《宋代潮州笔架山窑相关问题研究》的论文，对该窑的兴衰、工艺特征及港口等问题做了深入研究；黄挺教授的《宋代笔架山窑产品的输出》论证了今潮安桑浦山一侧的金沙洋为宋瓷外销的港口；2013 年曾骐在《岭南文史》发表的《潮州笔架山窑出土的宋代瓷佛造像》⑤，对佛像铭文中提及刘用家谱系及佛像制作缘由做了研究；2015 年日本学者田中克子在潮州海丝·陶瓷国际论坛上发表《日本出土的宋代潮州窑产品与相关问题——以福冈市博多遗址群出土的为主》⑥；2015 年笔者在《青白瓷器研究》发表《宋代笔架山潮州窑的佛像工艺》⑦。

至此，宋代笔架山潮州窑的研究已成为中国古陶瓷研究的一个重要部分，受到国内外专家学者的广泛关注，但关于笔架山窑的若干问题尚待深入研究。

---

① 羊鼻冈位于现潮州市湘桥区凤新街道云梯村，村内有一丘陵，位于市中银大楼西北面，东临潮州大道，因形似羊鼻而得名"羊鼻山"。

② 罗原觉撰写的《谈瓷别录》发表于《岭南学报》第五卷第 1 期；1940 年，西方人麦康亲自到窑址调查后在《亚细亚杂志》上发表《中国古代窑址》一文，详细介绍了笔架山窑考察的情况。

③ 黄挺：《〈宋代笔架山潮州窑〉序》，载李炳炎编著《宋代笔架山潮州窑》，汕头大学出版社，2004，第 1 ~ 5 页。

④ 黄挺、李炳炎主编《南国瓷珍——潮州窑学术研讨会论文集》，香港中文大学文物馆，2012。

⑤ 曾骐：《潮州笔架山窑出土的宋代瓷佛造像》，《岭南文史》2012 年第 2 期，第 22 ~ 25 页。

⑥ 广东韩山师范学院编《海丝·陶瓷国际学术论坛暨饶宗颐教授百岁华诞庆典论文集》，内部资料，2015，第 180 ~ 184 页。

⑦ 李炳炎：《宋代笔架山潮州窑的佛像工艺》，载中国古陶瓷学会编《青白瓷器研究》，故宫出版社，2015，第 209 ~ 220 页。

一 烧造背景

早在唐代,潮州南北郊的南关窑及北关窑已建造馒头窑生产青釉瓷。至北宋,北关的凤山一带建有龙窑,南关窑、北关窑由原来生产青釉瓷逐步转为生产青白釉瓷。但由于南北郊距离州治较近,加之不便于大型龙窑的建造,周围缺乏优质瓷土矿,显然不适合生产高质量的青白瓷和扩大生产规模。到了北宋中期,窑场逐步以笔架山为重心。

考古发现,从笔架山东南山麓,至西北涸溪塔山脚,约四五公里均为窑址,共清理11条龙窑窑址,其中10号窑火膛被毁,残长79.5米,宽3米,出土大量白瓷、青白瓷、酱釉瓷标本,器形有盘、碗、壶、像等十几类,可知当时窑场分布密集,生产规模相当之大。如此规模庞大的窑场兴起,主要得益于北宋中期海上丝绸之路的开辟和笔架山窑独特的地理优势。

首先,北宋中期海上丝绸之路的兴起为笔架山窑产品提供了市场需求。11世纪宋朝的陆地近邻主要是辽(金)、西夏、吐蕃以及大理等少数民族,他们控制着对西域的陆上交通,阻断了西北丝绸之路。北宋中期即宋仁宗天圣元年至神宗元丰八年(1023—1085年)由于北方辽的入侵和骚扰,迫使北宋对外以经济利益换取政治军事的和平;对内则通过发展农业和商业,鼓励局势相对稳定的南方进行航海贸易发展经济,开通南海对外贸易航线,促进海外贸易,陶瓷也因此成为海上贸易的主要商品之一。据《广东通志》卷22载:"宋元丰间商税三万贯以下广(广州)十四务,潮(潮州)十务,万贯以下康(州)十务,南雄州六至八务。"[1] 在广南东路中,潮州商税稍次广州,而远在其他各州之上,可见当时潮州商业贸易的繁荣,其中应与陶瓷外销有着密切联系。

其次,笔架山窑优越的地理位置。笔架山窑址南北长约三四公里,范围广,为大型龙窑的建造提供了空间,且能随时扩大生产规模;其后山的水缸山蕴藏着丰富的瓷土资源以及茂密的树林,为窑场生产提供了充足的原料,采运方便;尤为重要的是笔架山窑场地处韩江下游,与潮州城隔水相望,交通便利,产品可通过韩江远销南海诸国、中东地区、日本、朝鲜等国。

随着海外市场对陶瓷的需求,以及北方制瓷技艺的传入[2],笔架山窑借助优越的地理位置及外来生产技艺发展起来,加速了其生产和发展。北宋中期,在海外市场需求的刺激下,笔架山窑逐渐发展为主窑场。

---

[1] 广东省地方史志办公室辑《广东历代方志集成·省部二》,岭南美术出版社,2010,第560~561页。

[2] 黄义军:《宋代青白瓷的历史地理研究》,文物出版社,2010,第62页。

二 工艺特征

宋代笔架山潮州窑产品釉色以青白釉、白釉、酱褐釉为多，青釉及黄釉较少。青白釉在本窑中所占比例最大，聚釉处呈湖蓝色或青绿色，釉质润泽，与同时期湖田窑青白釉相比，本窑色偏淡，欠透亮；本窑白釉呈色近月白，与同时期定窑白釉相比，欠缺乳白感；酱褐釉釉色呈褐色及黑色，也有黑中带褐色，局部出现窑变，酱褐釉胎薄质白，釉色黑亮，口沿釉薄处呈现一圈金黄色；青釉发现较少，其釉层较厚，质浊，呈青黄色，施釉均匀，胎釉结合紧密，近似同时期越窑青瓷；黄釉釉层薄，有透亮感。

笔架山窑产品釉料主要为灰釉，即石灰釉，利用草木灰、贝壳灰煅烧出钙和二氧化硅，是传统的釉料制法。本窑的青白釉即属灰釉，部分产品呈青色，是因为没有现代化的陶瓷设备用于分离飞天燕瓷土中的铁元素，铁元素在还原焰中发生化学反应，变成二价铁，呈青色调，尤其是钙元素存在的情况下，呈青色。由于釉料采自原矿，在淘洗工艺局限的情况下，铁、杂未能得到有效处理，导致产品釉色多样化。

在施釉工艺上，本窑多数的碗施釉不及足，但其中一类外壁划菊瓣纹的直腹平底碗，碗形较大，圈足高约 1 厘米，采用釉裹足工艺，圈足内露胎以泥块垫烧。大多数执壶及罐采用浸釉方法，圈足外壁留下手指纹。

在成型工艺上，本窑大部分器物的底足都是使用慢轮挖底，底足内壁留下明显的细小旋纹。瓶罐的器身是轮制手拉坯，其内壁留下较粗的旋纹。雕塑产品多为模印成型，工艺较为独特，如佛像、菩萨像、胡（吴）姬像、童子像等造型古拙典雅，生动传神；凤首、鱼形、兽首、狮球等造型创意独特，栩栩如生；器形较小的像类则为手工捏塑成型，小洋狗、小马等玩具小巧玲珑，惟妙惟肖。

在纹饰方面上，本窑的器物纹饰以画花和轮制弦线为主，其次是雕刻、贴花、镂空和彩绘。刻画花纹饰主要出现于中小盘内底，以叶纹对称图案及一花一叶的牡丹纹饰为主，构图流畅自然，有少数中型碗外壁划刻一周斜纹，内壁画花卉纹；大量碗、盘的内底以轮制弦线纹装饰；雕刻主要见于炉上装饰的莲花瓣，刀法生动，刻出的棱角刚劲有力；镂空仅见于一些炉的底座或器盖，有镂圆形孔或弧线三角形孔；戳印梅花纹也在本窑的菩萨像中出现，人物、动物多采用点彩装饰，如佛像、童子像及狮枕、凤首壶等在主要部位描绘褐色，少数人物像在眉、睛等部位出现露胎现象。

从窑址出土的窑具看，本窑在装烧方式上有圈足下垫放一个渣饼、垫环及三足垫环，有匣钵逐个层叠成柱状，匣钵一般都是装烧平底较高的器物，如灯、炉、瓶、壶和罐，底部用渣饼承垫。

笔架山窑产品在胎釉、成型工艺、纹饰、装烧方式等方面，既有与其他窑口存在共性的地方，又蕴含着独特的地方特色和明显的时代特征。

三 笔架山窑的佛像工艺

潮州佛教的兴起可以追溯到唐代，唐开元二十六年（738 年）敕建开元寺为潮州佛教史上一件大事。佛教一经传入潮州，随即信奉者众，思想深入人心。宋太祖继位后，他对"浮屠之教，有助政治……深明于心"，经常到佛寺烧香礼佛，并动用各种手段支持佛教的发展。乾德五年（967 年），为保护铜、铁等资源，宋太宗下诏，禁止再行毁铜铸造佛像，同时还下令各地佛寺不得毁坏铁器农具，用于铸造佛像。① 佛教既兴，又不得以金属铸像，于是以瓷塑佛像代替金属铸像应运而生，大量佛菩萨瓷像得以生产。笔架山潮州窑匠人周明制作的释迦牟尼佛像，庄严静穆，堪称经典。② 在窑址出土的瓷器残片中，也发现一些其他题材的佛像残座。③ 说明除了释迦牟尼佛等佛像之外，笔架山窑还生产其他题材的佛教造像，该窑制作的菩萨、罗汉像品种丰富，造型逼真，形象生动传神。

（一）佛像彩绘原料并非青料

羊鼻冈出土的笔架山窑佛像使用青花料描点的说法，先是罗原觉在《谈瓷别录》中提出，饶宗颐《潮瓷说略》、陈万里《从几件瓷造像谈到广东潮州窑》都沿用这种说法，如陈万里文中说佛像的"冠发、眉睛、须鬓均描青料作黑褐色"④，认为佛像以青料（即氧化钴、花料）描绘。2004 年，笔者编著的《宋代笔架山潮州窑》中对佛像的彩料也认同以上观点。之后，笔者通过比对窑址标本，逐渐质疑这一观点，并于 2007 年 8 月 15 日将标本带到北京，请教中国古陶瓷专家耿宝昌先生，在其重视支持下，故宫博物院测试中心对佛像（见图 1）进行了科学检测，结果见表 1。

表 1　佛像的检测结果

测试部位	Na₂O	MgO	Al₂O₃	SiO₂	SO₃	K₂O	CaO	TiO₂	MnO	Fe₂O₃	CoO
胡须	1.63	0.78	18.85	66.46	1.00	3.42	5.10	0.25	0.10	2.36	无
眉毛	0.55	0.61	22.02	66.80	0.22	3.23	4.69	0.25	0.07	1.56	
头发	0.41	0.79	18.97	70.13	0.11	3.38	2.99	0.14	0.06	2.98	
	0.30	0.78	20.34	69.37	0.02	3.16	3.59	0.19	0.07	2.16	

以上结论为：（1）经分析测试，该佛像首部的眉、瞳、胡须、发鬓部位使用了氧化铁着色，未检测到氧化钴的成分；（2）佛像首部的眉、瞳、胡须部位为釉下褐彩；

---

① 慎独：《宋太宗与佛教》，载南华寺编《曹溪水》2014 年第 4 期，第 25 页。

② 目前存世完整佛像有四尊，均被列为国家一级文物，两尊存放于国家博物馆，两尊存放于广东省博物馆。

③ 李炳炎编著《宋代笔架山潮州窑》，参见"像"部分的图片，其中图 3 ~ 图 9。

④ 陈万里：《从几件瓷造像谈到广东潮州窑》，载陈历明编《潮汕考古文集》，汕头大学出版社，1993，第242 页。

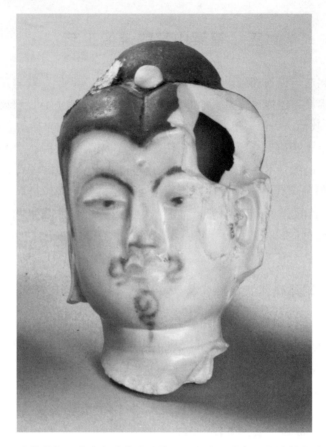

图 1　宋代笔架山窑青白釉佛像残件（潮州市颐陶轩潮州窑博物馆藏）

（3）发鬓局部有比较明显的结晶物质。[①]

通过科学测试，佛像着色剂成分一一呈现出来，推翻了笔架山窑佛像使用青花料描点的说法，本窑佛像描绘料应为褐黑色铁料。在此笔者也改正以前的观点[②]。

（二）以佛像为主的瓷塑产品

本窑的雕塑品种共分为佛菩萨像、人物像、动物像及植物造型。主要有佛像（见图 2）、菩萨像、罗汉像、神像、女抱壶像、凤首壶（见图 3）、鱼形壶（见图 4）、狮枕（见图 5）、狮炉（见图 6）、小狗、小马、狮子、胡人、兽首流、莲花瓣炉（见图 7）、灯、三联盒等。初步统计有 10 多种不同造型。

---

① 李炳炎：《宋代笔架山潮州窑的佛像工艺》，载中国古陶瓷学会编《青白瓷器研究》，故宫出版社，2015，第 209 ~ 220 页。

② 李炳炎：《宋代笔架山潮州窑的青花瓷器——佛像》，《宋代笔架山潮州窑》，第 31 页。

图 2　宋代笔架山窑青白釉
佛像（广东省博物馆藏）

图 3　宋代笔架山窑青白釉凤首壶残件
（潮州市颐陶轩潮州窑博物馆藏）

　　本窑的炉、灯上装饰的莲花瓣雕塑纹最具特色，有浅刻纹、浅浮雕、高浮雕及贴塑等表现技法，作品体现出佛教法物的圣洁和庄重。莲花瓣有单层和多层，高浮雕制作工艺独到，其成型在胎体上直接剔花，构图匀称，花瓣轮廓清晰凌厉，立体感强（图 8）。这类产品从简至繁，从平面到立体，变化多样。通过与同时期耀州窑、景德镇窑、建窑的同一造型工艺比较，笔架山潮州窑的莲花瓣纹捏塑工艺显得简洁有力，技艺堪称一流。

（三）佛像的供奉款

　　本窑已发现有纪年款式的佛像铭文共有六种，生产时间分别为治平三年，治平四年，熙宁元年（两件），熙宁二年（两件）。记载了"潮州水东中窑甲"刘氏一家请工匠周明制作，用于布施供养。其中一尊的铭文为"潮州水东中窑甲弟子刘扶同妻陈氏十五娘发心塑释迦牟尼佛永充供养，为父刘用母李二十娘阖家男女乞保平安，治平四年丁未岁九月卅日题，匠人周明"①。残件标本的划刻款有：菩萨踏莲坐像残

---

　　①　李炳炎编著《宋代笔架山潮州窑》，第 31 ~ 33 页。

图 4 宋代笔架山窑青白釉鱼形壶（潮州市颐陶轩潮州窑博物馆藏）

图 5 宋代笔架山窑青白釉狮枕（潮州市颐陶轩潮州窑博物馆藏）

图 6-1　宋代笔架山窑狮炉残件（潮州市颐陶轩潮州窑博物馆藏）

图 6-2　宋代笔架山窑狮炉残件（潮州市博物馆藏）

图 7　宋代笔架山窑青白釉莲花瓣纹炉（广东省博物馆藏）

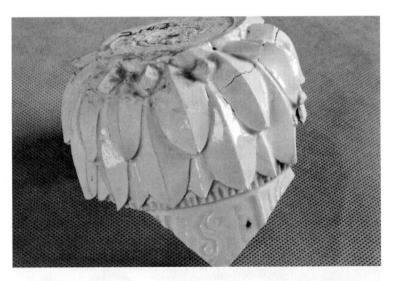

图 8　宋代笔架山窑青白釉莲花瓣炉残件（潮州市博物馆藏）

座内壁刻画"周□"的画押款（见图 9），这件菩萨像是否为周明所作，待考；佛像座残件正面铭文为"子□□同妻陈氏十五娘同男女发心塑造释迦牟尼佛"。由此可

图9　宋代笔架山窑青白釉观音菩萨踏莲坐像残件
（潮州市颐陶轩潮州窑博物馆藏）

知，北宋周明所作佛像应该是小批量产品，属于定制品。从佛像造型看，其样式不同于其他窑口的佛像，具有独特风格，这也从一个侧面反映了北宋潮州民众信奉佛教风气之盛，带动了本土瓷质佛像的制作，使其造型样式更符合地方民众的审美意识。

这几件落款佛像具有极高的文物价值，特别是其完整的铭文为研究北宋潮州佛教盛行和男女称谓习俗等提供了实物依据，奠定了宋代笔架山潮州窑在中国古陶瓷史上的地位，也成为研究北宋古陶瓷的标准器。

四　产品海外发现

潮州濒临南海，位于南北航线的中点。航海贸易按季风北可至日本、朝鲜半岛、琉球，南可达今之东南亚、西亚，这种季风也叫贸易风。自唐宋以来，潮州便成为南北贸易的交通点，大量的远洋船只需在这里补给，潮州港成为南北航线的中段港，舶商利用这一机会上岸进行货物交易。宋代设立市舶司，鼓励和规范海外贸易，主张"市舶之利颇助国用，宜循旧法以招徕远人，阜通货贿"[①]。北宋元丰年间，朝廷于广州颁发市舶法，嘉靖《广东通志》卷21"民物志二"所载："（北宋）神宗熙宁，天下诸州商税

---

①　叶文程、林忠干：《福建陶瓷》，福建人民出版社，1993，第235页。

三万贯以下广（州）十四务，潮（州）十四务；万贯以下桂阳二务，康（州）十六务，南雄六务，英八务。"① 北宋熙宁年间，也即周明制作释迦牟尼佛像的同一时期，潮州商税与广州并列广东商税前茅，潮州商贸活跃，税收增长的背后，应与陶瓷业的发展和陶瓷的外销有着直接联系。

从目前海外考古看，宋代笔架山潮州窑产品主要集中在东亚、东南亚和西亚。日本博多古港和朝鲜开城及砂拉越州博物馆均有发现北宋笔架山窑的产品，对此，学者也进行了较为系统的整理研究。

（一）日本

日本九州地区福冈市的博多，自古为贸易港口。该地区的考古发掘至今已经有 30 年，发掘地点多达 200 处，成果丰硕。其中发现 "11 世纪后半期至 12 世纪前半期出土的中国瓷器几乎都是来自广东、福建的窑口。广东陶瓷是以碗、碟为主，还有执壶、人像、盒等，器类比较丰富。虽然这些产品几乎都是广东东部的潮州窑，但也出土了广州西村窑的产品。……此外，南安窑、漳平窑、漳浦窑等闽南的产品也有。尤其是漳浦县接近广东省，可能是与潮州窑的陶瓷产品一起装上船的。这些广东、福建白瓷进口的年代，根据出土情况，虽然广东陶瓷比福建陶瓷早一点，但是止于 12 世纪前半叶。"② 由以上研究成果可知，北宋晚期之前，潮州窑的生产规模及产品品种要比福建各瓷产区发达。日本的文博界对广东的潮州窑及西村窑都统称为华南窑，目前基本上已分清了潮州窑及西村窑的不同工艺特征，两大窑口的出土文物也得到了区分，研究表明日本福冈市博多遗址出土的宋代广东白瓷绝大部分为潮州窑产品。这些器物最早发现于 1984 年博多遗址群的地下铁路线内调查、1988 年及 1989 年博多遗址群的筑港线调查。自 1984 年至 2010 年对博多遗址群共进行几十次考古调查，福冈市教育委员会发表了《福冈市埋藏文化财调查报告书》③，报告中对出土器物已确认为宋代潮州窑的器物共 41 件，现保管于福冈市埋藏文化财中心。主要有青白釉斜腹碗、内壁划刻花卉纹茶盏、刻画花瓣纹图案型盘、广口溜肩斜腹罐、盘口瓜棱小瓶、胡姬劝酒像残件等。另外，东京国立博物馆收藏的喇叭口执壶、撇口瓜棱盖壶④、白瓷莲瓣纹折沿口炉⑤，均属于宋代笔架山潮州窑的产品。

---

① 广东省地方史志办公室辑《广东历代方志集成·省部二》，第 560~561 页。
② 〔日〕田中克子：《日本博多遗址群出土的贸易陶瓷器及其历史背景》，载栗建安主编《考古学视野中的闽商》，中华书局，2010，第 158 页。
③ 亚洲水下考古中心理事田中克子女士提供。相关内容见广东韩师师范学院编《海丝·陶瓷国际学术论坛暨饶宗颐教授百岁华诞庆典论文集》，第 180~184 页。
④ 东京国立博物馆：《东京国立博物馆图版目录》，（日本）东京国立博物馆，1988，第 96 页。
⑤ 东京国立博物馆：《东京国立博物馆图版目录》，第 100 页。

（二）朝鲜半岛

1908—1912 年间，朝鲜"李王家博物馆"① 购入大量开城等地古坟中被盗掘并在市场上流通的中国瓷器，这些瓷器包含了耀州窑、定窑、越窑、景德镇窑、建窑、吉州窑等窑口的产品。随着宋代笔架山潮州窑考古发掘成果的披露，日本、韩国等文博专家相继发现韩国开城墓葬出土的大量中国瓷器，有不少是宋代笔架山窑的产品，其中一件精美的青白瓷人形注子，与笔架山窑出土的胡姬劝酒壶非常相近，已被韩国学者确认为笔架山窑产品。另有一件韩国国立中央博物馆收藏的青白瓷刻花花卉纹四系罐，据传也是高丽古坟出土，可与笔架山窑出土的同类标本完全对应，被日本学者确认为潮州窑制品。② 根据郭学雷的研究③，开城古墓出土的瓷器中，还有不少精美的潮州笔架山窑青白瓷，但多被韩国学者误认为景德镇窑的产品，使得开城出土的一批高质量笔架山窑青白瓷的真实情况，很少被学界所了解。

（三）东南亚及西亚

宋代笔架山窑产品在东南亚及西亚也有不少发现。如马来西亚砂拉越博物馆藏青白釉盘口瓜棱瓶④；印尼出土的青白釉瓜棱腹盘口瓶、青白釉刻花碟、青釉十瓣口碗、青白釉刻花碗、青白釉水盂、青白瓜棱罐和青白釉莲蓬三联盒⑤等；巴基斯坦巴博出土的浮雕莲花瓣炉⑥；菲律宾出土的青白釉瓜棱盒、青白釉圆筒划花盒、青白釉圈足喇叭口瓜棱腹长流执壶⑦；阿曼索哈出土的青白釉盘口瓶⑧。

以上研究成果是宋代笔架山窑产品在海外的发现，以日本及朝鲜发现的数量和品种较为具体。从这些出土文物看，笔架山窑产品种类繁多、器形丰富、风格独特，多为日用器皿，外销量大，可以肯定笔架山窑是以外销为主的窑场，根据市场需求生产适销的产品。

五　结论

宋代笔架山潮州窑是在北宋中期海上丝绸之路兴起的背景下创烧、发展起来的。其

---

① 1910 年日本占领朝鲜半岛后，将"昌庆博物馆"改为"李王家博物馆"。
② 襄丰：《白瓷》，《中国の陶瓷》第五卷，（日本）东京平凡社，1998，第 76 页。
③ 郭学雷：《宋代潮州笔架山窑相关问题研究》，载黄挺、李炳炎主编《南国瓷珍——潮州窑学术研讨会论文集》，第 42~47 页。
④ 笔者 2014 年 3 月前往马来西亚沙捞越博物馆考察时所见。
⑤ 曾广亿：《潮州笔架山宋代瓷窑分析研究》，载李炳炎编著《宋代笔架山潮州窑》，第 20 页。
⑥ 〔日〕龟井明德：《日本贸易陶瓷史的研究》，同朋舍，1986，第 164 页。
⑦ 〔日〕龟井明德：《日本贸易陶瓷史的研究》，第 164 页。
⑧ 〔日〕龟井明德：《日本贸易陶瓷史的研究》，第 164 页。

产品以外销为主，种类繁多，风格独特。从该窑的工艺水平看，产品造型丰富、胎釉结合紧密、纹饰多样、款式独特，虽多为日用器皿，但其中不乏精品，以纪年款佛像为代表。根据科学测试证明，本窑佛像描绘料应为褐黑色铁料。

饶宗颐认为："潮人学术，唐时先得禅学之薪传，继起乃为儒学，在韩公未谪潮之前，已卓然大有成就，是即潮人文化－传统之源头，儒佛交辉，尤为不争之事实。"晚唐出现灭佛，佛教信仰受到冲击。宋代笔架山潮州窑佛教法物的出土，可知北宋之后，潮州佛教再度兴起，成为民间重要的信仰。故对宋代笔架山潮州窑佛教法物的研究，对潮州文化的追根溯源具有重大意义，应成为潮州文化研究的一部分。

此外，从元丰年间人口的激增及税收的规模，北宋熙宁年间潮州税收及本窑产品的海外发现可知，本窑产品的外销是农耕经济的一种重要补充，为潮州经济的繁荣作出了重大贡献，对加速当时潮州的开发具有重要意义。同时，作为海上丝绸之路的重要商品之一，也为海上丝绸之路的开拓做出了贡献。

责任编辑：蔡文胜

旧本潮州歌册命名初探

马庆贤[*]

摘　要： 旧本潮州歌册的命名是歌册作品最直观、最明显的外在形式之一。笔者在对潮州歌册发掘、整理和研究过程中，发现其命名方式多种多样，具有一些共同的特点；也发现了旧本潮州歌册存在"同书异名"问题。迄今，尚未有专文对此进行探讨。有鉴于此，本文即以旧本潮州歌册的书名作为考察对象，归纳旧本潮州歌册的命名特点、类型，并对歌册"同书异名"及其成因进行剖析。

关键词： 潮州歌册　潮汕方言　说唱艺术　命名方式　刻本

　　潮州歌册，有的称"潮州歌"，有的称"潮州歌文"，也有的称之为"潮州俗曲"，是流行于明清之际广东省潮州府属及附近地区，且用潮汕方言编写演唱的民间叙事长歌。潮州歌册是中国传统说唱艺术的文学文本，是中国文学的重要组成部分，作为一种与民众关系密切的民间演唱艺术，对民众的娱乐、教化、信仰等精神文化生活产生过巨大的影响，现留存的大量旧本潮州歌册文本也记录了民众生活的历史。

　　旧本潮州歌册书名具有提示作品内容、显露作者用意及吸引读者关注等重要作用。近几年来，笔者陆续收集了几百种旧本潮州歌册文本，年代和版本上包含了早期清乾隆前后的手抄本，到晚清咸丰、同治年间的木刻本，再到清光绪至民国时期的石印本、铅印本，以及新中国成立后的油印本、铅印本、誊印本、影印本和激光照排本等潮州歌册。笔者在对潮州歌册发掘、整理和研究工作过程中，发现其命名方式多种多样，具有一些共同的特点；也发现了旧本潮州歌册存在"同书异名"问题。迄今尚未有专文对此进行探讨。有鉴于此，本文即以旧本潮州歌册的书名作为

---

　　* 马庆贤，1965 年生，汕头市民政局区划地名科科长，潮汕历史文化研究中心特约研究员。

考察对象，归纳旧本潮州歌册的命名特点、类型，并对歌册"同书异名"及其成因进行剖析。

一 旧本潮州歌册的命名特点

（一）旧本潮州歌册书名标识情况

潮州歌册书名是一部歌册的代表，也是认识一部歌册的起点。不管是收藏，还是检索查阅一部歌册，大都首先从歌册书名入手。因此，确定歌册书名，可以说是认识歌册的第一步。

命名，说白了就是取名。一部歌册的问世，也得取个名，而且人们还都希望取个好名。这个取名的过程就叫命名。一般人都希望一部歌册有个好的书名，至于怎样才算"好"，由于给歌册命名的人的修养、要求、审美眼光，以及时代、社会、政治形势、价值观念等差异的原因，就有了种种差别，但要求"好"，还是具有共性的。

现存的歌册，由于流传时间长，刻印情况复杂，加之标识歌册的方法并无统一的规定，只有一些约定俗成的做法，一部歌册的书名随着时代习尚的改变，既存相同之处，也可能出现差异的地方。因此，我们在确定歌册书名时，必须了解并研究歌册书名标识的特点。

从歌册的具体情况看，歌册卷端多有书名、藏板单位地址、藏板单位名称。藏书目录著录书籍之名一般以古籍卷端的题名为准，歌册当然也不例外。什么叫卷端？卷端就是每卷歌册正文前表示书名、著者、版刻情况的一行或几行文字。我们这里所说卷端的内容较全面，这是从卷端总的情况来分析的。

为什么一定要根据卷端来著录呢？这是从记载内容的可靠性来确定的。

一部歌册可以从封面（书衣、书皮）、卷端、版心（书口）等处看到书名。从各处出现的书名分析，卷端所标识的书名是比较准确的。我们可以进行一些分析。

首先是封面书名。中国的传统习惯有请人题书名的风气，叫题签。一般说，都是作者或者刻书者请师友、学者、长辈等有影响的人来题签。题签上的书名有和卷端书名详略不同的情况。另外，封面书名容易脱落及破损，后来刻印者有时有意更换书名，造成封面书名不够稳定。

其次是歌册版心的书名。版心，按照古代刻书习惯，绝大多数是有书名的。因为版心位置小，书名长，往往只刻一二字或几字以示，因而歌册版心上的书名往往是不完整的。

再次是卷端书名。卷端书名是作者最后定稿刻书时的书名，他人刻也是刻者最后审订过的书名，最符合作者及刻者的原意。同时，卷端每卷正文前的起首部位，一般都是比较慎重的。从刻书的风气及歌册工作者著录的经验总结，认为卷端是著录书名的主要依据，这是符合歌册实际情况的。但这也只是相对的，并非绝对。

（二）旧本潮州歌册命名特色

清末民初潮州歌册的书名纷繁复杂，凝聚着潮州歌册的文化内涵、潮州歌册与读者群体、潮州歌册传播的关系。但潮州歌册的命名，仍有一些规律可循。概括起来，有以下几方面的特点。

（1）歌册命名一般由专名加通名构成。例如"×××歌""×××全歌"，"歌""全歌"为歌册这类文献的通称，也即歌册的通名，但部分歌册则只有专名而没有通名。

（2）歌册命名反映歌册的潮汕本土色彩。例如《丰顺案》《枫洋案》《沙陇案》《沙溪头案》《南山案》《官硕案》《海门案》《磐石案》《饶平案》《潮阳案》《峡山案》《惠来案》《蓉娘案》《枫溪械斗案》《车田案》，皆为发生于潮汕本土的实案，其名称以歌册中故事发生地、主要人物、主要事件等进行命名。

（3）命名沿用改编对象。例如《双玉镯》《珍珠塔》《背解红罗》等改编自弹词、木鱼歌等文学故事的歌册，其命名多袭用原名。

（4）题名附属成分多，形成长名。例如《江西广信府景德高中状元避难三年鸳鸯记全本歌》《最新改良新中华革命军缘纪全歌》《最新改良清朝皇太后全歌》。书坊整理刊印的歌册名称，题名附属成分多，多将歌册主人公的籍贯或故事发生的时间、地点加在卷端名称中，构成一个很长的歌册名，并多放在卷端。

二 潮州歌册命名的类型

关于旧本潮州歌册命名的类型，可以分为以下几种类型。

（一）以歌册中相关人物或题材、主要情节、意境、意涵等进行命名

（1）以歌册中故事发生或编撰的时代命名。例如《隋唐演义古调弹词》。

（2）以歌册中相关人物的人名、官名、尊称命名。例如《山伯英台》《水鬼升城隍》《方提台歌》《红孩儿》《李旦仔（子）》《李春凤》《金花牧羊》《庞卓花》《苏六娘》《吴三桂》《吴瑞朋》《吴瑞朋下棚》《吴忠恕》《皇太后》《何文秀》《何玉枝》《余娓娘》《林大钦》《周文王》《周武王》《钟无艳娘娘》《秦世美》《秦香莲》《秦雪梅》《秦雪梅下》。

（3）以汉语数字一、二、三、四、五、六、七、八、九、十、百、万为首字命名。例如《一世报》《二岁夫》《二度梅》《二度星》《三义女》《三义节》《三义堂》《三合奇》《三合明珠宝》《三春梦》《三继母》《三铁金钱》《四美图》《四状元》《五义女》《五凤朝阳》《五虎平西》《五虎平东》《五虎平南》《五虎征北》《五虎平北》《五星图》《五星图子》《五美缘》《五美缘下棚》《五雷报》《六奇阵》《六奇阵下棚》《六月雪》《七尸八命》《七鹤朝缘》《七义女》《七圣娘娘经》《七星会刘进忠乱潮》《七美缘》《八

仙图》《八宝金钟》《八宝金钟下》《八美图》《八卦金钟》《九命奇冤》《十不全》《十粒金丹》《十二寡妇征西番》《百鸟名》《百戏名》《百花名歌》《百兽名》《百药歌》《百鱼歌》《百草名》《百屏花灯》《万花楼》《万花楼下棚》《万花楼下》等。

（4）以方位字词上、下、东、西、南、东北、西南为首字命名。例如《上朝英哥》《下南唐》《东汉刘秀歌》《西番珊瑚枕》《西番棋子》《南天门》《东北记》《西南械斗案》等。

（5）以吉祥数字"双"为首字命名。例如《双太子》《双太子下棚禹龙山》《双凤奇缘》《双凤钗》《双玉凤》《双玉鱼》《双鳄鱼》《双玉环》《双玉鱼珮》《双玉镯》《双白燕》《双白燕子》《双如意》《双状元》《双状元英台仔（子）》《双钉记》《双驴误》《双奇女》《双奇缘》《双金龙》《双金印》《双驸马》《双贵子》《双退婚》《双退婚下》《双错误奇中奇》《双鹦鹉》《双鲤鱼》等。

（6）以宝物命名。例如《大红袍》《阴阳双宝扇》《小红袍双宝扇》《小红袍黄元豹》《文武香球》《阴阳会铁扇记》《金针记》《灵芝记》《宝鱼兰》《宝珠记》《珍珠塔》《珍珠衫》《扫纱窗明珠记》《温良宝盏》《珊瑚宝》《紫霞杯》《温良盏》《辗龙镜韩廷美》《辗龙镜下棚红书剑》《玉针记》《玉沙虫夜》《玉如意下棚》《玉钏缘》《玉钏缘谢玉辉平金番》《玉钏缘（环）续再生缘初集》《玉钏缘（环）二续再生缘》《玉钏缘（环）三续再生缘》《玉律宝镜》《玉鸳鸯》《玉鸳鸯珠衫记》《玉盒仙琴》《玉楼春》《玉麒麟》《玉龙太子走国》《白扇记》等。

（7）以珍禽异兽、奇花异卉命名。例如《天豹图》《白狗精》《白蛇传》《白兔记》《白马岭》《金狗精》《金貂记》《金丝蝴蝶》《金叶菊》《蜘蛛记》《鲤鱼娶女么》《鹦鹉记》《麒麟图上棚》《麒麟图下棚》《青梅女》《青梅记》《锦鸳鸯》《蓝芳草》《绿牡丹》《同年珠柑记》《义女莲花仙》《水蛙记》等。

（二）以与歌册文体、编撰方式或创作观念相关的公案、弹词、宝卷、经、传等进行命名

（1）以公案命名。主要有歌册中故事发生地加"案"，也有歌册中人物姓名、性别加"案"，有的在歌册中人物尊称之前加上修饰词，再加"案"命名等。以歌册中故事发生地加"案"命名，例如《丰顺案》《枫洋案》《沙陇案》《沙溪头案》《南山案》《官硕案》《海门案》《礜石案》《饶平案》《潮阳案》《诏安案》《峡山案》《惠来案》；以歌册中人物姓名、性别加"案"命名，例如《蓉娘案》《尼姑案》；以歌册中人物尊称之前加上修饰词，再加"案"命名，例如《廉明包公案》；以歌册情节或主要事件加"案"命名，例如《挽面案》；以歌册中故事发生地加情节或主要事件，再加"案"命名，例如《枫溪械斗案》《象地风水案》。

（2）以弹词命名。例如《隋唐演义古调弹词》。

（3）以宝卷命名。宝卷者，宝者法宝，卷者法卷。例如《目连救母三世宝卷》《雪山宝卷》《梁皇宝卷》《哀情直叙宝卷》。

（4）以经命名。民间宗教家视其宝卷为经典，因此这类宝卷也称作"经"。例如《目连救母经》。

（5）以传命名。一般用于神道人物传说和宗教祖师传记类宝卷，简称"传"。以传为通名命名的歌册，例如《七真祖师列仙传》。

三 歌册"同书异名"及其成因

在纷繁的旧本潮州歌册书名中，时见"同书异名（包括简名、又名）"现象。

对旧本潮州歌册文献的此种现象，若不加以考察辨析，往往会使人们在检索潮州歌册书目、利用潮州歌册文献时失误，或误以一书为二部、多部书，或面对纷繁的"同书异名"，如坠入云里雾中，不得其要领。

所谓"同书异名"，是指同一部潮州歌册文本，具有两个或两个以上不同的书名。潮州歌册书名的著录，一般应以每卷正文卷端所题为准，但潮州歌册的封面、版心也经常题有或出现书名，而这些部位中所题的书名由于各种原因，常常与正文卷端所题书名有所差异。例如：歌册《忠义节》一书，封面名为《古板十不全全歌》，卷端名为《新造忠义节》，版心名为《忠义节》；《白莲花》一书，封面名为《古板白莲花全歌》，卷端名为《新造义女莲花仙》，版心名为《双宝环》；《珠衫记》一书，封面名为《古板珠衫记张红梅》，卷端名为《新造玉鸳鸯珠衫记》，版心名为《珠衫记》；《龙井渡头》一书，封面名为《新造龙井渡全歌》，卷端名为《新造龙井渡头残瓦记》，版心名为《残瓦记》；《秦凤兰》一书，封面名为《古板秦凤兰全歌》，卷端名为《新造秦凤兰忠义亭》，版心名为《忠义节》。这种同书同一版本因歌册部位不同，书名著录不同的情况，会让人误认为是不同的书。

欲厘清潮州歌册文献的"同书异名"现象，必须运用古籍文献学知识，结合传统文化背景，对其形成的原因加以剖析，今归纳旧本潮州歌册文献"同书异名"的几条成因以说明之。

（1）因著录名称的部位不同而形成异书名。潮州歌册在卷端处题写正书名，另在书衣（书皮、封面）及书口（版心）处题写异书名。这是导致潮州歌册"同书异名"的最主要成因。

（2）民间刊刻的歌册，其刊刻的歌册版心题名，则例用简名。如卷端题名为《新造柳树春八美图》，版心题名为《八美图》。如卷端名较简明，则卷端题名去掉卷名前冠词后作为版心题名，如清光绪八年（1882年）周文元造的歌册，卷端名为《新造纸容记》，版心题名为《纸容记》。

（3）因唱词著录需要，经删减而改名。歌册唱词中如出现歌册的名称，因这类唱词主要是七字句，因著录需要，故多采用简名。例如《新造三国刘皇叔招亲全歌》唱词称"刘备招亲"；《新造龙井渡头残瓦记》唱词称"龙井渡头""残瓦记"。

（4）歌册演唱者演唱时结合故事情节标新立异而改名。歌册演唱者演唱歌册时，往往在情节上加以变动而用一个不同的卷名以标新立异。例如从福建省东山县黄武英所藏歌册目录中可知，因其歌册多为手抄本，封面歌册名称多为抄写者以故事情节起名或以歌册主人公的名字作歌册名，因此歌册异名相当多。例如《吴瑞朋》《李春风》《秦凤兰》《秦雪梅》等。

（5）因书名冗长而省略改名。例如同治六年翰墨堂刻本，卷端名为《江西广信府景德高中状元避难三年鸳鸯记全本歌》，书名过于冗长，故其封面歌册名省略为《古板双状元全歌》，其版心名省略为《德高》。

（6）因重刊而改名。昔时书商为谋利，重印或传抄前代的歌册时，往往在原书名称前后添加修饰语冠词，如"新刊""新镌""新编""新造"等字样，以更改歌册名，这样也导致同书异名现象。归纳起来，主要有三种情况：一是反映版次的冠词，有"新造""新刊""新刻"，但以"新造"两字为多，如《新造五凤朝阳》《新刊秦国和》《新刻五义女全歌》；二是反映内容编排的冠词，有"新编""新撰"，例如《新编玉鹦鹉》《新撰玉钏缘续再生缘》；三是反映底本的冠词，有"古本""古板"，例如《新刻古本刘成美忠节全传》《古板六奇阵全歌》。这些歌册名冠词，对于鉴定版本是不可缺少的。歌册名修饰语冠词不同，版本也就不同，歌册名修饰语冠词常常是同书异本互相区别的重要标志之一。例如笔者家藏的手抄本潮州歌册《新编玉鸳鸯》，与木刻本歌册《新造玉鸳鸯全歌》，歌册名修饰语冠词不同，两个版本也就不同。

（7）为避俗求雅而改名。《新造双钉记全歌》歌文颂扬了包公的精于察狱，在断一件铁钉命案中又查出另一件铁钉命案，故谓之《包公判双钉》，又因命案是先由觊觎金龟而起，故歌名又雅称《金龟记》。

（8）歌册编刊者为达到广告宣传效果而改名。清末民初潮州书坊众多，不下 20 家。潮州的有李万利、王生记（也称王生记号）、李春记书坊、瑞文堂（也称吴瑞文堂、吴家瑞文堂）、瑞芝堂、瑞经堂、瑞源堂（也称方瑞源堂）、瑞文智记、财利堂（也称陈财利堂）、五福堂、友芝堂（也称王家友芝堂）、友文堂（也称王家友文堂）、进文堂、翰墨堂、万利生记、李万利春记（万利春记）、文在楼、隆兴书局（也称隆兴斋堂）等多家。汕头的有益裕号、名利轩、马合利、汕头文化杂志社等。有的书坊面对激烈竞争的出版市场，不惜多次更换堂号，如李万利，有时采用老万利、万利老铺、李万利老铺、李万利老店、李万利号、李家万利号、李万利堂、万利号、万利堂、李万利书店、李家万利进行印刷宣传。而歌册的编刊者，为扩大发行，吸引读者注意，最大限度地刺激购买，牟取利润，以将歌册这一商品有效地卖出去，常使用多种多样的广告手段，甚至改名，以达到宣传的效果。

（9）因文献著录需要，经删减而改名。文献著录中记录的歌册，多用简名或异名。如民国十七年（1928 年）10 月 3 日出版的国立中山大学语言历史学研究所编印《民俗周刊》第廿七廿八期合刊"本所风俗物品陈列室所藏书籍器物目录（续）"中载明的歌册书名，1949 年《潮州志》总纂饶宗颐审定、分纂萧遥天辑《戏剧音乐志》之"歌册的节目传奇"中载明的歌册书名，陈景熙老师所藏《"瑞文智记"歌册目录》中载明的歌册书名等，多用三字或四字韵文简名。例如《春秋配歌》《芭蕉精歌》《戒指记歌》《青梅记歌》《双奇缘》《绿牡丹》《八美图》《珍珠衫》等（详见附录1、2、3）。

歌册"同书异名"成因的这种复杂性，增加了歌册著录和整理工作的难度，也是导致歌册"同书异名"的主要原因。

综上，对潮州歌册命名特点加以简单阐述，并就潮州歌册命名的类型进行探讨。这让我们明白潮州歌册的命名，反映潮州歌册的文化内涵、潮州歌册与读者群体、潮州歌册传播的关系；潮州歌册的命名，有利于吸引读者群体注意、刺激购买、扩大发行，强化宣传效果。

附录1

"本所风俗物品陈列室所藏书籍器物目录（续）"中载明的歌册书名

（民国十七年十月三日出版，国立中山大学语言历史学研究所编印，
《民俗周刊》第廿七廿八期合刊）

书名	册数	书名	册数
沙溪头	2	秦雪梅	8
八宝金钟	11	梨花征西	28
雷神报	3	游山东	5
杨大贵	10	宝鱼兰	12
吴三桂	10	仁贵征东	23
萧光祖	8	包公出世	13
送寒衣	5	金石缘	6
崔鸣凤仔	15	紫荆亭	8
五美缘	28	平潮	12
双如意	6	国潮沈公爷监潮	13
南天门	8	刘明珠	23
五星图	8	禹龙山	8
五星图下	8	双凤钗	8
翁万达	11	平金番	33
小红袍	4	崔鸣凤	6
尼姑案	5	一世报	5
庞卓花	12	玉针记	6
海门案	5	柳知府	5
烈女配	9	新中华	9
白扇记	2	阴阳双宝扇	10
双玉镯	26	蜘蛛记	4

续表

书名	册数	书名	册数
升仙图	9	五虎平北	35
华美案	14	大红袍	25
上朝英哥	9	罗通扫北	11
珍珠衫	5	方提台	18
荔枝记	5	八宝金钟下	10
二岁夫	9	双太子红罗衣	20
东汉刘秀	12	双退婚	11
秦世美	6	李春凤	18
象地风水案	6	伯嗜认相	1
李旦仔	8	重婚配	1
青梅女	32	宝珠塔	2
六奇阵	6	香港案	2
金狗精	8	肥丑拆字	1
竹钗记	12	卖芋案	4
爱情误	4	新茶花	6
扫北征东	6	双认错	2
忠节传	20	老丑歌	1
刘成美下	16	雪梅教子	1
石莲寺	13	三娘教子	3
秦凤兰	10	双玉鱼	4
再合鸳鸯	10	五义女	2
香毬记	4	水心桥	2
吴忠恕	6	山伯英台游十八地狱	1
十三妹	3	百鸟名	1
玉蝴蝶	3	潮阳案	1
别西施	2	玉钏缘	10
误中错	2	扣齿误	3
金如龙考察	1	千滴水记	2
讨亲	2	下尾沉	2
青竹寺	1	奇中奇	2
雌雄剑	2	角石案	4
双咬鹅	6	青龟记	5
哭长城	2	古本事事备	2
珍珠塔	6	周阿奇	2
背解红罗	28	珠玷记	2
兄弟分家	2	张古动	2
金花掌羊	4	百花名	1
文公冻雪	4	六奇阵	12

续表

书名	册数	书名	册数
袁蒙正当妻	2	滴水记	4
手布诗	1	游苏州	2
戒烟案	2	玉沙虫夜	4
癫痫脱壳	4	竹箭误	3
象地	1	秋兰卖风	3
失罗帕	3	收狐狸	2
和睦成家	3	果绑子	1
双别窑	1	双竹槌	6
螺地	4	休妻	2
长亭别	1	赵元求寿	2
八宝追夫	1	双和睦	3
莫二娘	2	挽面案	3
陈商游楼	1	沈（应为"沉"字之误）江	3
溪口案	3	闹花灯	1
何玉枝	2	千灯兰	1
飞鹅地	3	刘备招亲	2
孟丽君	3	丰顺案	2
浪子收尸	2	陈三大难	1
洋芬案	2	梁氏当儿	1
红梅记	2	乞食收妖	1
收双猴	1	补缺（应为"缸"字之误）小曲	1
斩韩信	4	杨四郎回营	1
双御环	1	丁兰刻木	2
眼前报	1	卓文君	1
桃花过渡	2	女绑子	1
投江	2	文昌庙会	2
万家妆	5	三元弟	2
采桑	2	芦林会	2
桃李配	2	候蝇记	2
二凤争鸾	2	珠玝记	4
山伯访友	2	观山花	1
奇巧配	2	四隆走贼	1
双驴误	2	小儿论	1
买猪	2	杀四门	1
唱出名货	1	大闹花灯	3
唱忠恕	1	仁贵回窑	1
三司会审	1	草鱼记	2
七鹤归洞	4	分桃案	2

续表

书名	册数	书名	册数
关王庙会	2	自由配	2
饶平案	3	挨豆腐	3
斩翰林	2	春和休妻	1
何文秀	2	新娘诗	1
拜月	1	挑灯案	1
凑皇门	1	千投江	1
廿四孝	1	千榄城	1
官亭别	1	唱三国	1
送京娘	2	伯邑考	3
林大托媒	2	苦儿弱女	7
百草名	2	青盲案	2
占婚配	3	镜里误	4
车衣店自由配	2	醉乡遗恨	2
纺纱案	1	百花台	2
鹦哥鸟递书	1	青盲娶女么	6
榄城攻书	2	女贞血	2
千玉鱼	1	百岁修行	1
小丑	1	复母泪	2
千青竹寺	2	世情报	4
蓝芳草	2	刘明珠	5
咬指	1	三破幽州	4
对鞋	1	双夺妻	5

从《沙溪头》到《双夺妻》共 238 种，俱购自潮州。

注：上述表格中"书名"除大部分为潮州歌册外，部分应为潮剧曲册；表格中所指"册数"应为"卷数"；表格中汉语数字均改写成阿拉伯数字。

附录 2

"歌册的节目传奇"中载明的歌册书名

（民国三十八年，《潮州志》总纂饶宗颐审定，分纂萧遥天辑
《戏剧音乐志》之"歌册的节目传奇"载明）

（甲）一般性的：刘备招亲、取西川、取东川、凤仪亭、薛仁贵征东、樊梨花征西、五虎平西、万花楼、小李旦、大红袍、小红袍、秦世美、萧光祖、宋帝昺、孟丽君、紫荆亭、临江楼、禹龙山、粉妆楼、二岁夫、二度梅、张红梅、麒麟图、香罗帕、游石莲、游江南、玉鸳鸯、玉如意、六奇阵、明珠记、阴阳判、征西番、孟日红、三合

奇、一世报、珍珠衫、游山东、吴瑞朋、双贵子、五凤朝阳、张古董、金狗精、秦雪梅、竹箭记、林太师、包公出世、金燕媒、五义女、游苏州、下南唐、祝英台、升仙图、庞卓花、黄双孝、白莲花、杨大贵、玉钏缘、温凉宝盏、铁扇记、宝鱼兰、玉蜻蜓、白蛇传、雌雄宝盏、文武香球、双金龙、红书剑、平金番、玉楼春、背解红罗、白狗精。

（乙）乡土性的：翁万达、潮州柳知府、吴忠恕、刘龙图、三春梦、剪月容、七尸八命、方大人、潮阳案、绞（应为"挽"字之误）面案、诏安案、海门案。

歌行：桃花过渡、老丑歌、花会歌、劝赌歌、百鸟歌、百鱼歌、百花歌、百药歌、点戏歌。

附录3

陈景熙所藏《"瑞文智记"歌册目录》中载明的歌册书名

隋唐演义、反唐开坟、罗通扫北、仁贵征东、梨花征西、凤娇李旦、万花楼歌、五美缘歌、双退婚歌、紫荆亭歌、韩廷美歌、雌雄宝盏、麒麟图上、麒麟图下、玉麒麟歌、天豹图歌、杨文广歌、碧玉鱼歌、粉状楼歌、纸容记歌、升仙图歌、玉盒仙琴、春凤兰歌、红书剑歌、双白燕歌、双驸马歌、双如意歌、玉如意歌、六奇阵歌、四美图歌、五凤朝阳、凤仪亭歌、刘王叔歌、招亲下歌、虫侯蝇记歌、乾坤镜歌、玉楼春歌、刘明珠歌、金燕媒歌、十不全歌、吴忠恕全歌、龙图公案、铁扇记歌、铁扇记仔、灵芝记歌、白绫像歌、临江楼上、临江楼下、七鹤朝缘、双玉鱼佩、游江南歌、小红袍歌、征西番歌、孟日红歌、冯长春歌、丰顺案歌、苏六娘歌、蜃中楼歌、观琼花图、杨大贵歌、玉沙虫夜歌、御杯记歌、双鹦鹉歌、双金龙歌、取东川歌、秦雪梅仔、廉明公案、白扇记歌、惠来案歌、钉金龟歌、玉环记歌、秦世美歌、石实石力案歌、龙井渡歌、明珠记歌、玉鱼仔歌、温凉盏歌、潘葛仔歌、玉葵宝扇、崔鸣凤歌、水心桥歌、香罗帕歌、上海案歌、水蛙记歌、医牛女歌、八仙图歌、两度星歌、春秋配歌、八宝金钟、玉花瓶歌、杨宗保歌、武廊全歌、双状元歌、文进收妖、游地狱歌、戒洋芬歌、鹦哥鸟递书、百鸟名歌、巧奇缘歌、游苏州歌、周阿奇歌、宋帝昺歌、赐绿袍歌、六月雪歌、崔文瑞歌、潮阳案歌、张古动歌、何玉枝歌、英台返魂、五义女歌、烛心记歌、百花名歌、吴忠恕歌、卖油郎歌、奇中奇歌、芭蕉精歌、五雷报歌、雷神报歌、天恩报歌、龙头钗歌、朱买臣歌、珠玕记歌、金环记歌、戒指记歌、五虎平西、望天岭歌、李春凤歌、六奇阵下棚、双奇缘、绿牡丹、张红梅歌、八美图、珍珠衫、五星图歌、度三娘歌、金针记歌、锦鸳鸯歌、青梅记歌

责任编辑：杨映红

潮汕女性挽面民俗的调查与研究报告[*]

刘文菊　陈晓燕　蔡舒婷　吴岱音　徐微芝^{**}

摘　要：挽面在潮汕地区仍然还有很大的生存空间，女性在"出花园"、出嫁、丧葬、时年八节的时候都要挽面。近年来，挽面甚至有复兴之势，不少现代女性选择这种经济、环保、绿色、健康的美容方式，而不是容易损伤皮肤和身体健康的现代美容方式。在日本、韩国、台湾地区、新加坡等国家和地区甚至兴起一种"蝶式挽面法"，将传统技法与现代美容术相结合，有很大的发展前景。挽面有着鲜明的女性文化色彩，本课题通过对潮州、汕头、揭阳等地区的挽面美容店、挽面娘以及挽面顾客的调查访谈，探寻挽面的传承和发展史，探究挽面的美容技艺、经济地位和文化价值，从女性身体与文化的角度解读挽面在女性生命历程中的意义，探讨挽面传承与发展的当代意义和价值。

关键词：潮汕女性　挽面　民俗　现状调查　研究分析

一　关于挽面的基本介绍

（一）何谓挽面？

"挽"在闽台方言中是"拔"的意思，挽面是一种利用纱线拔除面部的汗毛，修齐

* 本文为 2014～2015 年度广东妇女/性别研究课题成果，项目编号：FY1409。

** 刘文菊（1968～），女，湖北人，韩山师范学院文学与新闻传播学院教授，澳门大学中文系 2016 级博士生。主要从事女性文化/女性文学的教学和研究；陈晓燕（1992～），女，广东潮州人，韩山师范学院旅游管理与烹饪学院 2010 级学生；蔡舒婷（1992～），女，广东潮州人，韩山师范学院文学与新闻传播学院 2010 级学生；吴岱音（1993～），女，广东潮州人，韩山师范学院文学与新闻传播学院 2012 级学生；徐微芝（1996～），女，广东揭阳人，韩山师范学院文学与新闻传播学院 2014 级学生。

额发、鬓角和眉毛的传统的女性美容方式，也是传统婚俗中女子出嫁的修容仪式。挽面也称"挽脸""绞面""绞脸"等，闽台方言称"贵面"、广东江门称"捌毛仔"、广东湛江称"拔面毛"。在中国，从北方到南方，如东北、河北、湖北、江西、广东、广西、福建等地，都有为新婚女子"开脸"的习俗，通常由女性长辈施行仪式，有的在新娘上轿前在女方家进行，有的在新婚后第一个早上在男方家进行，也有称之为"开面""开颜""开额""换新脸"，有改头换面、脱胎换骨、祈求吉利、祝福新娘的寓意。杨萍认为：挽面，是用浸湿的纱线绞去脸上汗毛的一种古老的美容术。[1] 挽面在潮汕地区有着悠久的历史，潮剧《苏六娘》中有写道："修容择在寅时，簪花择在卯时。"修容即挽面，这一民间生活习俗在明代已经出现。台湾学者施翠峰介绍：挽面是一种利用纱线来拔除脸上汗毛的美容方法。按照台湾的习俗，女性头一次挽面叫作"开面"，是在出嫁之前做的，每每要邀请多子多孙的老妇人动手，如果这位老妇人不会，只要做做样子，再另外请"挽面婆"完成。[2] 在台湾，还流行着一道谜语："四目相看，四脚相撞。一个咬牙根，一个面皮痛。"[3] 谜底便是"挽脸"。挽面也是潮汕地区的丧葬礼仪，送葬时必须"男剃头，女挽面"，7 日后"做七"时再做一次，有尽孝道的寓意。挽面作为一种传统的女性民俗和女性美容方式，在当代社会已经逐渐衰落。不过，在潮汕还有很大的生存空间。

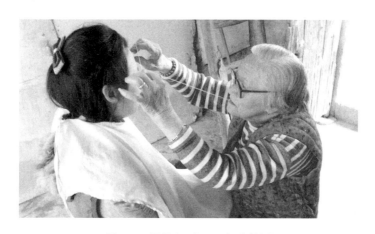

图 1　王奶奶 85 岁了，还在挽面

（二）为什么要挽面？

挽面是女性享有的"特权"，男性是不挽的。极少数情况下，也有挽面娘同意给男

---

① 杨萍：《传统美容亮相国际非物质文化遗产节》，《医学美学美容（财智）》2007 年第 8 期，第 8 页。

② 施翠峰：《风土与生活》，中央书局，1966，第 10 页。

③ 林长华：《"挽脸"美容法　两岸共相传》，《两岸关系》2002 年第 2 期，第 48 页。

性挽面的。有几种挽面民俗：一是女孩 15 岁的成人礼——潮汕地区叫作"出花园"。一般都是由父母先请人为其挑好良辰吉日，然后请一位有福的妇人上门来为其开脸，开脸之后，预示着女孩从今往后已经是个成年人了，告别了过去女孩的身份，开始新的人生旅程。二是女子出嫁。开脸是新婚女子由姑娘变成媳妇不容忽略的大事，只有开过脸的女子，才是真正意义上的媳妇。① 三是产妇生产满月。有些地方，如台湾地区、兴国客家等地，产妇生产满月也习惯挽一次脸，寓意脸庞如满月一样皎洁。四是丧葬场合。不仅成人礼、出嫁等有挽面习俗，这种习俗还延伸到丧事上，有"男剃头、女挽面"之说，对女性进行挽面，是为了除去她们在丧事中沾上的晦气，也是传统文化观念的一种体现。

图 2　在路边等待挽面的顾客

（三）挽面需要哪些工具？

挽面所需要的工具极其简单：两卷棉线、一盒松粉、一副眉夹、一只簪子和两张板凳。② 棉线分为粗线和细线，旧时用黄麻线，很有韧性，现在一般用缝纫线，交叉使用，能够对脸上的汗毛做细致的处理；松粉也叫水粉、白粉、紫藤萝粉，民间主要用它来洁白皮肤，挽面之前使用松粉，可以起到润滑皮肤、减轻疼痛的作用；眉夹专门针对眉毛的修整而用的，因为眉毛这一块是软骨，也是挽面过程中最疼痛的一个部位，所以有经验的挽面娘在用眉夹修眉之前，会先用棉球沾下酒精搽眉毛周边处，有清洁和舒缓

① 苗秀侠：《妖妖娆娆开脸歌》，《安徽文学》2006 年第 9 期，第 52 页。
② 陈友义、杨萍：《挽面：潮汕的传统美容术》，《寻根》2015 年第 1 期，第 44 页。

疼痛的作用；而簪子则是用来将头发往后面束起，露出额头，以便修鬓角，有些挽面娘用的是发箍，效果一样；最后两张板凳是一高一矮，高的是挽面娘坐，矮的给顾客，一高一低，相向而坐，方便挽面的进行。

图 3　挽面工具

（四）如何挽面？

陈绍龙在《开脸》一文中描述了挽面的情形：王婶断一根长线，两头在一块打上结，绕几个交叉，形成"剪"状，用两手的食指和拇指绷紧，用牙咬着线的一端，把线贴着女孩的脸，两手和嘴同时外撑开，就把脸上的汗毛给绞下来了。[①] 涂明炎在《姑娘出嫁要开脸》中介绍：开脸者先在姑娘脸上扑粉，然后用双手绷着棉线，让两根线绞着姑娘脸上的汗毛；轻轻地扯起来。棉线在脸上来回地扯，反复多次，直到将汗毛扯尽。再用煮熟的鸡蛋白在扯过汗毛的脸上滚动按摩，起到滋润皮肤、防止感染的作用。上述程序完成后，再梳顺头发，盘成发髻，黄毛丫头就变成了俊俏媳妇。每次挽面，多则半小时，少也要 10 到 15 分钟，在这个过程中，顾客眯着眼任挽面娘的棉线在脸上"游走"，除了第一次挽面的不适和疼痛外，其他时候挽面会成为一种享受。[②]

---

① 陈绍龙：《开脸》，《中国老区建设》2006 年第 4 期，第 63 页。
② 涂明炎：《姑娘出嫁要开脸》，《民间传奇故事（A 卷）》2005 年第 5 期，第 19 页。

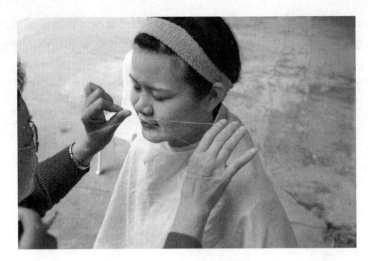

图 4　何志兰的挽面动作

二　女性挽面民俗的研究综述及其研究意义

（一）挽面研究综述

（1）关于挽面的研究资料大多数是简略的介绍，认为挽面是一种传统的女性美容方法，没有系统全面的记载和分析。如：林长华《"挽脸"美容法　两岸共盛传》，《福建乡土》2002 年第 1 期；卢瑾钰、唐天勇《钦州民间文化及其传承的调查与思考——以坭兴陶、采茶戏、绞脸、猪脚粉为例》，《传承》2012 年第 8 期。

（2）关于挽面的研究文献，多数是把挽面涵盖在婚俗研究中，作为全国大多数地区传统出嫁婚俗中女子不可缺少的仪式，是女性由未婚变成已婚的象征仪式，被称为"开脸""开面"等，开脸歌、挽面歌的内容都是对新娘的祝福和期待。记载此类挽面仪式的文献有：杨梓彬《论潮州婚俗的文化特色》，《社科纵横》（新理论版）2008 年第 12 期；陈汉初《潮汕婚姻旧俗面面观》，《广东史志》2001 年第 11 期；严恩萱《"六礼"古今谈——客家婚俗考略》，《赣南师范学院学报》1997 年第 2 期；杨晓红、邵娟《鲁南乡村生活礼仪习俗用语考略》，《农业考古》2009 年第 12 期；任彤、李文娟《徐州地区婚俗风情考察》，《科学大众》2009 年第 1 期。也有一些文献记载挽面是某些地区丧葬民俗中"男剃头，女挽面"的礼仪，也是时年八节等重大节日中女性必须完成的礼仪。记载此类挽面仪式的文献有：方烈文《潮汕民俗大观》，汕头大学出版社，1996；陈爱丽、陈坚伟《广东普宁地区潮汕人葬礼的伦理特征》，《云南社会科学》2012 年第 7 期；张崇根《台湾汉族传统文化与儒家文化的关系》，《民族学研究》1995 年第 12 期。

（3）在一些硕博士学位论文中认为挽面是一种女性民俗，挽面民俗的变迁与发展与女性的社会地位变化相连。此类论文有：李薇《东乡族女性民俗传承研究》，西北民族大学硕士学位论文，2006 年；张萌《土家族婚嫁风俗研究》，南京理工大学硕士学位论文，2012 年；毛海莹《江南女性民俗的文学展演研究》，华东师范大学博士学位论文，2012 年。

（二）研究的理论意义和现实意义

"美国人类学之父"博厄斯认为，民俗是文化的一面镜子，近年来兴起的女性民俗学研究理论透视到了女性生命民俗历史变迁过程中的时空、环境差异等因素，看到了女性生命民俗所折射出的一个民族的文化传承与流变。本课题在前期的田野调查中发现，挽面在潮汕地区仍然还有很大的生存空间，女性在"出花园"、出嫁、丧葬、时年八节的时候都要挽面。近年来，挽面甚至有复兴之势，不少现代女性选择这种经济、环保、绿色、健康的美容方式，而不是容易损伤皮肤和身体健康的现代美容方式。在日本、韩国、台湾地区、新加坡等国家和地区甚至兴起一种"蝶式挽面法"，将传统技法与现代美容术相结合，有很大的发展前景。挽面有着鲜明的女性文化色彩，本课题通过对潮州、汕头、揭阳等地区的挽面美容店、挽面娘以及挽面顾客的调查访谈，探寻挽面的传承和发展史，探究挽面的美容技艺、经济地位和文化价值，从女性身体与文化的角度解读挽面在女性生命历程中的意义，探讨挽面传承与发展的当代意义和价值。

三　关于潮汕女性挽面民俗现状的口述史调查

挽面是一种盛行于粤东地区，尤其是潮汕地区的古老美容方法。挽面不仅仅是一种美容术，其背后所蕴含的文化内涵成为一代又一代人坚信不疑的规约，挽面成为一种女性化的民俗文化。研究挽面文化现状以及与女性之间的联系，女性口述史研究不失为一项行之有效的方法。李小江认为：

> 妇女史与口述史具有天然的盟友关系。……口述史对传统史学有着补充和校正的作用，它发掘了沉默的人群（如妇女、少数民族、社会底层）和人们沉默的声音（关于私人情感、生命体验等），使得史学有可能更完整地记录"人"的和普通人的历史。[1]

本课题采用女性口述史的方法研究挽面，走访了潮汕地区的 11 位挽面娘，探究挽面文化现状及其背后蕴含的文化内涵，让挽面娘讲述自己的故事，展现她们不一样的人生历程。自 2014 年至 2015 年，我们深入城镇乡村寻找挽面娘，进行口述访谈。

---

[1]　李小江：《女人的历史记忆与口述方法》，《光明日报》2002 年 8 月 16 日，第 3 版。

图 5　挽面小组访谈挽面娘何志兰

（1）访谈内容。一是口述个人生活经历。包括个人基本信息和家庭主要状况。二是口述学习挽面的经历。包括挽面时间、挽面途径、经营状况、家人态度等等。三是讲述挽面的历史变迁。

（2）访谈对象。在潮州、揭阳、汕头等地共走访了潮汕11位挽面娘。她们平均年龄在50岁以上，其中，50岁以上的挽面娘有8人，年龄最大的是1930年出生的王奶奶，年龄最小的是1975年出生的周艳，挽面时间较长的是出生于20世纪30～50年代年龄在50岁以上的挽面娘。有两位挽面娘是从外地嫁到本地的，一位来自海南，另一位来自湖北。其中，潮州地区6人，揭阳地区5人，共计11人。汕头地区原本联系好的挽面娘，因临时改变主意，故没能进行走访。

（3）受教育情况。挽面娘的受教育水平普遍较低，具有小学以上文化的有7人，有的是读到初三以后就不读了，有的是读完小学就没有再接受教育了，还有4位是文盲。而其中受教育水平最高的是来自揭阳的挽面娘和来自湖北的挽面娘，都是高中毕业。

（4）家庭情况和生活现状。从家庭情况来看，多数挽面娘家中兄弟姐妹众多，家庭条件艰苦，自幼失去上学机会，在家务农或外出打工。从生活状况看，多数挽面娘将挽面当作副业，在挽面的同时还兼理发，时间支配相对自由，当然也有部分挽面娘以专职挽面为生，这主要跟她们的生活条件有关。其中比较悲惨的是揭阳的肖玉珊阿姨，肖阿姨与丈夫分居，儿女都不认她，目前一个人租店挽面，靠挽面和社保为生。

（5）健康状况。大部分挽面娘身体状况良好。年龄最大的王奶奶（85岁）头发花白，戴老花眼镜，但身体还硬朗。而有一小部分挽面娘由于种种原因，身体有一些疾病，如揭阳的肖玉珊阿姨，视力很好但腰部劳损严重；揭阳的陈秀銮阿姨，因长期辛苦的挽面也是腰部有所劳损；潮州的张阿姨，因为长年站着挽面，工作过度劳累，身体情况欠佳，有脊椎病。

（6）挽面时间。多数 50 岁以上的挽面娘具有较长的"挽龄"，在 10 年左右，挽龄最长的是揭阳的陈方氏了，共挽了 40 多年。挽龄比较短的是潮州古巷镇的李玉叶，有 7 年挽龄。

（7）挽面途径。挽面娘学习挽面的途径也是多种多样，有的是自学，有的是跟母亲学习，有的是跟邻居学习，还有的跟亲戚学习。而学习挽面的时间早晚也有差别，多数挽面娘因为母亲擅长挽面，因而幼时便耳濡目染，慢慢掌握了这门美容术，属于家传；有的挽面娘则是少女时期开始学挽面，甚至嫁人之后才跟着亲戚朋友学习。

（8）经营状况。关于挽面娘的挽面店的经营情况也是大同小异的，据挽面娘介绍，生意好的时候，一天最多可以达到 100 元，有时生意不好，三四天都没有一个人来，有些挽面娘并不以挽面为主业，故经营状况的好坏，她们也不会放在心上。挽面店的经营状况，大致分为：一是理发店兼挽面店，挽面成为副业，这一类的代表有揭阳的黄佩莎、蔡姨、周艳；二是将挽面当作业余工作安排，平常是不开店经营的，如潮州的张阿姨、李玉叶，她们日常都在为生计奔波，挽面对她们而言，是工作以外的另一种消遣。揭阳的陈秀銮则一边开挽面店，一边也做中介工作，两者合为一体。

（9）家人态度。不少挽面娘表示，家人还是不会阻止的，只要是正当行业就好。那些反对挽面娘从事挽面行业的家人，其实也有自己的考虑，如揭阳的陈方氏，她的子女并不同意妈妈挽面，认为太过劳累，这也是源于对母亲的爱。而其他挽面娘大都可以自主选择自己的职业生活，并且能够与家人在某些方面达成协议。

（10）挽面顾客。挽面顾客来自四面八方。有年纪大的常客、爱美的女性；有从外地赶回家的女人；有同乡的亲戚朋友；有老人家和少女等，主要集中在青年女子、中年女子和准新娘。是否给男顾客挽面呢？黄佩莎、陈婵辉明确表示自己不会给男性顾客挽面的，即使他们偶有上门，也是婉言谢绝，因为要遵守挽面行业的原则。蔡姨则不同，她不拒绝给男顾客挽须。

（11）挽面情况。多数挽面娘不仅给别人挽面，也能给自己挽面。王奶奶、蔡姨、肖玉珊、陈秀銮这 4 位挽面娘都会给自己挽面，对着镜子给自己挽面比较费劲，但也是一种乐趣。何志兰一般是请别人帮她挽面。

（12）挽面工具。挽面工具基本上都是约定俗成的一套，最常见的是丝线（棉线）、松粉、眉夹、发箍（簪子）等。有些挽面娘会配备其他工具，如潮州的张阿姨挽面时戴上口罩，她说是为了防尘和毛发；揭阳的周艳还配有布、挑针。最有意思的是潮州古巷镇的李玉叶，她自制一支"修眉刀"，是一个类似牙刷的模具，里面装上小刀片，用来给顾客修整眉毛。

（13）挽面费用。过去生活水平普遍较低，挽面一次只需几元钱，王奶奶说那时挽面一次只要 8 分钱，后来渐渐涨到 1 角、2 角，直到今天的 20 元。修眉这一项有些是要另外收费的，比如陈秀銮，如果只是修眉和挽嘴边四周，则收 12 元，否则就是 20 元；肖玉珊的收费是每次 20 元，包括挽脖子后方的汗毛。潮州的蔡姨，每次挽面收 12 元，但遇到有人家办喜事，准新娘要挽面时，价格变为 100～200 元。

四　挽面娘的口述历史

（一）苦尽甘来——王奶奶口述

图 6　王奶奶在修眉

王奶奶出生于 1930 年，属马，今年已经 85 岁了，有 27 年挽面的经验。童年时，中国正处于抗日战争时期，她时常食不果腹。她的一生经历了几乎中国最艰辛的一段岁月。她自学了挽面，慢慢在空闲时期用挽面补贴家计。现在经济发展起来，奶奶的生活也好起来了，闲时帮人挽面，同好友聊聊天，也算是苦尽甘来。童年时期，家中只有母亲和两个姐姐，不识字。王奶奶自学了挽面，并认为学挽面不难，用心想就可以学会。难的是在给新娘子挽的时候要想几句好听的四字句。在挽面之前，自己先想要说什么吉祥话。老的挽面娘会在挽面的时候教准新娘一些事，比如一些婚嫁的习俗，东西的放置。但也有一些新娘的母亲觉得不需要挽面，太烦琐了。现在改革开放了，每个人都有自己的想法，很难说谁对谁错。在计划经济的时候，因为有很多农活要干，顾不上给人挽面。一般有需要的那些人会主动来她家找她挽面。王奶奶也会给自己挽，她将线的一头绑在门的扶手，然后一头用自己的手拉，镜子挂在门上，照着镜子给自己挽。以前来挽面的人一来就是十几个人，天冷时，需要燃烧火炉来取暖。现在年纪大了，来她这挽面的人比较少，主要是一些年纪大的，或是熟客。虽然现在活不多，不过钱够花。挽面的价格一直上涨，现在挽一次面要 20 块钱，如果单纯修一双眉毛就 10 块钱。附近一些外省的女人在回老家之前还要来她这挽面，漂漂亮亮地回家。王奶奶表示挽面赚的钱不少，但都花得差不多了，不时会帮衬一下子孙后辈。

（二）不忘初心——陈方氏口述

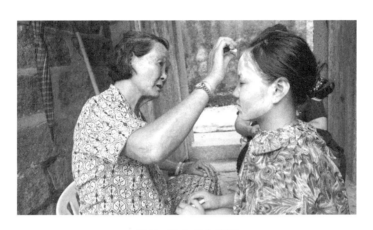

图 7　陈方氏在挽面

陈奶奶出生于 1944 年，揭阳市惠来县人。陈奶奶是在嫁人、生孩子之后，才慢慢开始帮女儿、邻居挽面。挽面也不是谁教的，而是自己琢磨的。以前十几岁的时候被人挽面就觉得很痛，现在挽面一般采用慢动作，怕别人感到痛。她跟以往采访过的大多数老一辈的挽面师傅一样，对于学习挽面有着相似的经验和态度。她们大多是自学成才，认为学习挽面是一件很简单的事。在她们那个年代，想要挽面大多会选择找朋友帮挽面，或者看别人怎么挽面，自己琢磨自己学，以后朋友之间也好互相帮着挽。她们很少想过花钱专门找人挽面。陈奶奶认为现在没有多少城里人要挽面。一来是现代社会的时髦年轻人大多对此并不了解和上心，使得老人有了这样的误解。二来，她们那个时代的人很少人专门找人挽面，大多人都自己动手。陈奶奶的女儿现在四十多岁了，也不愿意给人挽面。这边镇上好像有人走街串巷给人挽面，也没有专门的店铺。她儿子也不同意母亲再挽面，只是有熟人来找她挽面的时候，像几个侄女要来挽面，就帮人挽了。以前挽面还遗留着一些风俗，比如没结过婚的不能给人挽面，过年的时候及七月七乞巧节会挽面、传统的"出花园"会挽面。陈奶奶第一次挽面也是"出花园"的时候，是她的嫂子帮她挽面。现在找她挽面的人越来越少了，村子里也没有多少挽面娘，现在也没什么人遵守这些习俗。

（三）花尽花开——黄佩莎口述

黄佩莎出生于 1954 年，揭阳人，高中毕业，有三个兄弟。"文化大革命"期间终止上学，早年在家帮忙种田，而后外出工作。因少时接触挽面技艺，下岗后选择开店从

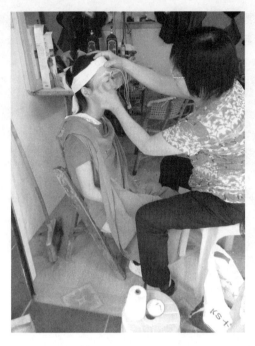

图8 黄佩莎在挽面

事挽面工作，至今已有 20 多年。黄佩莎说，挽面次数的多少是根据每个人面部汗毛的不同来决定的，有的人汗毛多且粗，则需要多次清理，让皮肤保持光滑；有的人汗毛少而细，则无须频繁挽面。通常，挽面是一个月一次，因人而异，时间一般在 20～25 分钟，半小时内都能完成。黄佩莎认为，美容固然是一种改善皮肤的好方法，但并非每个人都适合做面部美容，尤其是化妆品的使用，可能导致一部分人皮肤过敏，结果适得其反。如今的化妆品大都含有化学物质，对皮肤伤害极大，所以越来越多人意识到选择正确美容方法的重要性，这也是挽面这一古老"美容"技术得以传承的原因。40 岁左右，黄佩莎开始从事挽面美容，现在 60 多岁的她依然沉浸在这项工作中，她说挽面行业工资不高，但压力小，不像其他行业那样需要时时绷紧神经，因而自己也乐在其中。黄佩莎一天的工作时间基本是早上八点左右到下午五点半，这段时间都会有顾客上门理发或挽面，黄姨笑着说，自己有时站，有时坐，算是活动活动筋骨。来挽面的以年轻人居多，老年人也有，总的年龄段在 17 岁至 60 岁。初次挽面的人都会有一个感觉——痛。这是正常的，挽面的次数多了，也就习以为常了。黄佩莎很注重眉毛的修剪，她说，眉毛修得好看，人才会显得精神，因此重心在于眉毛，而眉毛也是整个挽面过程中最难忍的一道程序，眉毛周边是软骨头，力度稍大一点儿，就能让人疼得掉泪。当问及子女是否掌握挽面这项手艺时，黄佩莎感慨道，他们不会。如今学挽面的人少了，挽面行业本身工资低、耗时间，年轻人耐不住性子学，只有年纪大的人才有这种耐心。以前挽面一次最便宜是 5 元，现在上升到 12 元，有些地方是 15 元，尽管如此，年轻人当中，真正掌握挽面技艺的人寥寥无几。挽面向来被视为女性的福利，偶有男性顾客上门，要求挽面，挽面娘一般都予以拒绝，这似乎成为这个行业中约定俗成的规矩，大家都自觉地遵守。

（四）新妆出慧心——陈婵辉口述

陈婵辉出生于 1954 年，潮州磷溪人。小学毕业后，因为生活所迫外出打工，后来子女相继成家立业，她便重拾儿时的挽面手艺，开了一家挽面店。起初开店是艰辛的，一方面缺乏经验，另一方面，因为多年来没有接触挽面，陈姨对这一技艺已经生疏，好在从小学得深，基本的技法还牢牢记在脑子里。为了使自己的挽面手艺更加娴熟，她每

图 9 陈婵辉在挽面

天早早起来，手扯一团线，将线的一头固定，用牙齿咬着另一头对着镜子反复练习，直到后来，她能够自如地给自己挽面。除此之外，她还将自己出现的问题以及要注意的细节记在一个小本子里，经常翻看，当作提醒。陈婵辉对于挽面的热爱并且坚持不懈的追求让我们感动，她的真诚为她赢得了顾客的信任，上门顾客数不胜数。由于母亲是挽面娘，耳濡目染之下，陈婵辉也对挽面产生了浓厚的兴趣，同时下苦功去学。令人钦佩的是，她的挽面技艺都是靠自学的，既没有拜母亲为师，也没有请教其他人。手巧的她几乎无时无刻不在扯着线，一遍一遍练习，一点一点掌握，她手上留下的清晰线痕，就是她努力的见证。对此，陈婵辉表示，自己从来不后悔学习挽面，因为挽面本是她的最爱。近几年，随着"绿色产品"的兴起，越来越多的人崇尚"绿色生活"。不仅食品、出行追求环保，美容上的"绿色"观念也让人们重新关注起挽面这门传统手艺，挽面娘由此重新进入人们的视野。挽面娘要有一双灵巧的手，一颗淡泊的心。这个职业本身不张扬，也无法像其他行业那样获取多大的利润，完全是出于自身的兴趣和对这个职业的热爱，挽面娘追求的是一种安静平和的生活，只要能发挥自己的手艺，只要能和家人在一起，只要每天健康快乐，她们就视为幸福。荣华富贵于她们而言，可有可无。直至今天，每逢节假日，打电话请她前去挽面的人依旧很多，大多数情况下陈婵辉都会应邀，但一个原则是：男性顾客除外。陈婵辉说，挽面是女人的特权，男性不参与。她只在电视上看到过台湾有男艺匠师，而大陆只有女艺匠师，并且只给女性挽面。从陈婵辉身上，我们看到了一个现代女性自主创业的勇气，更重要的是那双巧手，镜中缀新妆；那颗慧心，风雨总相宜。

（五）知足者乐——蔡姨口述

图10　蔡姨接受访谈

蔡姨出生于1955年，普宁流沙人，不是潮州本地的，在这住了十几年了。蔡姨10多岁的时候，就会挽面了，也不是跟别人学的。只是蔡姨经常看别人挽面，时间久了就学会了。那时就有人叫蔡姨帮着挽面，但她是不收别人钱。渐渐地，别人觉得蔡姨挽面挽得好，便口耳相传，有了个好名气，后来，就开了店。蔡姨的店有20多年的历史了。蔡姨一开始并没有想到要开店，之前蔡姨还像平常的妇女一样在家带小孩。蔡姨从10多岁开始挽面，后来，嫁人、生孩子，等孩子都大了，有空了，蔡姨才想起挽面、开店。刚开始，给人挽面一次四五元钱，现如今物价涨了，就提到12元钱。如果是别人结婚来请"好命"人挽面，就会请蔡姨去，一次是100元左右，有时80元钱，有时120元钱。有时候主人家会给颗"圆蛋"，给毛巾和红包，然后，蔡姨就得给主人家说几句吉祥话。这也是一种风俗。给新娘挽面时，不能用平常的线，而要用红线。蔡姨的店里一般中午12点之后人就慢慢多起来，店里也帮人剪头发，也比较忙。生意忙的时候，蔡姨的女儿会来帮忙，女儿是会挽面的，但并不经常帮蔡姨挽面。蔡姨常常就一边用脚绑着，慢慢给自己挽面。平常不用给人挽面的时候，蔡姨就做做家务。挽面挽久了，手都会痛。挽面一次就半个小时左右，绞的时间比较长。过年的时候是冬天，挽面的客人多，就更累了。但蔡姨觉得挽面会一直传承下去，蔡姨也会干到她做不动为止。蔡姨为很多人挽过面，最小的有14岁，最大的已经90多岁。蔡姨会用细线帮人挽面，因为细线挽面的话，小毛也挽得干净些。蔡姨常常花30分钟左右给人挽一次面，这还要看看被挽的人的具体情况。粉就没什么讲究的，就是平常的粉。一般第一次挽面都会皮肤发红。一般人挽面是一月一次、几月一次，也有十多天二十天一次。来蔡姨店里挽面大多是年轻人，大部分是20多岁和30多岁的妇女。有时也有男人来挽须的，大多是熟客。有本地人，也有外省人。当然也有人来学挽面的，但蔡姨教过的人少，也不知道怎么教。蔡姨的店附近挽面的店很多，但是客人去哪里，蔡姨也不能决定。蔡姨也没想过与同行之间交流。

（六）希望在明天——肖玉珊口述

图 11　肖玉珊在挽面

　　肖玉珊出生于 1956 年，潮州人，家乡在普宁。小时候，母亲经常教她挽面，奇怪的是无论如何也学不会。肖玉珊 40 岁左右的时候去普宁打工，一些揭阳妹子看到她中午没睡午觉，帮氨基酸厂的四川妹子修眉，就叫她帮忙挽面。肖玉珊推辞说只会用粗线拣掉几根粗汗毛而已，但三个揭阳妹子硬是拿着纱逼着她帮她们挽，不知道为什么，肖玉珊拿起纱线骤然就会了。肖玉珊挽面极其仔细，别的人挽一次面只需半个小时左右，但她需要一两个小时。肖玉珊技术也较为高超，一些比较难挽的部位如鼻子耳朵都可以挽到。肖玉珊认为挽面对皮肤好，有利于血液循环。挽面最初是从农村开始的，后来城里人学农村人，挽了之后觉得很舒服，皮肤变得比较滑，打粉各方面都觉得漂亮，比较自然。挽面会比刮脸毛好，因为刮脸毛会使毛孔变得粗大。三四十年前，肖玉珊父亲去海南当兵，全家也就搬到海南去。当时海南环境尤其恶劣，房子是茅屋搭建而成，蚊子奇多，睡觉时蛇会爬到床上，耕田时蚂蟥会爬满双腿双手，晚上割胶时，胶水会喷到眼睛，疼痛难忍，如果喷到头发，就得剃掉。肖玉珊 23 岁时，经人介绍嫁给现在的丈夫。一开始夫妻开了一家店铺，卖米，磨胡椒酱等。丈夫身体较为单薄，生性懒惰，几乎所有的事情都要肖玉珊独自承担，一袋米 70 多斤她一个人就扛走，一车子椰子刨掉皮然后她一个人搬到楼上去。肖玉珊认为既然丈夫身体不是特别硬朗，那自己就多干点活。但最后到要买房子时，才发现做生意攒的钱都被丈夫拿去嫖娼了，肖玉珊知道后生气到极点，毅然决然离开那个家。最初先去普宁打工，当建筑工人，在食堂洗菜等。其间学会了挽面，后来赚了几万块钱之后又回到潮州，因为心里牵挂家里的两个孩子。肖玉珊先在其丈夫家的对面租了一间铺子做起挽面生意，后来搬到隔壁巷子，不敢搬太远，为的是能时刻关注孩子的动态。肖玉珊到现在仍未与丈夫离婚，怕丈夫娶个外省媳妇欺负自己的两个孩子。肖玉珊离开家时，儿子 13 岁，女儿八九岁，他们都被告知是妈妈拿了家里 100 多万元要去重新嫁人，不要他们了，她与两个孩子的关系不是特别好。肖玉珊的双手因为挽面布满茧子，腰椎因为久坐也出现问题。

（七）守望幸福——何志兰口述

图 12　何志兰在示范挽面手法

何志兰，祖籍福建，1959 年生。童年在海南三亚度过，婚后随家庭返城到潮州。小时候，何志兰对挽面便有一定的兴趣。在 15 岁时，母亲替她挽了面；同年，在学会挽面后，她会在星期天帮小学同学挽面。在工作后，也有替同事挽面的经历。在工作的光电厂倒闭后，何志兰便开始从事挽面的工作，有时也提供上门服务——为新娘挽面，8 月到 12 月结婚的人比较多。开始时，由于租店费过高，在路边搭过铁篷；后来修路了，就开始在这租店了，月租大约 500 元，已经租了两三年。因为店费也在涨，收费也从 5 块钱，渐渐涨到 15 块钱。据何志兰说，一年中最忙的时候，就是年底了，一天差不多有 15 个人。而不忙的时候，也没有个定数，有时没人，有时有五六个，有时七八个。有的人会打电话确定有没有开铺。在采访的过程中，何志兰还向我们展示了挽面的工具：水粉（一块为两元左右）、自制的修眉夹、第一轮用的粗线，第二轮用的细线。并表示很乐意无偿教人挽面，可是她们都学不会。而挽面无论在海南和潮州，动作都一样的，不过是做工是否仔细的区别。

（八）平淡是真——陈秀銮口述

陈秀銮，1964 年出生，揭阳人。她有两个名字，一个是身份证上的陈秀銮，一个是父母取的乳名，叫陈映香，平常别人都叫她阿香。她小时候比较贪玩，没怎么读书，19 岁才开始学挽面，21 岁去广州打工，26 岁回来后结婚生子，丈夫是潮州饶平的，差不多 31 岁开始在潮州挽面，挽了接近 20 年才过来揭阳发展，目前这间铺子只是开了几年而已，现在挽面是兼职，她主要是在做中介，帮人介绍钟点工、租房、月嫂等。也许

现在看来没什么，可在那个年代，像挽面、
剪发这样的工作基本上是没人愿意做的，大
家都觉得这工作低下，说到这，陈秀銮也为
时代的进步感到欣慰，她感叹道，最近 10 年
来，人们的观念确实发生了很大的变化，只
要是正当行业，不偷不抢，靠自己劳动所得，
就都值得尊重。回想起她母亲那个年代，挽
面是不能赚钱的，所以母亲虽然会挽面，却
不能以此为生，只能另外做些诸如钩花、绣
珠之类的活儿。自己当初也并不想学挽面的，
只是迫于自己是大姐，三个妹妹又都不愿意
学，她才学了挽面。现在都是她在给妹妹们
挽面呢！谈起挽面的好处时，陈秀銮一口气
列举了好多，她坦言好看是最主要的，挽完
后就会感觉整个人都很有神，眉清目秀的。
其中修眉很重要，修眉要根据脸型，眼睛大
小等修出不同形状的眉，有剑眉、柳叶眉等。

图 13　陈秀銮接受访谈

另外，挽面其实相当于按摩，可以通毛孔，促进血液循环，使皮肤变光滑，减少油脂
等，连医生都建议要经常挽面，不能拔，越拔会越粗。有些人误认为挽面会使皮肤容易
出现褶皱，其实这是自然现象，人老了都会有皱纹的啊，有些七八十岁的老人都经常来
挽，她们的皮肤还很光滑。陈阿姨也像其他挽面娘一样，手指上布满了厚厚的茧，指甲
曾被无数次割裂，腰因为久坐经常酸疼得厉害。陈秀銮说挽面表面上看起来是轻松，可
实际上用的是内力，别看只是一根线，没把握好力度比剪刀还锋利。

（九）犹在旅途——张阿姨口述

张阿姨是潮州人，40 岁左右，看起来挺年轻。她挽面的方法与其他人不太一样。
她挽面戴口罩，在脖子用绳子绑一个圈，把它同挽面用的细绳连起来，坐在铺满白色瓷
砖的崭新店面里，显得干净利落。她这副与众不同的模样让我们十分感兴趣。她说之前
也是用牙齿咬，后来觉得吸入太多粉，用牙咬又痛苦又麻烦，时间一久，各方面都觉得
很不舒服，对身体也不好，也不卫生，就慢慢改成这样。张阿姨在年轻时就开始涉足这
个行业。在挽面这一行里，相比其他人而言，她十分年轻。张阿姨不是一开始就从事这
一行，她原先在印刷厂在做印刷工作，后来在下班之后给人挽面。而她学挽面纯粹是因
为爱好，她在 10 多岁的时候鬓发过长过密，在得知挽面的好处后，便去挽面，感觉自
己的情况有所改善，就觉得挽面好，对挽面产生了兴趣，然后自己开始慢慢去学。来挽
面的大部分是年轻的姑娘和结了婚的媳妇，两三成是老人。有人挽面，有人单纯修一修

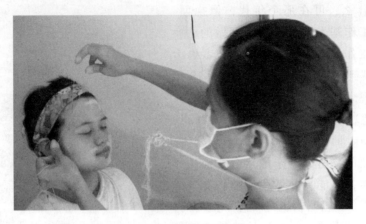

图 14　张阿姨戴口罩挽面

眉毛。而老人因为年纪的原因及挽面时间久了，鬓发比较少，一般是一个月来一次。挽面是很痛的，特别是第一次挽面，这也是现在很多人虽觉得挽面不错但很少人来挽面的原因。挽面需要长期坚持，如果不坚持，也是没有用的。其实很多年轻人都不知道挽面，除非有长辈带着去，才会知道。生活在这个圈子的人可能知道挽面，其他的人就很少接触了，有些人就算住在隔壁也不知道挽面。所以张阿姨这边的顾客都是十分固定的，客源也都是十分稳定的。张阿姨有一个女儿，但她女儿对挽面没什么兴趣，目前忙于学业。张阿姨挽完面，下了班，回家一般不怎么做家务。在家里，谁闲就谁做家务，大家一起分担。因为她的时间是没有办法随她支配的，要随着顾客的时间来安排。时间差不多她就回家，家里大家一起帮忙做完家务。挽面工作看起来不辛苦，其实十分辛苦。第一，被时间束缚着；第二，久而久之，腰酸背疼；第三，张阿姨有脊椎病。个中滋味可想而知。

（十）岁月如歌——李玉叶口述

李玉叶已 40 岁，有三个小孩，但都不愿意跟着她学挽面。她笑称，现在的小孩子都不怎么愿意学这个，他们对新奇的东西比较感兴趣，挽面对他们而言是枯燥无趣的，所以孩子都不愿学。其实，李玉叶更希望看到的是自己的孩子都能做自己喜欢做的事情，所以对于喜欢美术的女儿，李玉叶总是支持女儿勇敢地去坚持和努力，就像她当初坚持学习挽面一样，李玉叶始终相信只要喜欢，并为之坚持，就能成功。女儿"出花园"的时候，李玉叶给她挽过面。初次挽面当然会痛，不过女儿挽过面出去以后，周围的人都说漂亮，眉毛修得好看，她也很高兴。有些人挽过一次之后，觉得效果不错，隔三岔五地过来挽面，有时是母女一起来，有时则是三五朋友结伴而来，怕是上瘾了。李玉叶小学毕业后，便外出打工，重新开始帮人挽面是在 30 多岁，即结婚以后。不过成家后的李玉叶依旧上班，挽面是被当作副业看待的，而她现在的挽面对象主要是新嫁娘，每年8、9月，出嫁的人比较多，请她上门挽面的人就多起来，通常这个时候的她最忙，要帮很多待嫁的新娘挽面，李玉叶都会应邀上门。有时空闲在家，朋友也会来找她挽面，中秋节、过年时候顾客也很多，以前挽一次面只要5、6元钱，现在要10元一次。物价上涨，挽面的花费也跟着上升。李玉叶认为，挽面总体来说是利大于弊的，挽面可以让皮肤变得光滑，对皮肤基本没有伤害，用抹松粉、修眉毛、齐鬓角的方式挽面，简单轻松，一般十几分钟就好了。李玉叶挽面是只用一根细线，而不是五色线，她说五色线是给新嫁娘挽面用的，属于传统习俗，通常不用五色。而且挽面过程中将线沾水是为了让线不容易断，可以更耐用一些，并不是必需的步骤。李玉叶还有一件自制的"法宝"，就是一个类似牙刷的模具，里面装上小刀片，用来帮顾客清理汗毛，代替挽面用线拔汗毛的方式，减轻疼痛。这是我们前所未见的，不仅觉得有趣，也很佩服她的创意。李玉叶说虽然挽面的人越来越少，但是这项技术还是在的，希望这项传统能得以继承。

（十一）别有一番滋味在其中——周艳口述

图15　周艳的挽面工具

周艳出生于1975年，是湖北荆州松滋人，高中毕业，她是在少女时期跟邻居的一位老奶奶学会挽面的。1998年从家乡来到普宁这边，原本打算闯一闯，不料生活其实并没想象中那么精彩，没闯出什么名堂来，反而嫁给了普宁人，过起了平淡而简单的日子。她的丈夫是一个司机，育有一个儿子。儿子出生三年后，由于家庭的束缚，她就开始开店挽面兼剪发，以便照顾家人。她说挽面的好处主要是好看，挽完后会感觉到皮肤比较细腻。比起其他美容方式比较绿色，无危害。她从经验中发现经常挽面的那些老人连皱纹都很少，主要是因为挽面能促进血液循环，有点类似按摩。从她那里，我们了解到中国其实很多地方都有挽面的习俗。她的家乡也有，不过那里挽面的习俗有点不大一样，没有潮汕这边这么重视，而且随着美容院的出现，越来越少人会去挽面了。她在东莞等地都看到从事挽面的人，不过，东莞那边没有潮汕地区弄得细致，只要几分钟就搞定了，大概 10 块钱。她的收费是 12 块，一个顾客一般要挽 15 分钟，而且要用两种线挽，一根粗线一根细线，用粗线先挽掉那些粗毛，用细线挽掉那些细毛。她修眉用的不是修眉刀，而是一支挑针。她认为挽面既赚不到钱又辛苦，还是读书好。早上 8 点开店，要忙到晚上 10 点。夏天热的时候也只能用一只小风扇，风太大的话毛会飞来飞去不能挽。由于挽面摩擦力大，她四个手指头都得用创可贴包着。有时候忙，午饭还要送来店里吃，一个饭盒 10 分钟，吃完马上就开工了。不过这主要是在过年的时候，平常一天也就 10 个顾客左右。不过自己家里人倒没什么意见，人各有所长，这也是一种求生技能。到目前也没有人对此有负面的看法。但其实想想，挽了十几年了，还是会觉得腻的，不过不管怎样，心态还是要放好，总不能对顾客发脾气，要忍着。如果有条件的话，她是想换职业的，但考虑到家里上有老下有小，被家庭绑着也没办法怎么改变。其实这样的生活也还不错，家庭美满幸福，又能把别人打扮得漂漂亮亮的，心里也很开心。而且在挽面的时候还能跟顾客聊聊家常，多交一些朋友，平常自己闲的时候还可以看看杂志，这样也可以把生活过得有滋有味。她说，有时候有男人过来想挽面，都被她拒绝了，毕竟男人进来了就不太好说话了。但据她所知，台湾地区就有为男性挽面的挽面娘。

五　潮汕女性挽面民俗分析

挽面是一种草根式、原生态的美容术，目前挽面行业是女性的天地，男性几乎不涉足。从挽面的客体看，挽面顾客多是女性，女性拥有了这项让自己变美的"特权"，但男性顾客还是有的。从挽面的时段上看，节假日、婚丧礼是高峰期，这与原先保留下来的文化观念有关。从挽面的传承方式上，主要是通过家传或自学的方式传承下来，并通过不断实践而使技艺更加成熟。从挽面的文化功能上看，挽面是女性成长仪式中不可或缺的一环，承载了女性生命历程的蜕变，是女性从女孩变成少妇，再到为人母的见证。从挽面的发展趋势看，挽面行业随着时代的发展有复兴的趋势。

（一）从挽面的客体看，女性为主要人群，偶有男性顾客

挽面是女性的专属领域，不仅挽面的主体是女性，挽面的顾客都一律是女性，像行规一样。上到七八十岁的老太太，下到小女孩，都成为挽面的主要群体。由于挽面时挽面娘与顾客的距离较近，都是女性，也就没有什么忌讳，可以随意拉拉家常、聊聊天什么的。但男性就不一样了，因为传统文化观念中男性与女性之间的礼教约束，所以这个

领域里一般是不会有男性顾客出现的。不过，习俗也会有一些松动，以下是挽面娘的口述。

陈婵辉口述：

> 我自己不会给男人挽面。觉得这是女人活动的地方，男士不宜参与。不过有一次，一个女孩带她男朋友来叫我替他修眉，我有答应，毕竟是女朋友带来，不好意思拒绝。后来有几个男生结队来我这里挽面，被我拒绝了，我叫他们去别家挽面。[1]

蔡姨口述：

> 我给男人挽面。不过（他们）是来挽须的，而且大多是熟客。[2]

（二）从挽面的季节来看，节假日、婚丧礼是高峰期

挽面也是分时间和场合的。逢年过节，前来挽面的人最多，有句俗语说"有钱没钱挽面过年"，为的是图个喜庆。有时候客人一多，挽面娘连休息的时间都没有。等到人家办喜事时，那就更加讲究了，潮汕地区的婚嫁礼节很烦琐。挽面是新嫁娘需要经历的一道仪式，要选好良辰吉日，请挽面娘上门为准新娘挽面，通常在挽面的过程中，挽面娘还要"做四句"，说些吉祥话，如何志兰阿姨哼唱的："今日好日子，个额来开起；挽额就食老有食，挽耳就生弟，挽额就发大财。"挽面结束后，新娘会给挽面娘一个红包当作回礼，仪式就算圆满完成。另外就是丧礼上的挽面了，习俗是"男剃头，女挽面"，丧礼上的挽面比较简单，一般是挽面娘在一个角落里，妇女们轮流挽面，老少都要挽面，寓意是要除去在丧礼上沾上的晦气。

何志兰口述：

> 最忙的时候，就是年底了。从早做到晚，差不多有15个人。不忙的时候，也没有个定数，有时没人，有时有5、6个，有时7、8个。有些人会提前打电话确定有没有人再来，有的人会自己来看一看。收费也从原来的5元，渐渐涨到现在的15元，因为店费也在涨嘛。新娘都会选好吉日，提前打电话，告知时间、地点。在她结婚的前一天，到她的家里，等待定好的时间。她会提前把东西都准备好：一碗干净的生水，一枝红花和仙草凑成对，放在水里等会可以弄脸。她挽面时，就会穿着嫁衣，坐在放有裤子的凳子上。我则会用五根彩线（红，白，黑，黄，蓝）

---

① 口述史料：陈婵辉（1954～），女，潮州市湘桥区，2014 年 4 月。
② 口述史料：蔡姨（1955～），女，揭阳市普宁县，2014 年 8 月。

帮她挽，一边挽，还要一边唱四句歌：今日好日子，个额来开起，挽额就食老有食，挽耳就生弟，挽额就发大财。一般在线绷上的时候就开始说，挽好了，她就会给你一个红包。包红包的人差不多都知道要包多少钱，有 220 元、240 元、280 元的，都是吉祥数字。[1]

陈秀銮口述：一般 15 岁"出花园"和出嫁的时候是一定要挽的。出嫁的时候要先看个好日子，选良辰请挽面娘到家里去挽，当然也可以到我这来挽，而且这时候挽面娘要边挽边做四句。[2]

（三）从挽面的传承方式上看，都是通过女性谱系传承

挽面技艺是通过一代代女性谱系传承的。挽面娘学习挽面的途径也是各有不同，但比较普遍的是从小跟着母亲学习或是看到别人挽面之后模仿着自学而成。在这些挽面娘当中，有的是母亲手把手地教；有的是跟邻居学习；有的完全靠自学；有的还是一开始母亲教的没学会，后来自己顿悟掌握了。她们抱着对挽面的好奇心和兴趣，在慢慢地接受了母亲的教导和周边人的影响之后，就与挽面结下了不解之缘，虽然在学习这门技艺的过程中并不是一帆风顺，但当她们真正熟练地掌握了这门技艺的时候，那种感觉应该只有她们自己才能深刻体会吧。不少挽面娘有意要将自己的挽面手艺传给下一代的，但是大多不尽如人意。

肖玉珊口述：

> 以前我妈妈会，用一条细纱教我们三姐妹，但怎么都学不会。后来在建筑工地工作，那些揭阳妹子在普宁打工，说过年了，帮忙挽面好不，我说我不会，只会用粗线拣掉几条粗毛而已，她们看到那时我中午没睡午觉，帮氨基酸厂的四川妹子修眉，以为我会，那三个揭阳妹子硬是拿着纱逼着我帮她们挽，叫着快点，快点，没办法，但不知为什么，我拿起线骤然就会了，真是奇迹。[3]

（四）从挽面的文化功能上看，是女性转变角色和身份的仪式

潮汕女性一生中重要的时刻几乎都离不开挽面这项仪式，女孩"出花园"（成人礼）时需要开脸，意味着就此迈入成人的殿堂，告别了过去毛头小孩的身份；新娘出嫁前要用丝线挽面，意谓"去开额"（开窍、会持家）；小女孩满月和 4 个月，也要挽

---

① 口述史料：何志兰（1959～），女，潮州市湘桥区，2014 年 4 月。
② 口述史料：陈秀銮（1964～），女，揭阳市榕城区，2014 年 10 月。
③ 口述史料：肖玉珊（1956～），女，潮州市南春路，2014 年 7 月。

面，俗称"挽脱产"，挽面用过的丝线要挂在石榴花上，[①] 石榴象征多子多福；女人生产满月要挽面，寓意脸如皎月容光焕发；女人在丧礼上也要挽面，除去丧礼上沾上的晦气。总之，挽面可以说是贯穿着女性的一生，每一位挽面娘的背后，都蕴藏着丰富的人生经历，而通过她们的人生经历，我们也可以一窥当下社会挽面行业具有的文化功能，不仅是女性身份转变的见证，而且也是民俗文化中一道靓丽的风景，挽面既是挽面娘的依托，又是每一位被挽面的女性身上一个显著的符号。

（五）从挽面的发展趋势看，有复兴的趋势

近年来，挽面甚至有复兴之势，不少现代女性选择这种经济、环保、绿色、健康的美容方式，而不是容易损伤皮肤和身体健康的现代美容方式。在日本、韩国、台湾地区、新加坡等国家和地区甚至兴起一种"蝶式挽面法"，将传统技法与现代美容术相结合，有很大的发展前景，挽面在新潮流的冲击下重新焕发出活力。

周艳口述：

> 挽面能促进血液循环，好像按摩那样。做挽面没有休息，一天都开着，有人来就做嘛，没人来就歇息。两点钟开始人家要在这里等了，吃完饭就去睡，有人来就继续做了，我有时候忙的时候饭送来这里吃，一个饭盒十分钟，吃了马上就做工了。刚开始就是大家都不相信，不知道你会，要靠时间慢慢积累，有些爱漂亮的顾客每个月都会来。[②]

六　关于挽面技艺的传承与思考

随着时代的变迁和文化的进步，现在不少女性也开始改变原有的美容观念，不再一味地追求昂贵高端的美容方式，而是更加注重质量，关注其是否健康。挽面是民俗文化之一，又与女性息息相关，在女性生命历程中具有特殊意义。民俗文化是人类欲望的一种表达，女性作为人的存在，女性民俗也属于社会历史的范畴，是具有丰富内涵的理论概念，[③] 挽面有它的存在和研究价值。为了传承和发扬挽面这一传统技艺，我们的建议是：一是组织"挽面文化"项目走进校园，让更多学生认识挽面这门古老的美容手艺；二是借助媒体报道的宣传力量，提高大家对挽面的认同感；三是政府部门重视挽面习俗，采取一些相应推广措施，例如"免费挽面走进社区"等；四是在"牌

---

① 陈穗芳、罗坤、林馥榆：《时尚与传统"相得益彰"粤东地区婚庆产业现状与发展趋势》，《潮商》2012年第4期，第20页。
② 口述史料：周艳（1975～），女，揭阳市普宁县，2014年8月。
③ 杨玉凤：《女性主义视角下的张家川回族婚俗新释》，硕士学位论文，西北民族大学，2010，第39页。

坊街"或西湖公园等潮州热门旅游景点设挽面摊位，吸引更多外来顾客，让挽面技艺得以"走出去"；五是改进挽面技艺，结合时代元素，与时俱进，与现代美容技术相结合，比如近年来在新加坡、韩国、台湾地区等地流行的"蝶式"挽面手法，更科学、健康。

责任编辑： 黄晓丹

粤东地区传统手工业发展现状的调查与思考

——以揭阳市棉湖镇打铁街为例[*]

吴孟显　沈锐杰[**]

摘　要：在从传统迈向现代的过程中，许多传统的手工业都经历了巨大的变革。棉湖的打铁业正是这种时代变革的缩影。它在时代的洗礼之下，面临着诸多的问题与挑战。笔者通过对棉湖打铁街历史与现状的初步调查，认为可以结合以下几个措施进行引导发展：一是营造良好的传统手工业遗产环境载体；二是重建独特而又能引发共鸣的传统手工业文化；三是借助抱团式发展，打造名优品牌；四是构建与时俱进的自我调适与创新机制。

关键词：粤东　手工业　打铁　棉湖

近代以来，中国各行各业都发生了剧烈的变化，乡村手工业也是如此。在 20 世纪 80 年代以前，大多数学者认为手工业的显著变化表现在其处于不断的瓦解和崩溃之中；不过，改革开放以后，学术界更加重视家庭手工业解体的多元性、家庭手工业与机器工业的互补性，认为手工业并未完全破产，而是一直处于生存、延续和发展之中。[①] 著名社会学家费孝通曾在其名著《江村经济》中说道："强调传统力量与新的动力具有同等

---

[*] 本文为揭阳职业技术学院创新强校建设项目"明清以来潮汕地区的环境变化与产业结构调整"（编号：JYCZZCX031503），揭阳职业技术学院 2014 年度科研重点项目"古代揭阳城市形态演变及其历史文化景观研究"（编号：2014JYCKZ01）的研究性成果。

[**] 吴孟显，1984 生，福建泉州人，揭阳职业技术学院师范教育系副教授，主要研究方向为中国历史地理，潮汕地方史等；沈锐杰，1995 生，广东揭阳人，揭阳职业技术学院历史教育专业 2014 级专科生。

[①] 李金铮：《传统与现代的主辅合力：从冀中定县看近代中国家庭手工业之存续》，《中国经济史研究》2014 年第 4 期。

重要性是必要的，因为中国经济生活变迁的真正过程，既不是从西方社会制度直接转渡的过程，也不仅仅是传统的平衡受到了干扰而已。目前形势中所发生的问题是这两种力量相互作用的结果。"① 这提示我们在观察传统手工业发展的时候要注意从传统与现代及其相互关系的角度进行分析。

俗话说，"世间活计三样苦，打铁撑船磨豆腐。"在传统手工业中，打铁无疑是一个又苦又累又脏的活计。在现代工业的冲击下，传统的打铁行业也普遍显现出衰败的迹象。但与此同时，如果放眼全国，我们又可以发现许多地方仍然保存着这一特殊的行业，只不过大多陷入了发展的困境。"泰安传统打铁手工艺人高增伟：申遗是最大心愿"②"佛山打铁手艺濒临失传，后继无人难入'非遗'"③"打铁匠成了'非遗'传人"④"最后一个铁匠：打铁老人的坚守"⑤ 等，一系列的新闻报道让我们看到了打铁在各地的当代命运。

在这一系列的现实面前，我们也引发了许多思考：传统的打铁行业历史上曾经有过怎样的辉煌？他们当前的发展现状又是如何？今后的发展前景又将怎样？为此，我们拟对棉湖打铁街的历史与现状进行初步的调查，以期更加直观地了解传统手工业的当前困境，更加清楚地了解民间传统手工打铁技艺的传承情况及现状，从而找出传统手工业实现存续或转型发展的思路，也希望能借此引起社会各界及政府对传统手工业生产性和发展性保护的重视。

一　棉湖打铁街的发展历史

棉湖隶属于广东省揭阳市揭西县，是粤东地区著名的千年古镇，始建于北宋太宗太平兴国二年（977 年），古名为道江，后来因其东南部有个著名的云湖，宽百余顷，水色清碧如玉，湖岸木棉树成林，故以产木棉出名而改称棉湖。明清时期，棉湖已是其周边地区著名的商品集散地。据万历《广东通志》（卷40）记载，当时棉湖乃揭阳县的十三个墟市之一。乾隆《潮州府志》卷 14 载："棉湖市，即棉湖寨，人烟稠密，百货聚积之所，逐日市。"据初步研究，在明清时期，棉湖主要起四乡六里农副产品集散地的作用，当地以小手工业、食品行业、糖业、农副产品加工行业、家具、葬具（如棺材）、农家、农用肥料行业等为主⑥。

棉湖老城区大街小巷众多，它们大部分以行业命名，如米街、打铁街、打油街、面

---

① 费孝通：《江村经济》，江苏人民出版社，1986，第 1 页。

② 齐鲁网，http：//taian. iqilu. com/taiangushi/2014/0703/2050088. shtml。

③ 金羊网，http：//news. ycwb. com/2014 - 06/17/content_6989588. htm。

④ 新华网，http：//www. ah. xinhuanet. com/2015 - 03/30/c_1114811850. htm。

⑤ 中国日报网，http：//pic. chinadaily. com. cn/2015 - 03/17/content_19829029. htm。

⑥ 黄凡编著《棉湖古代史引述》，自印本，2001，第 34 页。

线街、粥匙街、白糖街、草席街等等，共计 20 多个。打铁街作为棉湖镇的古街道，形成于元代，鼎盛于明、清、民国时期直至解放初期，全长约 200 米，宽约 2 米。街内近百家商（住）户从明、清至今，大多经营打铁行业，"南段专门经营白铁产品，北段专门经营乌铁产品。从煤油灯、铁钉、铁锤到镰刀、菜刀、铁锯以至各式各样的铁制农具、用品，商品琳琅满目，应有尽有。每逢二、四、七圩期，赶集者络绎不绝。"[①] 现在整条街道仍较多保存明清商业街道风貌，其单一打铁行业集中的数量、规模及保护的完整程度，在省内市镇中实属罕见。这种商店、作坊、住居三位一体的结构，体现了明、清手工业作坊的特色，也是棉湖地区明、清时代社会经济的一种缩影，有较高的历史价值。2002 年，古打铁街作坊群被列为广东省第四批省级文物保护单位。因此，打铁街不仅是棉湖打铁行业发展历程的见证，也是手工打铁技艺传承的重要载体。

打铁街中最出名的产品是剪刀。"棉湖剪刀"以其造型美观，锋利耐用而与"王麻子""张小泉"等名剪齐名。棉湖剪刀的发展也有一个过程，新中国成立前，棉湖就有"正人""刘仕""正吉""双利""万合"等 30 多家私人作坊，并形成一定规模，棉湖打铁街成了经营五金利器产品的专门集市。到 1954 年合作社时期，"元隆""刘仕""正吉""万合""锦林""海元""振发""歪头"等 8 家作坊，共 23 人，联合成立了棉湖第一铁业生产合作社。合作社 1958 年曾转为棉湖农械厂，1961 年分开成立棉湖五金利器社，1972 年改名棉湖刀剪厂，1980 年 11 月，更名为"广东省揭西刀剪厂"。刀剪厂生产的主要产品覆盖了 17 个品种 70 多个规格。产品远销东南亚、中东、西欧、北

图 1　打铁街商铺出售的各种铁器　李泽锐摄

---

① 《"吕清合"号铺户》，载政协揭阳县文史编委会编《揭阳文史》第 4 辑，政协揭阳县文史编委会，1986，第 64 页。

美等 20 多个国家。其中比较突出的优良产品仍是传统的名牌"棉湖剪刀"。① 如今，打铁街上商品仍琳琅满目，锄头、镰刀、犁耙等农具，菜刀、瓜刨等厨具和剪刀、钳子、铁钉、铁线等用具应有尽有，但这掩盖不了其日渐冷清、逐渐衰败的景象。

二 棉湖打铁街的现状调查

打铁街鼎盛时期有上百家作坊，但由于各种原因，现存商户仅有 30 多家，这也是本次调查的主要样本。调查方式主要有问卷调查、个别访谈、现场观察等。调查结果如下。

（一）店铺的存续情况

店铺的存续情况从两个方面可以得到体现：一是商户在打铁街居住时间及店铺经营时间，二是店铺的经营情况。首先，从时间方面上看，调查结果显示，只有 11% 的商户在打铁街居住时间为 20 至 30 年，18% 的商户居住时间为 30 至 40 年，而有 71% 的商户在打铁街居住时间为 40 年以上，其中居住时间 60 至 100 年的占到 11%，说明商户在打铁街居住时间普遍较长。店铺经营的时间更是长久，经营店铺 40 年以上的商户达到 80%，其中经营 100 年以上的老店铺占 27%，而经营 20 至 30 年的占 7%，经营 30 至 40 年的占 13%（参见图 2、图 3）

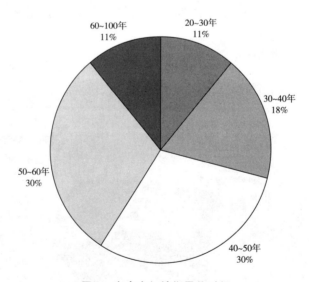

图 2　商户在打铁街居住时间

---

① 《棉湖刀剪发展史》，载政协揭西县委员会文史组编《揭西文史》第 4 辑，政协揭西县委员会文史组，1988，第 11～13 页。

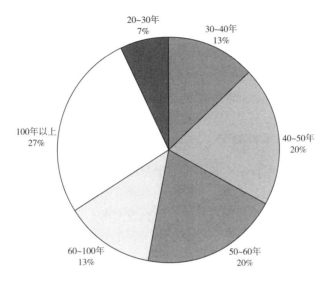

图3 店铺经营时间

其次，从店铺的经营情况来看，调查显示，打铁街的商铺中有 27% 是自主创业，53% 是继承祖业经营，通过其他方式经营的约占 20%。可见，正是由于通过子承父业这种传统手工行业内常见的传承方式，才使打铁街得以出现不少的百年老店。但这也使得他们大多沿袭老一辈的经营模式，缺乏创新的意识，从而也导致打铁街活力的缺失。

（二）商户对传统打铁技艺的学习或了解情况

图4 坚守传统技艺的铁匠　沈锐杰摄

据调查，打铁街商户基本上都有见过打铁手艺，有 40% 的商户学习过相关的制作铁器的手艺，60% 的商户没有学习或系统了解过打铁的手艺。可见，目前打铁街中不了解打铁手艺的商户已经占多数。这说明打铁手艺在传承的过程中出现了一些变化，打铁街中真正打铁的店铺已经不到半数，许多原来的"作坊"事实上已经变成进行批发零售的"商铺"。

（三）商品的构成及来源情况

在调查的过程中，我们发现打铁街市面上所摆卖的产品中有一大部分是工业机器生产的新产品（五金、不锈钢制品等），传统的铁器产品（农具、刀具等）只是占少部分，而且这些产品是从潮阳、揭阳、普宁等地批发来的，而非自产自销。整个调查过程中，我们只看到了一家商户在打铁，尽管还能听到那沉重的打铁声音和老旧机器带来的隆隆声，但这种声音在打铁街已经不再是不绝于耳了。

（四）商品的销售情况

经过对每一家商户的走访调查，我们发现商户的铁器销售相当清淡，店铺摆放的铁器不多，而且有时一天只能卖出几件铁器，有时一天甚至卖不出一件，价格中等，利润较小，因此基本上都是自主经营，没有雇佣工人帮忙。不过，值得注意的是，根据问卷调查的数据显示 67% 的店铺有为顾客提供定制产品的服务。从销售的产品类型来看，比较热销的铁器产品为五金制品、农具、菜刀、剪刀、锯子以及其他日常铁器，其中有些商家还重点推荐正山丰元、正山永兴等品牌。

图5　正山丰元、正山永兴老字号　郑周盛摄

（五）当前面临的主要问题

此次调查发现，打铁街目前面临的问题主要有三个方面。一是产品问题，即自身产品缺少别具一格的优势。虽然大部分商户认为传统铁器有实用、价廉等优点，但这并没能给他们带来巨大的商机，因为当前使用传统铁器的人数越来越少，特别是店铺自产的铁器。由于科学技术发展迅猛，机器制造铁器效率高且价格便宜，而手工制造费时费力且价格中等，所以在机器制造的冲击下，手工制作如果没能进行成功转型，将很难扭转当前的局面。二是技术与人员问题，即传统打铁手工技艺与铁器制作技术濒临失传。由于改革开放以后社会生产力的提高，传统手工业受到很大的冲击，市场日益冷清，使得许多相关从业者面临着严峻的生存问题，技艺传承青黄不接。走访过程中谈到店铺的继承问题时，我们得到了一致的回答，商户们表示其子女大都在外读书或务工，还有一些子女在外开设工厂或经商，其子女都不打算回家继承祖业，这在一定程度上表明打铁街商铺经营正走向凋零，打铁手艺也渐渐地退出打铁街的日常生活。三是场地问题，这是打铁街作坊群作为文物保护单位的尴尬。棉湖打铁街作坊群于 2002 年被政府列入广东省第四批文物保护单位，按规定不能随意改建。但是由于久经沧桑，街道狭窄，建筑老化，打铁街的许多老房子事实上已经成了危房。一方面是生产发展的现实需求使得打铁街有修缮改造的必要，一方面是出于文物保护的目的又使得打铁街不得随意的改建，这让当地的住户和商户陷入了一个尴尬的局面。

（六）对未来发展前景的认知情况

谈到打铁街转型问题时，商户们纷纷表示，如果政府加大对打铁街的扶持力度，进行相应的改建，拓宽打铁街的路面，这样可以在一定程度上增加打铁街的人流量，这对打铁街的发展是相当有利的。还有商户认为，打铁街销售的铁器如果向铁器工艺品转变，凭借打铁街的知名度和制作铁器的工艺，这将会有很大的发展前景和市场。根据访谈的情况来看，商户们尽管对打铁街未来的发展前景有些许的期望，但大部分人的期望值并不高，只是以守业的心态坚守着父辈留下的祖业而已。在他们看来，或许他们将成为见证打铁街发展的最后一代人，他们也没想让子孙后代继承这只能惨淡经营的店铺。

三 思考与建议

棉湖打铁街历经几百年的时代变迁，见证了民间传统手工打铁技艺和传统手工作坊的兴衰。根据调查的情况来看，当前棉湖打铁街主要面临着产品缺乏优势、经营利润微薄、技术和人员断层、发展场地受限等几个问题。除了发展场地受限这一作为省级文保单位的特殊问题之外，其他几个问题其实是全国各地的传统打铁业都普遍存在的问题。因此，可以说，打铁街未来的发展前景究竟如何，已经不仅仅是街上各商户的自身问题，也是政府部门需要考虑的地方发展问题，更是传统手工行业在现代社会如何存续或转型发展的问题。结合实地调查情况，调查组认为可以从以下几个方面进行引导。

（一）营造良好的传统手工业遗产环境载体

环境载体是一个比原生态文化空间更为宽泛的概念，它还包括在保留原先文化空间文化属性的前提下，在一个局部的特殊环境中，采取相应措施，对部分已消失的重要文化空间的还原与再创造，比如复建的部分老字号店铺、手工作坊街区或是工作室，或是以传统手工技艺的保护与展示为重要内容的主题性公园、产业园等。① 当前传统手工业遗产环境载体营造的问题主要表现在传统格局遭到破坏、使用功能过于单一、手工文化意境缺失等三个方面。如前所述，棉湖打铁街当前的一个尴尬问题就是对历史建筑如何处理的问题。而就棉湖传统打铁业的发展情况来看，打铁街作坊群恰恰是其历史遗产的重要载体。因此，在这一方面，作为给打铁街作坊群以省级文保单位称号的政府部门，理应主动承担起这一方面的重担，牵头对作坊群予以必要的修缮，对其功能进行分区定位，解决其发展最基本的载体问题。

（二）重建独特而又能引发共鸣的传统手工业文化

据研究，传统手工业文化对部分地区经济模式的形成与发展曾经产生过深刻影响和积极作用②。在机械化的背景下，传统手工的东西更加容易引起人们的共鸣，因为它承载着独特且多样的手工文化。与手工业文化主题相关的文化元素（如权力象征、民间传说、诗词歌赋、锻制技艺、口诀传承、材料工具、构成造型和色彩等），也为营造传统手工业遗产环境载体提供了丰富的景观素材。可以说，手工业文化的意境表达事实上是传统手工业遗产环境载体营造的关键所在。但是由于现代工业文化的冲击和破坏，传统手工业文化不论是传承还是保护都碰到了巨大的困难。因此，在重建的过程中，要注意适应现代企业经营理念，重点重建传统手工业的经营文化和技艺传承文化，同时激发社会对传统手工艺文化的消费需求。③ 由于传统打铁行业的衰败，许多地方都把传统的打铁技艺列入了非物质文化遗产名录，如 2014 年下河的灌钢法铁具制作技艺被列入第七批温州市非物质文化遗产名录、2010 年鄞江镇打铁技艺列入市级非物质文化遗产名录、2007 年博望打铁手工艺被马鞍山市列为市级非物质文化遗产保护名录、2008 年博望打铁手工艺被安徽省列为省级非物质文化遗产保护名录等。当前，棉湖打铁街作坊群已经成为省级文物保护单位，但是在省市非物质文化遗产名录中没有棉湖打铁技艺的身影。这说明棉湖传统打铁技艺传承的断层，也反映出当地传统打铁行业的文化遗失。因

① 李金蔓：《浅析传统手工业遗产环境载体营造》，《建筑与文化》2013 年第 5 期。
② 鲁晓君：《"温州模式"背后的传统手工业文化分析》，《时代金融》2014 年第 10 期。
③ 谢良才等：《中国传统手工艺文化重建的路径分析》，《理论与现代化》2015 年第 2 期。

此，寻找手工打铁技艺传承人，争取列入非物质文化遗产名录，是当前棉湖传统打铁业亟须开展的工作。

（三）借助抱团式发展，打造名优品牌

一个铁匠师傅带出合格的徒弟，一般要经历三个阶段：一是手把手地进行指点，二是听打铁的声音进行指导，三是看打出的铁器成品进行指正。这本身是一个漫长的过程，加上打铁苦、累、脏，利润又微薄，因此缺少力量、胆量和吃苦精神的人，是不可学打铁，也不敢学打铁，更不愿学打铁。因此，传统的打铁手艺主要还是靠家族式的传承，"最好的徒弟就是自己的孩子"这句话就是最好的写照。这种传承的方式导致了传统的打铁行业主要以家庭式生产作坊的状态存续发展。然而，这种分散的家庭式生产在现代产业竞争的冲击下往往落入了"蚁族化"生存。因此，要让打铁街重新焕发光辉，只有让这些传统分散的家庭式生产作坊走上集群经营、集约经营、品牌效应的发展之路。比如，从传统的手工打铁作坊一步步发展成现代化企业的佛山市南海区桂城天力锻造厂[①]、从广州市白云区神山镇胡社村旁的打铁小作坊到成为跨国企业样板的广州白云电气集团[②]等，都有过类似的奋斗经历。事实上，在棉湖打铁业发展历史上所出现的棉湖第一铁业生产合作社的抱团式发展，棉湖牌剪刀和双斧牌白铁剪等品牌经营都是重要的历史经验。当前，棉湖打铁街同样有必要通过整合各方面资源，打造一些名牌产品，努力为街上的生产作坊和商户疏通市场渠道，扩大集群和品牌在国内外的知名度，从而实现市场的开拓。

（四）构建与时俱进的自我调适与创新机制

尽管当前就全国范围来看，传统手工业大多呈现不景气的状态，但是也不乏取得明显成功的例子。比如，苏州舟山核雕村构建以江南水乡村落为载体的传统手工业与旅游业的融合机制和旅游社区一体化构建的实施机制，探索传统手工业特色村庄转型发展机制[③]；佛山在2003年非遗运动兴起以来，在文化事业和文化产业的双重视域下，走出了多姿多彩的生产性保护之路[④]；儋州市北部木棠镇铁匠村由打铁转变到加工牛角、黄花梨、海铁树等多种工艺品[⑤]；云南省鹤庆县新华村根据影响产业发展的因素及效能，积极强化有利因素的促进作用，努力克服不利因素的制约作用，因势利导地引导产业演

---

① 李明：《一个打铁铺的变迁》，《中国乡镇企业》2007年第5期。
② 张然：《胡明聪兄弟：从打铁铺到跨国合作样板》，《电器工业》2006年第2期。
③ 宋敏、姜劲松：《传统手工业特色村庄转型发展机制探索——以苏州舟山核雕村为例》，载中国城市规划学会、贵阳市人民政府编《新常态：传承与变革——2015中国城市规划年会论文集（14 乡村规划）》，贵阳，2015。
④ 陈恩维：《从佛山传统手工业的发展看生产性保护》，《文物遗产》2013年第1期。
⑤ 儋州市委宣传部：《铁匠村：从"人人会打铁、户户有高炉"到"人人会手艺、家家有作坊"》，《今日海南》2014年第2期。

进，从而使得传统手工业在持续性演进中长盛不衰①。由此可见，传统手工业并非真的走进了死胡同，而是需要寻求自我调适的突破口，与时俱进地进行创新。棉湖打铁街也是如此，比如可以进行以下路径的尝试。

（1）产品的创新。一方面可以适应时代需要，从农具、厨具、用具等传统实用型的生产性工具和日常用品转型升级到工艺品的设计与制作；另一方面在产品形态上，根据市场需求变动适时调整生产经营适销对路的产品。

（2）产业的创新。一方面利用省级文物保护单位的牌子，结合棉湖镇深厚的历史文化底蕴，探索传统手工业与旅游业的融合机制（如传统手工打铁亲身体验活动等）；另一方面，在产业组织上，探索龙头企业和家庭作坊并存的模式，如以棉湖刀剪厂为龙头来带动家庭作坊的存续发展。

（3）营销的创新。当前利用互联网平台发展电子商务已经成为许多行业扩大销售规模的重要渠道。棉湖打铁街尽管在其附近的周边地区有着较高知名度，但在时代的嬗变中，如果没能与时俱进，终将被时代所抛弃。而其琳琅满目、品种繁多的特点，恰恰是可以发展小商品式的网上特色街区。

责任编辑：杨映红

---

① 杨砚池：《新华村传统手工业长盛不衰缘由探析》，《大理学院学报》2013 年第 8 期。

区域历史与社会

民国时期普宁县银行与地方社会（1947～1948）

——以《新宁日报》为讨论中心[*]

欧俊勇　靳炜伟[**]

摘　要： 银行业是研究地方社会的一个重要视角。《新宁日报》作为一份地方报纸，其对银行业的报道数量极多，客观上反映了民国时期普宁县的经济状况。地方银行的研究，有助于解读地方社会深层状况。在金融秩序混乱、自然灾害、侨汇不通的背景下，银行通过其资本优势和市场手段，在地方社会中发挥重要的作用，尤其是开展地方农业贷款方面。但是银行业自身的局限性和地方社会复杂的状况使得银行的调控优势难以施展。

关键词： 民国时期　普宁县　银行　地方社会　《新宁日报》

对于潮汕区域史的研究，前期成果颇丰。但是检讨过往成果，大体上集中在以宗族、宗教信仰为方向的研究上，而对于经济史的关注较为缺乏。正因为如此，陈春声教授把"更具经济学色彩的潮汕经济史"作为潮学研究的"若干可能的方向"。[①] 经济史研究是了解区域社会的重要方向，既"为我们提供了了解那些基本的变迁过程的钥匙，并为我们揭示人类境况的伟大真理，它告诉我们今天是如何走过来的"[②]，又作为"经济史的一个功能是作为经济学家与政治学家、法学家、社会学家和历史学家——关于世

---

* 基金项目：潮汕历史文化研究中心 2015 年度项目"民国时期潮汕地区税赋与地方社会"（项目编号：2015LX02）。

** 欧俊勇（1981～），男，广东揭阳人，硕士，副教授，主要从事潮汕历史文化研究；靳炜伟（1982～），女，河南郑州人，硕士，副教授，主要从事民国经济史研究。

① 陈春声：《从地方史到区域史——关于潮学研究课题与方法的思考》，载黄挺主编《潮学研究》，汕头大学出版社，2004，第 39 页。

② 侯建新：《经济－社会史：历史研究的新方向》，商务印书馆，2002，第 363 页。

界大事、思想和技术等的历史学家——可以相对话的一个论坛"①，其研究意义非凡。

就民国时期而言，各地区经济发展很不平衡，因此，"区域史的研究实属必经之路"②。对经济史的研究，就必须以区域为主要研究视角。1947 年《最新汕头一览》认为："一市之金融乃一市之经济命脉，而银行又为金融之枢纽；盖银行具吞吐作用，将社会上暂时不用之钱，汇而集之，又分而散之至有用之地，调剂市场，准备缓急。"③诚然，以银行为视角的研究对于解读地方社会具有重要的意义。本文拟以民国时期普宁县出版的《新宁日报》为中心，分析本区域银行业的情况，讨论银行业的运作与对地方社会的影响。

一 《新宁日报》之历史

民国《新宁日报》前身为《普宁动员报》。《普宁动员报》1939 年 10 月 1 日创刊，由国民党普宁党部创立，社址设于洪阳新桥头，由方展恭担任社长。方展恭于 1934 年普宁恢复县党部后担任设计一职，1939 年担任县党部总干事。④ 民国时期，方展恭一直为普宁国民党支部要员，且具有新闻方面的才华。此后，《普宁动员报》三度更名，分别为：1940 年 4 月 28 日更名《普宁动员日报》，版式为 4 开 2 版；1945 年 9 月 24 日，更名《普宁民报》，版式为 4 开 2 版；1946 年 7 月，再更名《新宁日报》⑤。关于《新宁日报》出版日期，目前所见的研究成果与事实不符，秦敬香认为其出版时间始于"1946 年 7 月 18 日"⑥，《普宁县志》也沿袭此说法⑦，《汕头市志》概说为"1946 年 7 月"⑧。或由于历史记忆紊乱，以上观点与史料颇有出入。笔者在中山图书馆所检阅《新宁日报》史料显示，该报第一号标注时间为"中华民国三十五年（1946）七月一日"，社长依然由方展恭担任，版式 4 开 2 版，社址设于普宁县城新桥头，并由志成印务局承印，同时依然标明"中华民国二十八年十月一日创刊"⑨，显示《新宁日报》与其前身《普宁动员报》之关系。也就是说，《新宁日报》正式出现的时间为 1946 年 7 月 1 日。

---

① 〔英〕约翰·希克斯：《经济史理论》，厉以平译，商务印书馆，2002，第 363 页。
② 吴承明：《经济史：历史观与方法论》，商务印书馆，2014，第 349 页。
③ 曾景辉：《最新汕头一览》，汕头虎豹印务公司，1947，第 75~76 页。
④ 陈克寒：《中国国民党普宁县党简述》，载《普宁文史》第 9 辑，普宁市政协文史资料委员会，1994，第 137 页。
⑤ 普宁市地方志编纂委员会：《普宁县志》，普宁市地方志编纂委员会，1995，第 565 页。
⑥ 秦敬香：《解放前普宁报刊史简介》，载《普宁文史》第 3 辑，普宁县政协文史资料研究委员会，1989，第 81 页。
⑦ 普宁市地方志编纂委员会：《普宁县志》，普宁市地方志编纂委员会，1995，第 565 页。
⑧ 汕头市地方志编纂委员会：《汕头市志》第 4 册，汕头市地方志编纂委员会，1999，第 321 页。
⑨ 《新宁日报》1946 年 7 月 1 日，第 2 版。

虽然《新宁日报》是一份具有浓厚国民党政治管制色彩的报纸①，但是其关注的视角触及普宁地区的生计民生，直观反映了民国时期普宁地区地方社会的各个侧面。尤其是银行金融业方面的新闻，《新宁日报》也颇多报道。

需要指出的是，《新宁日报》对银行业关注的主要原因是民国时期金融动荡。尤其是 1930 年世界经济危机爆发，对潮汕地区金融业的冲击极大。1925 年，在上海潮州会馆、中国银行汕头分行策动下，时任潮梅财政局长俞飞鸿废除七兑票，改以大洋为本位，推行保证币制，使得潮汕地区混乱的金融体系渐稳。随着世界危机的爆发，侨汇渐少，原本为保证币提供担保的银庄资金陷入枯竭之态势，1934 年，汕头全市银庄"计有二十余号之多倒闭，纸币数达数百万之巨，以致金融短缩，银根奇紧，百业凋敝"②。另一方面，战事影响也是一个重要的因素，战事给社会秩序带来了动荡并且割断了潮汕地区与海外华侨的金融交流，1948 年《申报》的新闻评论称：

> 暹罗每年的侨汇数目，虽有如此的巨额，但因我国政府银行在暹罗各地均无分支机构，且对吸收侨汇，又无适常的政策，故均系由私家银号所寄出，加以官价汇率，与黑市汇率相距日远，更加甚侨汇逃避之风。私家银号批局既均系个人或私人集团所组织，自然均唯利是图，以赚钱为目的。以前洁身自爱的批业，尚能以汇拨业务作其专业，但因国币无法逃避逐步下跌的厄运，逐渐地转向于金融投机。再加醉心于期汇交易，本来期汇交易亦是华侨汇款，不过它不像寄批款额的几乎百分之九十以上，是瞻养家属的费用而是大额汇返家乡建置产业，或汇往汕头作高利贷的款额，另含有生产作用。但因汇批业本身均唯"期"是尚，其他游资更同时加入作战，形成为金融的投机，"打空"成风，只要是便宜的期票，大家都乐于下手，对信用反不顾及，因之危机便在这种情形下孕育了。③

暹罗是南洋中国侨胞的主要聚集地，与中国以侨汇为中心的金融关系极为密切。但是在战时，金融秩序的混乱产生了大量的金融投机商人，也使得部分"游资更同时加入作战"，成为战争的工具，严重破坏了中暹正常的金融秩序。

总之，内忧外困的金融秩序严重影响了潮汕地区正常的社会秩序，这也是《新宁日报》之所以关注金融业的最重要原因。

二 《新宁日报》银行史料之类型

《新宁日报》银行史料内容极为丰富，涉及银行商业广告、银行业务通告公告、银

---

① 《广东解放前夕国民党对报业的控制》，载广东省地方史志编纂委员会编《广东省志·新闻志》，广东人民出版社，2000，第 150 页。
② 《汕头市政府训令》（第 7856 号），1934 年 3 月 2 日，民国档案 12－9－689，第 122～124 页，汕头市档案馆藏。
③ 刘佐人：《论暹罗侨汇问题（四）·暹罗侨汇的演变与投机》，《申报》1948 年 2 月 2 日，第 7 页。

行政策报道和农业贷款等相关信息。

一是银行广告类。主要以普宁广东省银行的商业广告为主体，向民众告知其业务范围，吸纳民众存款。如 1946 年 7 月 1 日第二版的广告词中说明其业务为"办理各地汇款"，告知其地点位于"县城东门横街仔"，同时宣称该行"金额不拘，手续简便，解款迅速，收费低廉"。为了提高自身信誉，广告还强调其通汇地点包括广东省内各地市镇，省外南京、重庆、上海等 13 个城市，香港、新加坡、澳门等地。[①] 1946 年 7 月 6 日该行的广告词更加明晰其业务为"收受定期活期存款"且"利息优厚，存取便利"[②]。1946 年 8 月 15 日第二版的广告词则充满政治色彩，强调"全国最大的省地方银行，国父十三年在广州手创。协助革命安定地方金融，服务大众促进本省繁荣"[③]，将其历史、社会责任作了宣传，以期繁荣自身业务。

二是银行通告公告类。《新宁日报》所见银行通告及公告全部涉及普宁广东省银行，即由普宁广东省银行发布通告，告知相关民众应当遵守或周知的事项，如 1946 年 10 月 20 日第二版的一则通告为：

普宁广东省银行通告
（卅五年十月廿日）

查本县卅壹年度同盟□金公债及国币公债其应换未换债票。前在棉湖被奸匪洗劫，送经本处及普宁县府通饬各户限期携据来行登记有□。现查逾期已久，而声请者寥寥。兹为顾全体债人利益起见，特再登记时间延至本年十一月十五日止。希未换领该两项债票人依限携据前来登记，以凭办理。逾期收据作废，万勿自误为要。[④]

本则通告旨在通知在棉湖被奸匪所洗劫的债票人携带票据到该行办理登记。由于债票人申请者不多，普宁广东省银行通过报纸发布通告，告知债票人前往登记，并提醒债票人限时时间。此外，普宁广东省银行还与普宁县政府在 1948 年 7 月 6 日第二版发布有关田产的联合公告[⑤]以及 1948 年 7 月 15 日第二版有关民食案的联合公告[⑥]等。概而言之，考察普宁广东省银行的公告和通告，可以发现普宁广东省银行成立后，与地方社会的金融业务紧密联系在一起。

三是银行政策类。《新宁日报》对国家银行政策变动极为关注，及时将相关的银行

---

① 《普宁广东省银行广告》，《新宁日报》1946 年 7 月 1 日，第 2 版。

② 《普宁广东省银行广告》，《新宁日报》1946 年 7 月 6 日，第 2 版。

③ 《普宁广东省银行广告》，《新宁日报》1946 年 8 月 15 日，第 2 版。

④ 《普宁广东省银行通告》1946 年 10 月 20 日，第 2 版。

⑤ 《普宁县政府、普宁广东省银行公告》，《新宁日报》1948 年 7 月 6 日，第 2 版。

⑥ 《普宁广东省银行、普宁县政府公告》，《新宁日报》1948 年 7 月 15 日，第 2 版。

金融新闻告知民众，如 1946 年 9 月的《前以银元订立契约，现以法币赎偿办法》报道，对"广东省政府财政厅未铣基金第七〇号"金融政策变动做了细致报道①；又如 1946 年 11 月的《全国银行三千四百余家》报道了财政部统计的银行数为"三千四百八十九家"②；又如 1946 年 10 月 5 日新闻《四联总处订定盐务贷款》报道了盐务贷款业务归中国银行办理等事宜③。甚至，《新宁日报》还对国际金融新闻进行关注，如 1946 年 10 月的《信用贷款政策》报道了美国允许友好国家申请信用贷款④，1946 年 11 月 29 日的《印尼政府限制华侨存款》报道了印尼政府限制侨汇给侨胞带来的困境⑤。对银行政策的关注和报道，尤其是国外相关报道，体现了《新宁日报》广阔的媒体视角，也从一个侧面反映了银行金融业在地区的重要作用。

四是农业贷款类。农业是地方生存之本，一方面粮食为地方百姓提供生存保障，另一方面农业的发展也解决了农村腹地劳动力剩余问题，有助于维护社会稳定。因此，地方政府非常重视农贷工作，通过银行运作，力图挽救脆弱的农村经济。如 1946 年 12 月 5 日《省政府制定办法改善农贷》新闻，报道了省政府鉴于"各县所发农贷款额过低，且多逾期发放"给农业带来的影响，饬令广东省银行"增加农贷配额县贷助"⑥；又如 1946 年 9 月 6 日《农行拨发本县贷款二千万元》新闻，报道中国农民银行应农民团体申请为普宁县 20 社发放 2000 万元农业贷款⑦，等等。

需要说明的是，除了上述类型资料外，《新宁日报》还记载了大量与银行业息息相关的货币金融方面的历史信息。其《昨日市情》报道内容中，"金银"类所开列的就有黄金、光洋、粗洋与法币的兑换率以及银行日息等信息。以 1947 年 7 月黄金兑换法币为例，其最低兑换率为 285000 元/两，最高为 400000 元/两，振幅为 40.35%，数值较大。同样，银行日息也充满变动，最高值为 50 元/日，最低值为 40 元/日。下表反映了本时期普宁地区金融业非常不稳定。光洋、粗洋等辅币的使用以及动荡的金融市场恰恰反映了本区域"货币动荡、急速贬值"的金融状况⑧。

实质上，民国时期普宁金融震荡甚巨，这给地方经济带来了极大的负面影响，1942 年《广东省银行季刊》所载普宁县"金融动态"可见一斑："最近赤金，白银价飞涨，计赤金每两由一千八百元涨至二千二百元，白银每元涨至八元，铜仙找换每元二十八枚，市面银根票短，通常借贷月息三分以上，近传伪中央银行发行伪钞颇多，沦陷区一

---

① 《前以银元订立契约，现以法币赎偿办法》，《新宁日报》1946 年 9 月 17 日，第 2 版。
② 《全国银行三千四百余家》，《新宁日报》1946 年 11 月 26 日，第 2 版。
③ 《四联总处订定盐务贷款》，《新宁日报》1946 年 10 月 5 日，第 2 版。
④ 《信用贷款政策》，《新宁日报》1946 年 10 月 17 日，第 2 版。
⑤ 《印尼政府限制华侨存款》，《新宁日报》1946 年 11 月 29 日，第 2 版。
⑥ 《省政府制定办法改善农贷》，《新宁日报》1946 年 12 月 5 日，第 2 版。
⑦ 《农行拨发本县贷款二千万元》，《新宁日报》1946 年 9 月 6 日，第 2 版。
⑧ 黄振坤：《浅谈民国时期普宁货币的演变》，载方烈文主编《汕头文史》第 16 辑，政协广东省汕头市委员会学习与文史委员会，2001，第 180 页。

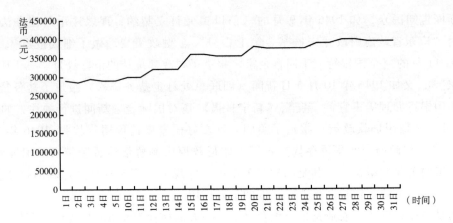

图1　1946 年 7 月普宁地区黄金兑换法币趋势

资料来源：1947 年 7 月的《新宁日报》。

带被迫以伪钞交易，故影响当地买卖交易。"① 这则史料直观反映了本区域金融动荡状态，如果将之与 1947 年 7 月黄金兑换法币情况对读，就会发现，战后普宁法币贬值之大和金融动荡之剧。

三　银行与地方社会之关系

李小建的研究表明："银行的地方社会文化根植性，又会加强与当地的各种联系。"② 基于中国传统行政格局等历史因素，银行与地方社会的关系尤为密切。地方经济的发展离不开银行对资金流动的管理与作用，而行政区域内的银行业务开展也离不开地方社会的发展。尽管两者都受到民国政府的管控，但是两者是相互发展、相互依托的关系。

《新宁日报》的银行史料也显示了这种紧密关系，主要表现在银行业对地方公共事务的介入和对农业贷款的支持上。

一方面，银行为地方资金流动提供了便利，市民可以通过普宁银行点，将资金存储甚至汇兑到业务银行的各个网络点。正如普宁广东省银行的广告所揭示的，市民可以通过其业务网络与省内多个城市及国内 13 个网点甚至国外网点办理汇兑手续。普宁广东省银行的业务也不仅仅局限于此，还与侨汇业建立了金融关系，一份民国二十九年的契约档案显示：时任普宁广东省银行主任萧云六（甲方）与五云墟吉祥庄经理彭慎成（乙方）和两个担保商号签订合约，按照合约规定，"每次汇款由甲方缮备汇款通知书

① 《五月份经济调查汇报·普宁县》，载广东省银行经济研究室编辑委员会编《广东省银行季刊》1942 年第2 卷第 3 期，第 229 页。

② 李小建：《金融地理学理论视角及中国金融地理研究》，《经济地理》2006 年第 5 期，第 724 页。

及正副收据，连同批信，并列单统计汇款数目及号码，直接邮递乙方。再由乙方照信通知收款人持收据及回批向乙方领款，以杜误交、冒领之流弊"，"每百元由甲方交补乙方手续费三角，多少照计"①。由此可见，普宁广东省银行实际上是跨国侨汇与地方社会连接的重要纽带。

普宁广东省银行还在地方行政事务中扮演着重要角色。

普宁县政府、普宁广东省银行公告
（田二"二五八"）号

　　本府、行前奉省田粮处电饬提售"三六"年（1947）度赋谷共"九二〇"市石"六一六"合。经定六月廿六日在县府会议厅公开投售，嗣因参加竞投商号不足法定票数，致开投未成。兹再定于七月五日、七日上午九时分两批开投。又奉省政府电饬提售"三六"年度赋谷"一一八一"石"八〇四"合。并定于七月九日、十二日、十四日上午九时分三批在县府会议厅公开投售。希有意竞投粮商到县府田粮科取阅简章，参加竞投。特此公告。②

　　此份公告显示，普宁广东省银行与普宁县政府共同承担了1947年度赋谷的招投标工作。赋谷征收事务本是地方政府的职责，但是普宁广东省银行却介入其中，显示地方银行在地方行政事务中的作用。对于银行如何介入地方田赋粮食事务，1948年7月15日，普宁广东省银行与普宁县政府另一份公告可以得到窥探：

普宁广东省银行、普宁县政府公告
普效田字第一三二号　中华民国三十七年七月十四日

　　一、本行府奉令分行国粮"三七一〇"余石案。余部分"一二六二"石"七一九"合。经□集法定机关会议议决请求上峰准予全部平均分。本县三十三乡镇借以普惠县民调剂民食除详细办法，俟奉复再行公布外。特此公告。周知□□□□□。

　　二、本行府奉令投□兑□始兴、海口购粮及调解民食案。粮共"二一〇二"石"四二〇"合。兹将再议定底价为"一二七六"万元。定期本月十五、十七、十九等日分次在县府会议厅公开投售。希有意竞投粮商请购票竞投。

主任朱宝珊
县长曾枢③

① 《广东省银行普宁办事处"函报与五云墟吉祥庄订约代理河婆批款情形交同合约及该号印鉴乙纸请察核备案由"》，广东省档案馆档案，全宗号41，目录号3，案卷号390，第71～74页。
② 《普宁县政府、普宁广东省银行公告》，《新宁日报》1948年7月6日，第2版。
③ 《普宁广东省银行、普宁县政府公告》，《新宁日报》1948年7月15日，第2版。

从史料中可以发现，广东省银行实质上利用自身资金优势，为解决民众粮食问题，先行垫付资金从始兴、海口采购粮食，再拟定底价由地方粮商分批竞标。银行利用其资本和空间的优势可以从粮食投资中获得利润，但不可否认的是，资本优势是银行介入地方事务的重要资源。

另一方面，银行为地方农户提供农业贷款，扶助农业。按照《潮州志》1949 年统计，普宁县耕地面积 680190 亩，农民人口 252682 人①。《潮州志》数据为估算推断值，实际上农民人口数量更大，1940 年《普宁北隅一带农民的生活》描述："普宁北隅，（即旧第六区一带）这里是一个偏僻地方，文化水准很低，然这里贴近南溪，是一个广大的产米区域，居民百分之九十是农民"②。在农村腹地，农民的数量占据绝对比例，均从事稻谷等农业的种植。表 1 所开列数据显示，普宁农户数为 100000，居潮汕地区之首，而水田、旱田面积均远未达到潮汕地区平均值，排名均靠后，凸显了人口与土地的紧张关系。

表 1　民国时期潮汕地区农户数量与农田面积对比

县别	农户数（户）	农田面积（公亩）	
		水田	旱田
潮安县	39053	2488000	1339000
潮阳县	56496	2396000	891000
揭阳县	38110	2390000	2384000
饶平县	86735	1196000	1468000
惠来县	—	1395000	467000
大浦县	16691	117000	565000
澄海县	37101	1204000	750000
普宁县	100000	1063000	313000
丰顺县	40136	516000	307000
饶平县	—	37000	24000

资料来源：饶宗颐总纂《潮州志·农业》，其中农田面积为 1940 年统计数据。

正因为人地关系的紧张，晚清至民国时期的粮食问题一直是包括普宁县在内的潮汕地区所面临的共同困境，并且演变成为一个激烈而严峻的社会问题。农业救助，赈济灾民成为这一时期普宁县的社会主题。社会动荡、天灾兵燹、社会管理加之普宁县地势低洼等原因给普宁县农业带来了严重的冲击。早在 1942 年《广东省银行季刊》关于普宁县的一份农村调查资料集中体现了这些因素对农业的冲击："该县地势低洼，且乏河道

---

① 饶宗颐总纂：《潮州志》，潮州市地方志办公室，2005，第 895 页。
② 宜之：《普宁北隅一带农民的生活》，载中国农村经济研究会编《中国农村》（特刊）1940 年第 6 期，第 9 页。

疏泄，入春以来，淫雨连绵，酿成最近之大水成灾，平地皆成泽国，县城通揭阳棉湖之处，一望汪洋，早造稻田，恐有失收之虑，又侨汇为该县农村金融之生命线，太平洋战事爆发后，汇路告塞，侨属极形恐荒（慌）。"① 又 1948 年 6 月 27 日《香港工商日报》载，普宁县"迩来淫雨兼旬，山洪奔放……农田遭淹，一般农人咸多嗟叹，愈以本届早造，收成绝望，……因春初之亢旱，复受此雨潦之灾，预计收成，亦有相当影响云。"② 这些材料只是民国普宁农业困境的一个缩影。作为以农业为主要经济基础的普宁县，历经二战冲击后，其基础更为羸弱。受此影响，普宁县社会问题愈加激烈，甚至出现了因为粮食问题导致截劫稻谷③、争水械斗④、农户集体自杀⑤、溺婴⑥、粮食炒收⑦和冒领舞弊案⑧等恶性社会事件频发。粮食的紧缺，进而加剧了人与自然环境的矛盾关系，《新宁日报》多次报道了狼患和狼啮人事件，如新斗乡豺狼为患，村民上山采薪遭狼噬食⑨；流沙乡豺狼突闯⑩；旱塘乡农夫农垦遭二巨狼偷袭遂击杀其一⑪等事件，以致警察局不得不成立杀狼队进行捕杀⑫。这进一步说明，农业问题已经成为普宁县的重大社会问题。

鉴于农业生产问题，民国政府也着实做出努力冀以解决。推广良种、推行农贷便是典型的做法。早在 1937 年，普宁县便被广东省农林局列入优良稻种推广的主要区域，以期提高粮食产量。⑬《潮州志》收录的普宁县农业推广所许宜仁的调查显示，根据土质的不同类型进行水稻种植，计早稻 8 种、冬稻 8 种，且对病虫害、产量等记录甚详⑭。广东省政府甚至还为在"全县优良谷种比赛"成绩优良的农户颁发奖品，并对推广良种得力且"策划有方"的县长杜邦"特传令嘉奖，以昭激励"。⑮ 可证地方政府在农业推广方面的努力。面对农业灾荒，社会组织也积极组织救援，1928 年 3 月，受自然灾害影响，"普宁之果陇等乡迭被蹂躏，惨无人道"，基于此，驻港海陆丰同乡会将

① 《五月份经济调查汇报·普宁县》，载广东省银行经济研究室编辑委员会编《广东省银行季刊》1942 年第 2 卷第 3 期，第 229 页。
② 《普宁早造收成已告绝望》，《香港工商日报》1948 年 6 月 27 日，第 3 页。
③ 《普宁稻谷又遭截劫》，《香港工商日报》1948 年 12 月 18 日，第 3 页。
④ 《普宁乡民为水斗，数百人惨烈厮杀》，《大公报》（香港）1948 年 4 月 15 日，第 7 页。
⑤ 《普宁又一农家集体自杀》，《香港工商日报》1948 年 7 月 14 日，第 3 页。
⑥ 《普宁农夫杀狼》，《大公报》1948 年 9 月 9 日，第 2 张第 7 版。
⑦ 《天旱水潦蝗虫，潮汕天灾循序而至。早造将歉收，米价又上涨。普宁一带有人炒收期米》，《大公报》（香港）1948 年 5 月 4 日，第 2 张第 7 版。
⑧ 《华侨日报》1948 年 9 月 4 日，第 2 张第 2 版。
⑨ 《豺狼繁殖无已，村民岌岌自危》，《新宁日报》1946 年 10 月 17 日，第 2 版。
⑩ 《黄宗识击毙豺狼》，《新宁日报》1946 年 10 月 19 日，第 2 版。
⑪ 《普宁农夫杀狼》，《大公报》（香港）1948 年 5 月 23 日，第 2 张第 7 版。
⑫ 《流沙团警伏击"葛藤径"击散群狼》，《新宁日报》1946 年 11 月 22 日，第 2 版。
⑬ 凌道扬：《广东增加粮食生产概况·改良及推广优良稻种》，《越华报》（香港）1938 年 4 月 24 日，第 2 页。
⑭ 饶宗颐总纂：《潮州志》，潮州市地方志办公室，2005，第 953 页。
⑮ 《普宁县长努力农事受奖》，《香港华字日报》1940 年 10 月 21 日，第 2 张第 1 页。

普宁县及海陆丰地区受灾情形一并致函上海华洋义振会请求救援，得到其赈济帮助，"凑垫汇粤四万五千元购办籽种、农具、粮食，择要散放"①。

解决农业问题的另一途径就是通过银行金融手段，向农户发放贷款。对于银行农业贷款的意义，时人认识颇为到位，《潮州志》认为："土地、劳力与资本为农业三大要素。"② 银行通过货币手段为农业发展提供贷款是其资本流通的手段。早在 1930 年 4 月，普宁县农贷开始推行。③ 普宁县历来为潮汕地区农贷大县，1940 年调查资料显示，广东省银行所放贷的潮州五县中，普宁县农贷金额 290.745 万元，高于潮阳、揭阳、饶平、丰顺等四县，居于首位④。这客观说明了普宁县农业对银行贷款的巨大需求。

1947 年 7 月，为了推动农业贷款，中国农民银行派员赴普宁考察，并决议"设置农贷办事处，以利工作"⑤。根据调查情况，1946 年 9 月，中国农民银行汕头支行"应农民团体请求"，拨付农业贷款共计二千万元，并派专员监督放贷事宜⑥。本次贷款对象覆盖普宁县二十社，由"合作社及其他农民团体申请"，并"接受金融机构之调查"。至 10 月，鉴于农业发展需要以及贷款的效用，该县农业合作社还通过中国农民银行汕头支行函电揭阳中国农民银行继续申请追加贷款。⑦ 银行向地方社会发放农贷过程中，实际上采用的是间接放贷的方法：银行贷款给农业合作社和其他农民团体，再由其发放给农户。与《潮州志》所描述的"各项贷款经以合作社或联保组织为贷款对象"相一致，这种方法大概由于"手续麻烦，以智识简陋之农民受其拘束"。⑧ 关于农贷款的效用，虽然杯水车薪，但在一定程度上也解决了农业生产的一些问题，"政府方面也确定已开始举办冬耕贷款，并以合作社为给贷款对象，这几百万元实际上虽然不能够对每个合作社种肥问题的解决，但政府对于合作社的推动冬耕，实有确切的关怀与希望"⑨。

银行对农贷的管理也有一套较为严谨程序：

贷款期限规定，生产放款为六个月，特产及耕牛则定为一年，水利、垦殖得由一年至四年，分期偿还。至贷款手续通常由正式登记之保合作社填具申请书及社员借款用途明细表、农户调查表、组织概况表、资产负债表、抵押品数量表与担保办法各一份，送当地农贷经营人员调查审核。认为完备后，指导签证契约、借据，并根据贷款明细表所列数目发放款项。由负责代表人先行具领，然后分别发交各农户。贷款后，再派农贷人员落乡作直接、间接调查。至于贷款利息通常每月八厘，自承贷机关贷出之日起、息期

① 上海华洋义振会：《敬求各界大发慈悲》，《申报》1928 年 3 月 6 日，第 3 页。
② 饶宗颐总纂：《潮州志》，潮州市地方志办公室，2005，第 983 页。
③ 杨贻飞：《普宁农分部三十一年度业务计划》，载《农贷消息半月刊》1941 年第 7～8 期，第 34～37 页。
④ 饶宗颐总纂：《潮州志》，潮州市地方志办公室，2005，第 987 页。
⑤ 《农行派员来县，调查合作事业——并决设处办公以利工作》，《新宁日报》1946 年 7 月 12 日，第 2 版。
⑥ 《本县农贷二千万元》，《新宁日报》1946 年 9 月 6 日，第二版。
⑦ 《合作组遍及全县，县府电请增加农贷》，《新宁日报》1946 年 10 月 3 日，第 2 版。
⑧ 饶宗颐总纂：《潮州志》，潮州市地方志办公室，2005，第 983 页。
⑨ 寿山：《扩大冬耕合作社应有的努力》，《新宁日报》1946 年 12 月 5 日，第 2 版。

前还款者，利随母减。比来，金融波动不定，而联合总署又有实物贷借之助，其农具、肥料等则由中国农民银行主办，各县县政府协助。虽较前为佳，惟仍未能尽善。[1]

银行对农贷款分门别类进行管理，资料手续较为完善，并且实地跟踪贷款的落实，说明银行对农业发展具有较为深入的认知。为了减少坏账率，银行鼓励贷款人息期前还款，实行"利随母减"的优惠政策。值得注意的是，银行除了直接放款方式外，还推行实物贷款，这一点《新宁日报》也予以关注。1948年7月15日《新宁日报》的新闻报道了中国农民银行汕头支行承办化肥贷款业务的具体事项。受农林部和中央银行的委托，中国农民银行汕头支行向包括普宁在内的四县发放硫酸铵、铵磷两种化肥，并且推行稻谷还贷方式："一，贷肥收实，贷放化肥于收获季节收回稻谷；二，实物交换，以化肥当时与农民交换稻谷"[2]。这项办法的推行，避免了农民还贷的烦琐手续，也有利于银行在粮食流通行业的业务开展，客观上对农业发展产生积极的意义。

当然，银行在农贷业务上也存在若干缺陷，如银行农贷一方面款项有限，只在春耕、冬耕期间发放，"本县农贷业务上之最大困难厥为余额不敷应求"[3]；另一方面农贷只面向合法登记注册的合作社，且须由保长等进行担保，农贷实质上把控在乡保长等地方势力手中，困难农户难以获得贷款。

四 结语

民国时期普宁县作为一个典型的农村腹地，农业经济的崩溃导致了一系列的社会问题，对社会秩序产生严重的冲击。对于民国时期普宁县银行业的个案研究，可以较为深入了解潮汕农村腹地经济的状况。银行利用其资本和商业网络优势，促进金融流通，以期改变地方物质短缺、农业崩坏的局面，成为地方社会发展的一种重要力量，表现在银行对地方事务的高度参与性。尤其是在依赖侨汇金融的潮汕农村腹地，银行的力量不可小觑。这也是《新宁日报》所透露出来的历史信息。

银行的金融手段运作，对于普宁农村经济起到重要的扶持作用，其手段也呈现多样化的特征，客观上对于农村经济的发展具有积极意义。但是由于民国地方经济的混乱以及银行业自身存在的缺陷，农业贷款数额不足加之贷款规定的漏洞，银行业的局限性也表现无遗，农业贷款难以及时抵达困难农户手中。纯粹的银行手段显然无法扭转农村腹地崩溃的经济态势。

责任编辑：曾旭波

---

① 饶宗颐总纂：《潮州志》，潮州市地方志办公室，2005，第986～987页。
② 《中农汕头支行承办化学肥料贷实收谷》，《新宁日报》1948年7月15日，第2版。
③ 《普宁农分部三十二年度业务计划》，载《农贷消息月刊》1943年第7卷第2期，第6页。

新时期潮汕祠堂文化的传承与嬗变

——以澄海西门蔡氏名贤家庙为例

蔡文胜*

摘　要：祠堂是人们祭祀祖先或先贤神灵的场所，是我国乡土建筑中的礼制性建筑，是乡土文化的根。在各个不同的历史时期，祠堂的文化功能不断发生着变化，特别是自20世纪80年代改革开放以来，随着不少祠堂的重建，不论从祠堂组织管理，还是其传统的祭祀、修谱、教化、兴学、司法、抚恤、活动等主要功能都发生了新的变化，在传统与现代之间，主动地进行自我调适，以适应现代社会环境，在继承传统中出现了嬗变。本文以广东省汕头市澄海区西门蔡氏名贤家庙为例探讨潮汕祠堂在新时期利用传统资源产生新的嬗变的轨迹。

关键词：潮汕祠堂　蔡氏名贤家庙　组织管理　文化功能

祠堂是人们祭祀祖先或先贤神灵的场所，是我国乡土建筑中的礼制性建筑，是乡土文化的根。祠堂主要包括祭祖祠堂、名人祠堂和神灵祠堂等几个种类。本文讨论的祠堂主要以祭祖祠堂为主。这类祠堂是族人祭祀祖先、制定族规、商议族中重要事务的场所，是家族的象征和中心。在各个不同的历史时期，祠堂的文化功能发生着不断的变化，特别是自20世纪80年代改革开放以来，随着不少祠堂的重建，不论从祠堂组织管理，还是其传统的祭祀、修谱、教化、兴学、司法、抚恤、活动等主要功能都发生了新的变化，在传统与现代之间，主动地进行自我调适，以适应现代社会环境，在继承传统

* 蔡文胜，1968年生，文博专业副研究馆员，汕头市澄海区博物馆副馆长，潮汕历史文化研究中心学术委员会委员。

中出现了嬗变。本文拟以广东省汕头市澄海区西门蔡氏名贤家庙为例探讨潮汕祠堂在新时期利用传统资源产生新的嬗变的轨迹。

一 澄海西门蔡氏源流与蔡氏名贤家庙的重建

据记载，南宋淳祐年间（1241—1252 年），福建莆田人蔡规甫（号盘溪，字德员）携子卜居于海阳辟望（今澄海城区一带），为西门蔡氏肇基始祖。明代郡人李思悦《辟望蔡盘溪丰湖父子祖孙合传》记载：

> 辟望蔡氏，忠惠公蔡襄苗裔也。其家辟望，自知潮州盘溪公规甫者始。盘溪公之始于潮，又自其族弟礼部侍郎西溪公渤者之所居而居之焉。考西溪公所叙蔡家世系：渤之六世祖戴，规甫之六世祖襄，襄之祖恭，戴之祖仰，皆十二公所出，其初莆阳人也。渤自祖仰之子沂，五世居辟望，规甫仕潮，因居之。规甫知惠安、知古田，通判潮州，又通判连州，继又知潮州府。生平博学好古，象先大夫；仁慈正大，亦象先大夫。在惠、在田，惠、田之士民爱之；在连，连之士民爱之；在潮，潮之士民深爱之。其居于潮，虽以其弟，实以其士民也。①

蔡规甫共生二子，长子丰湖，因娶福王与芮者次姬女，即度宗娣也，册封为驸马都尉。次子西畴被封为"将仕郎"。

据族中相传：

> 盘溪公生丰湖为长房，西畴为二房，丰湖公传至四世代谦祖公，生子：横塘、平塘、莲塘、草塘、钱塘，史称五塘。为使各房有嗣，平塘公出嗣谦叟公胞弟节叟公为嗣子。而西溪公房传至五世代福公无后，再由五塘房中一子周公出嗣福公，在此就以第六世代周公起列入西门蔡氏盘溪祖之第三房。②

至明成化年间，蔡西畴的一支派系第12世"利辈"又播迁于程美（即程洋岗）创祖。

西门蔡氏自蔡规甫始，子孙繁衍，其后代分布于澄海县城东门、西门、南门、北门、池墘及外埔、昆美、程洋岗、里美、后蔡等20多个乡村，还播迁至潮阳、惠来、潮州、揭东、汕尾、湛江、江西上饶等地以至港澳台和东南亚各国。

西门蔡氏及其各分支在澄海城区原有祠堂14座，这些祠堂几经沧桑，都已湮灭。

---

① （清）李书吉等纂修《澄海县志》卷25"艺文"，第22～24页，嘉庆二十年（1815）刻本。
② 澄海市蔡襄宗亲联谊会：《何谓"三房"》，载澄海市蔡襄宗亲联谊会编《通讯》第2期（2001年2月28日），内部资料。

蔡氏名贤家庙是西门蔡氏现在在澄海城区唯一的祠堂。

蔡氏名贤家庙，肇建于清康熙五十四年（1715年），址在澄城阜安街（现澄城文祠西路）。原名忠惠公家庙，祀蔡规甫之六世祖蔡襄（字君谟，谥忠惠），配祀西门蔡氏肇基祖蔡规甫。道光十九年（1839年）重修，并在东侧建从屋11间，作为私塾，训导族内子孙。民间年间在祠堂开办"新德学校"，族内子孙可免费入读。新中国成立后被政府征收作为澄城供销合作社生产资料门市。20世纪90年代初在旧城改造中被拆除。

2004年，于澄海城区西门辟新路重建"蔡氏名贤家庙"。该家庙占地面积1023平方米，建筑面积1523平方米，为双层楼房建筑，2006年择吉举行落成庆典。家庙门联："名贤家声远，辟望世泽长"。堂名"思敬堂"，大厅楹联："忠惠传家诗书礼乐绍统绪，岁时报本蒸尝俎豆荐馨香。"

二 传承与嬗变

在新的历史时期祠堂重建过程中，社会环境的变迁、传统与现代的碰撞，使祠堂文化在继承传统的基础上发生了新的嬗变。西门蔡氏名贤家庙重建之后，也不断融合进了新的因素，在渐变中融入新的社会生活之中。

（一）传统的继承

祭祀、扫墓、编谱是祠堂最基本的活动，蔡氏名贤家庙在重建前后分别开展了这几项重点工作。

在蔡氏名贤家庙重建前，就已着手编修《海阳辟望蔡氏族谱》。该谱序言对该谱编修的目的做了说明：

> 先贤对族谱之编修，用心至多，可谓详且尽矣！唯历史既久，转抄误传，疏漏重复，有所难免。我族存世之旧谱，有墨印本和手抄本等，异同不一，且多腐朽不全，兼之数十年来时势变幻，人事沧桑，濒于失传。后代子孙，将罔知姓从何起，系从何出，派从何分，历史史实，无由考证，有鉴于此，重修宗谱，是时也！①

该族谱对西门蔡氏源流、祠堂、墓葬、人物、艺文等方面资料作了系统的整理，但作为族谱主要内容世系表则仅有从入闽开基祖蔡用元起至第十六世先祖世系，西门蔡氏世系仅列出始祖起五代先祖。作为族谱的世系图未免过于简略。

祠堂每年有5次祠堂祭祖及祭扫祖墓活动。参加者除澄海地域20多个村居的宗亲

---

① 澄海西门蔡氏联谊会：《海阳辟望蔡氏族谱序》，载澄海西门蔡氏联谊会编《海阳辟望蔡氏族谱》，内部资料，出版日期不详，第3页。

外，还有来自潮州、潮阳、惠来、汕尾、湛江等各地宗亲。在祭祖过程中沿用古礼并宣读祭文，缅怀祖德。

因始祖蔡规甫墓葬至今仍寻找不到。因此西门蔡氏名贤家庙的扫墓主要为二世祖蔡丰湖、蔡西畴，三世祖蔡彬，四世祖蔡景、蔡昊，五世祖蔡睦、蔡均。这些祖墓均位于澄海冠湖狮山肚，是一处规模较大的家族墓葬群。1991 年由西门蔡氏联谊会倡议重修。

引起我们兴趣的是，即使是在这些极具传统的仪式中，也已隐约地可以感受到现代的气息，如其祭始祖蔡规甫祝文中：

祈祖庇佑　奕世相传　聚梓祯祥　旅外顺昌
男女老少　平安康泰　工商农贸　发达鸿兴
产品具强　盈利倍增　开拓进取　鸿猷有成①

蔡氏名贤家庙所在的西门社区是澄海区工业的重要乡村，主要产品为玩具礼品、纺织服装，曾先后获得"广东省乡镇企业百强村"和"汕头市塑料玩具专业村"等称号。蔡氏作为西门社区的主要姓氏，乘改革开放之风，涌现出不少知名企业家。在祠堂的重建过程及各项活动中发挥了不少作用。在上面的祝文中已让人们感受到这种新的文化气息。

（二）家族历史的挖掘与建构

西门蔡氏历史上的一个重要事件是蔡规甫父子与陆秀夫的交往及其忠贞爱国的故事。明李思悦《辟望蔡盘溪丰湖父子祖孙合传》记载：

（蔡规甫）卜筑辟望，值陆公秀夫与陈宜中议不合，宜中使言官劾罢之，安置辟望司。公处之，共起居，披肝胆。林泉之下，皇皇国事，朝若夕，论言不倦，每为朝廷，兹皆忠诚之为。所谓"方以类聚"者也。陆公安置以来，举家家辟望，设教于辟望之南，盘溪公遣其子济，从陆公讲学有年，即丰湖公也。及宋帝避元兵，迁都闽地，有旨召陆公回朝，丰湖公以世受宋恩，忠忱感激，悉捐家资随陆公诣行在，勤王运粮以饷军士。帝以丰湖原娶福王与芮者次姬女，即度宗娣也，以前造次未曾经封，乃册封为驸马都尉，时则景炎二年也。继敕公转给军输，任漳浦典主簿事，腹心之也。②

这段记载不断地被蔡氏后人引用阐发，特别是结合族中关于蔡丰湖随陆秀夫蹈海殉

---

① 蔡秉瑞：《盘溪蔡公祝文》，载西门蔡氏联谊会编《海阳辟望蔡氏族谱》，第 52 页。
② （清）李书吉等纂修《澄海县志》卷 25 "艺文"，第 22～24 页，嘉庆二十年（1815）刻本。

国的说法，以及近年新发现的蔡西畴墓碑等资料。在新的历史条件下，不断地强化蔡规甫父子"忠贞爱国"的内容，蔡氏名贤家庙理事会永远名誉会长蔡秉瑞在《蔡规甫父子事迹》一文中除引用上述资料介绍蔡规甫父子事迹外，更进一步丰富了蔡丰湖、蔡西畴后期的抗元事迹：

> 丰湖公以世受宋恩。感激忠忱，悉捐家资，勤王献粮扈帝充伍。嗣元兵越仙霞岭窥闽，张世杰、陆秀夫奉太后、端宗泛海赴泉州、次漳州，帝舟再转惠州，折北过浅湾（南澳），渡海驻海阳县中外都。公招募忠义精壮，扈帝成伍充宿卫。未几，元兵蹑踪迫近帝舟，公率部护驾。……祥兴二年（1279），元兵海陆二路攻崖山，宋军溃，左丞相陆秀夫负帝投海，公随乃师蹈海殉国。
>
> 规甫公之次子讳澡，号西畴，南宋末年，授陆公的文韬武略，以应急变之形势。公以躬耕度日，团结地方精壮和陆公门下学士，为保护大宋江山，作出贡献，被封为将士郎。[1]

2008 年 11 月，在澄海蔡氏文化研究会、澄海西门蔡氏联谊会和汕头市民间文艺家协会主办的"蔡规甫蔡丰湖史迹研讨会"上，来自汕头市社科联、汕头市民间文艺家协会、汕头大学的专家学者及澄海蔡氏文化研究会成员参加了讨论，也将主要内容集中于蔡氏父子的抗元事迹，认为其有助于提升民族精神。知名文化学者、汕头大学教授隗芾当场赋诗：

> 蔡氏家声远，文化贡献多。
> 裹公留墨宝，辟望谱颂歌。
> 北有赵家堡，南看陆厝围。
> 民族存正气，谁人奈我何？

（三）管理制度上的创新

传统祠堂管理，在古代经历了从贵族宗子法向士大夫宗子法，再到家族制的发展过程。特别是明嘉靖十五年（1536 年）礼部尚书夏言《献末议请明诏以推恩臣民用全典礼疏》以及明世宗允许臣民得祀始祖的诏令，掀起了民间建祠堂的高潮。随着祠堂的庶民化，族长制也逐渐成为祠堂管理的主要形式。族长是家族的权威，对内负责在祭祀祖先时担任主祭人，管理宗族祠堂事务，调解族内纠纷，表彰族人善行，纠正伦理过

---

[1] 蔡秉瑞：《蔡规甫父子事迹》，载汕头市澄海区政协文史和学习委员会编《澄海文史资料（第二十二辑）》，内部印行，2012，第 39～40 页。

错，主持举办家族内公共事宜和救济事业，施行家法等；对外负责处理与官府、其他宗族的交涉、协调。

新中国成立后，祠堂遭到严重冲击，族权被作为封建的残余遭到批判。在新时期祠堂重建时族长制的恢复面临着各种困难（包括观念上），特别是随着城乡建设的迅猛开展，聚族而居的生活方式解体，祠堂管理必须寻找一种与现代生活相适应的管理模式。许多祠堂的管理多以联谊会等面目出现，采用理事会等新型管理制度。澄海蔡襄宗亲联谊会在该会《章程》中明确表示："本会是澄海蔡襄家族自愿组成的群众性组织。"①在《章程》中对于该会组织机构也作出了规定：

> 本会的最高权力机构是会员代表大会，代表人数按各居住村居规模分配名额，代表人选由各村居推荐。
>
> 本会设置理事会。理事、会长人选由各村居在代表中推荐，经选举领导组讨论，决定成为当然理事，不另行选举。
>
> 会长、秘书长，在各村居推荐的名单中，由会员代表大会以无记名投票方式选出会长及秘书长各一位，选不着会长或秘书长的成为副会长。
>
> 理事会下设常务理事会，其组成人员由理事会选举产生，提请会员大会通过。并按需要聘请德高望重、贤达俊彦任名誉会长及顾问。②

可以看出，该宗亲联谊会的管理已基本采用民间社团之类组织的理事会管理制度。

(四) 联系网络的拓展

以理事会管理制度取代传统的族长管理制度，有利于进一步在形成宗亲共同体的基础上宗族之间新关系的建立以及对外联络工作的开展。

蔡氏名贤家庙所祀之蔡襄，其后代除澄城西门蔡规甫一支外，尚有数支先后播迁于澄海地域，其中主要有：龙田蔡氏始祖乔迁公于南宋宝祐年间从莆田播迁至龙田；大衙蔡氏始祖平湖公于元朝初期来创村；南界蔡氏始祖统翰公于元朝延祐年间（1314—1320年）从莆田来澄定居。其五世孙玄保公繁衍于夏塘村，玄保公之子瞻顶于明嘉靖四十五年（1566年），迁到下蔡，子孙衍支岭亭；东湖蔡氏始祖维贵公于明嘉靖年间开始从莆田来澄定居；程洋岗蔡氏，是西门西畴祖一支派系，并从"利"字辈起另立辈序，与西门蔡氏裔孙，都是规甫公的后裔。③

为团结蔡襄在澄后裔的需要，澄海蔡襄宗亲联谊会于2000年12月成立，成为蔡襄

---

① 澄海蔡襄联谊会：《澄海蔡襄联谊会章程》，载澄海蔡襄宗亲联谊会编《忠惠家风》，内部资料，2003，第20～23页。

② 澄海蔡襄联谊会：《澄海蔡襄联谊会章程》，载澄海蔡襄宗亲联谊会编《忠惠家风》，第20～23页。

③ 蔡秉瑞：《澄海蔡襄族裔从莆徙澄概况》，载澄海蔡襄宗亲联谊会编《忠惠风采》，第9页。

后裔各支共同参与的宗亲组织。

在澄海地域的蔡氏，除蔡襄后代外，还有一支较重要的蔡氏为蔡元鼎后代。据记载：

> 南宋时闽漳的蔡元鼎之三子蔡简斋，因来潮为官，他的四弟与潮和五弟至诚与他同来，在任满时因不愿归闽，故于辟望之南（岭亭）落户创乡。①

至今子孙繁衍，除留居祖地岭亭外，分布于澄海各地以至金平、潮阳、濠江等地。

2006 年 7 月，澄海蔡襄宗亲联谊会召开理事会，来自澄海地域 30 多个村居 54 名蔡氏机构领导人参加会议，"为弘扬蔡氏文化，研究蔡氏文化，适应新形势，与时俱进"，决定"澄海蔡襄宗亲联谊会"改名为"澄海蔡氏文化研究会"。

至此，澄海地域内的蔡氏各个宗族终于在以姓氏为旗帜的"澄海蔡氏文化研究会"中建立起新的联系。而不论是"蔡襄宗亲联谊会"还是"澄海蔡氏文化研究会"的会址都设于蔡氏名贤家庙，从一个侧面也彰显了其在澄海蔡氏中的影响力。

从澄海西门蔡氏联谊会到澄海蔡襄宗亲联谊会、澄海蔡氏文化研究会，作为宗亲组织，也特别注重与其他地区乃至海外宗亲组织之间的联系。经常组团到各地开展联谊交流活动，如组团前往吉隆坡参加世界柯蔡宗亲第十三届代表大会，往安徽参加世界蔡氏纪念蔡氏立姓 3050 年庆典等，还经常参加福建莆田蔡襄文化研究活动，捐款支持河南上蔡修建全国蔡氏始祖蔡叔度陵园。

在新的时代条件下，一种新型的宗亲联系网络正在不断地得到新的建构。

（五）功能的嬗变

随着宗族文化的变迁，新时期的祠堂已不只是传统意义的宗族祭祖场所，在保留祠堂祭祀、修谱等基本功能的同时，其作为宗族内部司法场所的功能已经丧失。而其原来的教化、抚恤、文化活动功能则结合现代社会生活的需要，实现了新的功能定位，在继承中产生新的嬗变。

1. 在教化功能中突出时代精神

祠堂是对族人进行教化的重要场所。传统上，许多宗族在祠堂中将族规、族训或刻石立碑，或誊抄张贴以教诲家人。在祠堂祭祀时向族人宣讲族规、族训进行教诲。而新时期的祠堂则多在这种传统形式中融合进新的时代内容。蔡氏名贤家庙在祭祖过程中宣读祭文，重点宣扬蔡规甫父子忠贞爱国的事迹，使参加者在传统仪式中受到爱国爱乡教育。近期，又编写蔡氏名贤家庙家风格言，在祠堂中张挂，其内容为：

① 澄海县县志编纂委员会办公室编《澄海百家姓》，内部印行，1990，第 14 页。

西门蔡氏，系出莆阳。名贤家风，子孙共扬：

修身齐家，教子义方。温恤贫苦，敬重伦常。

崇文重教，德艺日彰。播馨扬芳，时出贤良。

克勤克俭，奋志自强。好仁乐施，修德行善。

聿念尔祖，刚正清廉。忠贞爱国，青史留芳。

山高麓大，泉渊流长。薪火代传，奕世荣昌。

该家风格言提炼了蔡氏名贤家庙"忠贞爱国""崇文重教""修德行善"等与创建现代和谐社会相契合的优良家风，以郎朗上口的形式向族人进行宣传。

2. 从宗族抚恤功能向社会公益发展

宗族通过对族中孤寡贫困者的抚恤以增强对族众的凝聚力，往往在族规中列出抚恤孤寡贫困者的条款。在新时期祠堂重建过程中，这种抚恤功能得到了较好的继承。蔡氏名贤家庙每年都开展慰问困难户活动，为宗亲排忧解难。该家庙所在的西门社区是一个多姓氏的聚落，居住着蔡、吴、陈、李、郭、林、许等多个姓氏，蔡氏是较主要的姓氏，人口占50%以上。祠堂以"敦亲睦邻，和衷共济"教育族众与各姓和睦相处，对其他姓氏的危困人员也动员蔡氏族人出钱出力给予救济。自2006年以来共发动捐资近百万元用于扶危济困、助学育才。在继承抚孤恤贫传统的同时，祠堂还经常以蔡丰湖在南宋时捐建龙潭寺并捐地400亩作为寺产以及蔡丰湖之孙蔡景将准备用于修建家庙的石柱捐建府学文庙的事迹教育后代子孙传承先公后私、修德行善的家风，热心支持社会各项公益事业。

3. 文化传承功能的加强

新时期的祠堂不仅成为族人活动场所，而且在文化传承各方面被赋予更多的功能，成为一处传播家族优秀文化的基地。蔡氏名贤家庙所祀的先祖蔡襄（1012—1067年），字君谟，福建兴化仙游人。宋仁宗天圣八年（1030年）进士，历任西京留守推官、馆阁校勘、知谏院、起居舍人知制诰、福州知府、开封知府、翰林学士、三司使、累至龙图阁直学士、端明殿学士，为政清正廉明，敢于执义直言。治平四年（1067年）去世，赠吏部侍郎，后加赠少师。南宋乾道年间（1165—1173年），追谥"忠惠"，故称"蔡忠惠"。蔡襄不仅是一位政治家，更以书法名世，与苏轼、黄庭坚、米芾合称"宋四家"，是一位诸体皆能的大书法家。为宣传先祖在文化方面的成就，发扬崇文重教传统，蔡氏名贤家庙在二楼大厅开辟"蔡襄公书法石刻"碑廊，选择蔡襄的诗文、奏疏等代表性书法作品刻石陈列。蔡氏名贤家庙族人既秉承其先祖崇文重教的传统，又得澄海"海滨邹鲁"文风润泽，在文化、教育、医疗各方面人才辈出。近年来，该祠堂将对族中先贤文献的搜集、整理作为文化传承的一个重要方面，对民国年间澄海景韩学校校长、潮汕名医蔡鹏云编写的"澄海乡土教材"及景韩学校有关资料进行整理翻印；对民国年间潮汕著名诗社"壶社"发起人蔡竹铭的多部诗文集重新影印，为地方文化挖掘整理、保存了一批资料。

结　语

最近，广东省精神文明建设委员会办公室在《关于在全省开展文化祠堂建设工作的意见》（粤文明办〔2015〕56 号）中提出要"坚持以弘扬社会主义核心价值观为根本，以农村祠堂为依托，做好基础建设规划布局，改造升级祠堂内外环境，加强祠堂内容建设，突出思想引导、道德教化、礼仪培养、文化熏陶，开展思想道德教育和文化活动，丰富农村精神文化生活。"新时期的祠堂文化作为一种传统文化资源正逐步得到人们的重视，如何在更好地保留祠堂自身特色基础上结合时代要求，取其精华加以传承、创新、发展已成为当前祠堂文化建设中的一个重要问题。

责任编辑：黄晓丹

宗族对地方民俗的建构与嵌入

——基于大坪圩闹元宵的个案研究*

钟俊红**

摘　要： 在华南地区，宗族对民俗节庆有着重要影响。民国年间，大坪圩闹元宵是地方宗族展现实力之场域，而不同宗族之间的竞争与合作是其重心所在。改革开放后，宗族精英对闹元宵相关传说的分歧与建构是焦点所在。不同时段下的闹元宵变迁，表明宗族观念已经嵌入到地方社会当中，成为地方民众日常思维的一部分。

关键词： 大坪圩闹元宵　地方传说　宗族　社会变迁　建构

近几十年来，人类学、历史学界对社会变迁与民间信仰的研究，已经取得了丰硕的成果。从国家与地方的角度看，王斯福提出了地方性的仪式和崇拜及其正统之间的关系；① 王铭铭关注在国家层次的宏大历史转型冲击之后，村落传统究竟是如何延续的；② 朱海滨从国家祭祀政策变化来看待祭祀政策与民间信仰变迁；③ 刘晓春则揭示了传统复兴与民族国家现代性诉求之间的复杂关系。④ 这些研究从不同视角展示了国家与地方社会之间复杂多元的关系。

---

* 本文根据笔者于 2007 年 2 月至 2008 年 2 月间在大坪圩所做的田野调查写成。感谢钟林春、欧俊勇两位硕士对本文提出富有建设性的修改意见，当然，文中若有错误，是笔者的责任。

** 钟俊红（1978～），男，广东普宁人，中国民俗学会会员、广东省普宁市大坪中学一级教师，主要从事地方民俗研究与思想理论教育。

① 〔英〕王斯福：《帝国的隐喻》，赵旭东译，江苏人民出版社，2008。
② 王铭铭：《现代场景中的灵验 "遗产"》，《溪村家族》，贵州人民出版社，2004，第 175～208 页。
③ 朱海滨：《祭祀政策与民间信仰变迁》，复旦大学出版社，2008。
④ 刘晓春：《仪式与象征的秩序》，商务印书馆，2003。

从民间信仰与地方社会的角度看，陈春声从信仰空间与社区历史的演变分析了乡村庙宇的空间格局及其内部关系，[①] 以及把民间信仰作为理解乡村社会结构、地域支配关系和普通百姓生活的一种途径来进行研究。[②] 这就揭示了地方社会有其内在的运行逻辑。

在国家与地方社会和地方社会内在运行的维度下，本文以大坪圩闹元宵为例，从地方传说与地方宗族切入社会变迁与民间信仰的研究，尝试揭示大坪圩闹元宵背后地方宗族之间的竞争与合作，以及宗族精英对闹元宵的建构，宗族的观念如何嵌入地方社会当中，成为地方社会日常观念的一部分。

一 大坪圩的社区环境

大坪圩地处普宁市的西南部，坐落在盐岗顶的山脚下，处于大坪河和石碑河的交汇处，当地人称其为双龙回水之地。大坪圩闹元宵的范围，以大坪圩（东门、南门、西门、北门）为主、涉及凹上塘、窝里、黄蜂角、湖矮村、狮地下 5 个自然村落。

据史料记载："宋神宗熙宁元年（1068 年），海丰县分设八都，石帆都为其一。清雍正九年（1731 年），石帆都与坊廓都（今陆丰市中西部）和吉康都（今陆河县及揭西县五云、上砂镇）一起共 3 都从海丰县析出，合置陆丰县。介于县与村之间的行政级别，行政体制在民国以前相对稳定。"[③] 这样的变化对于生活在大坪圩地区的人们而言，除了意味着与政府打交道的对象发生了变化以外，其余的影响不大。1950 年 3 月 1 日惠来县的南阳山区 505 个村、陆丰县的大坪乡以及揭阳的九斗、乌石村划归普宁县管辖。[④]

就实地考察而言，大坪圩上接埔子岭、凹上塘、上圩，左接窝里、狮地下，右接新圩、埔下、黄竹坑、桥头，下承黄蜂角、湖矮。其中，大坪圩以钟姓为主，其余为邓姓、罗姓、古姓、曾姓、林姓、陈姓、廖姓等姓，凹上塘以钟姓为主，陈姓为辅，窝里为纯邓姓村，黄蜂角为纯钟姓村，湖矮村为纯邓姓村，狮地下为纯钟姓村。

另外，在大坪圩上边的埔子岭为纯王姓村，大坪圩右边的新圩、黄竹坑、桥头、洋桃树四个村子为纯房姓村。

居住在凹上塘、黄蜂角以及大坪圩的钟姓均迁自后溪，他们均为后溪钟宗世系的后裔。《后溪钟宗世系》："我祖迁于海阳（丰顺）丰政都，追我祖钟念二郎自明成化十二年丙申岁（1477 年）迁后溪创业垂统至今五百多秋，今以海阳丰政都分脉之祖立为始

① 陈春声：《信仰空间与社区历史的演变——以樟林神庙系统的研究为中心》，《清史研究》1999 年第 2 期。
② 郑振满、陈春声主编《民间信仰与社会空间》，福建人民出版社，2005。
③ 朱虹：《揭阳百科·石帆都》，《揭阳日报·揭岭风情》2007 年 10 月 16 日，第 8 版。
④ 引自"百度百科"，网址：http//baike. baidu. com/view/4265/htm，最后访问日期：2007 年 10 月 9 日。

祖。"① 且居住在大坪圩的钟姓支流主要为后溪钟宗世系仕鸾公世系的一房，而居住在黄蜂角、凹上塘的钟姓支流主要为后溪钟宗世系仕鸾公世系的三房。后溪钟宗世系的支流主要分为三大房，他们均聚族而居。

《南阳堂·邓氏族谱》："明洪武二年（1369 年）唐氏带二子承海、承宗由福建汀州府长汀县移居长乐（今五华）七都约伯公塘（今大坝莲洞村柏公塘），定居见祠，创业垂统……",② 而后其后裔"思恭公世系迁至大坪窝里肇基立业",③ "月轩祖由下沙迁大坪窝里湖矮为开基始祖二世祖"。④

《潮汕百家姓》⑤ 与《房氏族谱》讲到：房姓"……长子房怀远于明弘治十五年（1502 年）年移居海丰县大坪横岭村"。⑥

埔子岭王姓叙述说："王姓自明末清初从福建宁化迁至陆丰东海，然后再迁至今天的埔子岭。"⑦

二 民国以来的闹元宵

闹元宵是大坪圩一年里最隆重而盛大的节日。据推测,⑧ 大坪圩闹元宵到现在有 200 多年的历史，其间经历诸多风雨，但仍然魅力不减，细究民国时期以及改革开放后大坪圩闹元宵的演变过程，对于我们理解大坪圩闹元宵这一地方民俗活动与地方社会的互动、变迁，有着重要的作用。在这里，暂先对大坪圩闹元宵的过去与现在做一个相对全面的描述。

（一）民国时期的大坪圩闹元宵

民国时期大坪圩闹元宵的组织是按照轮"油灯牌"⑨ 的形式进行的，轮"油灯牌"这项制度所包含的范围仅仅限于大坪圩东南西北门，并且，在大坪圩经营的潮商并不在轮"油灯牌"之内。

轮"油灯牌"是人们为组织大坪圩闹元宵以及农历每月初一、十五服务伯公、五显、大圣等地方神明而设计的一种制度。具体做法就是居住在大坪圩的人们的名字按照

---

① 后溪钟宗理事会会编《后溪钟宗世系》，内部资料，1995，第 3 页。
② 邓氏广东东南分会《南阳堂·邓氏族谱》（广东东南地区卷），内部资料，1999，142 页。
③ 邓氏广东东南分会《南阳堂·邓氏族谱》（广东东南地区卷），内部资料，1999，143 页。
④ 邓氏广东东南分会《南阳堂·邓氏族谱》（广东东南地区卷），内部资料，1999，144 页。
⑤ 陈泽、吴奎信主编《潮汕百家姓》，公元出版有限公司，2005，第 485 页。
⑥ 房氏修谱理事会编《房氏族谱》，内部资料，2003，第 5 页。
⑦ 2007 年 4 月 24 日，笔者到埔子岭做田野调查时获知。
⑧ 按照蔡伟涛的《揭阳地名文化》中"相传乾隆年间（1736—1795 年）渐有多姓聚居于此，后设铺经商，形成小圩集。因是平坦宽阔坡地，故名大坪圩"的时间，大坪圩闹元宵距今已有 200 多年。
⑨ 根据钟陈添的采访录音整理，时间：2007 年 8 月 28 日晚上，地点：大坪圩钟陈添家中。

顺序写在一个牌子上，然后大家按照顺序在农历每个月的初一、十五到"伯公""五显""大圣"等处点灯、打扫卫生等。

每年农历正月初一开始，按照轮"油灯牌"轮到负责今年闹元宵的几户人家就会开始忙碌起来，他们的主要工作有以下几项：第一，负责收取保管各种各样的酬神还愿礼品。第二，收"新婚""新丁"炮，每年需要出"新婚""新丁"炮的人都需备好两件东西，即半斤"吨烛"（即蜡烛）和十二连鞭炮。第三，负责收取保管各社缴交上来的"木偶戏"戏金和请"锣鼓"佣金。负责今年闹元宵的几户人家还要负责去请演戏的剧团和请锣鼓来表演队。第四，负责在正月十五这一天的晚上把收取来的鞭炮拿到盐岗顶山上燃放。第五，在正月十六的时候，负责组织把那些收来的酬神还愿礼品拿到伯公面前，给所有的人们祈愿，人们求去的东西需要在来年双倍返还，他们都会对此一一记录在案，然后他们得把这个保存好，以便交给下年负责组织闹元宵的几户人家。[①]

民国时期的大坪圩闹元宵是在晚上进行，大坪圩闹元宵参加的自然村为大坪圩（分东南西北门）、黄蜂角、湖矮村、凹上塘村、窝里村。每年正月十五下午，负责闹元宵的人们就组织一部分人在盐岗顶搭"厂"（"厂"是地方上的方言，类似于有盖的戏台）供奉伯公，然后各社用猪羊祭拜伯公，随后，每家每户都会到盐岗顶设立的"厂"里参拜伯公。

就整个大坪圩而言，核心的厂在盐岗顶，另外，到一个村落后，每个村子里也会搭设一个"厂"，为本村的祭祀场合。

正月十五晚上八点，伯公从盐岗顶的"厂"里出游，伯公出游的顺序是西门—南门—北门—东门，每年不变。当东门的人们参拜结束后，伯公还要出游到黄蜂角、湖矮、凹上塘、窝里等村，其出游顺序先是黄蜂角—湖矮村，然后是凹上塘村—窝里村，而来年，其出游的顺序就先凹上塘村—窝里村，然后是黄蜂角—湖矮村，这样的顺序是轮流交叉进行的。每年正月十五，伯公出游的整个过程一般都要从晚上八点持续到凌晨四点才能够结束。

伯公老爷在凌晨四点归"厂"后，大家开始放鞭炮，鞭炮来自每年的新婚者、新丁者和在伯公老爷面前许愿的人们。每年的新婚者、新丁者都要捐鞭炮，（俗称新婚炮、新丁炮）以及那些在伯公老爷面许愿的人们每年都会在十五还愿捐出鞭炮，每个社里的负责人负责把鞭炮收起来，每年都会有十二箩（大米箩）那么多鞭炮，社里的鞭炮集中燃放结束后，在大坪圩里进行博彩（方言叫赌暗礁）的人们和在大坪圩经营的潮商们会进行"斗鞭炮"，"斗鞭炮"会一直斗到大坪圩和新圩两个圩场的鞭炮被"斗鞭炮"的人们买光为止，到两个圩场的鞭炮卖完的时候，天也差不多亮了。[②]

---

① 根据钟陈添的采访录音整理，时间：2007 年 8 月 28 日晚上，地点：钟陈添叔公家中。

② 根据钟陈添的采访录音整理，时间：2007 年 8 月 28 日下午，地点：大坪圩钟陈添家中。

1950 年以后，由于国家禁止迷信活动，大坪圩闹元宵不再举行，直至 1980 年，大坪圩闹元宵被重新发起。

（二）改革开放后的大坪圩闹元宵

1980 年，大坪圩闹元宵被重新发起。发起的原因一方面是大坪圩人认为大坪圩自古以来就有闹元宵的传统，另一方面大坪圩闹元宵活动的组织者都是大坪圩德高望重的人。另外，"伯公"很"显"也是当时闹元宵被重新发起的一个重要原因。

在大坪圩闹元宵应该如何组织的问题上，大坪圩闹元宵的发起者之一钟镇（他是地方上的一名中学教师，由于其教学水平高、为人正派，且热心于地方事务，赢得了地方人们的尊重）提出了这样的看法："元宵节是传统的节日活动，是经济和文化交流的活动，是祥和的节日。大坪圩闹元宵主要是为了热闹、为了经济发展。人们在闹元宵的时候进行拜神活动，无可非议，但人们在什么时候进行拜神活动才合适呢，应该在正月十四的晚上接近凌晨的时候来进行，而在十五当天，香火就不要出现。之所以要这样，是因为现在的气氛还不是很'松'，而一旦出现香火就有可能给一些别有用心的人说成是搞迷信，这是不利于大坪圩闹元宵的。"① 在这样的基调之下，人们经过多次商量、讨论，最后达成一致意见，成立大坪元宵理事会。

大坪元宵理事会是领导大坪圩闹元宵活动的机构。大坪元宵理事会由总理、副总理、协理、会计、出纳和九个社的若干理事组成。其中，大坪元宵理事会设总理一人、副总理两人、协理、理事若干人，会计、出纳各一人。成员的任期为三年。总理、副总理、协理、会计、出纳原则上不再担任下届元宵理事会的职务，但可以由下届总理邀请他们担任下届元宵理事会的顾问，而聘任谁为顾问这主要由下届元宵理事会的成员商量决定，然后由下届总理向被聘为顾问者颁发聘书。理事来自九个社的总理、副总理，九个社的理事可以当选为下届大坪元宵理事会的总理、副总理、协理、会计、出纳。而九个社的总理、副总理在各自社里的任期为三年，年满以后不再担任社里的总理、副总理。

大坪元宵理事会确定大坪圩东门、南门、西门、北门和黄蜂角、湖矮、狮地下、凹上塘、窝里五个村子为大坪闹元宵的范围。其中，之所以在东门、南门、西门、北门外提出增加黄蜂角、湖矮、狮地下、凹上塘、窝里为大坪圩闹元宵活动的范围，是因为大家在讨论中提到，黄蜂角、湖矮、狮地下、凹上塘、窝里在土改时及土改后，这些村子都同属梅坪大队，重新划分行政村的时候东门、南门、西门、北门、黄蜂角、湖矮、狮地下、凹上塘被划归为大坪村，而窝里被划入埔岭村，要闹元宵就要把这些村子加进来。所以，大家最终确定东门、南门、西门、北门和黄蜂角、湖矮、狮地下、凹上塘、窝里五个村子为大坪圩闹元宵活动的范围。钟镇是这样说的："窝里、湖矮、王宫阁、

---

① 根据钟镇的采访录音整理，时间：2007 年 8 月 28 日晚上，地点：大坪圩钟镇家中。

狮地下、凹上塘它们在土改时同属于一个行政区域，虽然现在行政区域的划分跟土改时的行政区域已经不同，但是我们应该尊重曾经的历史，要闹元宵也就应该让它们也加进来，这样才能算是完整的大坪圩闹元宵。"① 正是在这样的情况之下，大坪圩闹元宵这一地方传统被重新开启。

后来，钟镇为了大坪圩闹元宵能够名正言顺，也为了能够得到政府的支持而避免不必要的麻烦，就和大坪镇文化站的站长、当地中学的一语文老师一起合作写了一篇名为《大坪闹元宵》的文章，发在《普宁民俗篇》。《大坪闹元宵》一文从传统角度证明大坪圩闹元宵是有着很深的历史根源，表明了他们现在发起的大坪圩闹元宵是对传统文化的继承与发扬。

在这里，笔者主要对民国、改革开放以后的大坪圩闹元宵组织方式的演变以及活动情况进行相对全面的描述。

之所以从民国、改革开放两个时期的大坪圩闹元宵作为文章的切入点，是因为笔者在田野调查中发现，作为地方社会文化切片的大坪圩闹元宵，在民国、改革开放两个时期的组织方式上有着极大的改变，它与地方宗族、地方传说有着极大的联系。并且，地方宗族与地方传说在当下对大坪圩闹元宵依然有着极大的影响。基于此，下文将在地方传说与地方宗族组织的两大维度下，把大坪圩闹元宵放进具体的地方社会脉络中进行考察，理解大坪圩闹元宵与地方社会的多维面相。

三 嵌入闹元宵的宗族观念

在每年的大坪圩闹元宵活动中，邓姓相让圩主的传说会被钟、邓两姓的老人们说起：

> 相传，最早在大坪圩以及在大坪圩周围活动的有邓姓、王姓、曾姓等等各姓人家。邓姓人家主要居住在湖矮、窝里，后来，邓姓客家人成为大坪圩的开创者，即邓姓客家人成为大坪圩的主人。而王姓人家主要居住在埔子岭，他们先住在黄蜂角，后由黄蜂角迁来埔子岭，埔子岭与窝里两个村子隔河相望，而曾姓人家主要居住在大坪尾一带。
>
> 清雍正年间，居住在与大坪圩有一山之隔的凹上塘的钟姓人家，他们由后溪矮子隆迁来凹上塘，属于后溪钟宗世系的一枝分支，他们的第九代裔孙"钟鹏程，字汉隔，在雍正年间癸卯科中式二十一名举人，后任广西同考试官特授江南河简府肃宁县知县。"钟鹏程在雍正年间中癸卯科中式二十一名举人后，邓姓人家向钟姓人家贺喜，把大坪圩的圩主让给了钟鹏程。而邓、钟两家约定——以后邓、钟两姓

---

① 根据钟镇的采访录音整理，时间：2007 年 8 月 28 日晚上，地点：大坪圩钟镇家中。

世代和好，两姓不得相欺，邓姓人家在大坪圩经商也无须交纳地租①。

对于这样的口述传说需要追问的是钟、邓两姓的老人们为何如此看重邓姓相让圩主的传说，每年的闹元宵对于他们而言，到底有着什么样的意义？在回答这个问题之前，有必要粗略梳理一下钟氏宗族在地方上的发展历程。

"我祖迁于海阳（丰顺）丰政都，迨我祖钟念二郎自明成化十二年丙申岁（1477年）迁后溪创业垂统至今五百多秋，今以海阳丰政都分脉之祖立为始祖。"②

"二世祖　仁裕公钟念二郎，祖生于明正统元年丙辰岁至成化十二年丙申公元四十岁同二子与吴马太由海阳丰政都而卜迁后溪立业。"③

"三世祖　昌盛公钟大一郎生于明天顺占年壬子岁…妣：杨氏、生子仕清。"④

"三世祖　昌发公钟大二郎生于明成化二年…妣：温氏、…生子仕鸾。"⑤

四世祖仕鸾公的相关问题是这样说的："后溪乃惠潮交界之处，至嘉靖三十六七年，盗偷蜂起，后溪又被杨子亮踞巢作乱，祖只得率家眷到八万坪石双派避乱，依嫡长孙省轩妣曾氏之大兄处。至海丰坡头园居住。至嘉靖四十年，辛酉岁，四方平静，祖方迁回八万浮墩洋居住。始创田种十一石，并建住场一所，带米七斗余。其年正值大造，即随田入籍，收在李球辖下钟昌户内。"⑥

从以上《后溪钟宗世系》的记载可以知道，钟氏二世祖从海阳迁来后溪时可能只有一个家庭，以及部分家人。之后逐渐壮大，四世时分为两个家庭，这时候的钟氏还没有形成宗族。而四世祖仕鸾，"随田入籍"，成为地方的"编户齐民"，从而获取了参加国家的科举考试的"身份"或"资格"。⑦

自四世钟仕鸾起，钟氏开始了在地方上的发展，其中钟仕鸾世系下的钟氏"第九代裔孙钟鹏程，字汉隔，在雍正年间癸卯科中式二十一名举人，后任广西同考试官特授江南河简府肃宁县知县。钟氏第十世裔孙钟子范（字泰初），后溪钟氏第一名应试中举者，二十三岁应省试中得举人之称。二十四岁皇上特授江南陆安州正堂司马（陆安州现址在安徽省六安地区六安县）。"⑧

到了第十世，钟氏在当时的族长钟静庵⑨主持之下于乾隆十二年⑩建起了钟氏宗族

①　根据钟陈添的采访录音整理，时间：2007年3月16日下午，地点：大坪圩钟陈添家中。
②　后溪钟宗理事会编《后溪钟宗世系》，内部资料，1995，第3页。
③　后溪钟宗理事会编《后溪钟宗世系》，内部资料，1995，第11页。
④　后溪钟宗理事会编《后溪钟宗世系》，内部资料，1995，第11页。
⑤　后溪钟宗理事会编《后溪钟宗世系》，内部资料，1995，第22页
⑥　后溪钟宗理事会编《后溪钟宗世系》，内部资料，1995，第22～23页。
⑦　刘志伟：《在国家与社会之间》，中山大学出版社，1997，第11页。
⑧　后溪钟宗理事会编《后溪钟宗世系》，内部资料，1995，第279、215页。
⑨　后溪钟宗理事会编《后溪钟宗世系》，内部资料，1995，第91页。
⑩　《钟氏族谱》，手抄本，1996，第3页。

总祠，钟氏宗族总祠建在倒水田村后山顶上，因山下四周为一片平地，取名为高陵祠①，编起族谱，理清世系，撰好辈序。仕清公祖脉辈序："应志兴此重，奕世见高才"。仕鸾公祖脉三大房辈序，"一、天富公祖脉：凑捷明其用，逢时显科名。二、天禄公祖脉：汀绍启起业，奕世振家声。三、天质公祖脉：本友开全性，宏经济对廷。"②

通过以上简单回顾钟氏宗族发展历程，可以发现，钟氏宗族通过科举之路和清朝官僚体系建立了联系。钟氏宗族总祠大门上的"钟氏宗祠"四个字就请到了当时的江南宣谕导使黄明懿③题写，这样，钟氏宗族就和士大夫的文化拉上关系，有了这样的关系，"边缘的地方得以归入国家'礼教'的秩序之中"，④ 而这样的关系，强调了钟氏宗族是正统王朝下的一员。强化了钟氏宗族身份的正统性。⑤

回到邓姓相让圩主的传说上来，从传说上看，邓姓相让圩主是基于钟鹏程在雍正年间中了举人的结果。但就钟氏钟氏宗族发展历程来看，自清中期开始，钟氏在地方的发展极其兴盛，钟鹏程任广西同考试官特授江南河简府肃宁县知县、钟子范被皇上特授江南陆安州正堂司马，而后是人才辈出，地方上人称"九举十八秀"，钟氏宗族从清中期开始成为大坪地区的大族。邓姓相让圩传说反映了当时地方宗族势力的一种更迭，邓氏宗族势力的消与钟氏宗族势力的长从这个传说中形象地表达出来。同时，在邓姓相让圩主的传说被不断提及的背后，需要我们来了解当时关于大坪圩、新圩两圩之间竞争的传说，从而加深理解邓姓相让圩主传说在当时的意义。

新圩，民国时期又名为太平圩，自中华民国戊辰年间开圩，十年以后新圩解散。新圩为房姓和王姓两姓共同开创，房姓和王姓在开创新圩之前，先在上圩开圩。上圩，又称同安圩，因在地理位置上处于大坪圩的上边而得名。它的命名是为了与当时的大坪圩相区别。上圩有圩的历史是清朝光绪年间开始至中华民国戊辰年间结束。⑥

两姓之所以把圩由上圩迁到新圩，是因为新圩的地理位置比较优越，处于当时埔心、枫树下、粘田的交汇处，且新圩紧靠石碑河，水上交通方便，这些都是上圩所不具备的，当新圩开圩以后，上圩也随之散圩。

新圩开圩后一度十分繁荣，当时赶新圩的村子有：深度、龙潭坑、大坪尾、塘唇、上楼、埔子岭。新圩的繁荣，让当时在大坪圩经商的潮商们纷纷打算搬迁到新圩。一位来自五华并住在大坪圩被人们称为"胡先生"的风水先生对当时想搬迁到新圩的潮商们说："大坪圩乃是梅花倒地粒粒生，龙带天池、狮象把水口，大坪圩乃是好地方。大

① 《钟氏族谱》，手抄本，1996，第 3 页。
② 后溪钟宗理事会编《后溪钟宗世系》，内部资料，1995，第 10 页。
③ 《祭鹏程公祭文》，原件复印件。
④ 科大卫：《国家与礼仪：宋至清中叶珠江三角洲地方社会的国家认同》，《中山大学学报》（社会科学版）1999 年第 5 期，第 65 页。
⑤ 陈春声：《正统性、地方化与文化的创制——潮州民间神信仰的象征与历史意义》，《史学月刊》2001 年第 1 期，第 126 页。
⑥ 本小节根据陈叔公采访录音整理，时间：2007 年 4 月 25 日下午，地点：上圩陈叔公家中。

坪圩为船形，天池在仙人草湖。大坪圩有住场而没有吃场，大坪圩的人口将会超过 5000 人；而新圩乃为牛肚圩，新圩不出 10 年就将散圩。"在胡先生的这一席话下，潮商们想搬迁的念头被打消了，从而继续在大坪圩经营。"①

房、王在两姓在上圩开圩后不久，新圩与大坪圩两圩以及众多村子间，流传着这样的歌谣："房王两姓有志气，两姓共同起个圩。如是圩仔开不起，还爱上我大坪圩。好的留下来，臭的（就）扔出去。"②

新圩散圩的时候，下面的这首歌谣是最广为流传的："禁圩房屋乡，取笑大田乡。吃人燕深虎，恶人石争王。强者放他过，弱者满身光。"③

这两首歌谣明显地显现当时两个圩市之间的竞争，以及大坪圩这边的人们对于上圩、新圩开圩的一些真实心态。

回到邓姓相让圩主的传说上来，在竞争中邓姓相让圩主的传说被不断提及，是钟邓两宗族要向房王宗族表明钟邓两宗族才是地方上的真正主人，以及他们身份有来自历史的正当性。并且，邓姓相让圩主的传说被不断提及也向房王宗族表明它还被赋予了两族之间团结统一，精诚合作，以及凝聚两族力量的意义。

就民国时期大坪圩的实际情况而言："大坪乡有钟、房、温、魏、罗、邓、王等姓。钟姓人口最多，封建势力较强大，居于全乡的主导地位。彭湃领导海陆丰农民运动，这里有过尖锐的斗争。革命受挫后，官绅匪三位一体地统治着大坪这个山乡。钟姓中大房、三房为最强，大房官（乡长）多，三房人多，各有所恃……"④

民国十八年（1929 年）实行县辖区制后，辖域为陆丰县第二、三区所代替。⑤ 大坪圩归陆丰县管辖，大坪圩乡公所就设在大坪圩。⑥ 据参加过民国时期大坪圩闹元宵的钟陈添所言："出任大坪圩乡公所的管理者往往来自钟氏家族。"⑦ 这一时期，尽管大坪圩归陆丰县管辖，但大坪圩与陆丰县治所之间的距离相当遥远，就当时的现实而言，大坪圩的社会生活和地方政治是由当地的邓、钟两个大族把持。地方宗族对于地方上的政治、社会事务依然有相当大的影响力。

杜赞奇在《文化、权力与国家》中提到了"在国家政权深入乡村并推行新政之时，它特别需要乡村精英们的密切合作。"⑧ 而民国时期的大坪圩，钟姓长房的"乡长多"从一个侧面说明了钟氏宗族在地方社会居于主导地位，也从一个侧面说明了地方政府与

---

① 根据钟陈添的采访录音整理，时间：2007 年 3 月 16 日下午，地点：大坪圩钟陈添家中。
② 本小节根据陈叔公的采访录音整理，时间：2007 年 4 年 25 日下午，地点：上圩陈叔公家中。
③ 根据钟陈添的采访录音整理，时间：2007 年 3 月 16 日下午，地点：大坪圩钟陈添家中。
④ 郑建猷：《大坪武工队斗争史略》，载中共普宁市委党史研究室编印《普宁党史资料》，内部资料，2003，第 12 页。
⑤ 朱虹：《揭阳百科·石帆都》，《揭阳日报·揭岭风情》2007 年 10 月 16 日，第 8 版。
⑥ 陈标：《自传与诗辑》，内部资料，2007，第 7 页。
⑦ 根据钟陈添的采访录音整理，时间：2007 年 3 月 16 日下午，地点：大坪圩钟陈添家中。
⑧ 〔美〕杜赞奇：《文化、权力与国家》，王福明译，江苏人民出版社，2006，第 136 页。

地方宗族之间的密切关系，就大坪圩而言，地方上的大坪圩乡公所"只是改头换面的宗族组织而已"。[①] 据钟陈添的讲述："民国时期，大坪乡以及后溪一带均为国统区。在国统区统治时期，地方政府对于地方上的大族往往给予支持。"[②] 钟氏宗族作为地方上的大族，在大坪圩闹元宵这个事情上，有很大的操作空间。在这里，可以看到国家政权在自上而下地对地方社会施加影响的过程中，"许多地区的地方社会、经济、文化领域依然留在非政府的组织和权力集团的手中"，[③] 就民国时期大坪圩的实际情况而言，在国家政权自上而下地对地方社会施加影响下的大坪圩闹元宵活动，是地方宗族主导下体现地方宗族力量的舞台。民国时期的大坪圩闹元宵，实际上是钟邓两族基于对地方历史、地方传说的认同，凸显了钟邓在地方政治、文化、经济生活上的联盟关系；同时，民国时期的大坪圩闹元宵也是一种地方空间秩序的表现，表明了钟邓两族在大坪圩与新圩之争中两族的态度和他们的真实心态。

通过重现钟氏宗族的发展历程，我们看到了钟氏宗族成为地方上的大族；透过地方传说的分析，我们看到了地方不同宗族之间的竞争与合作，这表现在大坪圩闹元宵的社区游神活动当中。因此，民国时期的大坪圩闹元宵，其实是地方宗族观念的一种彰显。

四 宗族精英对闹元宵的建构

1980年，大坪圩闹元宵被重新发起。第一届大坪元宵理事会和第二届大坪元宵理事会在对待邓姓让圩主传说这个问题上，他们有不同的看法。大坪圩闹元宵的发起者之一、第一届大坪元宵理事会的协理钟镇说到关于历史上是否有无钟鹏程这么一个人，以及在地方上流传的相让圩主传说，他们没有必要对年代如此久远的事情进行考证，他们最关心的是大坪闹元宵能够被政府认可才是最重要的。而发表在《普宁民俗篇》里的《大坪闹元宵》中之所以提到了钟鹏程，[④] 只是为了说明大坪闹元宵是有着很深的历史根源，这样做的目的是为了大坪闹元宵能够不断延续、进行下去，也为了避免不必要的麻烦以及能够得到政府的支持，而《大坪闹元宵》最终出现在《普宁民俗篇》，从而让大坪闹元宵变得名正言顺。

在对待邓姓相让圩主传说问题上，第二届元宵理事会的成员与第一届的看法刚好相反，他们认为历史上确有邓姓相让圩主这么一回事。第二届大坪元宵理事会的协理钟陈添是这样说的："从清朝到现在，大坪圩都有闹元宵，窝里、湖矮都参加，就因为他们

① 〔美〕杜赞奇：《文化、权力与国家》，王福明译，第77页。
② 根据钟陈添的采访录音整理，时间：2007年3月16日下午，地点：大坪圩钟陈添家中。
③ 王铭铭：《国家与社会关系史视野中的中国乡镇政府》，《走在乡土上》，中国人民大学出版社，2006，第156页。
④ 钟锦光、温武斌：《大坪闹元宵》，载普宁县文化馆、普宁县文化局编《普宁民俗篇》，内部资料，1993，第39页。

曾经是大坪圩的圩主，只是后来他们把圩主赠给了钟姓了。参加大坪圩闹元宵彰显了他们曾经的圩主身份。"①

回到钟镇、钟陈添对邓姓让圩主传说这一问题的不同看法上来，文章并不就邓姓让圩主传说的真伪进行分析，而在于指向钟镇、钟陈添他们对于这个传说的不同看法说明了什么问题？

笔者采访了当时闹元宵的一部分发起人，他们均讲到在 1980 年重新组织闹元宵时的最大共识是："在 1980 年，当时的社会氛围不像现在这样开放，政府对民间社会的管制还是相当的严格，我们在组织闹元宵时考虑的第一个问题是闹元宵如何在政府的管制下举办。所以，我们对于一切有关迷信色彩的东西，如香火、伯公金身等等，在正月十五闹元宵那天都不会出现。"②

大坪圩闹元宵的发起者之一钟镇是这样说的："我当时之所以会和大家一起组织大坪圩闹元宵，最主要的就是为了搞活大坪的经济、活跃节日气氛，当时我们这样的想法是得到了大坪镇政府的大力支持，大坪镇政府也是拨了一笔活动经费给大坪元宵理事会。我们这样的想法、做法，按照现在的说法就是'文化搭台，经济唱戏'了。"③

第一届大坪元宵理事会所发起的大坪圩闹元宵，发起者们所关注的是闹元宵如何能为地方的经济服务，这是在国家对地方基层社会进行强烈政治动员，以及国家对地方基层社会具有超强支配能力影响之下④的一种结果。围绕着闹元宵如何能为地方的经济服务这一目标，他们在借用"传统说法"的同时，很有策略地去写文章，论证其"历史"，他们在组织大坪圩闹元宵过程中的说法、做法，实际上是他们正以自己的行动重新书写地方历史、地方传统，虽然他们并不知道他们正在创造历史，他们这样的做法，其实是对大坪圩闹元宵的一个重新建构的结果。这样的大坪圩闹元宵的一个建构过程，其实也是时代观念的一种反映。这是大坪圩闹元宵呈现在我们面前的一种历史面相。

第二届大坪元宵理事会的协理钟陈添是这样说："鹏程公中举的事情怎么是假的？天质公坟地上有鹏程公立的旗杆夹，不信你可以去看看。关于邓姓相让圩主的事情，在民国可是家喻户晓的，现在就没有那么多人知道邓姓让圩主这件事情了。"⑤

钟陈添他自己也讲："民国时期，不同姓氏之间的关系不是很好，尤其是钟、邓和王、房之间因为圩市之争，很多时候大家的关系都处于剑拔弩张的状态。新圩散圩的那一年，双方还因为一根扁担而发生了大规模的械斗。"⑥

---

① 根据钟陈添的采访录音整理，时间：2007 年 8 月 28 日下午，地点：大坪圩钟陈添家中。
② 根据钟镇的采访录音整理，时间：2007 年 8 月 28 日晚上，地点：大坪圩钟镇家中。
③ 根据钟镇的采访录音整理，时间：2007 年 8 月 28 日晚上，地点：大坪圩钟镇家中。
④ 杨念群：《"地方性知识"、"地方感"与"跨区域研究"的前景》，载行龙、杨念群主编《区域社会史比较研究》，社会科学文献出版社，2006，第 351 页。
⑤ 根据钟陈添的采访录音整理，时间：2007 年 8 月 28 日下午，地点：大坪圩钟陈添家中。
⑥ 根据钟陈添的采访录音整理，时间：2007 年 3 月 16 日下午，地点：大坪圩钟陈添家中。

就钟陈添的讲述可作如下分析：就民国时期而言，在地方宗族的合作与竞争的这个背景下，地方传说成为形塑宗族内部的一种工具，达到宗族内部、不同宗族之间相互团结、一致对外的目的；地方宗族的合作与竞争的这个大背景，让邓姓让圩主传说明显地打上了地方宗族影响的烙印；地方宗族影响的烙印也深深地印在大坪圩闹元宵里，这是大坪圩闹元宵的另一种历史面相。

在本小节，笔者在大坪圩闹元宵中揭示民间传说背后的宗族观念。透过大坪圩闹元宵，我们看到了历史的不同面相。随着社会的变迁，大坪圩闹元宵背后的宗族观念并没有被时代观念所代替，而是紧紧地与大坪圩闹元宵一起嵌入时代之中，这是宗族精英对大坪圩闹元宵建构的结果。

五　结语

在上文中，笔者把大坪圩闹元宵置于历史时段的进程中，描述了大坪圩闹元宵在民国以来的历史进程中的变迁以及延续，其实质是地方宗族精英不断建构的一个过程；分析了大坪圩闹元宵所呈现出的不同历史面相，其实是人们以其自己所处的时代、以其自己的经历来建构他们对地方历史的认知，并且他们以自己所掌握的地方历史记忆来理解地方社会；考察了大坪圩闹元宵这种地方民俗活动背后所支配的宗族观念与时代观念，折射出传统和现代在大坪圩闹元宵中是以一体两面的形式紧紧纠缠在一起。

大坪圩闹元宵地方民俗活动背后所支配的观念是我们认识地方社会最诱人的地方之一，文章从大坪圩闹元宵这一地方民俗活动入手，把大坪圩闹元宵置于历史时段的进程中，来揭示地方社会变迁与地方民俗活动背后所支配的观念。在地方社会变迁与地方民俗活动建构背后所支配的宗族观念并没有随着时代的进步被时代观念所代替，而是紧紧地与时代观念一起嵌入在大坪圩闹元宵之中互为表里，让人难以分辨，这启示我们不可以用简单的二元互动关系来对它们进行分析，从这一点上来说，本案的研究远没有结束，而只是一个开始。

责任编辑：温建钦

清末潮嘉地区盗匪的种类及其作案手段

——以《岭东日报》"潮嘉新闻"专栏为讨论中心

陈佳春*

摘　要： 晚清的最后十年，潮嘉地区盗匪活动猖獗，民众夜不安枕，给社会带来了严重的治安问题。潮嘉盗匪种类多样，结合区域特点可以从性质、规模、活动地域三个角度来划分。其作案手段呈多样化：灵活运用盗术；伪装外貌和身份；使用各类作案工具；烧杀抢掠，无恶不作。通过分析盗匪的种类及其作案手段，我们可以从整体上加深对潮嘉盗匪组织层次、行为选择的认识，更好地把握盗匪作案的基本规律，有利于研究近代潮嘉地区的社会变迁，为涉及盗匪其他问题的研究奠定坚实的基础。

关键词： 清末　潮嘉　盗匪　种类　作案手段

近代学者郎擎霄在《清代粤东械斗史实》一文中提到："吾粤以多盗著闻于世"。[①]地处广东东部的潮嘉地区，盗匪活动猖獗，诸如盗窃财物、勒赎绑架、杀人放火等犯罪行为屡屡发生，给社会带来了严重的治安问题，"潮嘉两属向为匪徒荟萃之所，行旅时有戒心"。[②]当时，盗匪活动是报刊每日必定报道的例行新闻。以 1902 年 8 月为例，报刊在这一个月中报道盗匪新闻达 53 起，其中发生在潮州府境内 18 起，遍及揭阳、潮阳、惠来、澄海等四个县；发生在嘉应州境内 33 起，遍及兴宁、镇平、平远、长乐等四个县；未注明发生地点 2 起。[③]一直以来，学者们对盗匪的研究方兴未艾，且取得了

---

* 陈佳春（1987～），男，广东揭阳人，潮安区宝山中学历史教师，主要从事区域社会史研究。

① 《清代粤东械斗史实》，《岭南学报》第四卷第二期，第 111 页。
② 《请办河团》，《申报》1902 年 5 月 18 日，第 2 版。
③ 统计数据均来自《岭东日报》中"潮嘉新闻"专栏。

丰富的成果①。目前，学者对近代潮嘉盗匪研究还远远不够，因此本文重点要分析的是潮嘉盗匪的种类及其作案手段。

一　盗匪的种类

盗匪，是指不受任何法律约束且没有明确政治主张，以抢劫、绑架、勒赎等非法暴力手段攫取生存来源，并由此引起了社会秩序动乱的个人或集团。潮嘉盗匪种类多样，时而聚，时而散，组织形式不断变化。结合区域特点，具体可以从三个角度来划分：

第一，以盗匪的性质来划分。有会匪、盗贼、斗匪、烟匪、兵匪、客匪等。以会匪为例，有来自三点会、双刀会的组织，他们纠合匪党，扰乱社会秩序，"福建三点会匪潘富山于上月间经闽军拿获，余党窜入广东之嘉应州。因该匪有洋枪队数百，快利无比，且时时出其狡谋，官军每为所绐，所以合闽粤赣三省兵力不能围剿净尽"。②"饶平县黄冈有双刀会匪林能丰等毁抢该处教屋五十余间，并掳教民幼女一人，上宪严饬究办。"③甚至军队也加入盗匪的行列，沦为兵匪。"闻前劫嘉应钟姓家之贼，有人云：细认行踪，多半为广毅军散勇，而州之练勇亦厕其中。"④值得注意的是，盗匪当中也有外地人的身影，俗称客匪。在嘉应州长乐县，光绪三十一年（1905年）"正月廿九夜十打钟，有匪徒数十人，操龙川土音，用肉棹撞开附城天后街万合店、文华店二间，将店内货物银两席卷一空"。⑤

第二，以盗匪的规模来划分。可以分为小股盗匪和大股土匪。散则为小匪，聚则为大股。小股盗匪一般几个人到几十人不等。"澄海西山之涌泉庵，昨忽有贼匪十数人巢穴其中，入夜即结队越城，首裹布袋，行踪甚异，守城兵丁知之而不敢诘。"⑥大股盗匪则是几百人到几千人、甚至是上万人。"海属劫盗猖獗，动辄百数十人撞门围劫，计数月以来连劫十余乡，有赴县报案者，有明知报案无益而不报者已详前报。"⑦"又闻潮

①　这方面的研究成果有很多，如吴蕙芳《民初直鲁豫盗匪问题之研究（1912～1928）》（台湾学生书局，1990）一书对民国时期华北地区盗匪基本形态进行了深入研究，论述了盗匪问题与近代社会变迁的关系；罗维《百年文学匪类叙事研究》（知识产权出版社，2011）一书以文学的视角对20世纪这一百年来匪的文学想象进行梳理和总结；何文平《变乱中的地方权势：清末民初广东的盗匪问题与社会秩序》（广西师范大学出版社，2011）一书以清末民初广东的盗匪作为研究视角，分析了匪患与近代社会转型的关系；池子华《流民与近代盗匪世界》（《安徽史学》2002年第4期）一文深入论证了民国时期流民与盗匪的关系；何文平《清末民初的粤港澳流动与广东社会秩序——以匪患为例》[《中山大学学报》（社会科学版）2013年第4期]一文，作者认为跨界流动的盗匪对近代广东社会秩序有着不可忽视的影响。
②　《电饬赣道亲往解散胁从》，《申报》1905年7月14日，第3版。
③　饶宗颐：《潮州志·大事志》（第1册），潮州市地方志办公室，出版时间不详，第380页。
④　《散勇为匪》，《岭东日报》1903年6月17日，第4版。
⑤　《长乐城市被劫》，《岭东日报》1905年3月18日，第4版。
⑥　《宁城兵丁之无用》，《岭东日报》1904年10月17日，第4版。
⑦　《劫盗猖獗之近状》，《岭东日报》1904年2月6日，第3版。

普惠一带近来三点会匪甚伙，入其会者不下万人，结队成群，劫掠乡里，居民不堪其骚扰。"①

第三，以盗匪的活动地域来划分。则有洋匪、海盗、山匪、交界土匪等。"粤东海滨之区，向为群盗渊薮。广、潮、惠、廉各属，外连洋面，内通河道，港汊纷歧，易以藏奸"。② 凭借这样有利的条件，盗匪积极从事犯罪活动，由此诞生了洋匪和海盗。洋匪指的是活跃在江河、湖泊一带的盗匪。"滘墘乡某甲于去岁十二月来汕收数，为盗贼侦知。二十一夜舟行至井仔湾地方，贼乘船一艘，假称查饷，登船行劫，枪毙船户蔡某一名，闻被劫去数百元。"③ 海盗则在惠潮一带海面频繁出没。1908 年 4 月《申报》就报道："惟三马屿、靖海、神泉、南澳、汕尾各海口地僻防疏，海盗素多出没，偷运尤为可虞。"④ 除此之外，还有山匪、交界土匪。山匪会选择在山区一带活动，主要考虑的因素有山形复杂、远离政治中心且官方的控制力量薄弱。譬如，嘉应州平远县"石正乡有山高峙远，视若伏尸，道险而峻，上有山庵，为点匪据为巢穴。现在兵勇已退，匪回鼓巢，闻又抢劫，纷纷择肥而噬，施其故技矣噫"。⑤ 潮嘉地区的交界，呈现出省、府、州、县彼此之间交叉错杂的共同地带，有粤闽赣交界、惠潮交界等。交界地区的土匪流动性强，官方却囿于界限导致剿匪计划面临诸多困难。"潮州近日匪风复炽，亦宜早办。今欲大举清乡，其府县交界处所，官有界限，匪无界限，尤须通力合作，畛域不分，始免东拿西窜之虞。"⑥

二　盗匪的作案手段

梳理清末潮嘉盗匪的犯罪案件，可以发现，其作案手段呈多样化。

第一，灵活运用盗术。为了使犯罪行动顺利开展，盗匪不惜使出了各种怪招，当中就包括了盗术。1902 年 7 月，饶平县隆都东沟乡盗匪在劫掠一吴姓老妇人，为了躲避撞门劫掠的罪名，实施了一种"开门揖盗之术"，即"先遣二盗在妪门首戏谑，嘈杂之声达于寝户，妪方入梦乡为所惊觉怪之，继又闻互殴声，妪不忍启户视之，群盗一拥而入，劫妪以刃，问：'孔方兄安在？'妪曰：'无之，稍有余囊皆丈夫带出门作经纪矣。'群盗搜获其女嫁妆，遂括掠而去"。⑦ 无独有偶，1905 年 4 月，海阳县盗匪被击溃后，"盗预计必由吴姓乡村经过，乃燃灯笼数枝，大书吴姓字样，勇见其同宗也，莫不加

---

① 《会匪猖獗汇闻》，《岭东日报》1904 年 6 月 26 日，第 4 版。
② 中国第一历史档案馆、北京师范大学历史系编《辛亥革命前十年间民变档案史料》（下册），中华书局，1985，第 455 页。
③ 《潮阳劫案两志》，《岭东日报》1905 年 2 月 8 日，第 4 版。
④ 《添派兵轮驻巡海口》，《申报》1908 年 4 月 6 日，第 11 版。
⑤ 《又归故巢》，《岭东日报》1902 年 10 月 10 日，第 4 版。
⑥ 《李水提规画全省捕匪办法》，《申报》1911 年 2 月 16 日，第 10 版。
⑦ 《盗术出奇》，《岭东日报》1902 年 7 月 18 日。

意，盗始从容远遁"。① 盗匪巧用盗术使各种目的屡屡实现，正衬托出其阴险狡猾的性格特点。

第二，伪装外貌和身份。盗匪为了在作案得手后能够迅速逃离现场，并且在此后能躲避来自官绅剿匪力量的侦查，伪装相貌和身份往往是他们的伎俩。在伪装外貌时，盗匪重点选择头部、面部和腰部等身体部位。这在各种犯罪案件中常常看到："潮阳某甲以贩卖鱼鲜为业，时来往于海门。某夜自海门归，肩挑熟鱼一担，行至中途突有黑面、青面者二三辈，狰狞凶恶，出而拦路。"② "松口溪南乡之油坑裹向有斋菴一所，地甚幽僻。该菴住有妇女六七辈，持斋礼佛，坐拥膏腴，蓄积颇富，近为匪党侦知。昨廿七晚突有十余贼持刀挟械破扉直入，皆以浓墨涂面，将各斋妇驱闭一室，搜括无遗。"③ "大埔高陂市镇忽于月之初三晚，有贼匪廿余人，俱红头红腰，亦有用墨涂面者。"④ ……不仅如此，盗匪还胆敢冒充军队身份实施劫掠，在潮阳南关外，"该盗百数十人，冒为吴镇军清乡兵勇，号衣旂帜，装饰俨然，所过街坊，公然呵叱，声称拿匪"⑤；在澄海县城，"上月三十夜，有贼匪五六名，假装巡夜兵勇，伙劫澄城内文祠前林姓家，失赃颇巨"。⑥

第三，使用各类作案工具。盗匪选择作案的时间往往是在凌晨之后，因这个时间段大多数人已进入梦乡，实施作案有助于提高他们的成功率。在具体行动中盗匪使用了梯子、石块、铁钩、刀枪等工具，个别情形还出动了武装船。1905 年 10 月 2 日凌晨 2 点，普宁"有盗数十人明火执仗，行劫城内顶池万某之家，闻该盗先梯垣拨开大门，后扛石撞开房门"⑦；1906 年 4 月下旬，潮州"郡南关外直街，某鲜鱼行，前数夜有劫贼十余人，于四更时，行劫该行，用铁钩杠门"。⑧ 至于使用先进武器，那是很普遍的现象了。署两广总督袁树勋在上奏朝廷的折子就提到："是以粤中盗匪，无不身藏利器。"⑨ 学者钟佳华在研究这一时期盗匪抢劫活动的特色时也指出："打劫者装备精良，洋枪炮是基本的打劫器械。"⑩ 1909 年 3 月，惠来小黄山冈发生劫案，盗匪"明火执枪，撞门拥抢"，防勇闻讯赶来救护，最终防勇"被伤多名，并失去快枪一杆"。⑪ 一些盗匪

---

① 《盗贼何黠》，《岭东日报》1905 年 4 月 14 日，第 3 版。
② 《鬼脸贼》，《岭东日报》1903 年 8 月 8 日，第 4 版。
③ 《大劫斋菴》，《岭东日报》1904 年 3 月 23 日，第 4 版。
④ 《高陂又有贼匪抢劫》，《岭东日报》1905 年 8 月 12 日，第 4 版。
⑤ 《潮阳大劫饷当续闻》，《岭东日报》1906 年 4 月 24 日，第 4 版。
⑥ 《潮澄又有伪冒官兵抢劫案》，《岭东日报》1906 年 4 月 28 日，第 4 版。
⑦ 《普宁又闻夜劫》，《岭东日报》1905 年 10 月 10 日，第 4 版。
⑧ 《盗贼何多》，《岭东日报》1906 年 5 月 2 日，第 3 版。
⑨ 中国第一历史档案馆、北京师范大学历史系编《辛亥革命前十年间民变档案史料》（下册），第 478 页。
⑩ 钟佳华：《清末潮嘉地区警察的建置与团练的复兴》（上），载潮汕历史文化研究中心、汕头大学潮汕文化研究中心编《潮学研究》（第 8 辑），花城出版社，2000，第 95 页。
⑪ 《小黄山冈劫案》，《岭东日报》1909 年 3 月 19 日，第 4 版。

还装备了武装船。1905 年 5 月，大埔匪徒"亦有匪船，游弋河面，四出抢劫"。^① 随着盗匪身上携带着各类作案工具，尤其是装备了先进的利器后，他们的作案气焰十分嚣张，致使犯罪案件持续上升，民众夜不安枕。

第四，烧杀抢掠，无恶不作。盗匪的行动不受任何法律约束，通过放火、杀人、抢劫、掳掠等恐怖暴力手段以保证自身的生存和发展。1903 年，兴宁县匪何裕古部，打着广毅军的旗帜，四处行"打单"手段，"每函致乡间富家，勒其报效若干，谓如不报效，定必掳人放火。计自二月至今，不甘报效而为所掳抢者已不下十数起"。^② 1905 年，丰顺县匪首邱义山"统带数十人，由墟尾直上，喝令商家闭店。直至经费局，用刀伤李阿丰，炮伤李阿尾，并用刀斫伤十余处，旋即毙命"。^③ 就连衙署、团局等国家机构也成为盗匪行劫的对象，蒙受巨大损失。1904 年 2 月，嘉应四扬堡永清团局"于去腊底曾被盗扭开局门，盗去洋枪五枝、大炮一尊以及号衣旗帜、零星杂物无数"。^④ 盗匪的恶劣行径令人发指，"若要太平年，除非贼杀贼，斯之谓欤"，^⑤ 揭示了这一时期民众对剿匪前途的悲观情绪。

三　结语

"清末十年，广东社会治安情势日趋恶化。"^⑥ 潮嘉地区也不例外，其中以盗匪猖獗最为典型。1906 年 7 月两广总督岑春煊在上朝廷的奏折中提到三年以来在东路惠州、潮州、嘉应三属共获办"积年打单抢劫掳勒之匪"一千四百余名。^⑦ 这说明了潮嘉盗匪已经成为一个严重的社会问题。在"乱"与"治"之间，潮嘉官方和民间始终都找不到有效的治匪措施，有关盗匪犯罪案件有增无减，乡村社会危机日益加重，这恰恰反映了自晚清以来潮嘉社会处于急剧变动之中，从而揭露出近代潮嘉社会转型之路充满曲折和艰难。在此，通过分析盗匪的种类及其作案手段，我们可以从整体上加深对潮嘉盗匪组织层次、行为选择的认识，更好地把握盗匪作案的基本规律，有利于研究近代潮嘉地区的社会变迁，为涉及盗匪其他问题（譬如盗匪的心理研究、盗匪与地方政权）的研究奠定坚实的基础。

责任编辑：林　瀚

① 《潮属匪徒之披猖》，《岭东日报》1905 年 5 月 16 日，第 4 版。
② 《匪勒报效》，《岭东日报》1903 年 4 月 11 日，第 4 版。
③ 《丰顺会匪抢劫伤人》，《岭东日报》1905 年 7 月 4 日，第 4 版。
④ 《嘉应永清局之内容》，《岭东日报》1904 年 3 月 11 日，第 4 版。
⑤ 《窜匪述略》，《岭东日报》1902 年 8 月 6 日，第 4 版。
⑥ 沈晓敏：《清末社会转型与广东治安情势恶化》，《广东社会科学》2004 年第 5 期，第 108 页。
⑦ 中国第一历史档案馆、北京师范大学历史系编《辛亥革命前十年间民变档案史料》（下册），第 455 页。

民国时期汕头埠国平路辟筑案例分析

欧阳琳浩[*]

摘　要： 1921 年，汕头成立市政厅，城市的市政和建设开始进入有近代城市管理体制意味的发展阶段。1925 年汕头城市改造计划的实施，便是这一时期的重要环节。汕头市国平路的辟筑，则是 1925 年改造的内容之一。本章以国平路筑路委员会的成立、改组、撤销以及该路收归市办作为主线展开论述，对国平路的修筑过程进行细致的分析，探讨该路在第一种筑路模式下是如何进行的，更进一步探讨汕头城市改造过程中的背后机制与道路格局二者之间的关系。

关键词： 汕头　城市改造　道路修筑

　　汕头在 1921 年开办市政以后，市政厅着手对城市进行管理和建设。就马路建设而言，最初几年，只是零星的对个别马路进行拓宽和辟筑，直至 1923 年萧冠英担任市长时，才制定了"汕头市改造计划"，其中对全市的马路进行全盘的设计和规划。这一计划虽曾呈请省长公署备案，却未奉核示。嗣后广东省政未能统一，汕头的政局也屡经更迭，导致 1923 年的"汕头市改造计划"一直未能公布实施。而在这几年中，有些马路路线和街道宽度已经由市政厅核准变更，与原来的改造计划图不同。1925 年冬，范其务担任市长，在原来改造计划的基础上，参酌当时的情况重加改订，呈请省政府并获准备案。其后，汕头市的马路街道建设，逐渐在 1925 年"改造计划"的引导下进行，国平路的辟筑，便是 1925 年"改造计划"的内容之一。

　　汕头市辟筑马路有两种模式，通行办法是由道路两旁的业佃完全负担筑路费和赔偿

---

[*] 欧阳琳浩，1989 年生，中山大学历史系博士研究生，潮汕历史文化研究中心青年委员会委员，研究方向为历史地理。

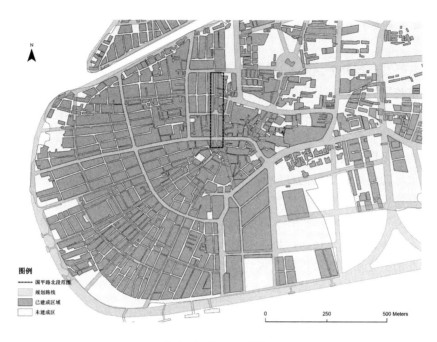

图 1　国平路示意图

注：图中框处为国平路。

资料来源：根据 1925 年冬设计的《汕头市改造计划图》绘制。

费，并由商民组织成立筑路委员会来办理，另一种情况则是由市府直接办理。国平路的辟筑，最初由该路商民成立筑路委员会办理，中途因委员会相互攻讦，又迭经改选不成，最终由市政府下令解散，委员会的相关文件由市政府接收，该路的辟筑也由市政府直接办理。可见，国平路的辟筑，经历了两种筑路模式，而相关文件移交市府，也使得这些文件最终以档案的形式得以保留，有助于我们更清晰地了解国平路的修筑过程。

一　筑路委员会的成立与招商承建

1925 年冬的改造计划，在 1926 年呈请省政府核准备案之后，工程次第展开。汕头市政厅在 1928 年 10 月，开始着手辟筑国平路，并在月底发出了布告：

> 为布告事，照得自外马路经升平路圆心，通镇平中路马路，现定路名为国平路，该路为商业繁盛要冲，亟须辟筑，以利交通。现查该路自升平圆心起，至镇平路一段，长约八百九十呎，宽度四十呎，测量计划，早已就绪。所有该路两旁，有碍路线铺屋，应即限期拆卸，以便施工，除派员前往划定黑标外，合行布告。仰该路自升平路圆心至镇平中路一段两旁业主知照，自布告之日起，限十日内依照本厅

所划长字黑标，自行拆卸，以利进行，毋得违延，致干派队督拆为要……①

虽是从外马路经升平路圆心通镇平中路定名为国平路，但在辟筑的时候是分段进行的。按照市政厅的筹划，是先辟筑国平路的上段，即从升平路圆心通镇平中路一段，由徐家巷和行署左巷组成。市政厅派员前往该处测量计划，并对需要拆让的建筑划上特定标志，限令两旁业户自行拆卸。在布告之后，两旁业户有20多家呈请市政厅准予展期拆卸，理由是限期迫促，无地可迁。市政厅则以"事关路政，碍难照准"作为批示。②究竟一纸批示的效力能达到何种程度难以知道，但已有两旁业户陆续遵令拆卸，至于逾期未拆的铺屋，则由公安局派队督拆。

既然两旁铺户已经陆续拆让，道路修筑在即，"招商投承"便成为市政厅和两旁业户所要考虑的事情之一。市政厅原本打算在11月20日开投国平路工程，国平路部分业户在得知此消息之后，则希图通过成立筑路委员会来把开投之权收归到自己的手上，于是在11月21日向市政厅发起呈状：

> ……现值国平路开始建筑，商等为此路店户，事关切肤，心期速效，业经爰集合本路各业主佃户开会讨论，公同表决，拟设一筑路委员会协助进行，俾马路早日告成，免商务长期损失，理合拟具简章，联盖号印，呈请查核，伏乞
> 俯准备案，实为公便，谨呈
> 汕头市市长陈
> 　　计呈简章一纸
> 　　　　　　　　　　　　　　　　　　筹备国平路筑路委员会发起人③

名义上虽是协助道路辟助的进行，实际上"事关切肤"才是两旁业佃所关心的要点。所以筑路委员会的筹备人除了呈文请求市政厅撤销开投一事外，徐家祠的徐伯良与该路的少数商户，还召集数家筑路工厂进行商议，结果顺合公司出价"每呎十六元，共一万四千四百元"，是为最低价格投得国平路筑路工程，④并以委员会的名义于11月27日与顺合公司签订合同。⑤值得注意的是，此时的筑路委员会尚未正式成立，而向市政厅所呈请的撤销开投一事也未得到批准。于是，该委员会筹备人又与顺合公司商定，市

---

① 《布告第79号》(1928年10月31日)，民国档案12-12-32，第88页，汕头市档案馆藏。
② 《市政厅批文第460号》(1928年11月8日)；《同源号等27家呈文》，1928年11月，民国档案12-12-24，第24~29页，汕头市档案馆藏。
③ 《筑路委会筹备委员会发起人呈状》(1928年11月21日)，民国档案12-12-24，第11页，汕头市档案馆藏；筹建国平路筑路委员会的发起人有：仁德、东海小学校、源顺、洪勉之、邢松合、名利轩、石辅先堂、锋记、慎记。
④ 《国平路筑路委员会并业户团呈文》(1928年6月)，民国档案12-12-27，第48页，汕头市档案馆藏。
⑤ 《顺合公司呈状》(1929年8月21日)，民国档案12-12-27，第9页，汕头市档案馆藏。

政厅开投此项工程，如果由其他商号投得工程，则之前所签订的合同作无效处理，如果由顺合公司投得，则仍旧按照原订合同认还。[1] 结果，在11月28日市政厅开投国平路的时候，顺合公司则以"一万一千五百元"的价格得标。[2] 这一价目比之前商订的价格要低，原因是顺合公司与国平路筹备人之间已有约定，为投得工程故意压低底价。

与此同时，国平路筑路委员会也从筹备阶段逐渐走向正式成立。筹备委员会发起人在11月21日的时候已呈交简章给市政厅，其内容为：

国平路筑路委员会简章

（一）名称　本会定名为国平路筑路委员会

（二）宗旨　本会协助市政厅建筑国平路为宗旨

（三）组织　本会系由国平路各店屋之业主佃户所组织，现暂定为道署左巷五十七号二楼为办事处

（四）职员　本会由全体大会选举执行委员十一人主持会务，概不支薪，另聘请文牍交集庶务监工收支酬送夫马

（五）权限　本会以全体大会为最高机关，闭会时以执行委员会为最高机关

（六）财政　本会财政由全路店屋之业主佃户依照店面宽度均摊以昭公允

（七）期限　本会至马路竣工即宣告结束

（八）会期　本会每逢星期下午七时开常会一次，如有特别事故不在此限

附则

（一）本简章有不尽事宜，得由全体大会随时修改

（二）本简章经市厅批准，即发生效力[3]

由此看来，委员会的成立需要获得市政厅的批准。不过该机构实际上并不属于官方性质，只是为修筑马路而成立，工程完竣之后则自动宣告结束，并非民间的常设机构。但这样一种机构，在道路改造的实施过程中，既是商民间的自我需求，也是政府的进行市政建设的需要。对于商民来说，成立筑路委员会，可以掌握筑路权，是与自身利益密切相关的；对于政府来说，把筑路权下放给民间，可以省却很多行政上的麻烦，而且，政府本身也可能无力去负责每一条道路的辟筑和修缮。所以，由民间自筹委员会办理辟筑道路事务，是汕头的通行办法。

从《市政公报》中，也可以看到市政厅发出许多让某路成立筑路委员会的布告。如1929年12月10日，市政厅布告共和马路两旁业户组织委员会辟筑道路，该路两旁

<hr>

① 《工务局课员黄哲祥　财政局课员李世经呈文》（1929年3月26日），民国档案12-12-25，第69~71页，汕头市档案馆藏。

② 《国平路筑路委员会呈文》（1928年12月1日），民国档案12-12-30，第30页，汕头市档案馆藏。

③ 《国平路筑路委员会简章》，民国档案12-12-24，第13页，汕头市档案馆藏。

业户一直拖延，市政厅不得不在 1 月 4 日再次发出布告。①

再如 1926 年所规的升平路的圆圈式马路，其后又规定在此辟筑小公园，并于 1930 年拆卸完毕，该年 5 月，市政厅发出指令，布告周围铺户组织成立筑路委员会，办理该环圆马路的辟筑。②

我们还应注意到，由商民成立筑路委员会办理辟筑道路事宜，是广东省内县市的通行办法之一。按省政府的训令称："至该县属地方官曾否县道乡道，有无测绘各道路路线全图，均应随案声明，绘图附送，一面筹设人民筑路委员会，妥善办法，或由公司投承，或征民力工作，应由县定克日实行。"③ 可见，筹设人民筑路委员会来办理修路事宜，在广东省内具有一定的普遍性，而且，这样一种筑路模式，很有可能是由省政府由上而下推行的。

既然如此，在市政厅看来，成立筑路委员会是向例，自应照准。只是简章过于简单，应照政府的意思进行修改，于是对于 21 日呈状的批复是"拟准备案，简章由局派员修正。"④ 借此，国平路业佃在 11 月 29 日召开全体大会，到会者共 48 人，当即选出执委 11 人，共负其责，宣告成立，并且在 12 月 1 日将"委员姓名册"和"图集模样"上呈给市政厅，并获核准备案。⑤ 其中，"委员姓名册"便是按照市政厅的意思修改而成，不仅体现了该委员会的组织结构，也规定了该委员会的主要权限（参见表 1）。

表 1　国平路筑路委员会执行委员姓名及分担义务清册

部门	人员	权限
总务部	洪勉之　周健侯	该部担任本会一切及属于各事项
财政部	泰安庄　利元庄	该部办理会内一切财政及收入支出事项
交际部	吴佛脑　张镜泉	该部办理本会一切对外交涉事项
文牍部	王子贞　方青田	该部办理会内每日来往文件并保存案卷各项
调查部	王书田　陈子杰　石茂　陈章记	该部调查马路建筑状况及取缔一切事项
庶务部	邢松洲	该部办理会内一切应用物品及布置会场事项

资料来源：民国档案 12 - 12 - 30，第 22～25 页，汕头市档案馆藏。

既然国平路筑路委员会也已宣告正式成立，工程也由顺合公司投得，那么之前的约定，双方理应遵守。为了使之前订立的合约具有合法性，新成立的筑路委员会遂向市政

---

① 《布告共和马路东西段限再展期二十日将委员会组织成立并如限拆缩由》，汕头市政厅编辑股：《汕头市政公报》1930 年第 53 期。

② 《布告升平路圆心周围业户仰于十日内组织筑路委员会由》，汕头市政厅编辑股：《汕头市政公报》1930 年第 57 期。

③ 《呈报奉文日期及遵办情形附图呈请察核由》，汕头市政厅编辑股：《汕头市政公报》1928 年第 32～33 期。

④ 《筑路委会筹备委员会发起人呈状》（1928 年 11 月 21 日），民国档案 12 - 12 - 24，第 10 页，汕头市档案馆藏。

⑤ 《国平路筑路委员会呈文》（1928 年 12 月 1 日），民国档案 12 - 12 - 30，第 17～22 页，汕头市档案馆藏。

厅提交了呈文：

> ……惟职会成立伊始，自应遵奉钧厅颁发章程办理，现查该路既已由顺合公司投得，商等愿依投得之数发交职会，仍由顺合公司承领兴筑，并乞委派监工协同督促进行，以期早日厥成，而收速效，是否有当，理合备文，呈请察核，伏乞批示祗遵，实为公便，谨呈
> 市政厅市长陈
>
> 国平路筑路委员会
> 中华民国十七年十二月一日①

不过这一呈请并未获得市长的批准。② 于是，同一工程就有了两个合同，一个是市政厅与顺和公司签订的具有合法性的合同，价目为"一万一千五百元"；另一个是筑路委员会与顺合公司私下签订的合同，价目是"一万四千四百元"。在委员会看来，既然官方不认可私订的合同，而与顺和公司又原有约定，只能召开业佃大会，结果通过认可原定合同价目的决定。所以，筑路委员会则遵照与顺合公司原有的约定，以"一万四千四百元"作为工程的价目。由于先前呈请未获批准，此一决定也未呈报给市政厅。于是，公开的价目虽然是"一万一千五百元"，但私下的价目则是"一万四千四百元"，筑路委员会仍须以后者作摊派路费和支付给顺合公司的标准，这也为后来委员会的改组埋下了伏笔。

筑路委员会之所以能这么做，与该会的权限有关。筑路委员会虽是民间组织，但隶属市政厅，其草创伊始，一切尚未进入轨道，在成立六天后便上呈给市政厅：

> ……并由兴工之日即订交第一期筑路费银贰千五百元，此项筑路费须按期向各业户或佃户摊派，例应先期通知，俾各业户等得以筹备。惟摊派缴路款手续至重至繁，须由调查手，然后召集全体大会议决，按照本路各铺屋计算面积所需要者，全凭遵照钧厅所规定计划，即全路面积图隔拆图暨路基水平线等项，由此标准计算而后得其派款征收办法，汇交第一期路款，以期早日马路完成……③

随后，委员会也召开常务会议，并在 12 月 10 日向市政厅提交呈文，内容包括：（1）请颁发市政例规章程汇编；（2）畸零地以及骑楼每呎定价若干；（3）全被拆让铺屋应以房捐几倍赔偿；（4）房屋被拆存三分之一者应否缴筑路费；（5）畸零地以及骑

---

① 《国平路筑路委员会呈文》（1928 年 12 月 1 日），民国档案 12 - 12 - 30，第 30 页，汕头市档案馆藏。
② 《市政厅批文 614 号》（1928 年 12 月 7 日），民国档案 12 - 12 - 30，第 32 页，汕头市档案馆藏。
③ 《国平路筑路委员会呈文》（1928 年 12 月 5 日）。民国档案 12 - 12 - 30，第 11～15 页，汕头市档案馆藏；该文主要呈请将国平路各图交给来员领回，并言及收缴筑路费等事宜。

楼应由邻近何户承领。① 可见，对于筑路费和赔偿费的标准，是需要按照市政厅的规定来进行计划和预算。

但有一点必须指出的是，该两费（筑路费和赔偿费）是由委员会分期直接征收，并直接交付给承建人顺合公司，中间无须经过市政厅。从委员会的角度来看，既然经费无须经过市政厅，即便是将来需要呈报账目，也可以再想办法周旋，大可先遵守与顺合公司的约定，以免双方撕破脸，还可以两相便利。对于市政厅来说，辟筑马路既然是以商民组织经理为原则，虽声明经费须上报市政厅，但经费既到不了自己手上，也便无须抓得太严，委员会才有机会钻此漏洞。正因此后弊端迭出，在国平路的上报经费过巨引起市政厅注意之后，市政厅对发出指令：

> 为令遵事，案查本市各马路，除由本府直接办理不计外，其余多由各该路业主佃户，组织委员会，经管征派筑路费，及赔偿费，自不能不假以收支数目，及征缴畸零地骑楼地事权。陈前市长任内，曾经规定嗣后各筑路委员会，务须将收支数目，按月造报本府随时查核，以重路款，而杜流弊……除分令各筑路委员会，嗣后逐月应将收支经费，造报查核，如该路业已竣工，应即造具详细总数，呈候核销外，合行令仰该委员会即便遵照办理……②

也就是说，各马路所成立的筑路委员会，是具有经费收支的权限的，政府也要求各路的委员会需要上报每月的经费账目。但市政厅此一指令是因国平路账目的问题而发出的，可见，实际情况应是有部分筑路委员会并没有呈缴每月的收支款项，即使是遵照指令上缴，其中的账目也难免存在问题。所以，国平路筑路委员会在与政府和承建公司签订合同时，才有空子可钻。

不过，在工程的建筑方面，筑路委员会则没有那么大的权限，依照一般修筑工程的办法，筑路委员会须派员到市政厅领取工程合同和设计图纸交发给承筑人，承筑人顺合公司则须按章办理，这在《汕头市国平马路施工章程》体现得最为清楚：

第一章　总则

第一条　承建人对于本工程须依照本厅规定图式及施工章程切实办理；

第二条　图式所记载之尺寸为完成尺度，以英尺为标准；

第三条　工程进行过程中对于附近居民如有关系交涉须得本厅监工委员之认可；

---

① 《国平路筑路委员会呈文》（1928 年 12 月 10 日），民国档案 12 – 12 – 30，第 53~56 页，汕头市档案馆藏。

② 《训令各路委员会应将逐月收支数目造报查核以杜流弊由》，汕头市政厅编辑股：《汕头市政公报》1931 年第 65 期。

......

　　第五条　（甲）承建人于立合同日起即须遵照图式章程自行将中线平水等标记明确于七日内兴工，九十天一律完竣；

......

　　第六条　承建人每做工程二十天得领工费一次，但其数目以其做过工程多少照计……①

此外，此件章程还对材料和筑造工程加以规定。在这方面，筑路委员会便与筑路工厂貌合神离了。该路工程的好坏直接关系到两旁业户的切实利益，筑路委员会又是由该路业佃组成，且有监工的权限，自然担任起监督工程进展的角色。而事实也往往是"规定是规定，执行是执行"，很难想象顺合公司能完全依照市政厅规定的办法来建筑。果然，在工程进行两三个月之后，即次年 2 月 18 日，筑路委员会便向市政厅提交呈文，指责顺合公司违背章程偷工减料不受制止，恳请市政厅派员勘验，勒限改照图式章程办理。呈文里面还指出，顺合承领包筑之后，分途转包承工人建筑，而工人则因短少价格，以粗恶材料、工程糊涂塞责。② 当然，在此之前，顺合公司也曾向市政厅指责过筑路委员会。因工程进行缓慢，市政厅指令其加速赶筑，顺合公司于是呈称是因修改水沟及路款迟发所致。③

　　可想而知，国平路两旁业户所招领的筑路工厂，到头来既未能如期望的那样兴工建筑，还使筑路委员会搞出公私两合同的出入，后者更成为筑路委员会改组的因素之一，这都直接导致了筑路工程进展的迟缓。

二　改建骑楼与商民间的博弈

　　早在国平路拆辟之初，已有名利轩等商户向市政厅呈请照至平路先例，先将徐家祠巷的两旁铺户改作建骑楼式建筑，其理由是该路铺户正东西对照，不堪烈日淫雨，若搭篷遮盖，长短不一，有碍观瞻。④

　　但市政厅认为，该路路线宽度已定，改建骑楼须将路线宽度增加，势必重行拆卸已建店铺，而改建骑楼又属于少数商号的请求，所以批复"碍难照准"。⑤ 随后迭经招商

---

① 《顺合公司承筑国平马路合同》（签订日期为 1928 年 11 月 29 日），民国档案 12 - 12 - 24，第 52 页，汕头市档案馆藏。

② 《国平路筑路委员会呈文》（1929 年 2 月 8 日）。民国档案 12 - 12 - 32，第 80 ~ 84 页，汕头市档案馆藏。

③ 《顺合公司呈文》（1929 年 1 月 8 日），民国档案 12 - 12 - 28，第 35 ~ 36 页；《顺合公司呈文》（1929 年 2 月 25 日），民国档案 12 - 12 - 32，第 70 ~ 71 页，汕头市档案馆藏。

④ 《名利轩等商号呈状》（1928 年 11 月 6 日），民国档案 12 - 12 - 24，第 73 页，汕头市档案馆藏。

⑤ 《市政厅批文第 463 号》（1928 年 11 月 13 日），民国档案 12 - 12 - 24，第 75 页，汕头市档案馆藏。

承建和成立筑路委员会等事,此次呈请改建骑楼也就未有下文。

按照合同,国平路于 12 月 1 日兴工建筑,工程进展迟缓,中途又因事停顿。到了 1929 年 1 月,国平路筑路委员会主任洪勉之向市政厅提交呈文,谓从前计划升平、永平、同平等路的时候,虽辟有步道,却无盖建骑楼,而致市场交易不便,行人来往生其抱憾。其原因有车马驰骤易与行人发生事故,炎夏、风雨、寒冬时无可遮蔽。迨后至平、安平、居平等路拆让之业户,鉴于升平等路的不完善,乃请准建筑骑楼,甚是便利。接着,洪勉之开出改建骑楼的条件:

> 拟以两旁铺户而仿照建筑骑楼式。再就步道内之墙基拆入一呎,共成八呎,以作骑楼计,全路阔度合成四十二英尺(徐家祠则照旧不建骑楼,免再折入一呎墙基)是否合式。再查国平路虽属升平路之横道,然前与至平、居平、安平相直接,中则横亘交通旧道署前之马路,后段则直接交通镇平路而上至潮汕火车场,是此路实为来往中心之孔道,行人过客甚多,是又不可无骑楼也审矣。①

总之,洪勉之此文从各方面论证了建筑骑楼的必要性,最后呈请市政厅派员再行勘丈绘图,将墙基缩入一呎,以定标准,准予改建。由此也可以看出,1925 年的城市改造计划,只是对道路做总体的规划,具体到个别道路及道路建筑景观等方面,计划书中并未涉及。在建筑骑楼方面,除了政府所划定的骑楼地以外,更多的是民间的自我需求,并向政府提出申请而获准建筑骑楼的,这也是骑楼为商民所接受和推崇的结果。正如沈陆澄所指出的,汕头的骑楼街区是在民间主动的"自下而上"的需求和官方"自上而下"的管制力的双重驱动下迅速发展和成熟的。② 当然,从呈请改建骑楼的论述中,我们所看到的多是关于骑楼功能性的论述,但背后利益上的动因,却往往隐而不显。

其实,骑楼的建筑与道路的宽度有关,原本道路宽度不够的时候,需有道路两旁铺户拆让店铺,使道路达到一定的宽度。当然,铺户之所以愿意割让店铺面积作为道路,与政府准许业主建筑步道上空的面积大有关系。这样一来,业主原有之铺面割让作为步道,而业主则享有步道上空的面积。这本是政府对于拆铺辟路的一种补偿,在商民觉得有利可图之后,却慢慢变为一种自下而上的需求。但说到底,改建骑楼需要拆让原有铺屋,沿路的商民在利益上考虑不一致的时候,便容易产生纠纷。

就在洪勉之提交了呈文之后,东海小学校长徐子青也向市政厅呈文恳请维持四十英尺原案以免发生纠纷,呈文中还控诉道:

> 近忽闻有以国平路筑路委员会名义,具呈钧厅,擅称两旁铺屋,均愿缩入一

---

① 《国平路筑路委员会呈文》(1929 年 1 月),民国档案 12 - 12 - 31,第 97 ~ 100 页,汕头市档案馆藏。

② 沈陆澄:《城市规划指导下近代汕头城市格局的形成》,《现代城市研究》2010 年第 6 期。

呎，请准建筑骑楼筑等语，并称经已托人向钧厅疏通成熟，将向两旁各户勒派各费……显系少数私人意图借钧厅变更路线之明，从中牟利，实非众意所能承认。①

显然，洪勉之等人在向市政厅呈请改建骑楼之前，曾向该路各业户征求意见，而徐家祠坚决不同意拆让，所以其呈文只得加入"徐家祠则照旧不建骑楼，免再折入一呎墙基"等语，而其他业户或则观望，或则默许，洪勉之等只得先呈文申请看看市政厅态度如何。而徐子青在得知呈文的消息后，便向市政厅提出反对并加以控告。随后，市政厅也对洪勉之的呈请做出了答复，谓四十二呎宽度过于狭窄，最少需四十七呎方准建筑骑楼，而且还根据徐子青的呈文，说该呈请系少数人私意，最终批示"碍难照准"。②

洪勉之等人第一次呈请改建骑楼宣告失败。但既然批驳的理由是宽度不足四十七呎和意见系少数人私意，洪勉之等便再次征求业户的意见，于1929年2月中上旬第二次向市政厅提交呈文：

> ……职会遵即召集各业户开会，签以政府既限马路宽度最少为四十七呎，应即遵从命令，遂即席命起草发出宣言，各业户踊跃签名盖章，从众人大多数之表决，至徐氏家祠在本路藉东海小学校名义，守其迷信故见，不明白今日社会改建之理，彼属一姓私家之产，在众人亦不肯牺牲公众之利益，而曲狗〔徇〕一人之所好，从众与否，任听自由，在政府必有明察处之，理合将各业户表决缘由呈请钧府察核，准予派员另绘图画标，就国平路两旁业户墙基，再标志各折入三呎半以符马路四十七呎之数，不胜待命之至……③

则此次呈请是为了符合上一次市政厅开出的条件，将两旁业户各拆入三呎半，以符合该路四十七呎的宽度，并取得部分业户的联名盖章。④遗憾的是，此第二次呈请又未获市政厅的批准，此次批驳的理由是："查该路业户共有九十家，此次赞成改建骑楼签名盖章之业户，仅有三十九家，系属少数业户之请求，非出诸全路铺户之公意。该会应另行召集该路业户开会征求同意，取具店章另呈核办。"⑤

于是，洪勉之等人的第二次呈请又未蒙获准。洪勉之等人又再次努力，征求得全路80多家业户的意见，并制成《国平马路各业户呈请建筑骑楼加盖图章表册》，并于3月

---

① 《东海小学校徐子青呈文》（1929年1月28日），民国档案12-12-31，第104页，汕头市档案馆藏。
② 《市政厅指令第1094号》（1929年2月4日），民国档案12-12-31，第108页，汕头市档案馆藏。
③ 《国平路筑路委员会呈文》（1929年2月），民国档案12-12-25，第13~15页，汕头市档案馆藏。
④ 《国平路筑路委员会召集各执委各业户会议签名盖章呈请改建七楼议案》（1929年2月），民国档案12-12-25，第17~19页，汕头市档案馆藏；签名盖章的业佃有：洪勉之、周健侯、方青田、邢松洲、陈子杰、张镜泉、王芝田、石茂、陈章记、燕南堂、泰安庄、郭立海、鉴古堂、曾义记、源顺、元发、慎记、炳记、陈义成、黄财利、振成发、芝盛号、陈燕南堂。
⑤ 《市政厅指令第1262号》（1929年2月25日），民国档案12-12-25，第21页，汕头市档案馆藏。

18 日第三次提交呈文呈请改建骑楼。① 从表册来看，大多数业户已赞同加盖印章，行署左巷的业户尤占绝大多数，部分业户则持观望态度，谓若市府核准亦当赞同，而徐家祠一家及其前住屋则仍是反对无加盖印章。不过，其中最值得玩味的还是表册前面的筑路委员会写给业户的布闻：

> 迳启者，本会昨举代表洪勉之、周健侯、方青田、吴佛脑、张镜泉五同志面谒陈市长俯顺舆情，请求准予援照至平、安平、商平、永泰等路先例，同一改建骑楼，以副各业户喁喁之殷望。已蒙允许，惟市长为和平起见，着与未同意之徐家祠接洽，当经派员征求意见，据徐子青声称，徐家祠石亭已建好，惟保护不再拆卸为目的，余无问题等语。兹再召集开会，一致表决拥护大多数之利益，不能迁就少数之便宜，照案请求，务达目的。查贵业户最热心赞同者，应请加盖图章，以便汇集成册，呈请市政府查核施行，并备文呈请市政府迅予核准以促路政早日完成，特此布闻。

国平路筑路委员会公启②

由此看来，洪勉之等人为改建骑楼一事曾面谒市长陈国槎，陈国槎或未当面拒绝，而是以"与未同意之徐家祠接洽"。其实徐家祠竭力反对，陈国槎自然知道，此语不过是委婉拒绝。而洪勉之等人不知是不解其意或是故作不明，以"已蒙获准"布闻，又谓徐子青声称除徐家祠石亭外，余无问题。如果徐子青真的作此答复，料想是应知市长定不允许，作缓兵之计而已。但不管其中有无欺瞒之语，洪勉之等人确实取得了全路大部分业户的同意，正好消解了市政厅之前反驳的理由，料想应该不会再吃闭门羹。

而随后市长也派出市政厅技士陈良士前往调查。根据陈良士的签呈，对于改建骑楼的意见是："此次该商等请求改建骑楼，虽较为便利，特恐他路效尤，将来改不胜改，况全路未能一致同意。该路徐家祠反对甚力，诚恐日后多有掣肘。本府为慎重民意起见，仍难遽予照准，应否照此批示，仍候市长核示。"陈国槎见到陈良士此签，当日便在上面批覆"照拟"。③ 于是，洪勉之等人的第三次呈请又以失败告终。

更令洪勉之等人想不到的是，徐子青在 3 月 21 日向市政厅提交呈文，提出维持原案的四大理由，其最甚者，是控告筑路委员会有勒派一事。④ 这便使得市政厅有理由派员去查筑路委员会的账目。于是，工务局课员黄哲祥和财政局课员李世经奉陈国槎的指

---

① 《筑路委员会呈文》（1929 年 3 月 18 日），民国档案 12 - 12 - 32，第 104 ~ 108 页，汕头市档案馆藏。

② 《筑路委员会呈文》（1929 年 3 月 18 日），民国档案 12 - 12 - 32，第 109 页，汕头市档案馆藏。

③ 《工务局陈良士报告》（1929 年 3 月 20 日），民国档案 12 - 12 - 32，第 100 ~ 102 页；《筑路委员会呈文》（1929 年 3 月 18 日），民国档案 12 - 12 - 32，第 104 ~ 108 页，汕头市档案馆藏。

④ 《徐子青呈文》（1929 年 3 月 21 日），民国档案 12 - 12 - 25，第 35 ~ 38 页；《筑路委员会呈文》（1929 年 3 月 18 日），民国档案 12 - 12 - 32，第 104 ~ 108 页，汕头市档案馆藏。

令在 3 月 22 日前往该委员会彻查。根据洪勉之等的说法，经费中一万四千四百余元是路费，预筹备本会经费一千元，建筑纪念柱费约一千元，赔偿全拆铺户费按一千元，合共银一万八千余元。① 如此一来，委员会原先与顺合公司私下订立的合同便败露了。所以当黄哲祥和李世经问及为何比市府开投多出数千元的时候，洪勉之等才将之前的原委道出，并指出此事是通过全体业户议决，为避免滋生纠纷，才没有呈报市府。在黄哲祥和李世经对该会的议事录核对之后，发现收入单簿尚属符合，该会被控告作弊一事，查无实据。②

随后，市长在 28 日发出布告，重申国平路无拓宽的必要，非请托可以变更，而对于假借运动请托，以改变路线宽度建骑楼为名向业户诈欺取财者严密查究。③ 接着，市长又在 30 日饬令委员张华民前往该路秘密探察，结果也是直指筑路费与市府投得之数不合一项，更指出"斗内每井征收二十四元，然井内之深阔数量全未宣布，祇任由该委员等测量计算，故各业主颇滋疑惑，将来收入或不止壹万八千余元"④。

在受到市政厅的调查之后，洪勉之等人也不甘示弱，在当月月底，向市政厅长提交呈文控告徐子青。不只将之前徐子青变更原定中线的旧账翻出来，还指责徐伯良凭空捏造任意横诬，迷信风水不肯拆让而极力反对改建骑楼，更要徐子青提出证据。⑤

洪勉之等人既提出此要求，理应令徐子青提出证据，不过令人奇怪的是市政厅的态度。从密查人员张华民给工务局长陈章彬的呈文来看，是要求委员会将各项预算呈报。⑥ 而市政厅里面各员赵华介、谭性约、顾树基的讨论结果则是"该委员会办理各事，该路业户既有异议，业经派员查明，确似应令其另行改组，召集该路业佃全体开会，另举职员经理，如再不能依期改组选出职员担任，再行收回本府自办"⑦。市长陈国桀则在 4 月 8 日的时候对陈章彬的呈签批复："该委员会既有作弊嫌疑，应予解散，责令交代，由本府接办。"⑧ 不过最终可能拗不过厅里其他的人意思，只能在赵华介、谭性约、顾树基等人的呈文上批示："如拟，即口令克日改组。"⑨ 于是，市长最终在 4 月 11 日针对委员会的呈文发除指令：

① 《工务局课员黄哲祥　财政局课员李世经呈文》（1929 年 3 月 26 日），民国档案 12 - 12 - 25，第 69 ~ 71 页，汕头市档案馆藏。
② 《工务局课员黄哲祥　财政局课员李世经呈文》（1929 年 3 月 26 日），民国档案 12 - 12 - 25，第 69 ~ 71 页，汕头市档案馆藏。
③ 《市政厅指令第 1557 号》（1929 年 3 月 28 日），民国档案 12 - 12 - 25，第 40 ~ 42 页，汕头市档案馆藏。
④ 《委员张华民呈文》（1929 年 4 月 2 日），民国档案 12 - 12 - 25，第 87 ~ 88 页，汕头市档案馆藏。
⑤ 《国平路筑路委员会呈文》（1929 年 4 月 2 日），民国档案 12 - 12 - 25，第 93 ~ 97 页，汕头市档案馆藏。
⑥ 《委员张华民呈文》（1929 年 4 月 8 日），民国档案 12 - 12 - 25，第 103 ~ 104 页，汕头市档案馆藏。
⑦ 《委员赵华介呈文》（1929 年 4 月 8 日），民国档案 12 - 12 - 25，第 99 页，汕头市档案馆藏。
⑧ 《工务局陈章彬呈文》（1929 年 4 月 8 日），民国档案 12 - 12 - 25，第 100 页，汕头市档案馆藏；该笺条上有市长批文。
⑨ 《委员赵华介呈文》（1929 年 4 月 8 日），民国档案 12 - 12 - 25，第 99 页，汕头市档案馆藏。

呈悉，该委员会收支款项，事前未据将预算呈核，此次逾格滥收筑路费，位数竟达至数千元，当经本府据报迭次派员彻查属实，即此一端，该委员会等办事尚欠妥善，未孚众论。已足概见。本府为维持路政起见，应将委员会从新改组，藉资整理。兹着令该委员会召集该路业佃全体开会，令选执行委员改组该会呈报备核。一切办法，应照本府颁行马路筑路委员会组织章程办理，限于令到十日内改组成立，如有逾期，即将该路收归本府办理，以重路政而惬舆情。仰即遵照办理，仍将奉令日期及遵办情形，先行具报，所请严令徐子青提出证据之处，应毋庸再议……①

至此，洪勉之等人要求徐子青提出证据的要求未能如愿不说，还被市政厅指令重新改选，呈请改建骑楼一事更是希望渺茫。而陈国榘对此事的处理也是让人觉得可疑。既然经过两次派员彻查，对于浮收滥派查无实据，在洪勉之等人要求提出证据之后，徐子青可能也无法拿出来。而陈国榘对于此一纠葛，也只能以"应毋庸再议"的姿态来使得洪勉之等人无法再行纠缠，可见陈国榘对于徐子青的偏袒之处。根据后来洪勉之等人的说法，原因系当时徐景唐正是广东东区善后委员会委员，徐氏声威煊赫，料想徐子青等在当地势力也不小。陈国榘不敢得罪徐氏家人，只能对洪勉之等人强作威权。

在市政厅的指令发出9天之后，也即4月20日，国平路筑路委员会召集该路各业佃开会，不过因到会人数不及20人，只能推迟一天另行开会，结果由众议决票选并酌减委员额数为7人，结果以利元庄、泰安庄、周源顺、名利轩、石茂、陈子杰、徐伯良（徐氏代表东海小学校长）7人得票最多当选。而旧执委洪勉之、方青田、邢松洲、王书田、陈章记等人，则即日卸职，并促新选执委克日莅委视事。②

就此次改选后的成员来看，之前呈请改建骑楼最为积极的洪勉之、方青田离开职位，而新选出来的委员皆是旧时的执委，看起来似是为了剔除洪勉之等人势力的改选。不过，此次改组也没有那么顺利，就在开会的4天后，便有人以"国平马路业户团维持会"的名义向市政厅提交呈文，其代表是陈德成和蔡宜臣。此文主要针对新改组的筑路委员会提出异议，指出此次改选存在诸多情弊：

查全路铺屋共有九十一户，本月二十日召集业佃开会，到会者不及二十人，二十一日再行召集开会，到会者仅有二十九人，以全路业佃计算，未及过半之数，其未合选举制度也固不待言。所可异者，事前议决票选，而于分给票纸之际，石茂一人而包办四票，陈子杰一人领受二票，并代人照伊式填二纸，亦系四票，其事前已生出情弊可知也。开票之后，所选出之委员七人，如利元庄（即旧执委财政员）、

① 《市政厅指令第169号》（1929年4月11日），民国档案12-12-25，第106页，汕头市档案馆藏。
② 《国平马路筑路改组筹备委员会徐伯良等呈文》（内含《改组委员会章程名册备案册》），（1929年4月23日），民国档案12-12-27，第85页（疑原页码有误），汕头市档案馆藏。

泰安庄（亦旧财政员）、徐伯良（即旧主席员）、周源顺（即旧总务部周健侯）、石茂（即旧调查员）、陈子杰（即旧调查员）、名利轩（人无到会，即旧交际员张镜泉）七人中均是旧时之执委，此外业佃无与焉。①

于是，陈德成和蔡宜臣呈请市政厅饬委员会从新进行改选。借此，市政厅派出汪逸群前往调查，结果确实如陈德成呈文所说，只有 29 人到会。在汪逸群看来，这样的选举当然不能认为有效，建议进行改选②。鉴于此，市长陈国梁只能遵照汪逸群的意思批复"照办"。当然，在受到指控之后，徐伯良等人也于 30 日向市政厅呈报此次选举改组情形系属合法，乃有人借端破坏。③ 不过到底与会人数过少属实，市长陈国梁最终发出指令，饬令其定期改组，如再延缓，则由市府收回办理。④

徐伯良人在 5 月 6 日收到指令，翌日便向市长呈文答复，谓委员会会务之进行，皆由方青田、周健侯、洪勉之等三人担任，自己虽备员主席，却非十一执委之一，无召集开会之权限，虽在 4 月 21 日被选为执委兼主席，但未蒙核准，所以新改组委员会也没有发生效力，于是自己对于前委员会无召集改选之可能，对新委员会也无召集改选之权责。⑤

于是，最终召集改选之责还是归到原来的筑路委员会。该会在 5 月 9 日向市政厅提交呈文，定于 5 月 10 日先召集筹备会，5 月 13 日再开业户全体选举大会，呈请市厅派员监视。⑥ 市政厅于是派出技佐前往调查监选，结果到会人数只有少数人，至下午 3 时由方青田宣布不足人数不能开会选举。⑦ 结果，此次召集选举改组大会宣告失败。与此同时，市政厅也对该委员会的处理办法加以讨论，建筑课的陈良士则谓，该会到选无

---

① 《国平路业户团维持会陈德成等呈文》（1929 年 4 月 25 日），民国档案 12 - 12 - 27，第 94~95 页（疑原页码有误），汕头市档案馆藏。

② 《汪逸群与徐伯良笔谈纪录》（1929 年 4 月 29 日），民国档案 12 - 12 - 27，原档无页码；《汪逸群呈文》（1929 年 4 月 29 日），民国档案 12 - 12 - 27，第 88~90 页，汕头市档案馆藏。在 5 月 8 日，汪逸群再次向市长汇报了调查经过和国平路收费及建筑调查表，其中包括：1. 该路收费：临街宽度每呎收费五元，铺内面积每呎收费十元；2. 现在支出：甲、建筑工料三千元，乙、职员薪金一千二百八十余元；3. 什费办公费：甲、补建沙土费三十元，乙、会址租金五十元，丙、什费一百三十余元；4. 现在收入：甲、燕南堂受收入二千零八十五元，乙、泰安庄手收入二千三百四十五元，二共收入四千四百余元（系计至三月初九日止）。5. 该路建筑情形：甲、中央大水沟终已筑好，乙、两旁边石终已安好，其余工程均未筑造。详见《汪逸群呈文》（附国平路收费及建筑调查表）（1929 年 5 月 8 日），民国档案 12 - 12 - 29，第 134~135 页，汕头市档案馆藏。

③ 《国平路筑路改组筹备委员会徐伯良等呈文》（1929 年 4 月 30 日），民国档案 12 - 12 - 27，第 108~111 页，汕头市档案馆藏。

④ 《市政厅指令 1901 号》（1929 年 5 月 4 日），民国档案 12 - 12 - 27，第 112 页，汕头市档案馆藏。

⑤ 《国平路改组筑委会呈文（呈为权者未明无力召集请察核由）》，民国档案 12 - 12 - 29，第 99~101 页，汕头市档案馆藏。

⑥ 《国平路筑路委员会暨各业户等呈文（呈报定期开全体选举大会请派员监视由）》（1929 年 5 月 9 日），民国档案 12 - 12 - 29，第 94~95 页，汕头市档案馆藏。

⑦ 《技佐容英杰呈文》（1929 年 5 月 13 日），民国档案 12 - 12 - 29，第 113~114 页，汕头市档案馆藏。

人，谅系内部意见分歧，不能合作，似应即行收回自办。而课长陈章彬则谓饬令再行改组于公事上可免无限麻烦，李日纶等也赞成照前令着令重行改组，认为收回自办似乎不妥。①

无论如何，此时还未到直接收回自办的时候。如若市长陈国榘真的有意偏袒徐伯良等人，直接收回市办确非良策。于是，筑路委员会又陷入了数次改组的命运中去。

徐伯良等人在 5 月 22 日向市政厅提交呈文，呈请准予维持改组原案，并恳请将改组的名册章程备案，并让前国平委员会将一切数项文卷照实移交。② 遗憾的是，此次呈请并没有获得市长的同意，陈国榘在 29 日发出的指令是："仰仍遵照前令，克日另行召集改选，并将改选日期先行具报，所请将前次改组案缴到章程名册核准备案之处，应毋庸议。"③ 随后，徐伯良等人在 6 月 4 日先向市政厅呈报 6 日下午 2 时开会一事，并请派员监视④，而真正到 6 日正式开会之时，到会人数又是寥寥无几。徐伯良等人便在 7 日向市政厅提交呈文：

> ……当经于本月六日登报及通知各业户，召集全路业佃改选大会，是日到会人数寥寥，即征询各业佃不到会原因，佥谓前次公选改组执委七人，纯属众意所举，当然发生效力，所以不到会者，即为坚决追认之表示，众情大略如期。伏念筑路委员会乃临时之机关，既经众情追认，理应备文呈请钧长察核，案察前次改组呈文名册批准备案，并恳请转饬前筑委会将一切卷宗照案移交，以免路工久于停顿，如何之处，伏乞指示祗遵，实纫公谊，谨呈
>
> 汕头市政府市长曾
>
> 国平路筑路改组委员会暨业户团代表徐伯良⑤

可见，6 月 7 日召开的选举大会，依旧乏人到场，而徐伯良所称的各业佃不到会的原因，系追认前次改选七人执委之表示，更让人难以信服。前次改组开会时便置佃户于不顾，此次徐伯良所谓询之各业佃，则其询问的业佃究竟占全路业佃之多寡，业佃是否真心诚意坚决追认，恐怕都会让人对此心生疑窦。徐伯良的此次呈文的意思与上次一致，仍是呈请维持原案并令前委员会移交文卷。

---

① 《陈章彬议事条》（1929 年 5 月 13 日）；《李日纶等人议事条》（1929 年 5 月 14 日）；《建筑课陈良士议事条》，民国档案 12 - 12 - 29，第 111 ~ 112、115 页，汕头市档案馆藏。

② 《国平路筑路改组委员会暨业户团代表徐伯良等呈文》（1929 年 5 月 22 日），民国档案 12 - 12 - 27，第 116 ~ 119 页，汕头市档案馆藏。

③ 《市政厅指令第 2105 号》（1929 年 5 月 29 日），民国档案 12 - 12 - 27，第 120 ~ 122 页，汕头市档案馆藏。

④ 《国平路筑路改组委员会徐伯良等呈文（呈报遵令召集开会日期请派员监视由）》（1929 年 6 月 4 日），民国档案 12 - 12 - 29，第 2 ~ 5 页，汕头市档案馆藏。

⑤ 《国平路筑路委员会暨业户团代表徐伯良等呈文（呈请核准将前次改组成文名册备案由）》（1929 年 6 月 7 日），民国档案 12 - 12 - 29，第 10 ~ 13 页，汕头市档案馆藏。

不过，此时陈国椠业已离任，新任曾市长在 6 月 13 日针对 6 月 4 日和 6 月 7 日的呈文分别作出指令，前者谓"陈前任移交时，业已逾改选日期，仰再择定日期呈报，以凭派员届期前往监视可也"①，后者谓"该会前次改组手续尚有未合经陈前任查明，饬再行改选有案，仰仍遵照原案办理可也"②。徐伯良的呈请再一次落空。

既然两次呈请维持原案均告失败，徐伯良只得改变策略。在许锡清 6 月 17 日接任汕头市长以后，徐伯良在 6 月 20 日再一次递交了呈文：

> ……幸欣义麾到潮，建设伊始，为路政计，爰开改组会议，佥曰，据情沥诉，呈请钧长察核，俯准改组执委七人加给委任，以促路政早日完成，并恳饬令前筑委会将一切卷宗数项照案移交，以利进行而维路政，免于停顿，实感公便，谨呈
> 汕头市政府长许
> 　　　　　　　国平路筑路改组委员会暨业户团台表徐伯良③

与之前不同的是，徐伯良已不再纠缠于对委员会执委的认可与备案，而是请求市政府直接对改选的七执委直接加以委任，如此一来，七执委便似乎可以绕过筑路委员会及全路业佃而拥有处理国平路辟筑事宜的权力。遗憾的是，许锡清在 6 月 25 日发出指令，谓"呈请将改组执委七人加给委任，实属不合，仰仍查照前令，迅速召集改选呈报，毋再饰延"。④ 于是，徐伯良此举又没有成功，先前陈国椠在任的时候尚无法获得权限，遑论是新市长到任。

当然，洪勉之等人看到新市长到任，也把握机会提出自己的诉求，向许锡清提交了呈文，详细分析了委员会的各项经过情形，并指控前市长陈国椠偏袒徐伯良等人，用罗织手腕，迫使筑路委员会改组，不过，这些论述其实还是为了改建骑楼一事，其重点仍是呈请"派员另行测量划标各再缩入三呎半以成四十七呎准予建筑骑楼"⑤。

有趣的是，徐伯良在经历了请求加委失败后，于 6 月 29 日又提交了一份呈文，这以此则是说路工停顿，改选困难，请求市府收回自办。⑥ 洪勉之等人则继续于 7 月 1 日和 7 月 5 日就改建骑楼一事继续呈文呈请。同时，市政府工务局长邹元昌也对国平路是否收归市政府自行办理的问题呈请市长批示，许锡清对此表示同意。于是，便在 7 月

---

① 《市政厅指令第 34 号》（1929 年 6 月 13 日），民国档案 12－12－29，第 6 页，汕头市档案馆藏。
② 《市政厅指令第 35 号》（1929 年 6 月 13 日），民国档案 12－12－29，第 14 页，汕头市档案馆藏。
③ 《国平路筑路改组委员会暨业户团代表徐伯良呈文（呈请加委改组执委并饬前筑委会将卷宗款项移交以利进行由）》，民国档案 12－12－29，第 22~24 页，汕头市档案馆藏。
④ 《市政厅指令第 6 号》（1929 年 6 月 25 日），民国档案 12－12－29，第 27 页，汕头档案馆藏。
⑤ 《国平路筑路委员会比你业户团呈文》（1929 年 6 月），民国档案 12－12－27，第 42~54 页，汕头市档案馆藏。
⑥ 《国平路筑路改组会呈文（呈为请委未准改选困难乞收为市办以维路政由）》，民国档案 12－12－29，第 123~124 页，汕头市档案馆藏。

13 日发出指令：

> ……六月廿九及七月五日所呈，均悉，查该路叠饬改选，迄未遵办。且查由滥
> 销舞弊情事，应将筑委会取消，所有未收路款，未筑工程，概归本府派员催收，监
> 督工厂，继续辟筑，以杜延宕。除令工务局技佐林启贤、容英杰二人前往接受外，
> 仰将该会收支路款数目，详列清册，连同现金、公物、案卷、图记一切，并检齐收
> 款存根及支领工料薪费单据点交林技佐接受核明具报，毋违，此令。①

　　至此，市政府正式发出取消国平路筑路委员会并将国平路收归市府直接办理的明文，国
平路筑路委员会内部的相互攻讦，最终以委员会的取消而告终。所有有关国平路的文卷
档案、公物等等，在 7 月 20 日移交清楚，筑路委员会也正式奉令取消结束。② 可市政
府对于洪勉之等人改建骑楼的呈请，一直没有批准，而是以"应候详为考虑，再行决
定"③ 或是"静候建设厅核定饬遵可也"④ 进行答复。洪勉之等人之后更是呈文到建设
厅，但最终也没获得批准。而此路现在的骑楼街景观，该是后来商民呈请改建，不过这
已是后话了。

　　至于道路的修筑一节，前因顺合公司偷工减料被饬令重筑，其后又因筑路委员会的
改组而使得辟筑工程受阻。早在 1929 年的 4 月 8 日，顺合公司便向市政厅呈文称"委
员会迄今只给工程费三千元，而商现在所筑工程已超溢其数，且应需各项材料，亦经购
备，只因乏缺放贷，诚如巧妇无米，实难为炊。若委员会尚复宕延不给，商实无力再行
垫支，势将工程暂行停顿。"呈请市政厅饬令委员会继续拨款。⑤ 市政厅在检查工程之
后，则谓其工程估价尚未溢三千元之数而予以驳斥。⑥ 其后委员会在 4 月 21 日被饬令
改组，又履经改组未成，致使前委员会失去效力，新改组委员会又未发生职能，于是筑
路费一直没有发给。在 6 月 8 日，顺合公司便向新任的曾市长提交催款呈文⑦，但似乎
未获回应。其后，又在市政厅指令顺合公司克日兴工后，顺合公司于 6 月 27 日上递呈
状，谓仅领第一期工料银三千元，第二期工价屡催未发，以致路工停顿，并请求市政厅
饬令委员会发给路款。⑧ 市政虽批复饬令委员会发予路款，可委员会本身已闹得不可

① 《市政厅指令第 148 号》（1929 年 7 月 13 日），民国档案 12 - 12 - 29，第 136 页，汕头市档案馆藏。
② 《国平马路筑路委员会呈文（呈为遵令移交事）》（1929 年 7 月 24 日），民国档案 12 - 12 - 28，第 95 ~ 97
　页，汕头市档案馆藏。
③ 《市政厅指令第 174 号》（1929 年 7 月 17 日），民国档案 12 - 12 - 29，第 64 页，汕头市档案馆藏。
④ 《市政厅指令第 299 号》（1929 年 7 月 27 日），民国档案 12 - 12 - 27，第 39 页，汕头市档案馆。
⑤ 《顺合公司呈文》（1929 年 4 月 8 日），民国档案 12 - 12 - 25，第 78 ~ 80 页，汕头市档案馆。
⑥ 《市政厅批文第 1154 号》（1929 年 4 月 12 日），民国档案 12 - 12 - 25，第 81 页，汕头市档案馆。
⑦ 《顺合公司呈文》（1929 年 6 月 8 日），民国档案 12 - 12 - 29，第 49 ~ 50 页，汕头市档案馆藏。
⑧ 《顺合公司呈文（呈复该路建筑情形请察核由）》（1929 年 6 月 27 日），民国档案 12 - 12 - 29，第 32 ~ 35
　页，汕头市档案馆藏。

开交，款项无从筹措，顺合公司仍未能领到，工程继续停顿。徐伯良的呈文中说"迄今阅时八月，工程仅成十之二三，瓦砾满途，交通阻碍，污水所积，蚊蟒丛生，商业停息，损失难堪"[1]，该是当时的实际情况。原本限期 3 个月竣工的筑路工程，因为各种原因，历时 8 个月仍只完成不到一半，该路的继续辟筑，则要等到收归市府自行办理之后，才得以进行。

三　结语

国平路的辟筑，是 1926 年改造计划的一部分，其采取商民自行组织委员会办理的模式，是民国时期汕头辟筑道路所采取的主要方法。而该道路的修筑过程，也是汕头市进入城市改造之后进行道路辟筑之一斑。虽然在各道路在辟筑的时候，有委员会作为主导，有商人投承，有市政的例规作为约束，有相应的图示和施工计划，并且订立合约。但实际情况仍要复杂得多，并未能很好地按照原来的计划加以进行，而从国平路的辟筑案例之中，我们也可以看到市政厅（市政府）、市长的权力可以达到什么程度，商民之间又是如何通过行政系统来进行利益上的博弈的。

国平路的辟筑，只是城市道路改造中之一斑。但由于汕头市的城市道路改造，大体上采取商民自行组织委员会办理的模式，这就使的国平路的案例有助于我们更深刻理解汕头城市道路改造的过程。在改建骑楼方面，虽然没有更详细的材料在论述后来的改建经过，但从中我们也可以看到，至平、安平、居平等路，是商民向政府呈请改建骑楼，并或批准而进行改造的，这与政府所划定的骑楼地，共同形成了新的汕头城市景观，这将有利于我们更进一步了解汕头城市的发展模式及其近代化。

责任编辑：林　立

---

[1]　《国平路筑路改组会成文（呈为请委未准改选困难乞收为市办以维路政由）》（1929 年 6 月 29 日），民国档案 12 - 12 - 29，第 123 ~ 124 页，汕头市档案馆藏。

女村官领导力培养的长效机制研究

——基于潮汕地区启璞计划女村官培训情况的调查

杜式敏

摘　要： 女村官在村庄建设中扮演着越来越重要的角色，但女村官的培养机制缺位，领导力状况与新时期工作需求不符。本文结合汕头大学承办的启璞计划①—村"两委"女干部培训试点项目，以广东省潮汕地区为调查范围，对参与培训的女村官进行电话及实地调查，探析当前女村官领导力发展现状及存在的问题；以启璞计划参与式培训为例，研究女村官领导力培养的长效机制。

关键词： 女村官　领导力　长效机制　启璞计划　潮汕

一　研究综述

（一）研究背景、目的与意义

在本文中，女村官是指：村党支部委员会和村民委员会领导班子中的女性成员，具体包括女村党支部书记、副书记、支部委员，村民委员会主任、副主任、委员，但不包括中央 2008 年开始组织人事部门考录的女大学生村官，因女大学生村官是女村官中一

---

① 启璞计划——村"两委"女干部培训试点项目，是由李嘉诚基金会出资，全国妇联组织实施，于 2010 ~ 2012 年在"两省一地"（安徽省、广西壮族自治区、广东省潮汕地区）试点的公益项目。该项目旨在提高村"两委"女干部综合素质和推进农村经济社会全面发展的能力，并通过发挥项目杠杆作用，带动更多的政府和社会资源投入，进一步促进男女平等基本国策的落实，推动中国农村妇女发展。笔者为潮汕地区"两委"女干部培训试点项目成员。

个特殊的群体，亦非启璞计划培训的对象，故不列入本文的研究对象范围。

女村官作为农村妇女群体中的优秀女性，代表了农村妇女参政议政的广度、深度和效度，是男女平等、社会文明进步的主要体现，也是衡量我国妇女社会地位与妇女进步发展的主要评判尺度。在新时期，如何在农村基层进一步贯彻落实国家"三农"政策，离不开女村官领导力的提升。领导力研究近年为学界所关注，也取得了一些研究成果。但其中涉及女村官领导力的研究较少，研究成果寥寥。

本文以广东省潮汕地区参与启璞计划培训的女村官为例，尝试对女村官领导力培养进行研究探索，主要原因是：笔者成长并工作在潮汕地区，一直从事有关潮汕地区妇女的研究工作；作为启璞计划汕头大学的项目组成员，参与了启璞计划的教学工作，对启璞计划、女村官群体有直接接触和充分了解。对女村官领导力培养的长效机制研究，笔者希望在理论和实践两个层面达到预期价值。理论层面价值，充实女性领导力研究理论基础，延伸领导力研究的理论视域，拓展和深化女性研究，推动男女两性平等平权实现进程；实践层面价值，建构女村官领导力培养长效机制，促进女村官摆脱传统观念，发现和探索自身价值，提升综合素质，推进农村经济社会全面发展的能力，推动中国农村妇女发展。

（二）研究理论基础

本文是对女村官领导力和领导力培养两个层面的综合探究。为此，需对与本文密切相关的"社会性别""女性主义""领导力""长效机制"等概念做简要分析，为本文提供必要的理论支撑。

（1）社会性别。《英汉妇女与法律词汇释义》释义为：社会文化形成的对男女差异的理解，以及在社会文化中形成的属于女性或男性的群体特征和行为方式。社会性别概念的提出并作为理论研究工具的时间在我国仅20来年，"男主外、女主内""贤妻良母"等男女有别的传统评价是我国社会文化背景下社会性别的基本内涵。对社会性别的一般理解为：社会文化所建构的男性或女性的群体特征与行为方式，以及建构这些群体特征与行为方式的关系体系和权力机制。

（2）女权运动与女性主义。女权运动发端于1789年法国大革命，当时妇女坚决提出参政要求，争取选举权和被选举权。女性主义形成于20世纪60年代，侧重关注女性群体各方面的权利及其权利的保障制度，还有女性自身的发展状况。社会性别理论既是其基本理论，又是其基本研究方法。

（3）领导力。学术界至今对领导力没有标准定义。一般认为，领导力既是一种地位、责任或权利；又是一种能力；是一个人或几个人对其他人施加影响、鼓励、激励并指导他们的活动朝着有利于团体或组织目标实现的发展过程。施加影响的那个人就是领导者。领导者可以是正式领导（授权）也可以是非正式领导（非正式授权）。领导能力表现为尊重引导、开拓影响和协调管理，包括尊重别人的优点、权利、引导或开发他/

她的潜力；影响社会政策、规范和体系；管理资源，协调多方利益。

（4）长效机制，即能长期保证制度正常运行并发挥预期功能的制度体系。长效机制不是一劳永逸、一成不变的，它必须随着时间和条件的变化而不断丰富、发展和完善。

（三）女村官领导力研究现状

通过对文献资料进行搜索和整理，目前关于女性领导力的研究主要有以下四个方面。

第一，男女性格和领导方式差异研究，探究性别、性格、领导方式三者之间的关系。

第二，女性领导优势研究，认为女性在社会的各个领域、各个层次都能够成为最优秀的。女性领导具有敏锐的直觉力、合作的天赋、善于随机应变、认真踏实、勤俭节约等优势。

第三，女性领导力开发与提升研究，强调女性领导要从心理策略角度进行自我调控；要正视女性特有的人格魅力，发挥女性感情细腻、观察细微、善于沟通的性格特点，营造平等、关怀的社会道德。郑鹏等学者认为，家务劳动社会化和贯彻现代领导学"424"法则是女性领导力提升的有效途径。领导力培养 = 自我暗示 40% + 外部训练 20% + 社会实践 40%。

第四，农村妇女参政状况研究，认为农村妇女参政存在参政热情低下、进入村"两委"比例偏低、虚职多、实职少，副职多、正职少，年老多、年轻少等方面的问题。不同学者从不同角度对农村妇女参政困境、制约影响因素进行了分析，如刘晓旭从政策因素分析角度入手，研究发现农村妇女领导权力处于边缘化，社会效应平淡。现阶段政策在推动农村妇女参政过程中软弱无力，没有准确找到解决农村妇女参政这一社会问题的路径，并缺乏政策所应有的前瞻性和引导性。一些学者提出来解决方案，如赵士红在《转型期妇女参政的困境与出路》一文中提出，要通过创造有利条件、创新制度、加强教育培训、提高妇女经济地位等途径解决参政困境。

综上所述，关于女性领导力的研究总量少，文献资料单薄；理论研究多，实践研究偏少；研究机关及企事业单位女性领导多，农村女干部少。值得一提的是毛仙春的硕士论文《女村官领导力发展研究——以浙江省三门县为例》，以浙江三门县为调查范围，探析出女村官领导力发展存在着权力虚置、后备人才资源隐含危机、参政意识淡漠等问题，提出制约女村官领导力发展的主要因素，得出女村官领导力发展对策，即重点建构先进的性别文化、完善组织支持系统、优化社会性别环境和妇女组织的推动。该论文对本文启发颇大，但该文并未论及与女村官领导力发展的各类实践，以理论为主，而现实指导意义较弱。

（四）研究思路和研究方法

本文拟从多维度，对女村官领导力及领导力培养进行探析和研究，结合启璞计划女村官培训项目实践，丰富和提升女村官领导力的研究水平，为女村官领导力培养提供参考和借鉴，达到推动农村两性村官领导力平等均衡发展的研究终极目标。

本文以电话访谈、实地调查为主，还包括以下方法。

文献研究法——查阅相应文献资料，注重文献资料的丰富性、适用性和客观性。

定量研究法——根据研究需要，设计调查问卷。着重针对"男女村官""男女平等""婚姻家庭""农村治理""领导能力""能力培训"等关键词进行问卷调查。

实证研究法——走访男女村官代表、村民群众等，面对面访谈。选取实例分析。

本文的分析框架结构如下。

第一部分为研究综述，为文章的基础性铺垫陈述。交代研究背景、目的与意义，对相关基础理论作简要描述，对国内研究现状进行梳理归纳，介绍主要研究方法。

第二部分论述我国女村官发展历程，阐述村官领导力的基本特征。

第三部分选取广东省潮汕地区参与启璞计划的女村官为研究样本，评析潮汕女村官领导力运行现状、特点、局限以及制约因素。

第四部分通过问卷调查和深度访谈，分析启璞计划对潮汕地区女村官领导力培养的启示。

第五部分提出建立女村官领导力培养长效机制的参考方案，以期推动农村女性领导整体发展，进而推进新农村和谐社会建设。

二 我国女村官的发展历程及领导力基本特征

（一）女村官发展历程

1940 之前，农村妇女没有政治权利，女村官空白。中国妇女（包括农村妇女）参政，经历了一个漫长的发展历程。传统社会中，妇女长期被排斥在社会活动之外，无缘参政；至 20 世纪初西方民主思潮涌入后，妇女的主体意识逐步复苏。1912 年，"女子参政同盟会"成立，成为我国历史上妇女以较大规模的组织形式争取参政的一个里程碑。之后，党代会陆续提出"帮助妇女获得普遍选举权及一切政治的权利与自由"、"女权运动、参政运动、废娼运动，亦是重要"、"本党女员随时随地指导并联合"等观点。[①]

从 20 世纪 40 年代到 80 年代，农村妇女享有政治权利，女村官由上级党委政府任命产生，数量不多，每届基本持平。1949 年新中国成立，《共同纲领》开创了保护妇女政治权利的先河；1954 年颁布《中华人民共和国宪法》，将妇女权益的保障真正从法律

---

① 全国妇联妇女研究所理论室、全国妇联干部培训基地编《毛泽东妇女思想研究》，红旗出版社，1993，第97 页。

上确定下来；七届人大五次会议通过了专门保障妇女各方面权益、实现男女平等的基本法律《中华人民共和国妇女权益保障法》；1998 年《村民委员会组织法》出台实施。虽然党和国家对妇女的政治权利高度重视并提供法律保障，但妇女参政的广度、深度一直偏低。《村民自治条例》《村民委员会组织法》颁布实施前，村干部产生形式是由乡镇党委政府或革委会任命的，只有为数不多的优秀农村妇女活跃在农村公共事务决策和管理一线。

20 世纪 80 年代，村干部由任命式转变为选举制，妇女当选村干部情况急转直下，女村官数量急速下滑。根据"2006 年中国百名女村官论坛"报告，全国 60 多万个行政村中，担任村委会主任的女性只占 1%。① 联合国消除女性歧视委员会在 1999 年和 2006 年对中国递交的定期报告审议后，都明确提出了村民委员会选举过程中出现的村委会成员中女性比例偏低的问题。②

2008 年，全国多数省、市、自治区党委出台了有关保障农村妇女进入村"两委"，提高女委员比例的实施意见，推行"1 + X"模式女委员专职专选制度。该模式中的"1"是指留给女委员的职位，这个职位候选人应为女性，由全体选民在其中选出女村民委员会委员。"X"指男女两性都可以竞选。在"1 + X"模式的女委员专职专选政策推动下，女村官数量迅速上扬，创下历史新高。

从我国女村官发展过程可以看出：如果缺乏官方的关照性制度，农村妇女在男性社会体系中，在"优胜劣汰"的竞争法则面前是缺乏优势和实力的。

（二）女村官领导力的基本特征

（1）女性领导者的特质。一般而言，女性领导者既有领导者应有的基本素质，也有着女性"具有母性，思维感性，语言丰富，细腻稳健，开放向上"的领导特质，与男性领导相比，她们更有灵感、更有爱大家的慈母之心。③

随着社会发展的需要，柔性化、民主化管理方式日益受到推崇，女性领导者存在着很大的管理价值。在领导过程中，女性重在非权力影响力的运用，主要依靠沟通、激励、引导、认同、协调等柔性手段，创造良好和谐的领导氛围。而男性领导则倚重于权威、命令式、不可商量的模式，被领导者服从程度较低。

（2）女村官领导力主要内涵与表现特征。我国农村基层组织每三年换届一次，村党支部委员会和村民委员会的领导班子分别由党员、村民选举产生。村党支部委员会领导一切村级组织。农村基层干部身份具有双重性，一方面代表党和政府动员农民履行公民义务；另一方面又代表农民向党和政府反映意愿与要求。他们处于农民群众与党委政

---

① http：//www. china. com. cn/lady/txt/2006 - 08/28/content_7112333. htm.
② 《提高女性村委会比例》，《人民日报》2006 年 10 月 8 日。
③ 文昕等《关于女性领导力在项目型组织中的研究》，《经济论坛》2008 年第 19 期。

府联结点位置，必须两头兼顾方能履行职责。

女村官属于农村基层干部范畴，其领导力具有男性所不具有的独特优势：可以提高组织目标工作绩效；可以维护农村社会稳定；可以提高村民满意信任度。女村官的特点在村务工作中能够与男村官优势互补，对社会主义新农村建设具有重要意义。①

但女村官领导力也存在着明显劣势：逻辑思维能力不足，感情较脆弱，情绪易波动，独立性、独断性、自主性逊于男性，权力欲望、参政欲望、表达欲望、名誉欲望较男性弱、偏好安稳、不喜变革和挑战、喜欢组织处于标准化和定型化的发展模式。这些劣势主要受传统观念影响，在中国性别文化中养成，女村官可通过培训和实践等活动逐渐克服改善。

三 潮汕地区女村官领导力运行情况及基本特征

本文的研究对象宏观上来说指向的是全国的女村官，但由于涉及面过广，本文仅选取笔者熟悉的广东省潮汕地区为实地考察样本。

（一）潮汕地区农村历史文化与经济特征

对潮汕女村官特点的分析与把握，需要建立在对潮汕地区经济社会与历史文化特征的认识之上。

潮汕地区位于广东省最东端，总面积为 10346 平方公里，人口 1000 万有余。这里既是"省尾国脚"，又面临海洋，土壤肥沃，雨水充沛，温度适宜，灌溉方便，自古农业经济繁荣，海上贸易发达。至 20 世纪 60 年代，汕头开埠，潮汕传统文化受到西方文化的深刻影响和冲击，对外开放的地域特征日益浓厚。潮汕地区有广义与狭义之分。广义的潮汕地区包括汕尾、丰顺、大埔（大潮汕），狭义的潮汕地区仅指潮州、汕头、揭阳三地辖区（潮汕三市），泛潮汕概念包括闽南三县、梅州。本文中的潮汕地区指广义的潮汕地区，具体包括潮州、汕头、揭阳和汕尾四地辖区。

由于潮汕地区地域的封闭性、远离政治经济中心以及潮汕地区人民为了生计漂洋过海移民国外的风气，潮汕地区反而保留了中国文化的很多古老传统和习俗，对儒家传统的价值体系信仰根深蒂固。简要地说，潮汕宗族文化具有以下四个特征。

（1）宗族成员的单纯性。潮汕地区宗族建立的基础是真实的血缘关系。由姻亲衍生的亲戚不能享受权利也无须承担义务。如女儿无须赡养父母，也没有继承权。因此，潮汕地区仍然存在浓厚的"多子（儿子）多福"思想。

（2）宗族的聚居性和封闭性。潮汕地区乡村仍存在垄断一乡一村的望族现象，许多乡村基本都是以一二大姓为主，夹杂着其他姓氏的成员。随着城镇化的推进，潮汕农

---

① 单媛：《关于新农村建设中女村官培养长效机制的思考创新》，《创新》2010 年第 3 期。

村也出现了杂居的商业居住区，集中了来自各乡村经济发展走在前列的家庭。宗族的聚居性和封闭性也有一定改变。

（3）强烈的宗族意识。潮汕人宗族意识浓厚，对共同祖先持高度认同和尊敬。祖宗祠堂林立于潮汕各乡村，以祭祀为主题的各类活动随处可见：共同出资修建神庙、祠堂；收丁钱或题缘金；演出公戏；神明巡境；以及喜丧宴会等，无论富裕还是不富裕的村民都自愿且乐于承担这些费用。而离乡的游子则对自身身份——"潮汕人"具有强烈的认同感及乡土情怀，血缘的根的观念铭记在每个成员意识之中。[①]

（4）神的权威——宗族权威的合法性来源。在潮汕地区，祭祀主题活动大部分是在代表着宗族权威的某个"神"的号召下举行。不同宗族各有专属的"神明"，每个"神"只"管辖"着属于自己的地界。代表着"神"的旨意行事的宗族在村民的眼里便有了权威。

（二）潮汕地区女村官发展演变

从发展演变过程看，潮汕地区女村官发展状况与全国广大女村官的境况相似，总量少、比例低，数量发展进程缓慢，普遍存在着农村妇女占农村劳动力六成，女村官数量却不足 5% 的悬殊差距，女村官状况同农村妇女实际对农村经济、社会事业发展的贡献率极不对称，农村妇女的政治地位一直处在偏低的水平线以下。

表 1　广东省女性进村（社区）"两委"情况

地级市	2005 年		2008 年		比例升降
	比例	排名	比例	排名	
广东省	89.8		86.58		
揭阳市	84.8	16	79.481	17	-5.319
汕头市	78	18	74.786	18	-3.214
潮州市	70.1	20	58.03	20	-12.07
汕尾市	52.8	21	53.477	21	0.677

资料来源：汕头市妇联组织。

从表 1 可以明显看出，在广东省 21 个地级市中，潮汕地区的农村妇女进村（社区）"两委"的情况是非常不乐观的。2005 年、2008 年两次换届选举中，潮汕四市的女村官比例都低于广东省平均水平，排名均在全省最后。值得关注的是 2008 年，当时全国多数省、市、自治区纷纷出台保障农村妇女进入村"两委"提高女委员比例的实施意见，推行"1 + X"模式女委员专职专选制度，推动了女村官数量创下历史新高，而广东省仅 86.58% 的村（社区）有女性进"两委"，比 2005 年下降了 3.22%，汕头、潮州和揭阳三市均为负增长，汕尾市基本持平，全市仅 53.477% 的村（社区）有女村

---

① 冷东：《试论东南亚潮人的文化特点》，《汕头大学学报》（人文科学版）1997 年第 6 期。

官当选。

为了扭转局面，广东省于 2010 年新修订了《广东省村民委员会选举办法》，明确了"村民委员会成员中应当至少有一名妇女"，"正式候选人按照得票多少的顺序确定，其中应当至少有一名妇女"等条款，并在选举、补选等环节，对确保女性当选作出了具体规定。为了突破在村委会选举中没有合适的妇女人选以及缺乏村民的广泛认同这一制约，在 2011 年的换届选举中，广东省妇联要求各地妇联鼓励和支持已进入村"两委"的女干部继续参选；对现村"两委"成员中没有女干部、但有合适女党员人选的村，积极推荐女党员进党支部班子。2011 年，广东省全面实现女性 100% 进村"两委"。① 事实证明，在还没有实施女村委当选保障性措施之前，广东省农村妇女在农村男权社会体系架构中，极难当选。

（三）潮汕地区女村官基本情况分析

本文通过对参与启璞计划——潮汕地区"两委"女干部培训的女村官数据进行统计分析，以来自潮汕地区共计 252 名女村官的数据作为一个缩影，探讨女村官发展的现状。由于潮汕地区女村官依照广东省妇联的要求由各地市统一上报抽调，覆盖了汕头、潮州、揭阳和汕尾四地辖区，因而具有一定的代表性。

1. 年龄结构和任职时间

表 2　参与启璞计划的潮汕地区"两委"女村官年龄分布

	< 30 岁	30 ~ 40 岁	40 ~ 50 岁	50 ~ 60 岁	> 60
人数	4	40	84	104	20
比例(%)	1.59	15.87	33.33	41.27	7.94

资料来源：表 2、表 3 和表 4 均为笔者按照潮汕地区参与启璞计划培训的人员名单进行整理、统计的结果。

年龄结构数据组表明女村官年龄主要集中在 40 ~ 60 岁之间，这个年龄段的农村妇女社会阅历丰富、思想稳定成熟，处事经验积累丰富，且脱离了抚育幼小孩子的任务，做村务管理领导工作精力充沛。40 岁以下占到女村官总数的 17.46%，这个比例虽然不高，但让我们看到了女村官年轻群体的存在。

表 3　参与启璞计划的潮汕地区"两委"女村官任职时间

	< 3 年	3 ~ 5 年	5 ~ 10 年	10 ~ 15 年	15 ~ 20 年	> 20 年
人数	57	60	71	26	20	18
比例(%)	22.62	23.81	28.17	10.32	7.94	7.14

---

① 《广东：上下联动促女性进村"两委"》，http://acwf.people.com.cn/GB/15168486.html。

任职时间数据表表明女村官任职时间主要集中在 3~10 年之间，即 2002 年前，潮汕地区的女村官可谓寥若星辰，2002 年开始数量才有所增长。任职时间最长的女村官是 1971 年当选的。

2. 文化程度

女村官文化程度整体水平一般，高中及以上学历的占 57.54%，初中文化程度占 35.71%，小学文化程度占 6.75%。（见表 4）。

表 4　参与启璞计划的潮汕地区"两委"女村官的文化程度

	小学	初中	高中/中专/中师	大专	本科
人数	17	90	124	19	2
比例（%）	6.75	35.71	49.21	7.54	0.79

3. 政治面貌及从政经历

参与启璞计划的潮汕地区女村官 100% 为中共党员。许多女村官当选前担任或兼任过村妇代会主任和计生联系员职务的比例相当大，村民代表比例相对较少。绝大多数女村官认为，村妇代会主任、村计生联系员两个岗位的经历为其积累了丰富的工作经验和扎实的群众基础，是其当选的最大优势。

调查表明，潮汕地区女村官在任职前或任职后绝大多数有"身兼多职"现象。女村官连选连任成功率较高，基本保持了上一届人数。

4. 业务知识和领导能力

调查表明，大部分女村官尤其是初次当选的女村官，都自信心不足，主要原因是本身学历不高，见识有限，对国家政策尤其"三农"政策、法律法规、经济发展等业务知识了解和掌握不够，个人的领导、动员、协调、管理能力比较薄弱。如何自主开展工作，怎样发挥领导才干，如何管理村务，这些对女村官都是不小的挑战。

（四）潮汕地区女村官领导力运行现状

近年来，女村官当选比例不断提高，在村级管理和推动村民民主自治中发挥着越来越重要的作用，整体的领导力发展颇有成效，取得了一定的领导发展成果。女村官较具亲和力，做事认真细致，作风清正廉明，柔性化领导力普遍，为村民乐于接受；女村官的当选和工作表现感召了农村女性群体的参政热情，树立了农村妇女的新形象，有力驳斥了传统的"男主外、女主内""男尊女卑""妇人无爵"等性别歧视。

但不可否认的现实是，潮汕地区女村官领导力发展也面临不少问题。结合调查和访谈结果，主要有以下三个问题。

第一，地位边缘化，大事无话语权。许多数据表明，潮汕地区的女村官在村"两委"中任正职的比例极低，以实现 100% 村（社区）有女性当选的 2011 年为例，汕头全市村（社区）总数 1061 个，女性任正职的人数仅 80 人，比例为 7.54%①，其他均为副职配角。女村官"一把手"较多分布在偏远、贫困的超小村庄。在农村权力结构体系中，权力性别分层现象严重，女村官处于权力边缘，在村庄大事要事上没有话语权，实际决策作用难以体现。

第二，缺乏自信心，积极主动性弱。在实施女村委当选保障性措施的政策倾斜下，部分潮汕地区的农村妇女不是凭借实力，而是因为指标要求被动走上从政路。对这些女村官的当选，无论村民还是女村官自己，都不可避免存在着一定程度的不信任和不认同。内外压力使女村官缺乏自信心，在村务管理方面表现被动。

第三，培训机制缺位，能力锻炼有限。调查显示，针对潮汕地区女村官开展的任职培训、知识更新培训等教育培训少得可怜，更没有建立有效机制。在启璞计划培训的252 名潮汕女村官中，76 名曾经参加过一次培训，9 名参加过两次培训，仅极少数参加过三次以上的培训，一次培训都没参加过比例超过 40%。虽然各级政府和部门每年都组织或安排一些村干部进行培训，但能获得培训名额的女村官极少。因培训经费有限，也无法单独为女村官开设培训班。同时，村干部的异村挂职、到乡镇见习等交流锻炼机制尚未建立，女村官的能力锻炼和素质提升机会十分稀缺。

四　启璞计划女村官培训的启示

（一）启璞计划简介

"自从参加启璞计划培训以来，我受益匪浅，深感启璞计划对帮助女村官改变传统观念、熟悉政策法规、提高村务管理能力和个人综合能力等方面都起到了很大的促进作用。"2012 年 6 月 26 日，在广东省启璞计划——村"两委"女干部培训试点项目总结暨成果展示会上，来自揭阳市普宁县南溪镇典郭村党支部书记郭妙珊在发言中表示。②

2010～2012 年，由全国妇联、李嘉诚基金会合作开展的启璞计划——村"两委"女干部培训试点项目在"两省一地"（安徽省、广西壮族自治区、广东省潮汕地区）实施，它是专门针对女村官领导能力培养而设计和实施的一个公益项目。项目理念是提高村"两委"女干部综合素质和推进农村经济社会全面发展的能力，并通过发挥项目杠杆作用，带动更多的政府和社会资源投入，进一步促进男女平等基本国策的落实，推动中国农村妇女发展。项目实施目标以应用性、发展性为培训原则，提高培训效益和增加

---

① 该数据来自汕头市妇联组织。
② 《女村官：改变从这里开启》，http://www.china - woman.com/rp/main？fid = open&fun = show_ news&from = view&nid = 84126&ctype = 4。

对社会的效益。项目通过试点，探索出一套培训模式、培训教材和评估指标，在全国范围内推广。项目分调研筹备、启动实施和评估总结三个阶段，培训以参训者为本，通过进大学集中培训、远程教育和培训实践三个环节实施培训。

2009 年底，项目进入调研筹备阶段，分别在安徽合肥、广东汕头和广西南宁召开了村"两委"女干部需求座谈会，保证培训的针对性。2010 年 3 月，在汕头大学举办村"两省一地"项目管理妇联骨干培训班，形成了项目培训核心课程、专题课程内容和策略框架，明确了各级妇联组织的职责和任务，保证项目有效管理。

项目启动实施阶段主要是举办师资培训班，举办村"两委"女干部示范培训班和系列培训班，召开基层妇女干部能力研讨会。培训工作主要由安徽大学、广西大学、汕头大学和广西农业职业技术学院承办，运用参与式、情景式、案例式等理念和方法开展培训，培训对象为"两省一地"村党组织女书记、副书记、村委会女主任、副主任。2010 年 7 月，在汕头大学举办师资培训工作坊，形成了一只拥有共同培训理念、运用参与式培训方法的项目核心师资队伍，保证培训质量和效果。2010 年 8 月，在广西大学举办了示范培训班，在培训内容、培训方式、培训效果等方面发挥了示范作用，为项目培训工作向各个省市有序推进、全面铺开起到了重要作用。

中国教育电视台参与协助开发远程培训的资源和途径，通过建立手机短信平台、手机报互动、电视空中课堂专题讲座等方式，帮助学员后续学习提高。

项目评估总结阶段是组织开展第三方项目评估，召开项目总结大会暨国际论坛，实行项目效益最大化。

至 2011 年底，广东省共举办启璞计划培训班 10 期，培训女村官 337 名（潮汕地区 252 名、粤北地区 85 名），产生种子计划鼓励金获得者 69 人，带动各地投入配套资金 153.52 万元，受益人口 2.85 万人，成效显著。

（二）启璞计划培训内容及特色

1. 培训内容

作为一项具有前瞻和创新意义的项目，启璞计划的培训目标是提升女村官的综合能力，尤其是领导能力，充分发挥女村官的作用，调配资源促进乡村建设和妇女发展。针对女村官的角色，启璞计划项目设置九大能力建设课程，分别是：学习和掌握新资讯科技知识能力、自我探索和发展规划能力、领导动员及协调能力、把握政策法律知识的能力和运用学习成果规划实施项目的能力等五个方面的重点核心内容；以及乡村经济发展和致富能力、促进农村家庭教育的能力、社区关怀和服务发展的能力和农村健康推广的能力等四个部分的选修课程。

2. 项目特色

笔者作为汕头大学启璞计划培训团队的一员，不仅参与教学和学生义工管理，更见证了启璞计划筹备、实施和评估全程，结合调查访谈情况，认为启璞计划完全不同于传统的培训理念和模式，具有以下五个鲜明的特色。

（1）启璞计划是多方合作的硕果，汇集了合作各方的优势和资源，为项目开展打下了坚实基础。全国妇联具有官方背景，在资源调配方面具有绝对优势；政府李嘉诚基金会秉持以受益人为本、参与式、示范性和可持续性、可推广性，实现项目效益最大化的理念，在项目运作方面经验丰富，并坚持与国际接轨；高校种子教师成为支撑项目实施的雄厚师资，构建了女村官与教授、大学生的学习圈；中国教育电视台在远程培训和后续教育方面充分发挥作用，多方合作及联手推动保证了优势资源的最大化，保证了项目的有效管理。

（2）培训内容针对性强，涉及面广，九大模块提供了大量先进资讯，尤其注重培训女村官自我能力的提升。对潮汕女村官起到了启迪智慧、塑造心灵、增长才干的良好效果。

表 5　传统培训内容同启璞计划的区别

	传统培训	启璞计划
主办单位	市、区(县)两级的妇联组织或组织部	全国妇联、李嘉诚基金会合作开展
培训内容	党校培训、城乡规划培训、基层干部培训、妇联干部培训、村干部任职培训、计生工作培训、两委干部及妇女主任培训等	新资讯科技知识能力，自我探索和发展规划能力，领导、动员及协调能力，把握政策法律知识的能力和运用学习成果规划实施项目的能力；乡村经济发展和致富能力，促进农村家庭教育的能力，社区关怀和服务发展的能力和农村健康推广的能力
培训时间	多数 2~3 天	6 天

在调查访谈中，绝大多数的女村官表示，启璞计划培训是参加过的培训中印象最深、收获最多的一次。原因一是具有前瞻性，二是针对性强，三是非常实用。"培训中的一些调解纠纷的案例和技巧培训，可以运用到解决村里的纠纷问题上，很实用。"[1]"启璞计划的培训比较系统，知识容易接受。"[2]"很多知识都很有针对性，指出了很多农村的实质问题，对以后的工作有着很好的启发。"[3]

（3）创新参与式、情景式、案例式结合的教学模式，重视学员全程参与。"参与式"是目前国内外普遍倡导的培训、教学和研究的方法，力图使每位学习者都参与到活动中，都有表达和交流的机会，在对话中产生新的思想和认识，丰富个人体验，参与集体决策，进而提高自己改变现状的能力和信心。女村官参与的传统培训大都是理论讲授或开会解读政策、法规或文件，女村官的角色是聆听者；而启璞计

---

[1]　揭阳市普宁市流沙南军屯村支委委员、副主任陈少芳接受访谈时说的。

[2]　陆丰市甲西镇渔岗村支部副书记洪石榴接受电话访谈时说的。

[3]　揭东桂岭镇玉白村党支部副书记卢丽卿接受访谈时说的。

划完全突破了这种单一沉闷的教学模式，强调老师与女村官之间多向互动的方式，运用灵活多样、直观有趣的手段来激发女村官主动积极地参与学习活动，并在参与中掌握知识、发展技能，形成个人与职业持续发展的能力、态度以及价值观。调查表明，启璞计划的参与式教学使浓厚的乡土气息和愉悦的课堂氛围完美融合，大多数女村官在平等、尊重、相互分享中，孵化了新想法、新做法、新途径，大大提升了学习和思考能力。

（4）注重将培训内容转化为实践活动的种子计划实施、培训效果的跟踪。为鼓励女村官在实践中运用所学的理念、知识和技能，启璞计划创新设计了"种子计划"，要求每位参训女村官在老师指导下设计一个具有创新性的农村发展项目，然后由每个培训班民主评选出优秀项目，由培训主办方给予小额资助。女村官在培训后半年内，调动社会各方资源执行项目，积极推动村庄经济发展，服务弱势群体。这个环节激励女村官敢于梦想，大胆实践，既检验了培训的效果，也给村民带来了实惠。

（5）"空中课堂"和"手机报"环环相扣，实现了培训内容的科学链接，扩大了宣传，不断地强化、延伸培训效果。

（三）启璞计划对潮汕地区女村官领导力培养的成效

第一，增强了潮汕女村官对自身及村务管理工作的信心，全面提高了女村官的综合素质和履职能力，为女村官队伍建设提供了人才储备。据统计，经过培训的广东潮汕地区的252名女村官，在2011年"两委"换届中，有19人得到了提拔重用，占7.7%，有185人连任，占75%。潮汕地区女性进"两委"率比上届上升了25%，100%的村（社区）有女村官，取得历史性突破。①

第二，创新了针对基层女干部领导力培训的有效机制。无论是启璞计划的师资、教材，还是教学模式、项目运作经验，或是种子计划实施经验，都成为以后干部培训可供借鉴和研究的范本。广东省妇联借鉴启璞计划，2011年7月开始在全省举办示范培训班，并在全省开展"妇女之家"项目，扩大和深化对基层女干部的培训；鼓励更多女干部发挥创意，努力开发公益服务项目。

第三，实现了多部门、跨领域的合作，取得良好的多元成效。

案例1：揭东玉湖镇岗村党支部副书记张壮英提出的种子计划是"女性健康保障计划"，她用500元的资助邀请医生到村里给20多名已婚已育妇女做妇科体检，开设女性卫生保健讲座，使该村妇女得到及时预防或诊治妇科疾病的机会，更提高了自我保健意识。

案例2：揭阳市磐东镇潭角村委副主任许妙琼设计的种子计划是"建设乡村小公园

---

① 《女村官：改变从这里开启》，http: // www. china - woman. com/rp/main? fid = open&fun = show_ news&from = view&nid = 84126&ctype = 4。

项目"，虽然仅获得 500 元资助，但她全力投入，召开村民代表大会和党员大会，发动村民踊跃捐款 11.5 万元，将废弃的晒谷场变成村民休闲的场所，同时配套了篮球场、乒乓球场、秋千架等。建成的小公园美化了环境，促进了村民间的交流，花小钱办成了大事。

案例 3："建村图书馆"是南澳县后宅镇前埔埭村党支部副书记、副主任丁鸿珠提出的种子计划。并没有在民主评选中胜出，也没有获得资助金。但回村后，她将所学所想跟其他村干部进行分享，种子计划也得到了大家的高度认同。大家同心协力积极争取，得到宣传部的资金支持，村委会提供场地作为图书馆，购买了一大批书籍供村民借阅，为丰富村民学习条件提供了平台，取得了良好的反响。

案例 4：潮阳区西胪镇海田村副主任蔡丽珠关注的是"五保户危房改造"，她奔走于各级民政机关，到较富裕的热心村民家沟通，将筹集的资金加上种子计划鼓励金，为村里的五保户修缮危房，把在启璞计划课堂里学到的关于"关怀、服务"的知识有效地运用到实际工作中，得到了村民的拥戴。

五　建立女村官领导力培养长效机制的建议

启璞计划对如何建立女村官领导力培养机制具有重要的借鉴意义，在此基础上，本文希望进一步探讨这种机制建设的长效性问题，主要建议有以下五个方面。

（一）创造良好的社会环境，保障女村官领导力发展

要达到男女平等的目标，应当强化国家和政府的责任，自上而下从制度上保证将性别意识贯穿在政策的制定、执行、评估的全过程；建立多层次、全方位的性别平等权益促进协调机构，使性别平等实体化、权力化；大力强化宣传性别平等意识，构建先进的社会性别文化。通过这些途径，推进两性平等观念社会化、全民化，落实到社会的各个方面、各个层次，为女村官改变性别认识误区、树立信心、轻装上岗创造良好的环境和条件。这是一项长期性而且基础性的工作，应该高度重视并持之以恒。

（二）定期组织调研，了解女村官领导力培养的实质需求

国家要高度关注女村官领导力运行情况，加强女村官领导力发展理论研究，加大投入力度，组织专业人员定期到乡镇党委政府、村"两委"进行深入调研，掌握各地女村官对外在资源的帮助需求，了解各地女村官在村务管理、农村经济发展过程中的优势与劣势，分析各地女村官领导力培养的知识需求，结合农村管理出现的知识化、现代化、信息化和智能化趋势，定期为其领导力培训提供前瞻性、针对性和实用性俱佳的一手资料，建立各地女村官领导力培训的知识体系更新机制。

（三）加强优势互补和资源共享，合力创新培训项目

可借鉴启璞计划，践行以受益人为本、参与式、示范性和可持续性、可推广性，实现项目效益最大化的理念，实行政府、社会团体、公益组织、高校等多方合作的模式，加强优势互补和资源共享，针对各地女村官的不同情况和实质需求，吸收参与式培训的理念和方式，不断开发和创新多层次、多形式、生动有效的女村官领导力培训项目，共同为提升女村官领导力出点子、出人、出钱和出力。要严格按照国际项目运行要求，加强培训后的跟踪，监测培训效果，为之后的培训提供经验和研究案例。

（四）构建女村官团体组织，搭建良好的交流互助平台

调查发现，绝大多数参与启璞计划培训的潮汕女村官认为，启璞计划令她们最受益的，除了上文论及的内容，还有一点就是让她们感受到女村官群体工作交流、经验分享的难得。目前，我国极少地方建有诸如"女村官协会""女村官联谊会""女村官俱乐部"等之类的组织。组织的缺失，女村官之间互相学习、交流，互相帮助、共同提高就少了一个有效平台。各级政府和部门应听到女村官群体的这一声音，将建立女村官团体组织，搭建女村官群体相互学习和交流的平台尽快提上日程，通过这些民间组织定期组织或指导女村官开展各类活动，使之成为女村官领导力培养长效机制的重要补充。

（五）逐步实现持续的规模培训，有效强化培训效果

调查显示，参与启璞计划培训的潮汕女村官100%认为持续性的培训是非常必要的，也是领导力培养的最有效途径。但目前看，启璞计划还存在一些不足，如规模上只在每个试点村选择一两名妇女，人数太少，覆盖面太小，回村后不能形成团队，参训者学到的知识和希望推动的项目很容易被其他村干部和村民的不同意见所"淹没"；在培训对象的选取上，多是由当地妇联安排，部分并非自愿参与，学习热情有高有低，部分参训者难以将培训成果带回村子。针对这些不足，建议在选择培训对象范围时，注意确定重点镇、重点村，使每个村参与培训的农村妇女达到一定数额，以形成一个团队，形成改变的力量，帮助她们回村组织活动、参与村务更易见成效。同时，培训应保证持续性，两次培训相隔时间不宜过长，逐步实现持续的规模培训，这样更有助于强化培训效果。

结　语

在复杂多样的农村社会实践中，女村官作为村民自治的重要参与者和基层领导者，

肩负着乡村社会全面发展的重要责任。女村官领导力的有效发挥，对于广大村民更好实行自我管理、自我教育、自我服务、乡村自治都是不可或缺的。

近年来，女村官的比例大增，但综合素质和履职能力却偏低。本文立足于广东省潮汕地区，以启璞计划项目为例，提出了建立女村官领导力培养长效机制的参考意见。希望本文能从理论层面充实女性领导力研究的理论基础，延伸领导力研究的理论视域，拓展和深化女性研究；在实践层面价值，建构女村官领导力培养长效机制，促进女村官摆脱传统观念，发现和探索自身价值，提升综合素质，推进农村经济社会全面发展的能力。

参考文献

〔法〕西蒙·波娃：《第二性——女人》，桑竹影、南姗译，湖南文艺出版社，1986。

〔美〕艾尔·巴比：《社会研究方法》，邱泽奇译，华夏出版社，2005。

竺乾威主编《公共行政学》，复旦大学出版社，2010。

竺乾威、邱柏生、顾丽梅编《组织行为学》，复旦大学出版社，2009。

全国妇联妇女研究所理论室、全国妇联干部培训基地编《妇女参政导论》，红旗出版社，1993。

肖芳：《影响农村妇女参政主要因素与对策》，《中国妇运》2007年第4期。

聂志毅：《女性的职业优势与领导力》，《学术界》2010年第142期。

单媛：《关于新农村建设中女村官培养长效机制的思考创新》，《创新》2010年第3期。

郑憬函：《性别视角下的农村妇女领导力研究》，《学理论》2009年第4期。

关晓敏：《浅析农村基层妇女参政的现状与对策》，《法制与社会》2009年第9期。

唐云锋、荆建英：《社会性别视角下的农村妇女参政研究》，《长沙理工大学学报》2009年第1期。

方昕、徐保根：《关于女性领导力在项目型组织中的研究》，《中国管理科学与工程论坛》2008年第19期。

卓惠萍、鲁彦平：《促进妇女进村委：模式、问题与对策》，《山西师大学报》2010年第2期。

牛佳、谢先法：《浅析领导力及提升领导力的对策》，《人力资源管理》（学术版）2009年第4期。

许丽娜、张晓琼：《近年来中国农村妇女政治参与研究综述》，《中华女子学院报》2010年第3期。

张红：《论女性领导者的特质及其领导力的提升》，《大众商务》2009年第7期。

肖纯柏：《论农村基层干部领导能力建设的着力点》，《领导科学》2009年第5期。

蒋莱：《女性领导力研究》，博士学位论文，华东师范大学，2010。

毛仙春：《女村官领导力发展研究——以浙江省三门县为例》，硕士学位论文，华东师范大学，2010。

中华女性网，http：//www. china-woman. com/rp/view？id=2。

附录一

潮汕地区女村官领导力培训情况调查问卷
（女村官卷）

一 基本情况

1. 您的年龄：A. 20～29　B. 30～39　C. 40～49　D. 50～59　E. 60～69

2. 您的文化程度：A. 小学　B. 初中　C. 高中　D. 中专　E. 大专

3. 您的政治面貌：A. 党员　B. 群众　C. 民主党派　D. 其他＿＿＿＿＿＿＿＿

4. 在担任村官之前，您做过什么工作：＿＿＿＿＿＿＿＿＿＿＿＿＿＿

5. 您是什么时候当上村官的：＿＿＿＿＿年，＿＿＿＿＿岁

6. 除了村里的工作，您还有没有担任其他什么职务：＿＿＿＿＿＿＿＿＿＿

7. 您所在的村经济状况如何：＿＿＿＿＿＿＿＿＿＿＿＿＿＿＿＿

8. 您村里"两委"中男女村官各有多少人？男＿＿＿＿＿＿，女＿＿＿＿＿＿

二 领导力运行情况

9. 您是怎么当上女村官的？

＿＿＿＿＿＿＿＿＿＿＿＿＿＿＿＿＿＿＿＿＿＿＿＿＿＿＿＿＿＿＿＿＿

10. 村里人对您当村官是怎么看的？（刚开始和现在有没有不同）

＿＿＿＿＿＿＿＿＿＿＿＿＿＿＿＿＿＿＿＿＿＿＿＿＿＿＿＿＿＿＿＿＿

11. 您的家人（丈夫、子女）支持您当村官吗？（他们对您从事职业的态度）

＿＿＿＿＿＿＿＿＿＿＿＿＿＿＿＿＿＿＿＿＿＿＿＿＿＿＿＿＿＿＿＿＿

12. 您对村官工作与家庭生活的关系是怎么看的？

＿＿＿＿＿＿＿＿＿＿＿＿＿＿＿＿＿＿＿＿＿＿＿＿＿＿＿＿＿＿＿＿＿

13. 您村里"两委"的村官大致是怎样分工的？（您在村里主要负责哪些工作？）

＿＿＿＿＿＿＿＿＿＿＿＿＿＿＿＿＿＿＿＿＿＿＿＿＿＿＿＿＿＿＿＿＿

14. 您认为村民最肯定您哪一方面的能力（哪一方面工作做得最好）？

＿＿＿＿＿＿＿＿＿＿＿＿＿＿＿＿＿＿＿＿＿＿＿＿＿＿＿＿＿＿＿＿＿

15. 您在工作中碰到的最大困难是什么？（曾经或现在）

＿＿＿＿＿＿＿＿＿＿＿＿＿＿＿＿＿＿＿＿＿＿＿＿＿＿＿＿＿＿＿＿＿

16. 您在工作中碰到困难一般是怎么克服的？

＿＿＿＿＿＿＿＿＿＿＿＿＿＿＿＿＿＿＿＿＿＿＿＿＿＿＿＿＿＿＿＿＿

17. 您对自己的工作评价：
　　A. 很满意　B. 基本满意　C. 不好不坏　D. 不满意，希望有其他选择

三 培训情况

18. 您认为自己已掌握的知识和能力能否满足目前的工作要求?

　　A. 能　　　　　B. 目前能，以后不知道　　　　C. 目前已经力不从心了

　　D. 说不清楚

19. 在您印象中，针对村官的学习或培训机会多不多?

　　A. 挺多　　　　B. 还可以　　　　C. 不多　　　D. 极少

20. 在您印象中，针对男村官的学习或培训机会多不多?

　　A. 挺多　　　　B. 还可以　　　　C. 不多　　　D. 极少

21. 您当村官后，大概参加过多少次在职学习或培训?

　　A. 一次　　　　B. 两次　　　　C. 三次　　　D. 四次

　　E. 五次及五次以上　　　　F. 其他＿＿＿＿＿＿＿＿＿＿＿＿＿＿＿＿＿＿

22. 您参加过学习或培训主要是?

　　A. 党校学习　B. 干部学校培训　　　　　　C 妇联组织培训

　　D 其他＿＿＿＿＿＿＿＿＿＿＿＿＿＿＿＿＿＿＿＿

23. 您参加的学习或培训一般时间多长?

　　A. 1～2 天　　B. 2～3 天　　　C. 3～5 天　　D. 5～7 天　　E. 7 天以上

24. 您参加的培训形式主要是怎么样的?

　　A. 讲授为主　B. 参与式培训　C. 开会交流　D. 参观考察

　　E. 远程（电话、电视、网络等）

25. 您参加的培训内容主要是?

　　A. 理论学习　　　　　　B. 政策、法规或文件解读

　　C. 职业技能技巧　　　　D. 心理调适

　　E. 礼仪规范　　　　　　F. 其他＿＿＿＿＿＿＿＿＿＿＿＿＿＿＿＿

26. 您对参加过的学习或培训印象最深的是哪一次，为什么?

＿＿＿＿＿＿＿＿＿＿＿＿＿＿＿＿＿＿＿＿＿＿＿＿＿＿＿＿＿＿＿＿＿＿＿＿

＿＿＿＿＿＿＿＿＿＿＿＿＿＿＿＿＿＿＿＿＿＿＿＿＿＿＿＿＿＿＿＿＿＿＿＿

27. 学习或培训后，您有没有和其他人（家人、同事、村民等）分享过学到的东西?

＿＿＿＿＿＿＿＿＿＿＿＿＿＿＿＿＿＿＿＿＿＿＿＿＿＿＿＿＿＿＿＿＿＿＿＿

28. 您觉得在启璞计划学到的东西比其他的培训多吗?

　　A. 多很多　　B. 多一点　　　C. 差不多　　D. 更少　　E. 不好说

29. 您觉得启璞计划学到的理念、知识和技巧好用吗?

　　A. 很好，经常用　　　　　B. 很好，有时用

　　C. 很好，但没用过　　　　D. 一般，没怎么用　　　E. 不好说

30. 您在启璞计划培训中提出的种子计划是什么?

＿＿＿＿＿＿＿＿＿＿＿＿＿＿＿＿＿＿＿＿＿＿＿＿＿＿＿＿＿＿＿＿＿＿＿＿

31. 回去后，您有没有实施种子计划那个项目，还是策划了其他项目？
　　_____

32. 您对种子计划评选和实施的意见？
　　_____

33. 您觉得自己在工作思路、方法和技巧上最想提高什么？（最有助于您的发展）
　　_____

34. 您认为定期的学习或培训有没有必要？
　　A. 非常必要　　B. 有必要　　　　C. 没必要　　　D. 看情况
　　E. 不好说

35. 您认为对女村官来说，什么样的在职学习和培训效果最好？
　　（1）时间上_____
　　（2）内容上_____
　　（3）形式上_____
　　（4）其他_____

非常感谢您的支持！

祝您身体健康、工作顺利！

附录二

潮汕地区女村官领导力培养调查问卷
（政府组织部门及妇联组织卷）

一　女村官队伍基本情况

1. 年龄结构

汕头市共有_____名女村官，分布情况

其中 20~25 岁_____人，25~30 岁的_____人；30~35 岁的_____

人，35~40 岁的_____人，40~45 岁的_____人，45~50 岁的_____

人，45~50 岁的_____人，50~55 岁的_____人。平均年龄为_____岁。

2. 干部层级

全市女村官中，任村支书_____人，村委主任_____人，村委副主任

_____人，村委委员为_____人，村妇联主任_____人，其他为

_____人。正职共_____人，副职共_____人。

3. 接受培训机会

全市女村官中，大专学历_____人，高中学历_____人，初中学历

_____人，其他学历_____。共有_____名女村官接受过培训。其中在党校培训的有_____次，培训方式为_____，培训时间为_____，培训内容_____。

平均每期相隔_____时间，每次培训_____人，在干部学校培训的有_____人次，培训方式为_____，培训时间_____。在汕头大学（启璞计划）培训的有_____人次。

其他培训的还有_____

二 农村经济发展与女村官领导力培养的关系

三 访谈提纲

你好！感谢你接受访谈，本次访谈仅为论文研究所用，不作其他用途。你所谈的信息将会得到严格保密，谢谢！

1. 你当女村官对自身发展方面有收获吗？主要有哪些收获？
2. 你是如何平衡工作与家庭的关系的？
3. 你在工作过程中有压力吗？压力源主要来自哪些方面？
4. 你对女委员专职专选模式如何认识的？还要继续推行实施吗？
5. 同乡镇异性、同性、村民之间的关系你认为要如何和谐处理？
6. 下一届你参选意向如何，有何竞选目标及措施？
7. 农村女性领导的优势和劣势分别是什么？
8. 你认为如何处理好家庭与工作的关系，促进两者共同发展？
9. 你认为女同志当干部最大障碍是什么，如何改善或消除？
10. 女村官如何依靠自身的努力提升领导力？
11. 推进女村官领导力提升，社会各界应该做些什么？
12. 参与启璞计划培训后有哪些深刻的体会和感受？
13. 你对启璞计划提出的种子计划鼓励金方案有何改进建议？

责任编辑：陈俊华

潮籍人物

道南学派与文化传承：蓝鼎元经世思想刍议

王亚民　张旭*

摘　要：以谢古梅、蓝鼎元为核心的清初儒学道南学派，在一定程度上纠正了后期理学空谈心性而脱离现实的弊端。有着"道南正脉"之誉的蓝鼎元对道南学派经世思想进行了拓展，体现在海洋发展理念、乡村管理思想、经济伦理观三个方面，既不失对宋代道南学派学术宗旨的继承，又在思想启蒙方面早于清代常州学派。在中华儒文化传承与价值系统重构的历史进程中，清初道南学派不失为其中的一个亮点。

关键词：清初　道南学派　蓝鼎元　经世思想　文化传承

蓝鼎元（1680—1733 年），字玉霖、号鹿洲，福建漳浦人，清代潮州普宁知县，为著名循吏，号称"经济之儒"、① 享有"道南正脉"之誉。在简要梳理道南学派源流及其在清初发展的基础上，从三个方面探讨蓝鼎元的经世思想，② 以助于读者了解清初儒学道南学派。

---

*　王亚民，男，汉族，1973 年生，山东巨野人，吉林师范大学教授，博士后，博士生导师；张旭，男，汉族，1990 年生，河南南阳人，吉林师范大学 2016 级硕士研究生。

① （清）蓝鼎元：《鹿洲全集》上册，《鹿洲初集·序》，蒋炳钊、王钿点校，厦门大学出版社，1995，第 2～3 页。

② 说明：拙文是在已发表文章基础上写作而成，如王亚民《蓝鼎元的伦理思想探微》，《吉林师范大学学报》2009 年第 6 期；王亚民：《蓝鼎元的近代化启蒙思想考略》，《吉林师范大学学报》2009 年第 6 期；王亚民：《蓝鼎元幕友时期的乡治思想述论》，《齐鲁学刊》2009 年第 4 期。

一　道南学派源流及其发展

（一）宋代道南学派源流及与闽学的关系

有关"道南学派"的源流问题学界基本上达成了共识。如有学者指出，"'道南'一语是程颢对其门人杨时南归时的临别赞语。杨时曾于神宗熙宁九年'以师礼谒见程明道'。及归谓坐客曰：吾道南矣！明道死师事伊川'。由此可见，所谓'吾道南矣'意即伊洛之学因杨时返闽而在南方有了传人。朱衡《道南源委》一书顾名思义就是专门记述伊洛之学在闽中的传播，以及闽学自宋及明的渊源流变的情况。杨时南归后，其学'得伊洛之传，为闽中道学正宗'。自杨时开创道南学派，一传至罗从彦，二传至李侗，三传至朱熹"。① 另有学者认为，"道南学派为在闽地传播洛学，直至朱熹闽学建立的一个动态发展的学术派别，包括杨时、游酢及其后学罗从彦、李侗"。② 这方面明人王好文曾言："建阳实宋先贤倡道之邦，若定夫文肃公游先生与龟山杨先生立雪程门，吾道之南自二先生始。厥后紫阳朱先生、西山蔡先生、若刘文简公相与继之，遂为道学渊源。"③

有关道南学派与闽学之关系，史载："有宋熙丰以前闽人未知理学也。自龟山先生载道南来，闽学骎骎然盛矣。伊洛之学至是大明，邹鲁而外推闽儒为独盛。"④ 蓝鼎元指出，"吾乡前哲自龟山得伊洛之正传，历豫章延平以及朱子，渊源可得而溯也"。⑤ 由此看来，早期道南学派为程氏理学在南方的一个分支，兴起于北宋熙丰年间之后亦称闽学。道南学派包括外来的程氏洛学与本土的朱氏闽学，道南学派与闽学既有联系又有区别。

我们觉得，就文化内涵而言道南学派源于程明道的洛学，由其弟子杨时南传而来亦即程氏理学，后历豫章延平，至朱熹时发展为朱氏闽学亦即朱氏理学。就地理空间而言，道南学派主要分布在闽中地区；随着蓝氏出任普宁与潮阳知县，道南学派成为理学在华南的一个分支。如史载："则彬彬棉阳依然海滨邹鲁，而程子所谓'道南'又于此昌一支派矣。"⑥

（二）道南学派在清初的发展

道南学派由最初的程氏洛学发端，经过朱氏闽学的发展，之后程朱理学上升成为我

---

① 卢钟锋：《论朱衡〈道南源委〉的学术特色》，《史学史研究》1992 年第 2 期，第 24、26 页。

② 刘京菊：《"吾道南"——道南学派之考辨》，《孔子研究》2008 年第 2 期，第 68 页。

③ （明）王好文：《游酢文集·豸山书院田租记》，延边大学出版社，1998，第 238 页。

④ （清）蓝鼎元：《鹿洲全集》上册，《鹿洲初集》卷 4，《杨龟山先生文集序》，第 85 页。

⑤ （清）蓝鼎元：《鹿洲全集》上册，《鹿洲初集》卷 4，《送谢古梅太史还闽序》，第 109 页。

⑥ （清）蓝鼎元：《鹿洲全集》下册，《棉阳学准》卷 1，《同人规约》，第 470 页。

国封建社会后期的主流文化。然而在文化传承的历史进程中地域意义的"道南学派"仍然存在，蓝鼎元、谢古梅可谓其中的代表人物。

谢古梅是清初儒学道南学派的重要人物，史载："太史为闽之人学闽之学，非过求于太史也。太史谢古梅将南归，同学为诗若文以送。为乡先生请与言吾乡之学。太史专一心志于圣贤之学，诱迪吾乡英伟之士，使皆笃学力行，人人有不自暴弃之思。又相与讲求经世理物兵农礼乐之经济，达可为国家之名臣，穷勿堕闽学之宗风，则太史之功大矣！"① 谢古梅不仅"诱迪吾乡英伟之士使皆笃学力行"，而且"又相与讲求经世理物兵农礼乐之经济"；不仅堪称"闽学之宗"、道南学派的重要人物，而且其学术旨趣完全转向了经世之学。

清初儒学道南学派的另一位重要人物是蓝鼎元。"鹿洲（蓝鼎元）生长名邦，为道南正脉，读洙泗之书，究洛闽之奥。"② 时人陈华国指出，"夫子（蓝鼎元）生考亭正学之邦，萃道南清淑之气，自幼步趋先儒留心经世"，③ "其志存乎世道人心，其心系乎生民社稷，集中所载以有关世道人心、裨益民生吏治为主"。④

清初儒学道南学派虽然仍归属于广义上的闽学，但却发展为一个相对独立的地方性流派，其显著特点即是经世之实学。正如蓝鼎元所言，"吾所谓学者取材千古陶铸百家，措之方州而咸宜，施之民物而各当，藏之名山俟百世圣人而不惑，盖有用之实学也"。⑤ 由此看来，清初道南学派强调实学，与空谈心性而与现实相脱离的程朱理学截然不同。

二　蓝鼎元的经世思想和实践

作为一位著名的"经济之儒"，蓝鼎元可谓清初道南学派经世思想的实践者．具体体现在以下三个方面。

（一）走向海洋发展的先进理念

伴随着海洋发展的历史大势，长期生活在我国东南沿海的人们对"海"有了进一步的认识，产生了"海国"意识。如史载："泉为南方海国，而惠则东南频海西北依山。"⑥ 作为东南海疆的一位知识精英，蓝鼎元指出，"潮阳在其南、澄海在东南、惠来

① （清）蓝鼎元：《鹿洲全集》上册，《鹿洲初集》卷4，《送谢古梅太史还闽序》，第110页。
② （清）蓝鼎元：，《鹿洲全集》下册，《修史试笔·序》，第702页。
③ （清）蓝鼎元：《鹿洲全集》下册，《棉阳学准·序》，第445页。
④ （清）蓝鼎元：《鹿洲全集》上册，《鹿洲初集·序》，第2~3页。
⑤ （清）蓝鼎元：《鹿洲全集》下册，《棉阳学准》卷1，《同人规约》，第465页。
⑥ 嘉庆《惠安县志》卷2，民国二十五年（1936）铅印本，第8页。

在西南皆海国",① "潮邑故称海国,邑滨汪洋者殆半"。② 上述言语透视出蓝鼎元可贵的海洋意识,反映出他对海疆社会的深刻认识。

蓝鼎元不仅具有先进的"海国"观念又洞察到当时的"海国情形",这在那个时代实属可贵。

蓝鼎元认为,"夫惟知海国情形乃可言弛张利害"。③ 他进一步指出,"海外诸番星罗棋布,极西则红毛西洋为强悍莫敌之国。红毛乃西岛番统名,其中有英圭黎、干似蜡、佛兰西、荷兰、大西洋、小西洋诸国。其舟坚固不畏飓风,炮火军械精于中土,皆凶悍异常到处窥觊、图谋人国。统计天下海岛诸番惟红毛、西洋、日本三者可虑耳,南洋数十岛番不过通济有无。今日本不禁、红毛不禁,西洋天主教布满天下,而独于柔顺寡弱有利无害之南洋,必严禁而遏绝之"。④ 这里尚需指出的是:其一,蓝鼎元就海洋视野洞察世界的高远眼光。他虽然受过严格的封建教育,但能够摆脱传统中国大陆中心观的束缚,放眼世界而了解"海国情形"。他意识到了"天朝上国"的不足,觉察到了"西洋强悍莫敌之国非诸番比矣"的世界大势,注意到了"殖民国家"与"非殖民国家"的划分。其二,蓝鼎元指明了未来侵略中国的三大势力,"统计天下海岛诸番,惟红毛、西洋、日本三者可虑耳"。"红毛"最早指荷兰殖民者,后来专指势力强大的英国。事实证明蓝鼎元的预言是何等的高远,三者先后成为侵略近代中国的主要列强!

在关注"海国情形"的基础上,有别于"禁海"的国家话语,蓝鼎元呼吁发展海外贸易。他认为,"宜打开禁网听民贸易。闽广人稠地狭田园不足于耕,望海谋生十居五六。是以沿海居民造作小巧技艺以及女红针黹,皆于洋船行销,岁收诸岛银钱货物百十万。开南洋有利而无害,外通货财内消奸宄,百万生灵仰事俯畜之有资,各处钞关且可多征税课以足民裕国"。⑤ 这方面有学者评价说,"蓝鼎元主张扩大海外贸易,活跃沿海地区经济,增加就业和税收,比丘浚又前进了一步。魏源主张更大范围的工商经营私有化,建议成立欧洲式的公司。这些思想不但是对传统重本抑末观念的彻底否定,而且已初步具有近代经济的意识"。⑥

由此看来,蓝鼎元较早阐发了海国、海国情形、海外贸易的先进理念,之后的进步思想正是从这一先进理念的土壤中萌生出来。

(二) 乡村管理思想的初步总结与发展

道南学派经世思想的内在驱动、幕友时期乡村管理实践的历练,以及忧国忧民的意

---

① (清)蓝鼎元:《鹿洲全集》上册,《鹿洲初集》卷12,《潮州府总图说》,第246页。
② (清)蓝鼎元:《鹿洲全集》上册,《鹿洲初集》卷12,《修志杂说》,第263页。
③ (清)蓝鼎元:《鹿洲全集》,《鹿洲初集》卷1,《论南洋事宜书》,第54页。
④ (清)蓝鼎元:《鹿洲全集》,《鹿洲初集》卷1,《论南洋事宜书》,第54~55页。
⑤ (清)蓝鼎元:《鹿洲全集》,《鹿洲初集》卷1,《论南洋事宜书》,第55页。
⑥ 李绍强:《中国封建社会工商管理思想的变迁》,《东岳论丛》2000年第3期,第74页。

识与时代推动，使得蓝鼎元初步总结与发展了我国传统乡村管理思想。蓝鼎元提出的乡村社会管理主张有以下六个方面。

其一，事在人为与诚信的管理理念。针对难治的乡村社会，蓝鼎元指出，"人无良匪教化则驯；地无美恶经理则善。莫如添兵设防广听开垦，地利尽人力齐，鸡鸣狗吠相闻而彻乎山中，有盗贼将无遁逃之薮，因噎废食乃为全身远害哉"！① 不仅如此蓝鼎元又进一步指出，"立法之初必诚必信，凡文告号令必实在可行者方出之，言必践禁必伸万万不可移易，民知在上之不可犯而教易从"。② 我们觉得，蓝鼎元的上述理念不失为其管理乡村社会的重要思想保证。

其二，因势利导与变通的管理思想。蓝鼎元指出，"今民人已数百万不能尽驱回籍，必将因其势而利导约束之，使归良善则多多益善"，③ 在他看来，"从来疆域既开有日辟无日蹙，气运使然，即欲委而弃之必有从而取之"。④ 不仅如此，他主张"凡事有经有权似当随时变通"。⑤ 由上可知，蓝鼎元主张酌情而治、因时而变。

其三，以实心行实政与情法分明、以杀止杀的管理思想。蓝鼎元认为，"以实心行实政自觉月异而岁不同，一年而民气可静，二年疆围可固，三年而礼让可兴"，⑥ 最终赢得民心而实现乡村社会的长治久安；另一方面他指出，"海外反侧地非树威不足弹压。吾于就抚者加之恩，力擒者弃诸市，情法分明庶可净尽根诛耳。某非无仁人好生之心，正惟好生不得不以杀止杀"。⑦ 由上观之，蓝鼎元主张社会管理者推行惠政的同时又要进行硬性治理，二者并行可谓恩威兼施。

其四，宜严不宜宽、宜静不宜动与除奸务尽、分别对待的管理思想。蓝鼎元认为，"台湾风俗尚多浇恶，奸宄未尽革心，纲密则伤纲疏则犯。治安之政宜严不宜宽，将安将治之民宜静而不宜动"。⑧ 他进一步指出，"除奸务尽，附和倡乱之徒非胁从可比，应将党恶创惩。立获为首务必尽绝根除；潜通奸匪、附和接济之人照宪檄处分；旧贼已散为民者，非奉宪行及他有所犯概不问及。开更新之路使安静而不自危也"。⑨ 蓝鼎元提出的上述管理思想客观上成为社会治安管理的两项基本原则，长期以来为人们所遵循。

其五，安土重迁与"富教"的管理思想。蓝鼎元指出，"自古以来有安民无扰民，有治民无移民。安土重迁本非易动。无故而使千五百里之人轻弃家乡，以糊其口于路

① （清）蓝鼎元：《鹿洲全集》，《东征集》卷3，《复制军台湾经理书》，第552页。
② （清）蓝鼎元：《鹿洲全集》，《鹿洲初集》卷1，《与吴观察论治台湾事宜书》，第47页。
③ （清）蓝鼎元：《鹿洲全集》下册，《平台纪略·朱一贵之乱》，第839页。
④ （清）蓝鼎元：《鹿洲全集》下册，《平台纪略·朱一贵之乱》，第839页。
⑤ （清）蓝鼎元：《鹿洲全集》下册，《东征集》卷4，《请权行团练书》，第573~574页。
⑥ （清）蓝鼎元：《鹿洲全集》下册，《平台纪略·朱一贵之乱》，第839页。
⑦ （清）蓝鼎元：《鹿洲全集》下册，《东征集》卷3，《与台湾道府论杀贼书》，第549~550页。
⑧ （清）蓝鼎元：《鹿洲全集》下册，《东征集》卷3，《复制军台湾经理书》，第551页。
⑨ （清）蓝鼎元：《鹿洲全集》下册，《东征集》卷3，《复制军台湾经理书》，第554~555页。

乎"!① 在力主"安土重迁"的基础上，蓝鼎元又提出了富教的管理思想，"郡县既有城池兵防既已周密，哀鸿安宅匪类革新，而后可使富教"。② 由此看来，蓝鼎元反对大规模迁民，力主安民、治民与富民。

其六，"事必有济、谋必完全"与"不以其细而忽之"的管理思想。蓝鼎元指出，"夫事必求其有济，谋必出于完全。能必其不召乱不残民，而又能有功于国，则算出完全矣"，③ 认为"台中恶棍鼠窃不乏，宽之则行劫又宽之则啸聚。不可以其细而忽之也"④。上述管理思想可谓对管理者自身所作出的反思，意在规范管理行为、提高管理绩效。

上述六个方面的思想主张可谓前后贯通一气，体现出蓝鼎元养民、安民、治民、富民、教民的乡治思想，反映出农耕时代以民为本的管理理念，带有普遍性指导意义。

为加强管理严峻的乡村治安，弥补官方治理基层社会的不足，蓝鼎元主张，"就各县各乡金举一干练勤谨、有身家、顾惜廉耻之人使为乡长，给之游兵以供奔走使令之役。有一家被盗则前后左右各家齐出救援。设大乡总一、统辖各乡长督率稽查。乡长有生事扰民等弊大乡总稽察报查，如有失察一体同罪。是虽无乡兵之名而众志成城，不啻有乡兵之实"。⑤ 蓝鼎元设想建立的乡长制有两个特点：其一，大乡总与乡长是上下级关系，共同负责地方治安；其二，乡长有专门的游兵作为职役使用。由此看来，这种基层治安管理制度不同于先代乡制，也区别于当时的保甲制度，不失为近现代乡（乡长）、村（村委会主任）两级组织的乡镇制度的萌芽。

总之，尽管蓝鼎元的乡村管理思想较为简约，远未构成一个完整而系统的体系，但毕竟初步总结与发展了我国传统乡村管理思想。

（三）"农商惠吾德"的经济伦理观

为彻底摆脱农业生产的困境，发挥海洋贸易的长处，蓝鼎元指出，"厉禁久不弛，乃利于奸墨。徒有遏籴名，其实竟何益？估客既空归，裹足此廖寂。何如搏节之，一艘一百名。穷年移不尽，农商惠吾德"。⑥ 尽管这是一首励志诗篇，但适应了历史时代的变迁。在传统"商品性农业"观念的基础上，蓝鼎元提出了"农商惠吾德"的经济伦理观，改变了"发展商品经济即破坏传统美德"的旧式思维，一定程度上启蒙了人们的思想。我们觉得，蓝鼎元"农商惠吾德"的经济伦理观具有早期启蒙的色彩。

---

① （清）蓝鼎元：《鹿洲全集》下册，《东征集》卷3，《复制军台湾经理书》，第558页。
② （清）蓝鼎元：《鹿洲全集》下册，《东征集》卷3，《复制军台湾经理书》，第556页。
③ （清）蓝鼎元：《鹿洲全集》下册，《东征集》卷3，《复制军台湾经理书》，第558页。
④ （清）蓝鼎元：《鹿洲全集》上册，《鹿洲初集》卷3，《与吴观察论治台湾事宜书》，第47页。
⑤ （清）蓝鼎元：《鹿洲全集》下册，《东征集》卷4，《请行保甲责成乡长书》，第572页。
⑥ （清）蓝鼎元：《鹿洲全集》下册，《鹿洲诗选·十》，第914页。

小　结

清初社会的巨大变迁引发起人们的深刻思考，传统社会中逐渐浮现出时代造就下的思想精英，进而汇集成一定规模的学术集团，在不自觉中承担起中华文化传承与价值系统重构的历史责任，清初儒学道南学派即是其一。作为道南学派的核心人物之一，蓝鼎元的思想主张不失为古老的经世思想在新时期的应用与拓展。

首先，适应时代潮流的发展，蓝鼎元走向海洋发展的理念带有一定的开拓性，特别是力图走出传统中国大陆中心观的窠臼而产生的对世界大势的认识，可谓高远而先进。其次，在历史积淀与现实经验的基础上，蓝鼎元对我国传统乡村管理思想进行了初步总结与发展，理应在我国乡村管理思想史上占有一定的地位。最后，蓝鼎元的经济伦理思想带有经世致用的色彩，他的"农商惠吾德"的经济伦理观促使人们关注现实，思考自己、时代与周围的世界。

最后尚需指出的是，"道南学派有其特殊的价值与意义，在中华文化学术思想史上有其极大功绩"。① 有着"道南正脉"之誉的蓝鼎元，其带有启蒙性质的经世思想，不仅是对宋代道南学派"贯通体用于百姓日用之间学术宗旨"② 的一种继承，在一定程度上纠正了后期理学虚谈心性而与现实相脱节的弊端，而且在时间上也早于清代乾嘉时期的常州学派，这无疑使得清初道南学派成为中华儒文化传承中的一个亮点。正因为如此，清人张伯行对蓝鼎元有着很高的评价，"蓝生玉霖生长文献之邦，道南一脉代有传人，使微言大义与日月经天，不绝长夜"。③

责任编辑： 陈新杰

---

① 刘京菊：《承洛启闽：道南学派思想研究》序，人民出版社，2007，第 6 页。
② 刘京菊：《承洛启闽：道南学派思想研究》，人民出版社，2007，第 260 页。
③ （清）蓝鼎元：《鹿洲全集》，《鹿洲初集·旧序》，第 5 页。

吴雨三、吴泽庵编年事辑

吴晓峰*

摘　要：揭岭自明中叶以降，人才辈出，薪火相传，成果众多，及近代，揭岭人士得汕头开埠之利，或游历南洋，开阔见闻，或信仰基督，中西兼习，其中尤以吴雨三、吴泽庵兄弟被誉为"兄弟双秀"。

吴汝霖（1866—1934 年），字雨三，偶署禹珊，室名人隐庐、在涧庐，揭邑磐溪都双山（今广东省揭阳市蓝城区桂岭双山）人。童年家贫，随父在揭阳县新亨墟店中帮写灯笼，自幼即与书画结缘。雨三先生勤奋好学，光绪十六年（1890 年）考取晚清秀才，光绪二十九年（1903 年）又参加（举人）乡试，以其文章优异而名列前茅，却因文中"改良进步"之句有悖当局而未取。先生一生从事教育，先后执教于榕江书院、礐石中学、礐石正光女子中学、礐石"妇学"等学校。还是故里双山守约学校的创始人之一。

吴雨三先生还是位虔诚的基督教徒，在基督教信仰本土化上不遗余力并作出巨大贡献。

吴沛霖（1884—1925 年），字泽庵，雨三先生之五胞弟，年少时得益于其二兄吴雨三的教诲和思想、艺术熏陶，勤奋学习，饱啖诗书。1901 年为榕江书院住院生，翌年，继二兄雨三之后，考取晚清秀才。兄弟双秀，成为乡里的一段佳话。

---

* 吴晓峰，中国近代文学学会南社与柳亚子研究分会会员、潮汕历史文化研究中心青年委员会委员、揭阳美术家协会会员、汕头书法家协会会员。

之后又先后就读于韩山学校、榕江师范和广州两广优级师范学校。一生从事教育，曾执教于新加坡端蒙学堂、榕江书院、礜石中学。其中1911—1913年间回故里双山主办守约学校。1913年加入我国近代进步文学团体"南社"，屡有诗作辑于《南社丛书》。

两位先辈诗文书画均颇有造诣。吴雨三先生工书善画，尤擅画兰花，其书法"学成米家、草参张旭"，长负盛名，其画洒脱自然，书画相辉，意境交融。吴泽庵先生则诗作甚丰，其诗文藻清新，襟怀磊落，辑之于《泽庵诗集》有数百首。亦喜画，尤擅梅花，其画清新，淋漓满纸，挥洒自如。执教之余，雨三、泽庵二先生以诗书画抒怀，挥毫泼墨，挹山川之秀，以诗书画会友，唱酬赠答，倾人间情谊。

关键词：吴雨三　吴泽庵　学术　书画　编年事辑

一

清同治五年丙寅（1866年）　雨三1岁

农历五月廿九日，雨三生于揭邑磐溪都双山乡（今揭东县桂岭镇双山村）。

名汝霖，字雨三，以雨三与禹珊谐音，偶署禹珊。也署大吴等。室名人隐庐、在涧庐。

据《陵海吴氏族谱》和《砚山吴氏族谱》记载：福建云霄福庆公住宁化县，故称宁化公。生两子，长子真通公迁官坡犁坑（今广东饶平东山犁坑苍光村）；次子真寿公住大柏径。

一世祖福庆，世称宁化公，生二子：真通、真寿。

二世祖真通。

三世祖、四世祖失记。

五世祖孟柔、孟贵、孟徽。

六世祖福安，生三子：长成（创双山前厅）、长顺、长德。

七世祖长顺，生二子：宗政、宗良。

八世祖宗政，生三子：钦宝、钦监（由饶平迁潮阳徐厝寮）、钦德。

九世祖钦监，生二子：子汞、子渊。

十世祖子汞，生三子：炳一、文一、德一。

十一世祖文一，生二子：昂友（由徐厝寮迁双山）、舜臣。

十二世祖昂友，生五子：尚卿、兴周、尚岐、兴仕、尚明。

十三世祖兴仕，生二子：文贵、学贵。

十四世祖学贵，生二子：捷祥、捷宝。

十五世祖捷宝，生三子：家纯、家绵、家福。

十六世祖家纯，生一子，邦仕，即汝霖之父。①

父讳邦士（？—1909 年），于十里外之新亨墟开灯笼店制灯笼。母林氏柔和
（1839—1905 年）。

兄弟五人：澍霖、汝霖（雨三）、溥霖、甘霖、沛霖（泽庵）。②

雨三自幼聪明好学，才智过人。少时家贫，随父至灯笼店帮工画写灯笼，出手不
凡。尔后，家庭生活稍为宽裕，父亲送其入学读书。他一面苦读经史，一面挤时间帮写
灯笼。十岁左右即开始摹写岭东画兰名家吴应凤之墨兰。并将画兰艺术作为毕生之艺术
追求。

光绪十年甲申（1884 年）　雨三 19 岁　泽庵 1 岁

农历十一月十五日，泽庵生于揭邑磐溪都双山乡。

泽庵名沛霖，字泽庵，号梅禅、泽盫、觉非生、泽庵居士等。别署蕙痴、嚣嚣草
庐、人隐庐主、潜楼、礜石山楼主、角石山楼主等。

泽庵为雨三之五弟。

泽庵出生后，母氏遽得疾甚剧，"不能躬身自乳哺，乃筐而寄诸姈氏、姨氏各若干
日，至年关届时乃筐而返焉，父以泽累母，甚不爱养之，拟易诸他人，得一稍长女子以
为代价，已而因循不忍，乃复育之，母氏病亦渐愈。"③

光绪十一年乙酉（1885 年）　雨三 20 岁　泽庵 2 岁

中法签订《中法会订安南条约》，安南始不属于中国。

日后泽庵侨居安南西贡时，作《西贡》④ 诗：

> 二千余年交趾国，不知历劫几回新。空成外府滋他族，错倚中原作主人⑤。
> 满眼酣嬉春气象，盈街粉黛玉精神。可怜郑卫风诗里，十九淫奔事是真⑥。

光绪十二年丙戌（1886 年）　雨三 21 岁　泽庵 3 岁

泽庵"喜观剧，背后述故事与人听，人颇奇之"⑦。

---

① 以上世系据《广东揭阳双山吴氏族谱》，2009 年双山吴氏族谱编委会编辑出版。
② 吴泽庵：《先妣事略》，载高燮编《国学丛选》第五集，中华民国三年（1914）新华印刷公司印制。
③ 吴泽庵：《自传》页一，《泽庵诗集》，1934，汕头五洲印务公司。
④ 吴泽庵：《泽庵诗集》页四。
⑤ 《泽庵诗集》原注：土人普通呼汉人为国主，至今不改。
⑥ 《泽庵诗集》原注：土人妇女艳丽如花，而风俗淫靡至极。
⑦ 吴泽庵：《自传》页一，《泽庵诗集》。

光绪十三年丁亥（1887 年）　雨三 22 岁　泽庵 4 岁

泽庵"渐识字知书，凡父兄所授浅书字，背后常剪草枝为点画，蘸水粘之门壁以为乐。每有所认识，久久不能忘也"①。

光绪十四年戊子（1888 年）　雨三 23 岁　泽庵 5 岁

光绪十五年己丑（1889 年）　雨三 24 岁　泽庵 6 岁

是年曾习经偕兄述经②（泽庵之师）参加恩科广东乡试，中式为举人，列五十九名。兄也中式，列第四名。同科有梁启超，张元济等。曾述经为泽庵榕江书院就学时之主讲者。

泽庵"随父至新亨店中，父授《孝经》《千家诗》等，辄酷嗜之，琅琅吟诵达昏晓，邻家父老莫不相爱美也"③。

光绪十六年庚寅（1890 年）　雨三 25 岁　泽庵 7 岁

曾述经赴京华参加恩科会试，不中，归而为榕江书院山长。

雨三进泮。

泽庵始入塾。从白石乡人徐立造先生。④

光绪十七年辛卯（1891 年）　雨三 26 岁　泽庵 8 岁

泽庵就读双山拔萃轩，师陈懋桂先生。⑤

光绪十八年壬辰（1892 年）　雨三 27 岁　泽庵 9 岁

泽庵仍就读拔萃轩。⑥

光绪十九年癸巳（1893 年）　雨三 28 岁　泽庵 10 岁

雨三于揭阳南门方捷丰就教职。

泽庵从二兄雨三学，"课读五经古文，日抄国语一首，颇能领解义训。"⑦

光绪廿十年甲午（1894 年）　雨三 29 岁　泽庵 11 岁

七月中日甲午海战爆发，北洋海军全军覆没。清政府屈辱妥协，中国人民英勇抵抗。

孙中山组织成立"兴中会"。

雨三续方捷丰职，泽庵仍从读。

雨三始关注时事。"读书每下评解，语语皆为振聋启聩，发忧世忧民之心。盖无一

---

① 吴泽庵：《自传》页一，《泽庵诗集》。
② 曾述经（1858～1918），字撰甫，一字月樵，后更名彭年，广东揭阳霖田都（今属揭西县）棉湖人。清光绪十五年（1889 年）举人，曾任福建上杭县知县，榕江书院山长，编校《薛中离先生全书》，著有《曾撰甫集》，未刊。
③ 吴泽庵：《自传》页一，《泽庵诗集》。
④ 吴泽庵：《自传》页一，《泽庵诗集》。
⑤ 吴泽庵：《自传》页一，《泽庵诗集》。
⑥ 吴泽庵：《自传》页一，《泽庵诗集》。
⑦ 吴泽庵：《自传》页一，《泽庵诗集》。

时忘也。"①

光绪廿一年乙未（1895 年）　　雨三 30 岁　泽庵 12 岁

四月《中日马关条约》签订，大大加深了中国社会半殖民地化，康有为联合十八省在京会试举人一千三百多人签名上书，反对向日本求和，要求维新变法，史称"公车上书"。

雨三往潮郡金山书院（当时名为"潮州中学堂"）从温慕柳先生学。泽庵随之往，半理厨房，半事笔砚，"乃绝无进步"（《自传》）。

光绪廿二年丙申（1896 年）　　雨三 31 岁　泽庵 13 岁

雨三馆揭邑榕城北门陈海记，泽庵随之往。"颇有感于声闻过情之语，稍稍有志读书，乃其岁末，所得甚伙。"②

是年雨三之二女婿许士翘出生。

许士翘（1896—1974 年）揭阳玉湖浮山人，曾于暹罗任教。

光绪廿三年丁酉（1897 年）　　雨三 32 岁　泽庵 14 岁

雨三馆双山拔萃轩，泽庵随往拔萃轩就读。"学更觉有所进，是时同砚益友极多，切磋琢磨，相资正不浅也"。③

是年泽庵为本乡"永裕居"题匾"永裕居""凤毛"。

双山村"景让堂"（俗称"顶祠堂"）兴建，由孟柔公第十一代裔孙家合公倡建，以田丁摊派集资营建而成。大门匾额石刻"吴氏家庙"，为潮汕先贤吴殿邦墨宝。匾额背面刻"光前裕后"，款署"光绪丁酉吉日"。

光绪廿五年戊戌（1898 年）　　雨三 33 岁　泽庵 15 岁

雨三仍馆拔萃轩，泽庵从读之。④

是年雨三之次女吴亦英（娇清，1898—?）生。

光绪廿五年己亥（1899 年）　　雨三 34 岁　泽庵 16 岁

雨三应仙美武秀才蔡刚志之邀，馆其家，泽庵随兄往仙美读。⑤

是岁张百熙⑥督学莅潮，曾经面试泽庵《玉关柳》赋一首，颇蒙赏录。嗣以正场八股文未合格，竟不入选。⑦

---

① 吴泽庵：《胞兄雨三五十生日祝寿诗并序》，《泽庵诗集》页三十一。
② 吴泽庵：《自传》页一，《泽庵诗集》。
③ 吴泽庵：《自传》页一，《泽庵诗集》。
④ 吴泽庵：《自传》页一，《泽庵诗集》。
⑤ 吴泽庵：《自传》页一，《泽庵诗集》。
⑥ 张百熙（1847～1907），字埜秋，一作冶秋，号潜斋。湖南长沙洞田村（现百熙村）人。清末大臣，著名教育家。同治十三年（1874 年）进士，改翰林院庶吉士；光绪二年（1876 年）散馆，授编修。其后先后任山东乡试副考官、山东学政、四川乡试正考官、日讲起居注官、国子监祭酒、江西乡试正考官、广东学政、内阁学士兼礼部侍郎、礼部右侍郎、都察院左都御史、工部尚书、吏部尚书、京师大学堂管学大臣、户部尚书、邮传部尚书等职。
⑦ 吴泽庵：《自传》页一，《泽庵诗集》。

光绪廿六年庚子（1900 年）　雨三 35 岁　泽庵 17 岁

泽庵仍住仙美，与该乡蔡纲甲君相契，纲甲招"往潭前从郑松生夫子"。①

双山村"永德堂"（俗称"下祠堂"）兴建，大门匾额"吴氏家庙"也采用吴殿邦之书。匾额背面刻"让德流芳"。

光绪廿七年辛丑（1901 年）　雨三 36 岁　泽庵 18 岁

泽庵仍住潭前求学，"是时馆中生徒十余人，惟泽最少，每一文成，郑夫子辄推为压卷。岁末受榕江书院甄选为住院生。"②

是年日本美术行政家正木直彦先生始担任东京美术学校校长，学校走向正规化，其校长职任至 1932 年。李叔同等曾在该校留学。

泽庵曾作《墨梅图》一帧赠正木直彦，款为隶书，署："正木直彦先生清赏，南支那高士吴泽庵赠。"

光绪廿八年壬寅（1902 年）　雨三 37 岁　泽庵 19 岁

泽庵榕江书院肄业，主讲者为"曾月樵夫子，及邑试府试，遂乃获隽，岁末卒选进泮宫"。宗师为朱祖谋。③

光绪廿九年癸卯（1903 年）　雨三 38 岁　泽庵 20 岁

四川长寿县人李滋然④（字命三）为揭阳令。

雨三馆华清，"秋闱卷出，李公命三房已决取第三名及第，嗣以监临朱公祖谋指谪卷中有'改良进步'四字，脱之。"⑤

泽庵"无所事，常往来兄华清馆席间，五月二十日娶妇淡卿黄氏到家，闺房中两情融洽，意绝相得。七八月时抵省一次，无所获而归"⑥。

黄淡卿（1886—1969 年），揭阳玉湖马料堂村人，小名菊，归泽庵后，"字之曰淡卿，而名所居庐曰潜庐，盖取陶潜爱菊意也"。⑦

光绪卅年甲辰（1904 年）　雨三 39 岁　泽庵 21 岁

雨三馆普邑官校。⑧

---

① 吴泽庵：《自传》页二，《泽庵诗集》。
② 吴泽庵：《自传》页二，《泽庵诗集》。
③ 吴泽庵：《自传》页二，《泽庵诗集》。
④ 李滋然，四川长寿人，光绪五年（1879 年），为四川学使张之洞所识拔，举乡试第六。光绪十五年（1889 年）进士。签分广东，任电白、文昌、曲江、揭阳、顺德、普宁、东莞等县知县。四充广东乡试同考官。光绪末年（1909 年），因力主办新学，废科举，遭上官驳诘。据理直陈，语刺督抚，被弹劾去官。旋以荐门人李家驹出使日本，又遭怨谤。宣统三年（1911 年）充师保主任，旋因病卒于任。著有《周礼古学考》《群经纲纪考》《四库全书考》《采薇僧诗集》《明夷待访录纠谬》《尔雅旧注考证》行世。《长寿县志》有传。
⑤ 吴泽庵：《胞兄雨三五十生日祝寿诗并序》，《泽庵诗集》页三十一。
⑥ 吴泽庵：《自传》页二，《泽庵诗集》。
⑦ 1924 年林树标《盾墨余沈》。
⑧ 吴泽庵：《胞兄雨三五十生日祝寿诗并序》，《泽庵诗集》页三十一。

是年，邑侯虞汝钧①奉令兴办学务，委林垧为本县官立榕江初级师范学堂监督，后改为榕江高等小学，林垧任校长。

泽庵志切读书，正月上旬即到潮州城求入韩山学校。已而邑中虞和甫邑侯开师范学校，招选高才生，乃复回而应之。既以第一名取录入校，比年终毕业仍以第一名受凭。此时立志甚大，拟与和甫公子至东洋留学。嗣因省城开办两广优级师范学校，乃暂舍远而就近。"自是播迁沦落，志气颓靡，此生遂永坠苦境矣。"②

是年澄海岁贡蔡竹铭与泽庵同试高等，泽庵在甲子（1924年）年赠蔡诗中提及③。

光绪卅一年乙巳（1905年）　雨三40岁　泽庵22岁

雨三馆普邑。

泽庵正月抵省城广州入读两广优级师范学堂，未数月，因母殁而还家，道经香港，作《闻老母病束装回家途次香港占此》。

泽庵感死生之无常，哀家难之叠起，思想渐入非非。

六七月间遂萌死志，"使果便死岂不直截了当，惜乎无毅力自残，终遁世而出，于避世之一术，于是，茧足星洲息影销声者达三岁"④。

泽庵于海外作《春日感怀》，有句"伤心最是中原望，一发河山正落晖"⑤。

光绪卅二年丙午（1906年）　雨三41岁　泽庵23岁

雨三馆榕江学校。

泽庵侨居星洲（新加坡），任教端蒙学堂。曾任某报主笔。与澄海黄仙舟（卓瀛）同好诗文书画，一时交情亲密，有如手足。⑥

光绪卅三年丁未（1907年）　雨三42岁　泽庵24岁

雨三馆榕江学校。

三月十二日，雨三小女儿韵香（1907—2001年）生。

是年雨三小女婿卢通苞生。吴韵香与卢通苞（1907—1973）自幼订婚。

泽庵仍住星洲。乙巳年（1905）至丁未年（1907年）三载间，游历东南亚各地，

---

① 虞汝钧，号和甫，福建侯官人，举人。光绪二十九年任揭阳县令。第二年将榕江书院改为榕江高等小学堂，设师范部，举行考试招生。三十一年调任南海县令。广东陆军小学堂第一任总办。1912年8月25日，同盟会联合其他四个政团组成国民党，孙中山在湖广会馆主持国民党成立大会，他出席并与阎锡山、张继、蒋翊武、胡瑛、沈秉堃、王传炯、陈锦涛、陈陶遗、莫永贞、褚辅成、松毓、杨增新、于右任、马君武、田桐、谭延闿、张培爵、徐谦、王善荃、姚锡光、赵炳麟、柏文蔚、孙毓筠、景耀月、张琴、曾昭文、温宗尧、陈明远一起被推举为参议。

② 吴泽庵：《自传》页二，《泽庵诗集》。

③ 甲子年（1924）《蔡瀛壶遐龄集》，吴泽庵《贺瀛壶居士六十寿》诗云：以狂为隐托思奇，此老胸中那得知。直与东方齐狡狯，蟠桃偷过第三期。廿年前事记还清，惭愧班联榜上名（甲辰岁同试高等）。我竟无闻公耳顺，题诗但劝酒杯倾。

④ 吴泽庵：《自传》页二，《泽庵诗集》。

⑤ 吴泽庵：《春日感怀》，《泽庵诗集》页十一。

⑥ 《泽庵致蔡竹铭书（二）》，《蔡瀛壶遐龄集》，1924年印本。

成《海外见闻杂诗》若干，后《泽庵诗集》刊十余首。

高天梅作《花前说剑图》，征诗诸友，民国元年（1912 年）泽庵作《题高钝剑〈花前说剑图〉》。

是年美国浸信会重建耶士摩神道学院位于汕头小礐石的山坡上，专门培养潮汕籍牧师。

光绪卅四年戊申（1908 年）雨三 43 岁　泽庵 25 岁

雨三馆榕江学校。

泽庵正月自星洲回国，仍以教书为生。自是年起，"致力学文，以求夫所谓文之义法者。"①

七月十四夜与杨复初林伯桐同登梅岗山顶并游弥勒寺，有感作《弥勒寺晚游》《七月十四夜与杨复初林伯桐同登梅岗山顶有感而作》。

九月初四日，吴若凡卒，年 47 岁。泽庵作《吴若凡先生传》（吴若凡介绍见泽庵所作《吴若凡先生传》）。

高燮创寒隐社，作诗述意，并撰《寒隐社启》。征绘寒隐图，绘赠墨宝者有吴昌硕、陆廉夫、黄宾虹、蔡哲夫、楼辛壶、王支林、苏曼殊、姚虞琴等。民国元年（1912 年）泽庵作《寒隐图》相赠。

宣统元年己酉（1909 年）　雨三 44 岁　泽庵 26 岁

春，江苏姚光与其妻王粲君游西湖，作《浮梅草》。至除夕，将《浮梅草》付印，分赠亲朋好友。

雨三馆榕江学校。

泽庵再度至星洲，仍应星洲端蒙学堂之聘，执教于端蒙学堂。抵数月，父逝，旋又回。是时南去之志忽弛。

七八月，受聘于榕江学校。

九月，泽庵大儿子连英（字让豪，号梦栩、曼羽，1909—1992 年）生。

十月，柳亚子、陈去病、高天梅发起成立南社。南社成立之时，正当满清皇朝行将崩溃，清政府对革命组织与革命党人的摧残镇压非常残酷，泽庵作诗《暮春杂咏》。抒发忧时念乱之感。

是年，泽庵作《觉非说》，始自号"觉非"。又作《夏夜楼居杂感》等。

宣统二年庚戌（1910 年）　雨三 45 岁　泽庵 27 岁

雨三馆榕江学校。

泽庵同住榕江学校。

五月，泽庵至羊城。作诗《端午记事有序》。

又作《自寿》有："大好头颅呼负负，每倾肝胆为依依。可能攀佛除烦恼，那旨逢

---

① 吴泽庵：《与高吹万书（四）》，载《国学丛选》第三集，1912。

人学诡随。三万六千终有尽，何如早死早清夷"① 之句。

十月廿一晚泽庵与同居诸子看白菊，有诗记之，诗为《庚戌十月廿一晚与同居诸子看白菊》。

是年，雨三、泽庵与龙岭乡卢通诵（雨三之姨表叔，号诵发，1847—1932 年）等筹创石母守约学校。

泽庵作《读姚石子〈浮梅草〉毕集义山成四语于其上》《题姚石子〈浮梅槛检诗图〉》。

宣统三年辛亥（1911 年）　雨三 46 岁　泽庵 28 岁

辛亥革命，推翻清政府。

雨三馆榕江。

泽庵亦住榕江学校。"是岁国体变更，泽倚枕听消息，意至乐也。"②

五月，民主革命者赵声病逝，泽庵作《哀声序》悼念。③

六七月间，泽庵大病几死。④

八月，泽庵次儿连吟（1911—?）生。

是年石母守约学校成，泽庵任校长。

泽庵诗《游丁家园感赋》，慨叹人世变迁。又作《心事》《石母山堂夏日杂诗》。

雨三孙女吴植娟（1911—?）生。

民国元年壬子（1912 年）　雨三 47 岁　泽庵 29 岁

雨三馆榕江书院。

泽庵馆榕江书院。

春，三月十三日，南社在上海愚园，举行第六次雅集，并于杏花楼会餐。

六月三十日，高燮与高旭、陈锐、李维翰等联合发起"国学商兑会"，泽庵遂加入。始与高吹万通翰，论诗文书画。

八月，泽庵复回故里双山养疴，遂定居守约学校。⑤

八月，泽庵作《墨梅图》寄赠高吹万，题"虽非双管下，亦自具生枯。民国元年秋八月写赠吹万先生大人雅玩并希正谬，揭阳岭樵者吴沛霖。钤印：泽公、沛霖书画"⑥。

十月十六日，雨三泽庵之学生吴君略（1894—1952 年）由亲戚家寄到《郑小樵梅

---

① 吴泽庵：《自寿》，《泽庵诗集》页十六。
② 吴泽庵：《自传》页二，《泽庵诗集》。
③ 吴泽庵：《哀声序》，作于 1911 年 5 月，刊于 1912 年 10 月《国学丛选》第一集，原注"辛亥五月为赵伯先烈士作"。
④ 吴泽庵：《自传》页二，《泽庵诗集》。
⑤ 吴泽庵：《自传》页二，《泽庵诗集》。
⑥ 上海工美拍卖会：《秋季拍卖会·中国书画（一）》，2012，第 134 页。

谱》一卷，雨三命学生徐名柔与子让美合作摹《郑小樵梅谱》，雨三作跋，跋云："壬子学生家宏韬由亲戚寄到《郑小樵梅谱》二册，予意欲置此册，查其板系浙江私家所藏，知非易得者，因命学生徐名柔摹梅，子让美摹字，数日遂成此册，订而藏之，以备写梅之格。时民国元年十月十六日，雨三氏书于榕江西院。"

十一月，《国学丛选》第一、二集刊泽庵诗《题高钝剑〈花前说剑图〉》《题钝剑用见枉韵》《山寺夜景》《哀声序》《与高吹万论文书（一）》《与高吹万论文第二书》《〈吴日千先生集〉书后》《〈罗庸庵先生遗诗〉序》《与高吹万论文第三书》《题胡寄尘〈兰闺清课〉》《新秋》。

十二月初五日，雨三长孙吴植添（1912—2001年）生。

是年，南社社友周人菊编校周实丹遗作《无尽庵遗集》付梓刊行。完成后，赴广东汕头，入《大风报》，为革命鼓吹。后报社被封，乃潜回上海。

泽庵作《闻人菊渡山喜成一绝寄赠》《乞人菊画山水寄一绝句》

南社社友胡寄尘辑成《兰闺清课》，泽庵作《题胡寄尘〈兰闺清课〉》。

南社发起人之一高天梅作《寄吴泽庵》[1]，泽庵作《题钝剑用见枉韵》。自注："君号天梅，我号梅禅，俨然南北枝也。"[2]

民国二年癸丑（1913年）　　雨三48岁　泽庵30岁

雨三仍馆榕江学校。为桂岭市场书"桂岭市"三字，刻于桂岭下墟门。

雨三为豪厝围（建豪）"万乐公祠"作书两幅，刻于壁上："落落陈惊座，神交十载前。匡时逾汉策，高唱满吴天。花月词人笑，风尘烈士年。""良燕集春昼，翩翩来群俦。涉江何所采？此意长悠悠。四座黯不发，心意各相投。癸丑年吴雨三书。"该诗为南社社员萧蜕所作，题为《柬陈巢南》，刊《南社》第十集。原诗为："落落陈惊座，神交十载前。匡时逾汉策，高唱满吴天。花月词人笑，风尘烈士年。凭将一樽酒，幽独慰婵娟。"

公祠还刻有郑松生书三幅，为："柳诚悬书纯以骨力胜，此编（篇）临《玄秘塔》，挺拔有神。岁癸丑，郑之栋""君自故乡来，应知故乡事。来日绮窗前，寒梅着花未。松生""古人真行皆从篆分出，故用笔尚逆，逆则险。松再"。

吴佐熙书一幅："止水既无滓，流水亦无颣。涵为百丈潭，漾为千层波。仲穆吴佐熙。"

泽庵住守约学校。

二月，南社社友邹亚云殁，众社友唁以诗文，泽庵作诗《寄悼邹亚云》。

三月七日，泽庵填"南社入社书"，介绍人高吹万、姚石子、高天梅。入社号为

---

① 高天梅：《寄吴泽庵》：揭阳吴子振奇士，文笔诗才画复工。千里闻声擅三绝，相思何耐蓼花红。载《高旭集》，2003。

② 吴泽庵：《赠钝剑用见枉韵》，《泽庵诗集》页二十三。

367 号。

三月泽庵作《与姚石子书》，同姚光论文学，又作诗《石子惠像戏裁一绝报之》。姚光作《复吴泽庵书》。

泽庵又作《题姚鹓雏〈燕蹴筝弦录〉》。姚鹓雏作《答吴泽庵书》。①

夏，南社社友陈蜕庵（名锐）殁（陈锐参加发起国学商兑会后不久，赴北京，曾拟成立商兑会北京分会，因南归未果，旋因病去世），泽庵作《闻同社蜕庵先生弃世口号二绝遥莫》。

九月，泽庵长女良娥（1913—1961 年）生。

泽庵作《寄小影赠高天梅膝一绝》，高天梅作《吴梅禅寄造像并诗，次韵答之》。

泽庵作《赠复初杨君》："杨子文章能泣鬼，吴郎词赋亦犹人。江湖落魄同幽怨，野草埋名并苦辛。不信伯伦终托酒，定知叔向不忧贫。他年破壁乘风去，始识画龙大有真。"②

九月，《国学丛选》第三集刊泽庵诗文《初夏偶成》《归途口占》《与高吹万论文第四书》。

腊月八日，泽庵汕岛之行，道过曲溪，住学生吴君略家，墨梅四帧，赠吴君略之父吴精秀。题识：

（一）"癸丑腊月八日将有汕岛之行，道过曲江，夜深剪烛挥毫浑涂四帧，即奉精秀宗翁大雅指正。泽庵五子沛霖并署。"

（二）"觉非子学童二树先生大意，未识稍有肖否？觉非并志。"

（三）"双峰人隐庐主写于曲江客次。"

（四）"冬夜战寒写此，笔墨疏忽自在意计中事，石母山人泽庵子并识字。"③

冬，泽庵将有南洋之行，雨三自揭闻信亲出汕岛阻之，未果。抵洋后，雨三寄示《分雁诗》，并有"此后不知何时相见"④ 之语，泽庵骤读之，意未尝不恻然动也。

腊月（12 月），《国学丛选》第四集出版，刊泽庵诗《春日怀人诗》《吹万居士驰书论学精警绝伦仅吟七绝两首藉代复柬》。

民国三年甲寅（1914 年）　雨三 49 岁　泽庵 31 岁

雨三馆榕江学校。

四月，泽庵于金塔娶杨氏幼卿。

杨幼卿（1897—1947 年），揭阳云路北洋村人，吴泽庵簉室，归泽庵后，为其取名

---

① 《太平洋报》1912 年 8 月 11 日。

② 《泽庵诗集》页二十二。

③ 见作品原件。

④ 吴泽庵：《胞兄雨三五十生日祝寿诗并序》，《泽庵诗集》页三十一。

幼卿。与黄淡卿为二卿。

夏，吴氏倡修《陵海吴氏族谱》，雨三任揭属采访职，亲履□□一带各地广搜旧籍，摹延陵公画像刊于谱内，并作《延陵公画像记》。

夏月（六月），《国学丛选》第五集出版，刊泽庵《与高吹万第五书（七月廿九日）》《与高吹万书（六）》《先妣事略》。

七月，《南社》第十集刊泽庵诗《淡卿出团扇索诗，为题二绝》《春尽日寄陈二林三金陵》、文《杂说》。

冬，雨三示书泽庵，有"望遍酌蒲少二人。"[1] 泽庵阅之怆然。是时雨三之子让美也与泽庵同客高绵。

泽庵作《小庐兀坐暮雨吹寒怅然有感辄成一律》《得家兄雨三促归信并闻杜宇》。

高吹万之子高君明殇，年五岁。泽庵作《题吹万居士殇子君明遗照》。

诗友黄鸿宾任教于双山石母守约学校，作《守约学校菊花小圃记》。

腊月（12月），《国学丛选》第六集出版，刊泽庵诗文《五箴（并序）》《柔佛国汽车道中夜咏示洪大》《别尸牙》《夜读林芙初金陵来书却寄》《答人问诗兴》《晚眺》《渡海偶成》。

民国四年乙卯（1915 年）　　雨三 50 岁　泽庵 32 岁

雨三居榕江学校。

泽庵居金塔，暮春，泽庵作《乙卯暮春西贡寓楼即目》，表达对侵略者的愤慨。

三月，杨氏生子连镳（1915—1918 年），未满月，泽庵即为雨三五十岁寿诞归故里，作诗十章祝之[2]。

泽庵相契林芙初绘《松树图》为雨三五十岁生日祝寿，泽庵于上题诗《胞兄五十林君芙初绘松为祝即题其幅》。

五月《南社丛刻》第十三集刊《九月十三夜与家兄雨三同观书画》《十月十八夜与家兄雨三夜话》。

五月十日，柳亚子、高吹万、姚石子同游杭州，归后作《三子游草》。泽庵得赠后有诗《吹万居士属题〈三子游草〉为成二律》。

五月廿九日，雨三五十寿诞，倩画工映像，友朋题赞祝之。计有杨柳清、郭玉龙、郭颖、何俊英、徐君穆诸君。

九月，泽庵再往金塔。

冬，雨三《兰谱》手稿作成，杨淡吾（柳清）题封面"兰谱"二字。雨三作跋。

腊月（十二月），《国学丛选》第七集出版。

是年，曾述经致力搜集揭阳先贤薛侃著述，辑为《薛中离全书》，并校而刊行。曾

---

① 吴泽庵：《胞兄雨三五十生日祝寿诗并序》，《泽庵诗集》页三十一。
② 吴泽庵：《胞兄雨三五十生日祝寿诗并序》，《泽庵诗集》页三十一。

习经题签，吴光国参校，集中附有吴雨三所摹薛东泓像，款署"后学吴汝霖敬摹"。

民国五年丙辰（1916 年）　　雨三 51 岁　泽庵 33 岁

雨三居榕江学校。

泽庵仍在金塔。

五月，《南社》第十七集刊《吹万居士属题〈三子游草〉为成二律》。

重阳节，泽庵撰《黄氏祖姑像赞》。

《国学丛选》第八集刊《赠卢生序》《观元祐党籍碑记》。

《国学丛选》第九集刊《金塔杂诗》《罗敷媚》《喝火令·旅夜》。

十万山人孙星阁①就读榕江书院，为雨三弟子。

民国六年丁巳（1917 年）　　雨三 52 岁　泽庵 34 岁

《陵海吴氏族谱》十二卷出版，由吴佐熙纂修。

雨三始居礐石。

泽庵次女连环生（1917—1961 年），未一月泽庵回故里。

四月，泽庵携黄氏淡卿往金塔。

十二月泽又回国。小住汕头角石，始识陆开梅。

高吹万营闲闲山庄落成，向诸友征诗，其外甥姚光于重阳日作《闲闲山庄落成序》。泽庵作《寄题吹万居士闲闲山庄》。

民国七年戊午（1918 年）　　雨三 53 岁　泽庵 35 岁

雨三居礐石。

泽庵正月作墨梅，题："小南门外野人家，短短疏篱绕白纱。红稻不须鹦鹉啄，清霜催放两三花。放翁寻梅句，泽庵写呈雨三胞兄清玩，戊午上元日题字。"

三月，泽庵又南下，作诗《戊午季春携眷南下，道出汕岛无意中逢卓榘然兄于东海学校，十年旧雨久别重逢，杯酒谈心，连床话旧，喜呈三绝句》《戊午三月十三日携内渡海》。

《国学丛选》第十三四集刊泽庵作《寄题吹万居士闲闲山庄》。

九月初七日泽庵作诗《戊午九月初七日陆野翁诗至步韵奉复，海天迢递，辗转邮传正不知何时始尘藻鉴耳》《重柬野老四韵》。

是年泽庵之子连镳殇，年四岁。泽庵甚痛之，后抱达观主义，凡关是一切文字俱删去。

冬，三女联音（1918—1924 年）生。

泽庵之师曾述经逝世。

---

① 孙星阁（1897~1996），学名维垣，字先坚，号十万山人，揭阳人。是画坛中享年最高的寿星，又由于他身怀诗、书、画三绝，由此人称他为星翁、画翁、诗翁、书翁。

雨三相契邱霭南①逝世。

这年天道学董事会觉得天道学停办，对于教会的关系很大，所以提倡恢复开办。请耶琳牧师，汪维馨牧师任院务，并请华人罗逸材牧师、陈复衡牧师、吴雨三先生佐理教务，课程略事提高。②

民国八年己未（1919 年）　雨三 54 岁　泽庵 36 岁

雨三居礐石。

正月，作盆兰图，题："幽兰丑石影参差，和墨和烟共写之。记得角峰园半亩，浓荫满径月来时。"

为桂岭福岗乡四春园盛福祖厅书照壁："清虚静泰，少私寡欲。知名位之伤德，故息而不营，非欲而强禁也。己未书，双山老霖。"③

泽庵居金塔。

春，作诗《己未春始闻曾月樵师哀耗遥悼一首》。

三月，夫人黄氏淡卿回国。

十二月，泽庵也回国。

泽庵作《悼霭南如兄（有序）》。

民国九年庚申（1920 年）　雨三 55 岁　泽庵 37 岁

雨三居礐石。

泽庵正月初九来居礐石，作诗《庚申春日始居角石》。

泽庵乐山水之秀，有昆季之聚，意颇自得。居是数年，有周芷园、郭五琴、李仪偕、徐君穆、万国同、谭愚生诸先生及旧生林树标等，日相过从，意盖谓此间乐不思越矣。故自庚申至乙丑六年间，除课徒外专事著述，若《梅禅室诗存》《谭艺录》《谭瀛录》《续孟蠡测丛谈》《共勉录》《百乐谈片》《牙慧集》《人隐庐随笔》等多自编辑。④

十二月十九日，南社社友蔡哲夫集南社同人于十峰轩作寿苏会。会后，蔡向社友征和诗，泽庵作《庚申十二月十九日广东南社同人集十峰轩作寿苏会，用石禅老人韵来征和章，卒笔寄一首》。

周子元居礐石，泽庵与周子元时相唱和。

冬，泽庵为门生林树标所著之《盾墨余渖》选辑，作序并诗二首。集中有林树标所撰之《潜楼记》。

---

① 邱霭南（1867～1917），乳名碧，字传珠，讳瑞溶，号霭南。揭邑玉湖都湖岗村人。光绪十六年（1890年）潮州府试第一名。工诗文，擅书，学北碑。与双山吴雨三吴泽庵昆仲，白石徐君穆，玉浦黄鸿宾等交情甚笃。黄鸿宾为其作像赞称其"学通欧亚"。存世有《黄鸿宾寿文》等。
② 《岭东嘉音——岭东浸信会历史特刊》1936 年 12 月 20 日，第 17 页。
③ 嵇康《养生论》。
④ 《泽庵诗集·自传》雨三续。

民国十年辛酉（1921 年）　雨三 56 岁　泽庵 38 岁

雨三、泽庵居礐石。

春日，泽庵作《及门生有悉余近状，而羡余为善于乐天者。余日食稀饭，饮清水，席楼板而枕之乐也在其中矣，吾贫逾仲尼而乐与之等大，足以自豪。人事无常，恐此乐他时或转不易得也。诗以志之，时辛酉春日》，又作诗《子元先生以二十八岁绘像见示，青衫玄鬓，神采奕奕，承索题辞，爰赋小诗二首奉政》。

四月，非常国会在广州举行。高天梅应召再度南下旅穗，招泽庵同游而不果，泽庵以《寄天梅广州》答之。

是年蔡哲夫绘《海山偕隐图》赠泽庵。并跋卷尾有"人间何世无怪侪感有贞戴之志"等语。

蔡哲夫寄《冯孔嘉女士真书拓本》示泽庵，泽庵作《蔡子寒琼寄示南海冯孔嘉女士真书拓本，阅竟率题一绝》。

泽庵相契、诗书画家林芙初任教揭阳炮台。王兰若 11 岁，就读于炮台竞智小学，课余从林芙初学山水画。

民国十一年壬戌（1922 年）　雨三 57 岁　泽庵 39 岁

雨三、泽庵居礐石，间或回家乡双山。

是年，礐石神道学院由于教员减少，而学生求知欲很高，遂停办，改而在礐石中学开设神道学科接收神道学院的教员与学生。学生们"除神学功课外，兼修角中课程。"直至该班学生毕业，神道学科没有再招生。

是年双山乡民在迷信者的蛊惑下，跟随"同乩"到面前洋插改溪标杆。龙岭乡民见双山村孤行改溪，准备作出武力对抗。两村的一场械斗一触即发。雨三适居乡间，在这千钧一发之际，雨三挺身而出，前往工地滚在地上，一声一泪劝求乡民："改溪应是双方协妥，若不听吾劝，可先打死吾，使吾在有生之年，不见惨状。"众乡亲皆受感动，便停工而归。一场无妄灾难方不至于发生。

秋，《国学丛选》第十三、十四集出版。

十一月，雨三致姚光书，有"欲闻佛法门"意（雨三信耶教）。姚光致弘一法师书，爰以雨三原书奉览，恳为代复。[1]

冬，高吹万拟再版《国学丛选》第一、二集，吴泽庵作《国学丛选第一、二集》序。至次年春出版。

民国十二年癸亥（1923 年）　雨三 58 岁　泽庵 40 岁

雨三、泽庵居礐石。

春，礐石中学成立文学研究会，由章雄翔、陈云从二君发起，以"研究新旧文学，

---

[1]　姚昆群、昆田、昆遗：《姚光全集》，社会科学文献出版社，2006，第 300 页。

创作新文学"为宗旨。①

4月21日举行成立大会。冯瘦菊、吴泽庵、许美勋、林鸿飞、林树标、许挹芬为顾问。会上诸顾问皆发言，吴泽庵谓"新旧文学，不能偏重，宜一炉共冶，不可入主出奴，是丹非素"②。

泽庵作《记曾德炎》。春季刊礐石中学校刊《谷音》第八期。同时刊《子元先生以二十八岁绘像见示，青衫玄鬓，神采奕奕，承索题辞，爰赋小诗二首奉政》《礐石山居杂咏》，丘之纪《呈泽庵夫子》，林树标《与高吹万先生书》。

四月廿五日，姚光复弘一上人书谓"吴雨三书承寄古农居士代复，迄未奉到为念"③。

夏，礐石中学师生，组织了彩虹文学社。成立会的会址在礐石中学石楼的一间教室，与会者有许挹芬、吴泽庵、陈云从、章雄翔、吴其敏等师生，还有礐石警察所长林树标。会上许美勋演说了一番，号召新文学青年进一步携手团结起来。

冬，泽庵作《墨梅图》，题："玉洁冰清，共和十二年癸亥冬月角峰梅花初放时节濡毫写此，泽庵。"

十一月，雨三幼女芸香与卢通苞结婚。

十二月，《南社》廿二集刊《寄天梅广州》《西贡汽车道中》《残阳》。

是年，雨三仲孙益涛（1923—?）生。

当正光女学和明道妇学的国文教师出差时，雨三要在女学和妇学教国文，帮忙批改文章。

民国十三　年甲子（1924 年）　　雨三 59 岁　泽庵 41 岁

雨三、泽庵居礐石。

雨三当选为礐石美国浸信会九个执行委办之一，对会中教务握有表决权。

是年美国浸信会便奠基兴建中西合璧、古典恢宏的礐石新堂。同时，编撰岭东浸信会七十年历史的计划也提上日程。吴雨三恰好在那时当选为九名执行委办之一，教会中西教牧无疑看上他的学养，委之以统筹撰史的职责。雨三于是"通函各堂会，至再之三，其中详悉答复者固不少，间有邮递四五次，仅录数言以应付，甚有并一字而亦无者，委办等既已笔秃唇焦。亦惟付之以无可如何之列而已!"④

该刊是岭东浸信会的第一本中文史书，分插图、祝词、记事、会史、传史、征信、付出七部分。其中犹以插图、记事、会史、传史的史料价值最高。

春，林堉书春联赠雨三。

澄海岁贡瀛壶居士蔡竹铭倡建"壶社"。庆六十寿，征诗文书画，辑《瀛壶居士六

---

① 许其武：《十月先开岭上梅——冯铿传奇》，中国文联出版社，2001，第 40 页。

② 《谷音》第八期，第一六四页。

③ 姚昆群、昆田、昆遗：《姚光全集》，第 301 页。

④ 《岭东浸信会七十周年纪念特刊·吴雨三序》。

十征画录》，经高吹万介绍，雨三作兰四幅，泽庵梅一幅。并贺诗与信。

蔡竹铭又辑《蔡瀛壶遐龄集》，录雨三《致瀛壶居士书》（两函）、《题兰诗》，泽庵《瀛壶遐龄集题词》《致瀛壶居士书》。

四月，泽庵之女良音（1918—1924 年）殇，泽庵作《坠珠篇》。[①]

七月廿七日泽庵小儿子连茹（1924—1948 年）生。

泽庵跋墨梅图："甲子岁杪驻足角石山中在洞庐度岁，偶掀旧箧得此数画，因略志数言，以存于后，回想石母山堂作此画时，至今十余稔矣。"

泽庵始识谭愚生[②]，五月，介绍其加入国学商兑会。与高吹万通翰。

姚秋园侨寓汕头礐石之新村，与雨三、泽庵时相过往。泽庵有诗《姚君悫先生两次过访不遇，予亦于昨朝走谒空旋，即晚戏占二十八字奉粲》。

雨三之表姨叔卢通诵及婶母何氏（？—1931 年）倩画工映像，雨三为作《清太学生卢通诵公像序赞》《卢母何太孺人像赞》。

岁末，蔡竹铭致书雨三、泽庵：

雨三、泽庵先生有道：

手教及和箸敬拜悉，愧非其伦，不觉颜赤，然今何世耶？吾辈同声相应，犹得从天伦乐事中酿出来，何如欣幸。粥叟昆玉已即照转。弟将返澄，草草奉报。访戴之行，约在明春，须饷我牛肉羹一度也。专此敬叩年禧！

社小弟　勋　再拜！守岁

是年林树标所著之《盾墨余渖》出版。

揭阳曲溪路笃建"明添公祠"，翰林吴道镕题匾，款署"吴道镕敬书"，照壁有吴道镕楷书《吴太伯世家赞》《吴汉列传论》《后汉书吴佑传》《晋书吴隐之传》，郑之栋撰并书对联："肇封自勾吴谱牒可稽数典何容夸舜后，分歧来揭岭云礽递衍敦伦还冀笃冈亲。"款署"松生郑之栋敬撰并书"。吴泽庵作梅花二幅，其一款署"泽庵居士墨戏"，一款署"泽庵再作"。

民国十四年乙丑（1925 年）　　雨三 60 岁　　泽庵 42 岁

是年，岭东教会发起了本色运动，浸信会内部有恢复天道学堂的倡议。

正月，泽庵作《墨梅图》一幅题："白沙先生墨梅别具一种风韵，见者几忘其为道学巨子也。乙丑正月泽庵偶识。"

三月十二日，雨三与女儿韵香信曰："……我家以教书转复旧观，尔辈能勤心于此，亦为亲者所喜也……"

四月泽庵又病。

潮州饶锷寄来诗作，泽庵作和诗记事，题为《乙丑四月十二夜灯下读饶纯子来诗

---

① 《泽庵诗集》页三十八。

② 谭愚生，名炳坤，丰顺人。广东法政学堂毕业，南社社员，并由吴泽庵介绍加入"国学商兑会"。

口占一绝还答》（《泽庵诗集》）。

雨三六十初度。

先是泽庵体衰弱，其春强健逾常，礜石山梅花盛开数株，每晨必起视花，归而写影，淋漓满纸，挥洒自如。凡连年朋友乞画缣素，挥写净尽而清还之，又为兄雨三六十寿作巨幅梅六轴，小者多幅贺之。本拟作小幅梅花六十幅，惜因病未能如愿。

七月十八日泽庵作《病起口占谢家兄》。

八月廿五日，南社社友高天梅殁，终年四十九岁。

十一月廿二日，泽庵因肺疾逝于家。①

礜校同门开会追悼。与泽庵宿契者皆暗以诗文。

姚秋园为二语挽之云："试检遗诗留绝笔，待编别传付名山。"

会毕，雨三辑师友哀挽之作，题曰《哀思录》。并泽庵所著诗文集及《谈艺录》《谈瀛录》《读孟蠡测丛谈》《牙慧集》等持示姚秋园，乞为作传。

金塔杨氏幼卿闻讣奔回，即带连吟到金塔助理商业。

泽庵葬石母庵前，后墓地遭开荒造田，迁葬白石岭山，又遭开荒，被毁。

民国十五年丙寅（1926 年）　　雨三 61 岁

雨三居礜石。

四月，雨三之女婿卢通苞出洋至暹罗。

夏，雨三为揭邑霖田都东林乡人（今揭阳市蓝城区霖磐镇）学生林敦厚之父林万茂书欧阳修诗《大热》："阳晖烁四野，万里织云收。羲和困路远，正午当空留。枝条不动影，草木皆含愁。蜩蝉一何微，嗟尔徒获秋。"

按：同时还有许维城书李白诗《陪族叔刑部侍郎晔及中书贾舍人至游洞庭五首》（一）：洞庭西望楚江分，水尽南天不见云。日落长沙秋色远，不知何处吊湘君。

周南书：隐隐飞桥隔野烟，石矶西畔问渔船。桃花尽日随流水，洞在青溪何处边？（张旭《桃花溪》）

原作损毁，仅剩"……烟石矶石畔问渔……流水洞在青溪何处……？……太翁正，雅庭周南"。

郭颖书：岁丙午读书天……寺占哔之暇戏与友人赛五经生意市坊间印格

吴雨三、许维城、周南、郭颖同为榕江学堂教员，揭阳名书家。

夏，雨三女儿韵香归宁，雨三为作书欧阳修诗《荒城草树多阴暗》。

十月廿六日，雨三夫人六十寿辰，子让美，小女儿韵香，女孙植娟同到礜石祝寿。廿七日，到汕头合影留念。雨三记云："民国十五年十月廿六日，韵香母年六十，居于礜石在建涧庐，此时让美、韵香、植娟同来庆祝，明日乃到汕头映此相片，虽曰区区小

---

① 乙丑年十一月廿二日为公元 1926 年 1 月 6 日，泽庵卒年也作 1926 年。

物，要亦足以留念云！人隐老人记，时年六一。"[1]

十二月十六日，雨三于画工杜谨为其所绘之像背上录黄鸿宾《漫题雨三君雅照》：大吴小吴，艺各擅长。小以诗画胜，大以文字扬。难兄难弟，一与颉颃，呼嗟！大吴小吴，元方季方。

是年雨三始编《泽庵诗集》，注泽庵《赠钝剑用钝剑见赠韵》：乙丑十一月廿日梅禅卒时，天梅已先四月谢世，天何夺我梅花之连耶！书竟为之鸣咽。

仲冬，潮安戴贞素[2]作《吴君泽庵遗集序》。

是年龙岭竹祖公厅建成，雨三为题匾"竹祖公厅"。[3]

龙岭乡"荣裕公厅"照壁有雨三书姜夔诗词三幅，为："花里藏仙宅，簾边驻客舟。浦涵沧海润，云接洞庭秋""斯文准乾坤，作者难屈指。我从郭李游，知有徐孺子，雨三霖再""春点疏梅雨后枝，剪灯心事稍寒时，市桥携手步迟迟，蜜炬来时人更好，玉笙吹彻夜何其，东风落屐不成归。"

是年礐石中学、小学、妇学皆因受汕头学潮影响停办一年。

为了响应政府的倡议，礐石浸信会内部有合办礐石中学和正光女学的提议。雨三对此颇不以为然，但认为这是社会发展的大势所趋，只能默默接受。

民国十六年丁卯（1927年）　雨三62岁

雨三馆礐石。

夏，岭东浸信会大年会，表决将两校合办，定名为角光中学，由董事十五人会议，聘请林郁初先生为校长，负责聘请教职员，招生开学，是角中正光合办而成本校之新纪元，于兹数年，堂员之多，学生之众，校舍之广，设备之周，崭然成为岭海不可多觏之学府也。[4]

端午日，芸香至礐石，雨三为其作扇面墨兰，题曰："丁卯夏五端阳父五日为芸香女儿来作此记，雨书于角石在涧庐。"背面隶书："故人具鸡黍，邀我至田家，绿树村边合，书芸香女子拂，父写。"

雨三于《妇女杂志》第二卷第一号"中外大事记"中《民国四年之中国》中写下："此即袁世凯欲称帝，日本以廿一条款要求承认者。今日每年五四运动即此是也。丁卯雨三记""民十六报言微祥在比国为公使已去职，不欲归而为耶教之神父，亦奇矣！雨记。"

---

① 见原件《题记》。

② 戴贞素（1883~1951），字祺孙，号仙俦。潮安归湖溪口人。能诗词，擅书法。诗文清新隽永。书法初学苏东坡、赵子昂，后融合《黑女碑》，运笔刚劲雄健，清脱俊逸，流畅含蓄，自成一体。曾就读北京大学，后因母病重辍学回家。民国元年（1912年）起于潮州城南高等小学、韩山师范、金山中学、潮安县立中学等校任教，毕生从事教育事业，在潮汕一带颇有文名。著有《听鹃楼诗钞》。

③ 龙岭乡尚有"荣裕公厅""占先公祠""松竹公祠""松祖公厅""竹祖公祠""仰德善堂""真龙岭"等匾额，皆为雨三所书，具体年代无考。

④ 《礐光中学史略》第36页，角光中学出版。

又在"记述门"中《牯岭五日记》题下注:"笔极雅洁,可为游记之式。"

民国十七年戊辰(1928 年) 雨三 63 岁

雨三馆礐石。

元宵节前五日,泽庵之弟子吴芝峰(植昆)为雨三夫人何淑芳绘像。落款:民国十七年元宵前五日,侄孙式崑绘,钤印:式崑书画(白文)。① 几年后雨三像背面题:"何氏性慈蔼②,作事果断。一生自量,不敢希冀非分,故从予③一世,虽无甚荣华,④而亦无大辛苦。民国二十年辛未十一月初七日酉时因胃病卒于家,年六十五。余尚在角石舌耕,以后即为鳏鱼之人矣。壬申二月十二日雨三年六七记。"

正月十日,闻女儿芸香将大头岭墟铺租与人作赌博之用,示书劝其收回。

四月十七日(1928 年 6 月 4 日),张作霖乘火车路过沈阳附近的皇姑屯时,被日本军队用预先埋下的炸药炸死,这就是日本制造的皇姑屯事件。雨三与女儿韵香信中曾提及此事。

五月一日,桂岭顶下会为争取桂岭墟所有权而械斗,互有死伤,雨三示书芸香女儿,言语间极关心家乡事。

揭阳桂岭基督教堂创办高小学校一所,传道兼教员为李有迪、陈茂德。斯时,负笈来校者,竟达七十余人,亦云盛矣。讵料是夏,红白旗⑤械斗,致教堂被毁,一切器物,为之一空。旋由揭区及岭东诸执委,向各方交涉,经毛知事(毛崎)判处赔偿修复。⑥

冬,吴文献之妻魏佩琼疾终,吴文献将其生平言行之有可纪者著于篇章,征求海内能文之士悼亡诗文。汇印成册分送友朋,名为《吴嫂魏夫人追思录》,以表谢其唁吊之盛情,并以寄托一己之哀思。雨三为作跋。

是年芸香于龙岭办学,良娥、植娟到龙岭读书,雨三分别写信与芸香,良娥、植娟,关怀其起居生活及为人处世。

是年,雨三于一笔筒上刻"人隐"两字,款题"民国一十七年刊"。

蔡竹铭《小瀛壶仙馆诗府》刊雨三《答蔡瀛壶见赠原玉并柬朱粥叟邂庸两先生》,蔡竹铭《赠吴雨三泽庵》,江苏朱家驿粥叟《次赠吴雨三昆玉元韵柬瀛壶居士》,江苏朱家驹邂叟《诗大集赠吴君雨三泽庵两先生作齿及走兄弟次元韵代简》。

民国十八年己巳(1929 年) 雨三 64 岁

雨三馆礐石。芸香于家乡办学。父女常通书信。

---

① 因抄录关系,《人隐庐集》中《吴雨三、吴泽庵编年事辑》误将该作系年为民国五年丙辰,第 162 页。现更正。
② 因抄录关系,《人隐庐集》第 110、162 页中该题缺"蔼"字,现补上。
③ 因抄录关系,《人隐庐集》第 110、162 页中该题"予"字误为"重"字,现更正。
④ 因抄录关系,《人隐庐集》第 110、162 页中该题"华"字误为"作"字,现更正。
⑤ 桂岭于当时分为顶会与下会,顶会由豪厝围、新置寨、大头岭、双山、龙岭、大岭等十三乡组成,曰集和乡,旗帜为白旗;下会由围头、港尾、鸟围等组成,曰智勇乡,旗帜为红旗,因为桂岭墟所有权常发生械斗。
⑥ 《岭东浸信会七十周年纪念特刊》1936 年 12 月 20 日。

雨三与女儿芸香信中提到"李济深为蒋介石扣留，湖北发生战争。"

雨三患目疾。

四月左右，不能提笔作书，书信由长孙植添代书。欲编《政治知囊》，因目不能事之，乃让龙岭女儿芸香与侄女良娥代编。

四月，龙岭与港尾又起械斗。

雨三示书芸香女儿，付《兴华报》二册。

雨三又患头疮，用水棉油抹之，渐愈。

五月十八日开始，雨三趁学校放假，为刚到礐石的磊落牧师的女儿讲三国，每天早上讲两个小时。雨三以为"藉此以谈中国及西方事，亦一快也"。

吴文献《吴嫂魏夫人追思录》成书。送雨三两册。

十一月十一日雨三于礐石寄一册回家乡与女儿芸香、侄女良娥"共研究之"。

民国十九年庚午（1930年）　雨三65岁

雨三馆礐石，夫人居双山。

春，书录王阳明诗轴（四帧）与长孙式添（植添）。

七月一日，为式添（植添）孙儿作《兰石图》两幅。题："庚午秋七月一日，余自揭来礐石，因家香谷年六十，到县写屏，该屏是乡中人做送，属余书写作者在邑带来索书画者之纸多张，泼墨横刀，时孙植添请画，因记之。"

七月十一日（9月3日），作《兰》，题："雨三氏民十九九月三号作，盖阎锡山、冯玉祥、张学良在北平开扩大会议反对蒋介石云。"

冬，雨三跋泽庵所作贴笔筒之墨竹小品："此画为泽庵所作而贴于笔筒者，计自泽死后，凡有所作皆收藏之兹同口口也。庚午冬雨三记时年六五。"

是年美国浸信会传入岭东七十周年纪念。

民国二十年辛未（1931年）　雨三66岁

雨三馆礐石。

夏，林宪殁，雨三于林宪甲子年（1924）所赠春联小册页中跋曰："林则原老所书，宜存之，因此老亦佳书人。林名宪，曾为榕江校长，予与同事多年，民二十年暑天终。年七十。"

十一月初七，雨三夫人何淑芳因胃病卒，年六十五。

民国二十一年壬申（1932年）　雨三67岁

雨三馆礐石。

一月一日，《岭东浸信会七十周年纪念特刊》编辑委员会同人合影，计有陈复衡、吴雨三、陈乙山、纪纲、罗锡碬、林郁初。

二月十二日，雨三题夫人何淑芳像。

六月，《岭东浸信会七十周年纪念特刊》出版，吴雨三序。

七月，潭前王香涛（字岩叟）绘《松鹿图》赠卢和仁，雨三题"鹿鸣宴宾图。潭前王岩叟为和仁先生画，笔墨整洁……呦呦食苹……之……因题数……归之，壬申秋七……雨三书于人隐庐"。

九月，雨三书四轴赠女婿卢通苞。内容为《陵海吴氏族谱》中之治家格言。

是年雨三得水肿病，一切功课由小女儿芸香代任。

是年卢通苞之父和仁居故里龙岭（前居暹罗），雨三书欧阳修诗四轴中堂相赠。

民国二十二年癸酉（1933 年）　　雨三 68 岁

雨三居礜石。

五月二十八日，重抄五十岁友朋为之所作像赞并跋。

是年雨三得肿病又添偏枯，孙女植娟照料。

岁末回故里双山人隐庐。

是年作联："山居且让孙思邈，市隐无惭韩伯休。"

又："地僻门常闭，心闲境自宽。"

黄鸿宾《梦中梦楼诗文集》稿本完成。中有泽庵《题〈梦中梦楼诗文集〉》，黄鸿宾《怀吴泽庵》《寄吴泽庵》《遥忆泽庵客安南》《漫题雨三君雅照》。

民国二十三年甲戌（1934 年）　　雨三 69 岁

雨三居故里双山人隐庐。

桂岭客洞村王道建（石母守约学校学生，雨三、泽庵弟子）建"熙庐"（今桂岭客洞村三壁连厅座 5 号"熙庐"），请雨三题书法二幅，刻于照壁，内容为：

一："绿阴一片，黄鸟数声。乍雨乍晴，不寒不暖。老夫非雅非俗，半醉半醒，如从鹤背飞下。雨三书。"此作内容是《小窗幽记》卷六《集景》中的句子，原句是"绿阴一片，黄鸟数声，乍晴乍雨，不暖不寒，坐间非雅非俗，半醉半醒，尔时如从鹤背飞下耳"。雨三书作中改了几字，可以看作他在书写这幅作品时的心态，作品也体现了闲适的笔调。

二："梅先天下迎春，以韵胜格高，故世慕其洁，至假神仙以为喻，只合一生低首拜之，雨三。"

是年雨三编《泽庵诗集》完毕，高吹万为《泽庵诗集》点定。

二月，雨三作《题邦彦兰》焦墨兰册页一，跋。

六月，泽庵之子连英结婚，其二娘杨幼卿由安南归，出资大洋五百付印《泽庵诗集》。

九月二日，谭愚生为《泽庵诗集》作序。

九月二十日，雨三为《泽庵诗集》作《书后》。

《泽庵诗集·自传》"癸丑"后也为雨三公续之，并《跋》、题签。

十月，雨三作《金底墨兰》四帧。

是年又作《盆兰》，题云："余逢甲戌忽忽六十九春秋矣！自去年得肿病又添偏枯，几成废人，幸女孙植娟来家扶提，遂有起衰衰之望，书此志之。雨三。"

十一月廿一日，雨三逝于家乡双山。葬桂岭挨礜石山上。墓后遭开荒，被毁。

评论吴雨三、吴泽庵书画。

九月廿五至廿六（11月8～9日），2012年区域基督教研究与中国文明社会发展系列学术会议在汕头大学学术交流服务中心3号会议室举行，会议由汕头大学文学院基督教研究中心主办，中国社会科学院基督教研究中心和汕头大学、香港中文大学联合基督教研究中心协办。广州大学十三行研究中心讲师、博士蔡香玉提交了论文《岭东浸信会吴雨三的教女经（婚姻篇）》①，并在会上作了介绍，吴晓峰应邀参加会议，在会议上介绍了吴雨三、吴泽庵。

2013年　癸巳

八月，江苏省南社研究会出版《江苏南社研究廿周年纪念文集》，刊吴晓峰、欧俊勇撰《自闶幽芳迟古月　睁持冷眼睨严冬——吴泽庵书画述略》②。全面介绍吴泽庵的生平、思想和书画艺术。

2014年　甲午

六月，蔡香玉著《坚韧与守望——近代韩江下游的福音姿娘》由三联书店出版。书中第八章为"吴雨三的教女经"，论述吴雨三书信。③

九月廿日（2014年11月12日），吴晓峰填写《潮汕文库》大型丛书典籍系列课题立项书，课题为《人隐庐集》辑校。本课题以民国二十三年（1934年）汕头五洲印务公司出版《泽庵诗集》为底本参校，补充本人（吴晓峰）从《南社》《国学丛选》等文献所辑吴泽庵诗、文、词，以及吴雨三诗文，因其兄弟皆署"人隐庐"，定名《人隐庐集》。

12月，潮汕历史文化研究中心主办之《潮学集刊》刊陈嘉顺论文《在世俗与信仰之间：吴雨三家书读后》④，该文从吴雨三家书解读入手，结合其书画作品，通过对吴雨三这位民国年间信仰基督教的中学教师晚年生活的观察，从信仰与职业、身体状况、家庭生活、兄弟亲情、应酬与交游，以及对家乡社会的关注等方面展开讨论，再现当时其在世俗与信仰之间的生活场景，让我们看到了一位虔诚基督教徒细腻的内心世界。

2015年　乙未

正月十九日（2015年3月9日），潮汕历史文化研究中心通过《人隐庐集》立项。

七月廿八（9月10日），潮汕历史文化研究中心通过2015年度潮汕历史文化研究课题"吴雨三书信辑录与研究"立项，项目编号：15ZZ07。

2016年　丙申

十月（11月9日），《人隐庐集》由暨南大学出版社出版。

责任编辑：陈嘉顺

① 汕头大学：《基督宗教与文明人格的培育》，汕头大学出版社，2012，第242～252页。
② 江苏省南社研究会：《江苏南社研究廿周年纪念文集》，文汇出版社，2014，第195～204页。
③ 蔡香玉：《坚韧与守望——近代韩江下游的福音姿娘》，三联书店，2014，第207～222页。
④ 陈景熙主编《潮学集刊》第三辑，社会科学文献出版社，2014，第269～281页。

周光镐甘宁边塞诗研究[*]

周濯缨^{**}

摘 要： 周光镐甘宁边塞诗的主要内容包括边塞风光的描写、戍边征战场景的描写、民风民情的描写，以及文武官员巡边唱酬及送别之作。这些诗歌反映了他矛盾的守边心态，既渴望有更大建树，而理想又背离现实；思乡心切，而又念主恩未报。他的诗歌沉郁含蓄，以征实的手法记叙他的所闻所感，又能以诗证史，情感真挚。

关键词： 明 周光镐 边塞诗 甘肃 宁夏

引 言

边塞诗一直被认为是盛唐诗的重要题材，事实上边塞诗的传统可以追溯至诗经，《小雅·采薇》《小雅·六月》展现了战争生活的真实面貌，《唐风·鸨羽》《王风·君子于役》则更多表现了征战戍边所造成的人们复杂的情感世界。汉魏南北朝时期的战乱频繁，更是出现了很多边塞诗，如汉乐府《十五从军行》、鲍照《代出自蓟北门行》和曹植《白马篇》等。到盛唐，国力强盛，军威四震，投笔边塞、建功立业成为文人除参加科举考试之外的出路之一，在这个恰是边境相对和平的时代出现了大量的边塞诗和伟大的边塞诗人，如王昌龄、岑参、高适，他们以大漠塞外为背景，以瑰玮奇丽的色调，寄托他们昂扬的爱国主义和英雄主义，寄托他们为国捐躯的豪情壮志，他们的诗作

* 本文得到华侨大学刘美燕老师的悉心指导，特此鸣谢！

** 周濯缨，女，广东汕头人，1994年生，华南师范大学文学院中国古代文学专业硕士研究生。

慷慨悲壮中又有浑融奇丽，他们的成就前无古人后无来者。① 确实，盛唐边塞诗是历代边塞诗中不能企及的高峰。

除了盛唐边塞诗的创作高度之外，之后各朝代也出现了不少边塞诗，明代边塞诗也有其不同的内容和特点。明朝是中国经济实力最强大的朝代，但这样一个曾经在万历初期贯朽粟陈的大国，却在经济最发达、国力最强盛的时候走向衰亡，除了与结党纷争、朝政混乱有关，明朝的边境问题也是导致国家走向败落的重要原因之一。因此，明朝的边塞诗不同于盛唐的边塞诗，加入了更多的现实因素，削弱了昂扬磅礴的兴象，比起建功立业的壮志，表现的却是一种风雨飘摇的窘迫困境，又或是一种由盛转衰、心有余而力不足的无奈。因此，从历史背景和诗歌内容及其面貌的原因来看，明朝边塞诗都有其研究价值。

明朝边塞诗的相关学术研究并不是很多，学者主要从四方面入手：一是对明代边塞诗总括性的研究。周啸天《略论明代的边防诗》、蒋鹏举《明代边防诗特色简论》② 都用"边防诗"来区别于唐人的边塞诗，边防诗包括北部边防的边塞诗和东南沿海的海防诗。北部边塞诗基本上沿袭了唐代边塞诗的传统，诗歌悲凉慷慨、婉转缠绵，东南海防诗自开新境，具有清新流丽、愤激颓放的特色。北部边塞诗的代表诗人有前七子李梦阳，后七子李攀龙、谢榛等。东南边防诗则多出于抗倭将士之手，如戚继光、胡宗宪。二是侧重宁夏、青海北部边防诗的研究。梁祖萍、卢有明《明代宁夏边塞诗创作题材略论》对明代宁夏边塞诗的创作题材进行分析，以明代戍边宁夏官员为主体的群体创作了大量的边塞诗，具有鲜明的宁夏地域文化特色，诗歌题材丰富。③ 卢有明《明代宁夏边塞诗研究》从三个部分对明代宁夏边塞诗进行研究论述，包括宁夏边塞诗的产生和创作情况、题材及艺术特色。④ 赵宗福《明代青海边塞诗》重点探讨青海边塞诗的内容，包括英雄的慨叹、战争的描写、现实的不平之鸣和对青海河山的讴歌等方面。⑤ 三是关于东南海防诗的研究。上文提到的蒋鹏举、周啸天二人对明代边防诗的研究中均有涉及东南海防诗，并列举了参与抗倭并创作海防诗的诗人，如徐渭、戚继光、胡宗宪等。除此之外，并没有对东南海防诗进行总结性的研究，只有张慧琼《明代抗倭儒将唐顺之及其海防诗创作》⑥ 是关于东南海防诗的较有针对性的研究。四是对个体诗人的边防诗研究。上文提到的张慧琼的《明代抗倭儒将唐顺之及其海防诗创作》对唐顺之

---

① 本段参考周啸天《略论明代的边防诗》，《西南民族学院学报》（哲学社会科学版）总 22 卷，2001 年第 1 期。

② 蒋鹏举：《明代边防诗特色简论》，《聊城大学学报》（社会科学版）2008 年第 6 期。

③ 梁祖萍、卢有明：《明代宁夏边塞诗创作题材略论》，《宁夏大学学报》（人文社会科学版）第 36 卷，2014 年第 4 期。

④ 卢有明：《明代宁夏边塞诗研究》，硕士学位论文，宁夏大学，2012。

⑤ 赵宗福：《明代青海边塞诗》，《青海师范大学学报》（哲学社会科学版）1982 年第 4 期。

⑥ 张慧琼：《明代抗倭儒将唐顺之及其海防诗创作》，《常州工学院学报》（社会科学版）第 31 卷，2013 年第 4 期。

海防诗的丰富内容进行分析。此外还有王娜《论何孟春的边塞诗》①、陈作宏《浅论翁万达的边塞诗》②、李利军《复兴于末流的徐渭边塞诗》③ 等都分析了有关诗人边防诗的内容及艺术特色。

上述文章对于研究明朝的边塞诗的诗歌面貌有其重要意义，但这些研究大多只是简略地叙述，为我们呈现了明朝边塞诗整体风貌，却很少有针对性的分析，欠缺对诗人心态的细腻分析。而明朝边塞诗与盛唐边塞诗的不同之处正在于诗人群体的心态，明朝边防诗多出于戍边官员之手，他们的戍边工作艰险困苦，在明朝内外交困的危亡时期，他们的诗歌也拥揽边塞风景，但他们内心的强烈矛盾让他们少有轻松闲暇。因此，对明朝的边塞诗有关诗人及其作品进行具体的有针对性的分析研究，还是具有一定的研究价值。

周光镐作为万历年间重要的边臣，在哱拜之乱初定之后，担任宁夏巡抚要职，处理军政事务，恢复民生，数次得到朝廷褒奖，最后升大理寺卿。他长期在边疆进行戍边征战，也写下了很多边塞诗，同期著名诗人梅鼎祚称赞其诗，认为《出峡草》辞恬穆而清和，《渡泸草》则辞鸿肆而瑰伟；本恬穆而鸿肆，由清和而瑰伟。他以边臣的视角写下的甘宁边塞诗，真实深刻地记录他的所闻所感，通过他的诗歌，我们可以窥见明朝万历年间的一段历史，感受史书中无法具体详细描写的史实以及边臣将士们复杂矛盾的情感，用诗印证历史，从而使读者更能认识有血有肉的历史，也有助于丰富明代乃至中国历代边塞诗的研究，为北部边塞诗的研究提供新的个例，这是周光镐边塞诗的研究意义和价值。

一　周光镐守边经历与诗文创作

周光镐（1536—1616 年），字国雍，号耿西，广东潮州府潮阳县桃溪乡（今汕头潮南区桃溪乡）人，其远祖为宋理学大家周敦颐。隆庆五年（1571 年）进士，观政刑部，六年冬赴任宁波推官，万历三年秋迁南京户部主事，万历九年出任顺庆知府。万历十四年，川南建昌、越嶲一带夷族头领煽乱，四川巡抚徐元太请于朝，决计用兵讨伐，周光镐升调建昌兵备道兼征南监军。万历二十年七月，宁夏镇原副总兵哱拜父子叛乱，锋芒甚锐，以致"全陕震动，朝廷以临巩为夷夏咽喉"，周光镐由四川右参政升为陕西按察使，兵备临巩道，驻皋兰。万历二十一年九月，哱拜乱平定后，宁夏残破，境外鞑靼武装势力虎视眈眈，朝廷敕命周光镐加都察院右佥都御史衔，巡抚宁夏，赞理军务。在两年多的巡抚任内，周光镐采取正确的军政方针，审时度势，以大

---

① 王娜：《论何孟春的边塞诗》，《时代文学·古典文学漫步》2012 年 2 月（下半月）。
② 陈作宏：《浅论翁万达的边塞诗》，《韩山师范学院学报》第 36 卷，2015 年第 1 期。
③ 李利军：《复兴于末流的徐渭边塞诗》，《天水师范学院学报》第 33 卷，2013 年第 1 期。

局为重，宁夏防务稳固，还曾数次获胜，先后得到朝廷五次褒赏。时神宗猜忌大臣，儿戏朝纲，政事日非，且周光镐离家日久，疾病缠身，故三疏乞休。万历二十三年十一月，朝廷召命周光镐为大理寺卿，翌年三月，周光镐上辞大理寺卿奏疏，乞休归里，从此未再出山。①

周光镐善诗文，著有《明农山堂集》② 四十九卷，《诗草》十五卷，《文草》三十四卷，凡四十九卷。饶宗颐评价《明农山堂集》为"潮州名人专集称完备者，此最为巨著矣。"③

学者对周光镐的研究多集中于周光镐的生平和政绩。郑焕隆《〈周光镐诗文选注〉前言——浅论周光镐及其诗文》中对周光镐一生事功行迹加以综合述论，对周光镐在平建昌、越嶲夷乱中展现的文韬武略、在就任宁夏巡抚时的审时度势，以及朝政党争混乱时的急流勇退等都表达了赞赏之情。周修东《影印〈明农山堂集〉前言》按照时间顺序综述周光镐的生平，同时也探讨了《明农山堂集》的版本、撰著时间问题，对诗文的内容、艺术性作简要分析概括。周泽彬《周光镐与建越夷乱》④ 中阐述了明万历十四年周光镐作为建昌兵备道兼征南军监军对平建越夷乱在军事参谋、监督方面所作出的巨大贡献，突出表现其政治、军事才能。周修东的《潮人异地为官的文化互动和促进——以明潮阳人周光镐在宁波、南京、四川为官时的文化活动为例》⑤ 中阐述了周光镐在出仕前的文化学术背景、服官时与当地官绅的文化互动和促进，和致仕后对家乡的文化反哺。

周光镐并非文人，实为朝廷官员，诗文只是从政的"余事"，但因一生宦游四海，阅历丰富，所以诗歌创作水平有一定的现实关怀、思想意义和艺术成就。光镐诗学杜，源于《颂》："故节而能守，序而有度，恢恢乎游刃中程。"⑥ 经过与当时诗界名流的交往唱酬并得到他们的奖掖游扬，周光镐的诗歌水平得到促进提高，也受到当时诗坛的好评。周光镐门人吴仕训在《明农草序》中称："新都汪司马（汪道昆）雁行李（李攀龙）王（王世贞），每目公为作者。"⑦ 海阳人、户部左侍郎林熙春亦称"新都（汪道昆）亦自以为鼎狎齐盟。"⑧ 同时诗人梅鼎祚评其诗，认为《出峡草》辞恬穆而清和，

---

① 本段参考郑焕隆《周光镐诗文选注》和周修东《〈明农山堂集〉前言》。郑焕隆：《周光镐诗文选注》，广东人民出版社，2000。周光镐：《明农山堂集》，载和潮文化交流中心编《和潮文献丛书》（第一辑），博士苑出版社，2013。

② 周光镐：《明农山堂集》，1983，泰国影印甲寅本。

③ 出自饶宗颐《潮州艺文志》卷十二《集部·别集部·明》，上海古籍出版社，1994，第448页。

④ 周泽彬：《周光镐与建越夷乱》，《潮学研究》新二卷第一期，2012年6月，第28~39页。

⑤ 周修东：《潮人异地为官的文化互动和促进——以明潮阳人周光镐在宁波、南京、四川为官时的文化活动为例》，第十届潮学国际研讨会会议论文，2013年5月，第311~327页。

⑥ 吴仕训：《明农草序》，《明农山堂集·卷首》。

⑦ 吴仕训：《明农草序》，《明农山堂集·卷首》。

⑧ 林熙春：《海日篇为大廷尉耿西周先生寿》，《林忠宣公全集》卷六。

《渡泸草》则辞鸿肆而瑰傀；本恬穆而鸿肆，由清和而瑰傀。① 郭子章评《渡泸草》曰："横槊赋咏，悲啸雄峭。即《草堂》《夔府》《赤甲》《白帝》诸作，曾莫是逾，庶几追葛、杜而三之矣。"② 方沆评曰："歌行气雄浑，而兼撮拾遗、青莲之秀；五七言近体，友人梅禹金谓其辞恬穆而清和，鸿肆而瑰傀。知言哉。"③ 其诗古文辞与同邑提学副使林大春相伯仲，福建诗人徐兴公则称"潮阳前有周廷尉（光镐）善鸣，今则屈指光卿（吴仕训）。"④ 清乾隆三十六年，翰林院侍读学士翁方纲督学东广，学官尝呈览，尝为题跋，称："廷尉白沙弟子，而发之于经济，其贺兰诸疏指陈边政，可补史事。"冯奉初编《潮州耆旧集》对周光镐评价颇高："公少承家学，师事永丰吕巾石，为白沙、甘泉私淑弟子，恂恂儒者也。一旦手握兵符，南征越嶲，出奇制胜，竟能使孟获就擒，侨如授首。当夫扣舷邛海，横槊相山，其《渡泸》《出峡》诸草，渊渊作金石声，庶几儒将风流哉。迨开府宁夏，当哱乱初平，疮痍未复，边尘四起，套房纵横，其难百倍于越嶲矣。公意在养元气，而不在建奇功。任事三年，内治严明，慎固封守，不得已而后以兵应之，而不以小胜为能，深得《大雅》'薄伐严狁，至于太原'之意。其见之章奏者，忧深虑远，未雨绸缪，哓哓然如闻飘摇风雨之音焉。告归后，为德于乡者垂二十年。著作甚富，汪伯玉拟其文于信阳（何景明）、北地（李梦阳）之间。"⑤ 民国国学大师饶锷和其子饶宗颐将周光镐的《明农山堂集》书目收录进《潮州艺文志》，并作简单介绍，"翁覃溪（方纲）题此集，讥其寿序贺启太多，不知纪言述行，苟非向壁虚造，亦足与史传相参证。其为本邑人作者，尤足为一乡文献之征。"⑥

以上为古代至近代文人学者对周光镐诗文的评价，从这些评价中都能看出周光镐诗文水平颇为不俗。潮汕地区潮湿，古籍难以保存，至民国三年甲寅（1914 年）仅裔孙泗水周氏廿二世耀南存有家藏孤本，因聘盐城印鸾章校勘，题作《明农山堂集》，曾晦之题签，付商务书局印刷数百本，"分赠友好及族中智识之士，以资阅读，追祀思源。"⑦ 但印数较少，不易翻阅；又因周光镐处于乱世，诗作并没有广泛流传，因此研究甚少。直到 20 世纪末，潮学学者郑焕隆才选注周光镐诗文编著为《周光镐诗文选注》一书，其中选取了一部分边塞诗并加以评析，并对其诗文的思想内容、艺术性和文献资料价值进行阐述，才使得周光镐的诗文成就得以逐步展现在更广大读者面前。但郑焕隆选注的边塞诗只是周光镐边塞诗中很少的一部分，因此本文以《明农山堂集》1983 年泰国影印甲寅本作为参考。

---

① 梅鼎祚：《西征草》小序，《明农山堂集·卷首》。
② 郭子章：《渡泸草序》，《明农山堂集·卷首》。
③ 方沆：《大廷尉周国雍先生集》序，《明农山堂集·卷首》。
④ 徐㷭：《长溪小草》，《徐氏笔精》卷三。
⑤ 冯奉初：《〈明农山堂草〉题词》，《潮州耆旧集》卷二十六《周大理名农堂集》卷首。
⑥ 《潮州艺文志》卷十二《集部·别集部·明》，第 448 页。
⑦ 周耀南：《重刻〈明农山堂汇草〉全集缘起》，《明农山堂集》卷首。此段参考周修东《影印〈明农山堂集〉前言》。

总的来说，关于周光镐的研究都集中于他的生平和政绩，虽然同时诗人及后世学者对于周光镐的诗文有所褒扬，但对他的诗文的分析研究仍然寥寥可数。

周光镐虽是文官，但因从政生涯中一大半时间是与征战戍边有关的，所以写下了不少边塞诗。《明农山堂集诗草》共十五卷，收诗一千二十余首，其中边塞诗主要收于《渡泸草》二卷和《皋兰、贺兰草》一卷这三卷中。《渡泸草》为周光镐万历十四年秋至十五年平定建越西南夷乱时所作诗，《皋兰草》和《贺兰草》则为周光镐万历二十一年至二十四年在甘肃、宁夏为官时所作，可见周光镐的边塞诗内容丰富，而上述关于明朝边塞诗研究却均未涉及周光镐的有关边塞诗。从明朝边防诗的研究角度和周光镐的诗文水平来看，周光镐的边塞诗研究还是有其学术研究价值和艺术欣赏价值。

二 周光镐甘宁边塞诗歌主要内容

周光镐边塞诗内容丰富，他亲历边塞沙场，长年为官于边境，本文主要探讨周光镐在甘肃、宁夏为官期间创作的边塞诗，即《皋兰草》和《贺兰草》这一卷的内容，起于万历二十一年秋赴任临巩，讫于万历二十四年四月升任大理寺卿之时。而这段时间正是万历三大征之一的哱拜之乱初平，宁夏残破，百废待兴，而境外鞑靼势力虎视眈眈随时可能进犯、暂时和平又危机四伏的时期，周光镐以其亲身经历及最直接的感触，创作了内容丰富、深具特色的边塞诗。

周光镐边塞诗主要分为以下四种类型。

（一）对边塞风光的描写

周光镐诗歌中有大量描写塞外风景的诗句，如，"山拥乱云横峭壁，日含疏雨射回溪"（《翠华馆》）[1]、"云淡天河入素秋，微茫月上海西头。"（《临洮七夕二绝》）、"西出熙河古戍邮，悲笳明月隐高楼。近塞荒郊寒寂寂，萦河高柳碧柔柔。"（《宁河邮馆》）、"塞外稀南鸿，湟中多白草。"（《临镜》）、"山色西连关气紫，河声北注陇云寒。天晴万树排高浪，日落长桥枕碧澜。"（《春日皋兰山登眺》）等，这些诗句继承了盛唐边塞诗的意境壮阔之美，沙海、淡云、天河、穹窿、荒郊、峭壁，由天入地，由远及近，视野广袤辽远宛如写意长卷，而于细处景致又一一着笔，疏雨、回溪、丰茸、白草、柔柳、烽火、片月，写意皋兰中又可见工笔点缀之细腻。除了自然的静态的描写，诗人又于瑰丽奇伟的西北塞外风景中吹生出声息，如《从军行》中"风吹沙海铁衣鸣，草满平原猎骑横。天外一声秋镝过，双雕罗处暮云平。"特别是后一句，由弹弦的一声响，声音伴随镝箭划破天际，将视野由远处的草原拉向更远的日落云平处。又如，《定羌道上》：

---

[1] 《明农山堂集》诗卷九。以下没有出注俱出自该卷。

千山麦垄尽黄云，牧子樵歌远近闻。日暮旌旗过渭水，笳声吹入海西军。

《立秋夕二绝》：

一夜秋霜匣剑鸣，榆关无限入边声。河流远曳龙沙塞，片月凉生骠骑营。生来惯作悲秋客，塞上逢秋老更悲。鸿雁数声孤角断，凉风初入汉旌旗。

以通感的修辞手法流动地拉伸远景近景，自然而不着痕迹，微妙的情感也浑融于间。

（二）战士征战守边的场面和气概

如"组练日光波上下，招摇嫖起影徘徊。赫连河畔春烟合，拓拨城边汉帜开。"（《黄河观兵舟次赠征西萧将军》）、"清霜列戟贺兰隈，鼓角秋严汉将台。灵武天低兵气合，河魁星动阵云开。"（《秋兴其二》），诗人喜用星云、日光等来展现战士们训练时整齐划一的精干刚健，同时又结合战场周围生动的风景或天气现象，如城墙上迎风展立的旗旆，交相弥漫的春烟烽火，展现一幅气势磅礴的练兵图，又或用秋霜的白茫清厉渲染开战前的紧张气氛，雄浑鸿肆。

又如《马兰坡行》：

长城何蠹蠹，黄河冰稜稜。忽报单于动，将军急点兵。终朝吹觱篥，按籍多虚名。捉马如堵墙，马骨高峻嶒。不听辕门挑猛卒，但闻阵上枹鼓鸣。烽火西传青海箭，旌旗夜拔天山营。四望胡尘何莽莽，三秋杀气转纵横。塞外初传夜搞虏，将骄不识兵士苦。走却千羊失一狼，甲鍪朝弃齐熊耳。马兰归骑矢如飞，榆塞奔军泪如雨。明报辕门忽露章，失师殒将俱无伤。傍人佐斗翻不保，却令井李代桃僵。桓桓故将军，归射南山虎。夜行莫受醉尉侮。

此诗以纪实的手法，描写了一次战事，而且是一次掩败为胜的战事。万历二十年八月鞑靼卜失兔部从榆林入犯邻边，延绥守军败北，"失师殒将"，但延绥巡抚李春光却谎报军情，隐匿败绩，反诬宁夏援军救援不力，致宁夏总兵萧如薰等被免职。诗人先扬后抑，以战士们英勇杀敌的气势，衬托战败兵苦、将骄无伤的荒唐之事，悲壮中更有悲凉。最后诗人用"桓桓故将军"，即李广，代指萧如薰，表达对他的尊敬惋惜，同时也是用委婉隐曲的议论表达对朝廷和边臣好大喜功的失望情绪。

（三）对民风民情的描写

哱拜之乱后，农业生产百废待兴，人民生活暂时回归和平。《银川驿大雪时三月初旬》：

> 枹罕经年无雨雪，银川一夜遍琼瑶。旌旂晓拂河流白，首宿初肥塞马骄。乱后野烟生战垒，春来麦垄长新苗。凭谁更上屯田策，氛祲于今喜渐消。

一夜白雪降临的湿润让麦垄长出新苗，也让人们对生活有了新的期待，诗人用质朴的诗句描写了战后人民的生活，不同于苦难的哀诉，周光镐笔下的更多是新生。又如《高原夕眺》：

> 雉雉麦垄秀油油，满地河声不断流。无数人烟依岸坷，榆阴波影上边楼。万顷高原绿穗稠，平看绕廓夏河流。眼前无限沟中瘠，起色全凭大有秋。绿浪黄云一望盈，十年荒祯更征兵。于今莫羡庚桑垒，况是胡奴指日平。

前面一首是春意盎然的新生，这一首则又呈现了麦浪滚滚的秋日丰收图，两个季节过去，百姓的生活和军队的管理都有了起色，诗人看到这心中更是激荡起守卫边疆的豪情壮志。

（四）文武官员巡边唱酬及送别诗

周光镐边塞诗中也有大量的与官员朋友巡边或寄思或送别的诗歌。如"曾记巴山落木时，临江江寺惜分携。尊前渭雨歌三叠，马首秦关忆五噫。交谊几人同范叔，赏音千古忆钟期。皋兰远在黄沙塞，何意双鱼慰所思。"（《方景真自蜀远讯皋兰，兼怀以诗，用韵却寄》）、"何处晨风羽翼长，玉关沙海路微茫。题缄慰我加餐饭，倚剑思君罢举觞。戎幕深宵看太白，旍裘欸塞贡飞黄。凭将郢曲翻铙吹，奏彻秋声满大荒。"（《秋日河湟塞上，得俞羡长楚中书，兼见怀二诗，用韵却寄》），诗中不仅回忆与友人曾经的相处，表达深深的思念与相惜之情，同时也表达他内心浮沉复杂的情感。

三 周光镐矛盾的守边心态

周光镐的诗歌时常表现出一种复杂的矛盾心态，这是他在明代边塞诗中的一个突出特点。他的诗歌总在雄浑壮阔中又渗透出忧心忡忡，这种担忧并不是无端的，与他和明廷的对内对外政策的分歧，以及他的壮志空负和思乡之情的矛盾情感都有一定关系。周光镐诗歌中的复杂矛盾心态可以归结为两个方面：

其一，渴望有更大建树与理想背离现实的矛盾。周光镐的甘、宁边塞诗中真实地记叙了他因与朝廷政见不一而造成的在理想与现实中拉扯的苦闷矛盾心态，这种政见不一表现为对外和对内政策方面。

对外，周光镐主张款贡羁縻、战守相辅与朝廷不许入贡、以挞伐为主的政策产生矛盾。周光镐在民族政策方面，主要以怀柔绥靖为主，他在诗中多次提到折冲樽俎，如"莫问折冲樽俎事，扣关朝译有名王。"（《午日张元戎邀阅骑射》）、"传檄叩关输腰裹，分麾出塞肃嫖姚。折冲自古凭樽俎，醉引双弧落暮雕。"（《秋日萧元戎宴于兴武关夕眺》）。他根据境外鞑靼各部的实力和表现，分别采取或款或贡的对策，当时鞑靼势力是希望归附进贡，互通市马，恢复商贸往来，且他对于在宁夏叛乱初平这个背景下与胡虏对抗，对军队百姓可能造成更大的伤害始终持有担心，"胡奴骄突厥，汉将老营平。好定乘边议，空忧白面生。""已近烧荒月，还愁虏骑遮。"（《洮河秋防杂诗》）而朝廷政策则是主张迅速讨伐，"庙谟申挞伐"。

对内，周光镐与民休养的愿望与朝廷期望速战建功的要求产生矛盾。哮拜之乱后，宁夏百废待兴，民不聊生，百姓生产生活都亟待恢复，根据周光镐《恭谢天恩疏》① 中分析宁夏当时"大憝初平，疮痍未复"的形势，他提出对内"先集众思，以求敉宁之策"，对外"不轻启衅以邀功"的方针。周光镐对战争给百姓生活和心灵上带来的伤害十分痛心，"无限荒屯经战后，居人垂泪说干戈。"（《春日行边，同萧元戎柳湾观猎，张幕河曲小饮》），因此，他的政策基本以休养生息为主，另外加紧筑工事，配武器，练军队，惩贪庸，奖有功。他虽然肯定明朝必须要胜利这件事并且抱有信心，"此日天威横绝塞，肯教南牧有穹庐。"（《秋兴（其四）》）、"一自三城收戍卒，胡奴无复泣燕支。"（《登贺兰山眺望》），但他更关心百姓的利益。在《上封事》诗中，他恳请减免百姓租赋，"恳疏缘黎首，哀怜识圣心。还愁输挽急，更乞水衡金。狡虏何常定，残黎苦未苏。庙谟先挞伐，主德在宽通。"在《经大坝观汉、唐渠》写到，"总为胼胝输灌注，故令斥卤变原田。独愁虏骑妨茭牧，每见军储议恤蠲。为语屯官勤劳集，好教残垒起新烟。"可见周光镐作为一位边臣，他不仅了解军事谋略，更心怀苍生。他真正了解百姓现阶段最需要什么，他的政策不是基于目前的一点胜利，而是基于更长远的、关乎百姓安居乐业的未来，但这与当时朝廷的好大喜功却大相径庭，明廷希望能以一场大胜迅速挽回被动局面，如此急功近利，反而加剧了明朝的衰落。

以上两点是周光镐与中央政见不一的表现。他身为老臣，一心为国为民，保家卫国的信念、建功立业的理想都使他希望能继续发挥余热，做出更好的成绩，"臣节封疆虚仗钺，主恩天地未抽簪。"（《秋兴（其一）》）、"金城何日归充国，铜柱由来老伏波。"（《洮阳雨夜》）、"为语偏裨思报主，汉家麟阁几征西。"（《翠华馆》），却因他更加关心百姓，政见与朝廷不同，理想和现实无法接轨，让他又产生了退隐的想法。所以他的诗中常怀有忧患情绪，他盼望着结束战争，但内心也明了当下应该主在恢复民生、加强军队实力，才能最大程度的降低伤害和提高胜算。这位对朝廷绝对忠诚的老臣，"华发丹心同报主，敢劳宵旰问西征。"（《秋日行边》），种种未雨绸缪无不殚精竭虑，却因看法

---

① 《明农山堂集》文卷二十七，第 422 页。

态度不同而无法落实，内心的苦闷和无奈可想而知，"总为壮心萧瑟尽，漫谈扫石勒燕然。"（《梦归》）、"悔来仗钺老边疆，边马归心长呦呦。"（《倚剑篇送康元龙之蓟门》）、"愧我白头戎马地，冥鸿何处可追攀。"（《寄题宪长周明卿年兄采真园》），这些矛盾情绪都在他的甘、宁边塞诗中反复出现。

其二，主恩未报和思乡心切的矛盾。在甘、宁为官的周光镐刚过六旬，为官二十年，其中近一半岁月在戍边中度过。他时常告诫自己勿忘国耻，"六郡良家空裂眥""将帅宁忘巾帼耻"（《击剑歌》），对前线传来的捷报十分激动，"榆中羽檄朝朝急，援敌东来报好音。"（《秋兴（其一）》），对征战沙场的将士们也万分赞赏，"旋分铁骑搜荒出，夺得金人拥矗回。"（《秋兴（其二）》），但在面对匈奴日益壮大之时，他认为平定鞑靼等部落在时机合适之时，终有大功告成之日："一自三城收戍卒，胡奴无复泣燕支。"（《登贺兰山》）、"胡奴未许知名姓，看取长缨系左贤。"（《春日阅兵》），但又因鞑靼等部落的强大和明廷决策的激进，时常感到危机潜伏的不安，"莫道金汤堪恃险，嫖姚何日灭浑邪。"（《中卫阅边》）、"天心何自昌胡运，庙算凭谁握汉韬。"（《经战场》），这也是冯奉初所以发出"忧深虑远，未雨绸缪，哓哓然如闻飘摇风雨之音焉"这样评价的原因。不仅如此，朝廷内党争纷起，言官搬弄指摘，让他对明朝的未来更加担忧，《秋兴（其七）》这样写道：

> 芒寒星斗夜如何，怅望南箕舌渐多。汉代未须排党议，虞庭端合起赓歌。金风动地云长变，银汉经天水欲波。白日西飞霜露冷，忧来谁奋鲁阳戈。

面对"南箕舌渐多"，他无力回天，只能寄望于"谁奋鲁阳戈"，但现实却是"白日西飞霜露冷"。

他感慨主恩未报的惭愧，诗句中经常出现"空""惭"，"流览未应空击楫，寻源何事漫乘槎。"（《中卫驾舟截黄河回镇时已初夏》）、"壮心苦未酬，华发忽已变。"（《七夕小酌》）、"闾阎渐喜生春色，锁钥空惭在北门。"（《宁镇北楼毁于逆》）。

但又因为年老渐衰、朝纲混乱、政策激进等诸多原因，使得周光镐时时浮现出"明农"归隐的念头。周光镐诗文集名《明农山堂集》，"明农"二字就鲜明透露出他渴望回归田园朴实生活的理想。他宦游半生，年轻时也曾意气风发战场杀敌，于霜降飞渡泸水；年近六旬后，他常告诫自己要将老臣之身奉献给边塞，"金城何日归充国，铜柱由来老伏波。"（《甲午朔日》）、"总为壮心萧瑟尽，漫谈扫石勒燕然。"（《梦归》），但守边的倦累和思乡之情使他在壮志未酬与鸥鹭忘机中左右摇摆，"愧我白头戎马地，冥鸿何处可追攀。"（《寄题宪长周明卿年兄采真园》）、"尊前借箸惭多负，只合归心付狎鸥。"（《秋兴（其四）》）、"家室危途里，枌榆旅梦中。不堪戎马役，愁倦一衰翁。"（《雨后月明夜坐，时家室入关有报》），赠予友人的送别诗中也流露他辞官归隐之志，"阅世同隙驹，累尘亦蹩鼠。倦游君且归，我亦解缨组。"（《送俞羡长从塞上东归》），最终，万历二十四年三月，周光镐还是在完成了戍边使命，与新任宁夏巡抚移交完毕，上奏疏辞去大理寺卿。周光镐离开宁夏时，官绅、将士和百姓都依依挽留，副使王道增、将官马孔英、解一清等俱流涕惜别，边人如失父母然。唐伯元有诗《周中丞再疏乞休归，自缙绅、管军而下号留不已，集杜却寄》记载此事："拖玉腰金报主身，莫云江汉有垂纶。扁舟不独如张翰，河内尤宜借寇恂。独使至尊忧社稷，早闻黄阁画麒麟。致君尧舜须公等，归赴朝廷已入秦。"① 周光镐回到家乡潮阳后，即未再出山。

四　周光镐甘宁边塞诗艺术特色

周光镐的甘、宁边塞诗大体分为抒情诗和叙事诗两类，共同点是都诗学杜甫，沉郁雄浑，又比杜诗隐曲委婉，叙事中也隐约流露出作者的感情。

第一，周光镐的抒情诗风格概括为沉郁委婉。从意象的选择来看，他的诗歌中多次出现"秋""梦""月"。《贺兰草》《皋兰草》中，"秋"字出现了38次，其中《立秋夕二绝》一诗中就用了三个"秋"字："一夜秋霜匣剑鸣，榆关无限入边声。河流远曳龙沙塞，片月凉生骠骑营。生来惯作悲秋客，塞上逢秋老更悲。鸿雁数声孤角断，凉风初入汉旌旗。"诗人用"悲秋客"形容自己恰如其分。周光镐天生有忧郁深沉的气质，虽身为官员，也驰骋沙场，他在四川建昌创作的边塞诗结成《渡泸草》②，写得雄峭瑰玮，如《邛海营前同李元戎泛舟观月》："放舸邛池月乍生，甲光摇动水犀兵。三千组练樽前影，一曲铙歌塞上声。天远鱼丽横瘴海，寒霜虎旅静边城。西南此夜欃枪落，醉倚吴钩拂汉缨。"《雪山歌》："……朝看剑锷倚青苍，暮落芙蓉片片霜。疑是昆仑浮玉海，直愁花雨下天荒。昨夜营头风瑟瑟，晓起嶙峋散空碧。三军寒色满弓弢，大将霜威攒列戟。"格调高旷慷慨，悲壮鸿肆。而在《贺兰》《皋兰》二草中的边塞诗，悲壮中更突出的是悲，悲凉而荒远。周光镐的边塞诗常出现"梦"字，《驯鹿月下伴行》："疏树层台夏夜清，傍人驯鹿递阶行。也知丰草违而性，却讶蕉隍梦未醒"，"天外战声寒毳幕，秋来归梦到山庐。"（《秋日河湟塞上》）、"边城长夏昼如年，午梦东还万里天。"（《梦归》），征戍在外的诗人只能以梦的形式魂游故乡，比起"举头望明月，低头思故乡"的直抒胸臆，周光镐将思乡之情寄托梦境，与沉重残酷的现实作对比，思乡也是让他暂时得以解脱和获得告慰的方式。诗人笔下的"月"也隐约地表达他沉郁的感情，"月半钩""片月""纤月"，周光镐描写的"月"都不是满月，这都或多或少展现他或有所缺的内心世界。

从格调意境来看，周光镐笔下的意境荒远辽阔，气格高大。不似"后七子"以盛唐之音为高，追求兴象浑融，情景交融，反而颇有杜诗的深沉雄浑，如《咸阳道上》：

---

① 唐伯元著、朱鸿林点校《醉经楼集》卷一，中华书局，2014，第25页。
② 《明农山堂集》诗卷五《渡泸草》。

旌旗猎猎显扬陌，征骑萧萧渭水东。北斗春城临灞浐，西京驰道接新丰。边臣倚剑愁长塞，壮士悲歌忆大风。汉苑秦宫嗟莫问，终南山色倚穹窿。

此诗是春初诗人前往甘肃途经秦岭有感而创作的。全诗明显受杜诗影响，颔联用介词串起地名简括地描述一路途径的城邑，颇有"即从巴峡穿巫峡，便下襄阳向洛阳"的视感，但此时诗人却没有畅快放歌的心情，而是同首联描写的庄穆而萧瑟的风景一样，只剩慨叹。

与近体诗的沉郁隐曲不同，周光镐的歌行抒情更带有李白的雄奇想象和屈原的起伏回宕，近体诗因为格律篇幅的限制，诗人情感的抒发也相对节制，而歌行则提供更大的空间以一唱三叹，因此情感荡气回肠。歌行在甘、宁边塞诗中并不多，突出表现在《倚剑篇送康元龙之蓟门》中：

> ……知君雅志负桑弧，不为关头弃尺缟。手挟风云待舒卷，搜奇吊古览黄图。卧君百尺之高楼，淮海元来气不除。我也当时学剑术，少年场里浪驰突。悔来仗钺老边疆，边马归心长咄咄。吾道任艰虞，君才自雄绝。壮志白日挥，高义云天薄……君不见天马元从西极来，追风掣电汗流血。又不见扶摇九万极莽苍，下视昆仑如坏垤。帐前拔剑起舞歌，莫哀斗酒与君良夜共斟酌。送君行，援君止。沙场别调感且悲，燕市和歌问知己。思君今向智北游，望君盍作图南徙。吁嗟横槊操觚吾老矣！

心有壮志，又恐自己日渐衰老，"请缨壮志惭空负"，最后只能举觞嗟叹，直抒诗人内心复杂的感情。

第二，周光镐叙事诗以纪实为主，语言质实，重视细节描写，且常有议论，讽谏色彩浓厚，这和他的抒情诗大不相同。《饮马长城窟》详细地记录了战士凿冰防止胡兵利用河冰攻入境内：

> 朝报河冰结，点卒筑冰墙。借问筑何为？防胡驰突渡河梁。河长边又远，冰坚利若铓。斫冰指落黄沙血，侪伴裹创征衣裂。点点西来胡射猎，弯弓捉马马蹄脱。胡奴夸猛气，踏冰胜平地。那得将帅善筹边，塞上驱胡尽远徙。

此诗真实而又翔实的记录让我们了解明朝当时防御匈奴的手段，除了凿冰，周光镐的诗歌还记录了明朝的"防秋"，在古代西北各游牧部落，往往趁秋高马肥时南侵，因此每到秋天边军要加强警卫，将士们组织"烧荒"活动，纵火焚烧野草，使入侵胡骑缺乏水草无法得到充足的补给。

这里值得注意的是，周光镐的抒情诗和叙事诗界限并不分明，叙事诗中也加入自己的议论与感情，如上面提到的记录明朝"防秋"活动的叙事诗《洮河秋防杂诗》也不纯是叙事记录，其间诗人个人情感的流露也很突出，"好定乘边议，空忧白面生""已近烧荒月，还愁虏骑遮"，这与杜甫、白居易的叙事诗还不同。杜甫是以其深厚笔力和包容天地的诗心，诗中融入了极大的情感感召力，叙事中就自然能够感染读者；白居易的叙事诗则是"首章标其目，卒章显其志"，以议论结尾，突出诗的现实功利作用，讽谏色彩浓厚；而周光镐的叙事诗记事和抒情是共同表现的。诗人的主要职业是边臣，边塞生活与戍边工作密不可分，对诗人而言，作诗不是生活的"闲事"，而更多是有感而发。因此，他的叙事诗在纪实的同时也因事生发出感慨，这就形成了他独特的边塞叙事诗风格。

周光镐诗歌的叙事性还体现在诗歌的标题中。周光镐边塞诗一个突出特点，很多诗的标题都很长，把诗题当做诗序记录诗歌创作背景，涉及人、时、事，如《发皋兰之朔方，司饷颜户曹饯于长城大观楼》《春日行边，同萧元戎柳湾观猎，张幕河曲小饮》《中卫阅边，墙势高坚延袤，垣外沙漠极目无际，见虏帐点点，顷有群来求赏者，东望则黄河自塞外入流，可称胜观》等。但诗题的叙事性又不影响诗歌内容是抒情性的，诗题记事，内容延展抒情，这也是周光镐甘、宁边塞诗的特色。另外在诗歌中偶有夹注，交代其背景本事等，如"扣关朝译有名王（时火酋扣关求欵）"（《午日张元戎邀阅骑射，为蹛柳戏，命诸胡奴歌吹为乐》）。从这些诗题和夹注中，可以与正史和志书互相发明，有助于我们阅读诗歌和了解诗人的心态及事迹，进而更好地考镜和认清历史的本来面目。

周光镐叙事征实且能以诗证史。上引《马兰坡行》，就是采用以诗证史的手法，记叙了延绥巡抚李春光掩败为胜，却因合乎朝廷的好大喜功反而得到升赏这样一件事情，可补史书记载之不足，对于后人研究当时那段历史增补了新的角度去回视和考证。

第三，周光镐甘宁边塞诗怀古而不限于拟古，出"七子"之藩篱。当时占据诗坛主流的是"后七子"，前后七子对文坛做出最大的贡献是改变文坛萎靡不振的局面，但却因此陷入拟古的误区。周光镐却能出其藩篱，怀古而不限于拟古，这与地理环境也有关系，甘肃宁夏是古战场，汉朝无数名将都在此抛头颅洒热血，面对强大的旧敌，诗人也经常借霍去病和卫青表达平胡之志，怀古的同时表达他的真情实感。诗人既感慨自己与卫、霍一样身处此境，"相看双佩剑，今古几征西。"（《秋日邀彭将军西岩寺晚眺》）、"河流远曳龙沙塞，片月凉生骠骑营。"（《立秋夕二绝》），又希望能和卫、霍一样做出一番事业，"握奇同卫霍，馀绪命班杨。绝幕心犹壮，当锋气独扬。"（《留别李次溪制府三十二韵》），这是他超越"后七子"影响的表现。但因身处"后七子"时代，周光镐还是或多或少受拟古的影响，除歌行外，在甘、宁边塞诗中多借乐府古题的咏怀诗，如《击剑歌》《饮马长城窟》，或是古体诗《留别李次溪制府三十二韵》《送俞羡长从塞上东归》，但无不真实地书写自己的所思所想，矛盾的情绪反反复复，如"中怀犹恋恋，归计复皇皇""倦游君且归，我亦解缨组。麟阁非吾事，鸥盟敢自妨。"

不同于王、李部分缺乏真情实感的拟古诗。

但周光镐的甘、宁边塞诗大部分还是格律诗，多是七律七绝，有些诗句对仗十分工整，这也是学习杜诗的一个方面，如《翠华馆》，"山拥乱云横峭壁，日含疏雨射回溪。度关虎士连千幕，破虏龙沙散万蹄。"字字对仗，分明是杜诗的影响。此外，周光镐还喜化用典故，如覆鹿遗蕉、燕然勒石、鸥鹭忘机等等，诗人渐入老年，诗风渐趋平淡，感情的抒发已不似早年的豪迈宣泄，而是借用典故含蓄委婉地表情达意，这也形成了他沉郁隐曲的风格。

结　　语

周光镐是明朝万历年间的一位边臣，在甘肃、宁夏戍边过程中，以其真实的感触写下内容丰富、内蕴深刻的甘、宁边塞诗。他的抒情诗承学杜诗，沉郁含蓄；他的叙事诗以征实的手法记叙所闻所感，情感真挚，又能够以诗证史，并具有浓厚的讽谏意味；此外，他怀古而不限于"拟古"，能跳出当时诗坛主流"后七子"之藩篱。由此，研究周光镐的边塞诗，既有益于对周光镐进行更深入的研究，又可以对明代边塞诗、明人守边心态有更具体的认知。

责任编辑：林志达

宗 教 信 仰

庙宇、士绅和社区权力中心

—— 以棉城平和坊岭东古庙为例的研究[*]

陈泽文[**]

摘　要： 文章以潮阳县治棉城平和坊岭东古庙为例，考察 18～19 世纪庙宇与社区、士绅与社区的关系：庙宇不仅影响居民的生活，调解当地纠纷，还设立章程要求民众参与资助慈善机构，对社区事务进行干预；士绅是官府和民众的中间人，既反映民意，又协助官府治理地方，稳定社会秩序。

关键词： 平和坊　岭东古庙　绅士　社区权力中心

　　2009 年，笔者参加韩山师范学院潮学研究院黄挺教授主持的 "明清至民国时期潮汕碑刻的收集与整理" 项目，开始寻访和收集该时期潮阳的大量金石碑铭。在一座位处县城平和坊名叫岭东古庙以双忠公为主神的庙宇中，我们发现了五通镌立于庙宇东、西庑清代乾隆至光绪年间的石碑：乾隆三十九年（1774 年）《香灯铺记》、嘉庆五年（1800 年）、《廉明县主李太爷勘断香灯铺》、《道光十六年 "禁示" 碑》（1836 年）、《同治七年 "禁示" 碑》（1868 年）、《光绪三年 "题帮" 碑》（1877 年）。[①] 石刻碑文虽因年代久远导致个别字迹风化残灭不清，但仍整体保存完好，大意可通。

　　与其他潮汕单姓氏村落不同的是，棉城平和坊是一个因农村人口不断迁入而形成的多姓氏社区。因此，坊中庙宇便成为这个社区运作和不断整合的权力中心。本文试图利

──────────

　*　本文得到华南师范大学博士生温建钦兄的批评指正，谨致谢意。

　**　陈泽文，1982 年生，汕头市潮阳第一中学历史科教员，研究兴趣：潮汕明清社会经济史。

　①　庙宇中道光十六年（1836 年）、同治七年（1868 年）和光绪三年（1877 年）的碑刻没有碑名，为了行文方便，我们根据碑刻内容分别将其命名为《道光十六年 "禁示" 碑》《同治七年 "禁示" 碑》《光绪三年 "题帮" 碑》。

用这些碑记，探讨平和坊和岭东古庙历史发展演变中的某些重要脉络，以更好地理解和把握 18 ~ 19 世纪潮汕地方社会变迁中社区与庙宇、社区与士绅的关系。

一　地域：潮阳—棉城—平和坊

潮阳，晋义熙五年（409 年）开始创置，因其县治位处大海之北，故名潮阳。元代之前，潮阳析复不定。元代之后，潮阳作为潮州属县的政区格局基本稳定下来。明代中后期，潮阳所辖区域有所减少，嘉靖四年（1525 年）析潮阳隆井都三分之一及大坭、酉头、惠来三都置惠来县，嘉靖四十五年（1566 年）又析潮阳洋乌、戎水、黄坑三都设普宁县，以此加强国家对地方社会的控制。[①] 割都设县之后，潮阳辖有县廓、峡山、黄陇、举练、贵山、直浦、竹山、招收、砂浦和隆井等十都，[②] 其中县廓都在清康熙前期统有亲睦、归厚、锦缠、南桂、兴让、兴仁、太平、泰和上下、淳化上下、南薰上下十三坊。[③]

潮阳创置之后，唐睿宗先天年间于临昆山（今和平练北村）设立县治。唐宪宗元和十四年（819 年），以谏迎佛骨事被贬潮州的韩愈将潮阳县治迁往新兴乡，后因地多种木棉，故名棉城。宋元时期的县治情况由于资料缺乏的缘故，我们知之甚少。从现在能够看到的资料判断，县治的大规模营建要到明代之后。明代之前，王朝政府势力尚未深入此地，国家可能仅在作为县治的棉城建立一二署廨以示对地方的治理。隆庆《潮阳县志》卷之一《建置沿革纪》：

> 县治在故澄清坊。右按，旧志称前代署廨已无可考。三阳志止载宋时丞簿尉厅址。至正间俱毁无存。至是年（洪武二年，1369 年），知县姚复初乃始即其故址创建焉。

洪武二十四年（1391 年），出于对地方社会的控制，朝廷允许了潮州卫指挥使杨聚的奏请，开始在县治驻军，设立千户所，并以所为城。洪武二十七年（1394 年），千户所迁往县治东北部的海口村，更名为海门守御千户所。[④] 正统、天顺年间，海寇陈万宁、魏崇辉、许四十等相继攻掠此地，为加强县治的防御能力，知县刘源洪、陈瑄对县治城墙

---

① 有关潮阳割都分县的研究，可参见陈贤波《割都分治之下——明末清初潮州属县都图争端的初步分析》，《历史人类学学刊》第三卷第二期（2005 年 10 月），第 57 ~ 88 页。

② 隆庆《潮阳县志》卷 1《建置沿革纪》，潮州市地方志办公室，2005 年据明隆庆六年刊本缩印本，第 15 ~ 19 页。

③ 康熙《潮州府志》"城池"，潮州市地方志办公室，2001 年据康熙二十四年刻本缩印本，第 74 页。

④ 隆庆《潮阳县志》卷 1《建置沿革纪》，潮州市地方志办公室，2005 年据明隆庆六年刊本缩印本，第 18 页。

进行加固和增高。① 由此可见，明初中央政府在此地的治理，更多的是把县治变成一个区域的政治和军事中心，其经济职能还是相对弱小。

明中后期，县治的经济职能逐渐增强，其重要原因之一是贯穿县治南北的护城河的出现。潮阳护城河，弘治四年（1491 年）由知府周鹏牵头、时任潮阳县令的姜森组织疏通开凿而成，"其前之水曰前溪，即练江，由沧州出海门；其后之水曰后溪，由浔洄出牛田，皆海若也"。② 作为联系练江与榕江、韩江的内陆水道，通过潮阳护城河，使得练江流域的民众和商货与榕江、韩江流域有了更多的联系，甚至溯韩江而上达到梅州、赣州和汀州等地方，其在交通运输和社会文化交流方面显然具有非常重要的意义。伴随着护城河的开凿与疏浚，明清时期县治地方社会和商贸的发展十分迅速，主要表现为县治墟集数量的增加以及县治税口、港口的发展。

潮阳地方社会的圩市，到明代已相当发达，规模最大的当属县治棉城。③ 到清代乾隆年间，全县有逐日市、海门所市等 9 个，三日圩集港头墟等 8 个。④ 嘉庆二十四年（1819 年），逐日市增至 14 个、三日圩集也有 13 个。⑤ 在这种情况之下，到清光绪十年（1884 年），县治之内墟市已有 5 个，⑥ 且都为逐日市，可见其规模。

在商货的运销过程中，官府设置税口对过往货物根据规定征取税收。嘉靖三十四年（1555 年），"抚盗"许朝光带领贼众占据潮阳牛田洋，对过往商船强行"算舟征税""给票抽分"，名曰"买水"。⑦ 到乾隆二十六年（1761 年），潮阳境内有正税口和达濠、海门及后溪等三个小口，⑧ 对出洋和贩于内地的货物进行征税，其中后溪小口主要收取的是往返于城河的货物税收。

后溪作为税收征取的小口外，还是一个货物集散的港口，是古时潮阳三大港口之一。清乾隆年间，伍礼彬出守是邑，曾"停舟后溪亭子外，见夫商贾贩鬻者鳞集海岸"，⑨ 可见当时后溪港口的繁荣。除了后溪外，前溪港（又称龙津港）是另一个重要的港口，明代县城前溪港成为商旅汇集之所，出入停泊的船只既航行中国沿海商埠，又穿驶于练江，到清代的时候已形成商业中心，商业辐射达普宁、惠来等地。⑩

---

① 光绪《潮阳县志》卷 3《城池·县城》，成文出版社，1966 年据清光绪十年刊本影印本，第 31 页。

② 蓝鼎元：《鹿洲初集》卷 12《潮阳县图说》，蒋炳钊、王钿点校，厦门大学出版社，1995，第 248 页。

③ 潮阳县商业局编《潮阳县商业志》，内部资料，1991，第 1 页。

④ 乾隆《潮州府志》卷 14《墟市》，潮州市地方志办公室，2001 年据乾隆二十七年刻本缩印本，第 174 ~ 175 页。

⑤ 唐文藻纂修《潮阳县志》卷 4《乡都·墟市》，嘉庆二十四年刻本，载广东省地方史志办公室辑《广东历代方志集成·潮州府部（十四）》，岭南美术出版社，2009，第 61 页。

⑥ 奇怪的是，清乾隆年间编修的《潮州府志》并没有将潮阳县治的这 5 个墟市收录记载，可能的解释是清乾隆年间还没有出现。但是，联系到作为县治，到乾隆年间还没有出现墟市显然是不可能的。详情待考。

⑦ 光绪《潮阳县志》卷 13《纪事》，第 177 页。

⑧ 乾隆《潮州府志》卷 21《海关分口附》，第 336 页。

⑨ 萧重光：《重浚河渠记附》，载光绪《潮阳县志》卷 21《艺文中》，第 459 页。

⑩ 郑白涛、李起藩：《潮阳商业贸易史话》，载《潮阳文史（第 18 辑）》，第 56 页。

县治商贸的发展，吸引了大量农村人口以及外来移民的迁入。农村人口迁入县治是一个长期的过程，一般而言，他们先在离城不远的城外定居下来，然后再慢慢移入城内居住，或者是随着城市的发展，把城外之地纳入县治的直接管辖。隆庆年间，潮阳地方著名的乡绅林大春曾引邑人御史萧端蒙奏言指出："近年生齿日繁，城外居民倍于城内。"建言拓阔城隘以便民，将城外居民纳入城内直接管理。① 另一方面就是外来移民的移入。相对于农村的封闭，县治是一个比较开放的社会，外来移民可以相对容易在此谋得生存的机会。根据叶恩典、丁毓玲的研究，明清时期闽南人向粤东地区的移民，其中移入潮州的占33%，多集中于港口城镇，明显多由于商业方面的性质。粤东地区优良的经商环境与多样的商品生产，都使闽南人乐意到粤东经商，侨居潮州甚至"遂世居其地"。② 如果具体到潮州附属的潮阳地方，外来移民的迁入显然也更多会选择县治这个商贸相对繁荣的地方社会。

县治棉城管辖的区域以"坊巷"的名目被编入明清两朝的潮阳县志中。坊有城市居民住宅区的意思，从而区别于乡与村。康熙二十三年（1684年）以前，县治（时称县廓都）统有亲睦、归厚、锦缠、南桂、兴让、兴仁、太平、泰和上、泰和下、淳化上、淳化下、南薰上、南薰下等十三坊。③ 其中亲睦、归厚、锦缠、南桂、兴让为城内五坊，其余为城外八坊。康熙二十三年（1684年）至二十七年（1687年）间，拆亲睦坊，南并入锦缠，北并入兴让，城内惟有四坊。④ 乾隆三十九年（1774年）至嘉庆五年（1800年）间，太平、兴仁、泰和上、泰和下四坊合为平和坊，淳化上下合淳化坊，南薰上下合为南薰坊，城外唯有三坊，⑤ 城内外共有七坊。明清两代，作为官府能够直接管辖控制的县治，从十三坊合并为七坊的变化，表明官府加强地方控制与管理的意图。

随着明清时期潮阳县治商业贸易的发展，城外居民不断聚集。上引明代御史萧端蒙"近年生齿日繁，城外居民倍于城内"的奏言，说明了此种现象。历经明末清初社会动乱后的康熙年间，城外八坊的商贸发展和人口增长得到恢复：

> 邑有十三坊，城外居其八，皆屋宇鳞比，市集喧阗，邑城倚之为壮。及甲乙

① 隆庆《潮阳县志》卷6《舆地志·城池》，第60~61页。
② 叶恩典、丁毓玲：《浅析明清时期闽南人向粤东地区的移民》，载饶宗颐主编《潮学研究（三）》，汕头大学出版社，1995，第137~153页。
③ 康熙《潮州府志》"城池"，潮州市地方志办公室，2001年据康熙二十四年刻本缩印本，第74页。
④ 臧宪祖、萧伦锡等纂修《潮阳县志》卷2《舆地·坊巷》，康熙二十六年刻本，载广东省地方史志办公室辑《广东历代方志集成·潮州府部（十三）》，岭南美术出版社，2009，第208页。
⑤ 关于城外太平、兴仁、泰和上和泰和下何时合并为平和坊的具体时间，笔者所收集到的现有资料还没办法作出定论。不过，在一篇落款时间为乾隆三十九年（1774年）的《香灯铺记》的碑文中，还没出现"平和坊"的表述。而在一篇落款时间为嘉庆五年（1800年）的《廉明县主李太爷勘断香灯铺》的碑文中，已有"县都平和坊乡"的叙述，说明平和坊的合并当在上述两个时间节点（1774~1800）之间。详情待考。

后、六门而外咸鞠为茂草矣。逮年始有结茅，渐次筑瓦，居聚日众。①

这些城外居民可能很大部分来自农村移民，他们先在城外搭建茅屋，逐渐建瓦屋定居，从事农业种植和商贩等活动。居民以农村移民为主的来源形式，其重要影响之一，是社区庙宇而不是宗族祠堂成为处理社区公共事务的主要场所。

至迟到嘉庆五年（1800 年），太平、兴仁、泰和上、泰和下等城外四坊合并为平和坊，成为平和四社。陈宝良的研究表明，"社"的含义大致不外乎五种：第一，土地之神；第二，古代乡村基层行政地理单位；第三，指民间在社日举行的各种迎神赛会；第四，指因信仰相同、志趣相投而结合的团体；第五，行业性团体。② 平和四社显然属于乡村基层行政单元。此外，根据我们的实地考察，平和四社的各自角落里都有祭祀土地神（也称土地伯公、福德老爷等）的神庙，与聚落有明显的对应关系。③ 因此，超越聚落、把不同聚落整合成一个较大的统一的区域，供奉区域保护神的庙宇发挥了重要的作用。对于城外平和四社而言，坊中供奉双忠公的岭东古庙便承担了这样的角色。

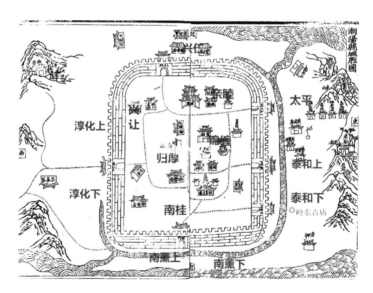

图 1　潮阳县城廓十三坊

---

① 臧宪祖、萧伦锡等纂修《潮阳县志》卷 2《舆地·乡都》，第 209 页。

② 陈宝良：《中国的社与会》，浙江人民出版社，1996，第 1～6 页。

③ 中国广大乡间对土地神的祭祀与聚落存在一定的对应关系。林美容对台湾草屯镇土地公庙的研究指出，土地公庙的祭祀圈与聚落有明显的对应关系，一个土地公庙，通常有一个聚落与之对应，属于该土地公庙的管辖区域。林美容：《土地公庙——聚落的指标：以草屯镇为例》，台湾研究网络，http：//twstudy. iis. sinica. edu. tw/han/Paper/Village/landTemple. htm，最后访问日期：2016 年 4 月 15 日。

二 双忠公住家：岭东古庙

双忠公祭祀的是唐"安史之乱"中战死的两位将领张巡与许远，因其以死卫城的"忠义"形象，潮阳人称之为"双忠"。

《新唐书·忠义传》称，唐宪宗天宝末年，安史之乱起，叛军在通往财赋重地江淮地区的睢阳遇到时任河南节度副使张巡和睢阳太守许远的顽强死守。"安史之乱"结束后，唐肃宗接受李翰等大臣的建议，"赠巡扬州大都督，远荆州大都督"，立庙睢阳，开始从国家的层面上"岁时致祭"张、许二人。宋代，朝廷延续着国家祭祀双忠的政策。元代之后，特别是明代中叶之后，在赵嗣助、袁天汉、郑良璧、李龄、林大春等地方官师和士大夫的推动下，"正统"神明双忠公在潮阳经历了一个逐渐地方化的过程，被奉为地方保护神。[①] 清代，祭祀双忠公的庙宇仅在县治棉城内外就有东山双忠祠、城内县衙前双忠行祠、赵氏祖祠双忠庙、平和坊岭东古庙和文光塔馆后双忠祠等五座。

在这五座祭祀双忠公的神庙，后人称东山双忠祠为祠堂，称双忠行祠为办公室，称岭东古庙为住家，称塔馆双忠祠为书房，称赵氏祖祠双忠庙为存放铜辇之地。因为是双忠公的住家，平和坊岭东古庙设有双忠夫人的神像和牌位供人们祭拜。

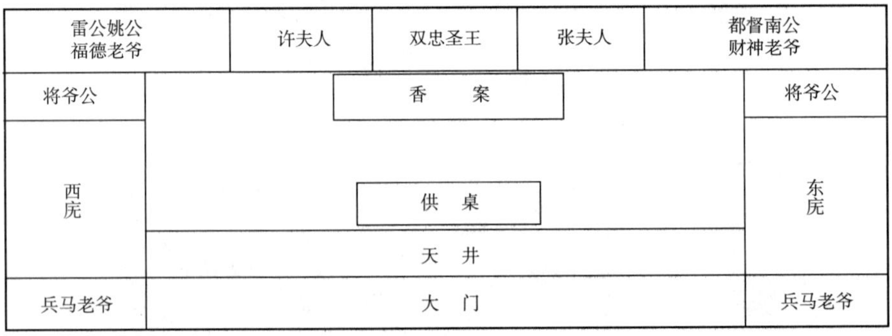

雷公姚公 福德老爷	许夫人	双忠圣王	张夫人	都督南公 财神老爷
将爷公		香　案		将爷公
西 庑		供　桌		东 庑
		天　井		
兵马老爷		大　门		兵马老爷

图 2　岭东古庙配祀神祇及位置

有趣的是，庙中除了雷公、姚公、南公这些双忠公常见配祀的神祇外，还出现了财神老爷和福德老爷（见图2）。有关财神老爷和福德老爷的来源，光绪三年（1877年）

---

① 相关研究可以参见陈春声《"正统"神明地方化与地域社会的建构——潮州地区双忠公崇拜的研究》，《韩山师范学院学报》2003年第2期；陈春声：《正统性、地方化与文化的创制——潮州民间神信仰的象征与历史意义》，《史学月刊》2001年第1期；陈春声：《宋明时期潮州地区的双忠公崇拜》，载郑振满、陈春声主编《民间信仰与社会空间》，福建人民出版社，2003，第42～73页；陈泽文：《庙宇、游神与明清潮阳地方社会——以潮阳东山双忠庙与棉城双忠行祠为中心的研究》，载黄挺主编《潮学研究》新三卷第一、二期合刊（2013年12月），第247～262页。

竖立的一块《题帮碑》给我们提供了一些线索：

> 藉我四社绅士、福户素称敬神，由来久矣。溯潮邑三庙福神每年出游。其财神老爷系我社子弟结社肩舆，绅士题资帮费。自咸丰丁巳，子弟因与抬福德老爷之人力争先后，我裕绅郑秉和邀集社众绅士赴伯府案前卜定：福德神在前，财神在后，自此定议。

根据碑文可知，岭东古庙每年抬着财神老爷参与县邑三庙福神巡游。因为与其他坊社的福德老爷在出游位置的先后问题上发生了争执，于咸丰七年（1857年）到城内县衙前的城隍庙掷筊判定。城隍庙曾于道光年间改建庙门之时，因"与双忠行祠平行而让入数尺"，庙内原先供奉的福德、财神老爷可能被请至岭东古庙等地方祭拜。①

那么，被称为双忠公住家的岭东古庙何时修建呢？庙内两通镌立于清代乾嘉时期的石碑都认为古庙初创于北宋时期。

《香灯铺记》：

> 岭东古庙，何由昉也。宋时，双圣驻旌□结斯土，邑人即此建庙秩祀焉。稽潮庙祀，双圣岭东□□，故曰古庙。

《廉明县主李太爷勘断香灯铺》：

> 潮邑双忠圣庙建自北宋，始于岭东，威灵赫显，保障潮疆，由来久矣。

潮阳祭祀双忠相传始于宋熙宁年间（1068—1077年），此说最早见载于元代吉安路龙洲书院山长刘应雄的《张许庙记》：

> 相庙初基，宋熙宁间，郡遣军校钟英部领方物贡于朝。道经归德，谒庙乞灵。夜梦神语："以神像十二、铜辊一，闭后殿匮中赐汝。保汝俾奉归以祀而邑之东山。"明，发趋京，事讫允济回，具修脯胖答神贶毕，记梦中语，取所与者，星驰而返，置诸岳祠，俄而钟旋立化。邑人骇异，时见玄旌树于岳麓。邻寺僧徒夜见光怪，白有司，请移寺以宅神。由是公私有祷，其应如响，事闻于上，赐庙额曰"灵威"，二神册尊王爵，钟亦封嘉佑侯。其来尚矣。②

---

① 岭东古庙的郑氏理事也告诉我们财神老爷、福德老爷是来自城隍庙。不同的是，郑理事说是为了逃避国民党政府摧毁神权，乡民将他们从城隍庙里请往岭东古庙藏匿。
② （元）刘应雄：《张许庙记》，《永乐大典》卷5345《潮州府三·文章》，潮州市地方志办公室、韩山师范学院图书馆编印，2000，第135页。

按照刘氏文章的说法，钟英梦挟双忠神貌自睢阳一夜而至潮阳门辟，俄抵东岳，英遂立化。不久在东山的一座寺院基础上开始建庙祭祀双忠。因此，县治棉城最早建庙祭祀双忠的地点应该在东山山麓，而不是城外的平和坊。实际上，嘉靖四十二年（1563 年），因海倭吴平等人围困潮阳邑城，士民因"中外戒严"，祭祀"往来不便"，而将城外东山双忠祠双忠公遗像移入城内城隍庙西的源泉社学，并更名为双忠行祠，① 棉城才有了第二处祭祀双忠的庙宇。

除了上述庙内两通碑刻外，庙前还有一通落款时间为万历乙未年（1594 年）的石匾"忠灵驻节"。据此，我们大概可以这样推测，平和坊居民原来是到有数里之遥的东山双忠祠祭祀双忠公，万历二十三年（1594 年），因海倭之乱导致往来东山祭祀不便，人们请来东山双忠公香火在坊中立庙祭祀。其实，庙额"岭东"一词也说明古庙是分香于东山双忠祠的。

作为一座坊中居民祭祀双忠公的庙宇，其影响力显然与地方官师和士大夫大力推动的东山双忠祠、城内双忠行祠和塔馆后双忠祠难以相比，并未进入康熙二十六年（1687 年）《潮阳县志》修纂者、县令臧宪祖的视野之中。② 嘉庆二十三年（1818 年），知潮阳县事唐文藻完成县志的重纂，特意把岭东双忠庙单立一目在《坛庙》中加以介绍："熙宁间，军校钟英与神偕来，邑中士民即岭东建庙祀之。庙前有石匾曰'忠灵驻节'"。③ 这种变化显然与社区士绅力量的增强密切相关。

三　庙宇碑记中的地方社区和士绅

本节我们将利用平和坊岭东古庙中乾隆三十九年（1774 年）到光绪三年（1877 年）之间不同时期出现的碑文，理解和把握 18～19 世纪潮汕地方社会变迁中庙宇与社区、士绅与社区的关系。

（一）庙宇与社区

明末分香于东山双忠祠的平和坊岭东古庙，在 18～19 世纪已经发展成为社区的权力中心，"这种以宗教形式建构的社区权力中心，具有较为广泛的社会基础，对社区生活实行了有效的控制"。④ 碑记中所见的题金重修庙宇和以资祭典需费、调解当地纠纷、资助养济院等内容可以印证庙宇作为社区权力中心的说法。

---

① 隆庆《潮阳县志》卷之九《官署志》，潮州市地方志办公室，2005 年据明隆庆六年刊本缩印本，第 85 页。
② 康熙丁卯年编纂刊行的《潮阳县志》，吴仕训之孙吴绍宗是修纂者之一。根据嘉庆《潮阳县志》和光绪《潮阳县志》的记载，吴绍宗辑有《完节汇编》一书介绍了岭东双忠庙的情况供臧宪祖参考。最终并未被采用，个中缘由耐人寻味。
③ 唐文藻纂修《潮阳县志》卷 6《坛庙》，第 111 页。
④ 郑振满：《乡族与国家：多元视野中的闽台传统社会》，三联书店，2009，第 216 页。

康熙四十四年（1705 年），岭东古庙在初创后进行了重建更新。乾隆三十九年（1774 年），坊中社众再次题金鸠工修葺古庙：

> 康熙乙酉年重建更新，至今七十余载，□□□□其间□有损坏。兹姚殿辅等同社众佥议修□题金一百三十□□□。今鸠工告竣，轮□可观，尚存题金。[①]

所存题金在庙旁建成商铺五间出租，租钱每年三千一百文作为双忠圣诞和飞旌等社区内祭典活动的开销。

潮邑每年都有三庙福神出游的活动，游神请人抬神的花费由社众捐助置办的庙产田租支付：

> 藉我四社绅士、福户素称敬神，由来久矣。溯潮邑三庙福神每年出游。……众议捐资置业以垂永远。因就社内殷实好善之家，劝其捐银共五十五元，置洋背乡盖引粮质归一园一亩四分，土名后埔顶，年纳钱租银四元，付舆神之人收用。[②]

潮邑的迎神赛会已经超越了平和坊的范围，属于更大区域的祭典仪式。在参与此项活动中，岭东古庙是作为平和坊社区权力中心而出现的。除了祭典仪式外，岭东古庙还在"每年完河西场盐引，财神户粮银三十文"，代表社区向官府缴纳赋税。

岭东古庙中的两块禁示碑告诉我们，官府借助庙宇这个社区权力中心积极参与社区事务，调解当地纠纷，稳定社会秩序。

平和坊有两间轿铺，按照旧章，分为四等。道光十六年（1836 年），赵阿鹤、赵阿平两兄弟与粮厅弓役赵金"各恃兵役，藉官夫为题，分定巷界笼利"，对雇乘小轿的人任意加钱勒索，扰害地方，破坏原有社会秩序。平和坊举人陈修、武举郑万选等士绅将情况上报官府。县令盛济川"准即出示严禁，斥革赵阿平、赵金二名夫头"，恢复旧章，并将情况和章程刻在石碑上，竖立在岭东古庙前，为此示谕平和坊四社轿夫人等知悉，通过章程规整社区秩序。

同治七年（1868 年），平和坊居民姚秀进与郑林氏发生田园纠纷。此案最终由当地士绅上呈官府：

> 当经集讯，并勘明该田并非由园改筑，亦无毁灭坟墓痕迹，其为姚秀进饰词图勒显然。除将姚秀进责罚外，出示晓谕，为此示布平和坊四社诸邑人等知悉。

---

① 乾隆三十九年《香灯铺记》。
② 《光绪三年"题帮"碑》。

此禁示碑仍然被竖立在岭东古庙前，表明庙宇已经实化为一个官府处理地方事务的场所，成为社区的中心。

《道光十六年"禁示"碑》重申了社区章程，其中涉及资助养济院和癞民所东洋寮等慈善事业：

> 凡我社内新婚欲用花轿者，应先缴净钱四百文，交庙祝。内除赏庙祝钱六十文，余存钱三百四十文贮交为公。……一议社内□半生辰新婚赏给东寮、养济院，有□□□者，赏东寮钱一百三十文，赏养济院钱六十五文。随嫁鼓者，赏东寮钱八十文，赏养济院钱四十文。无鼓者，赏东寮钱五十文，赏养济院钱二十五文。做祭功德，赏东寮钱八十文，养济院钱四十文。

养济院也称存恤院，由朝廷下诏普遍设置，主要收养鳏寡孤独、残疾和无依无靠的人。清代潮阳养济院位于平和坊范围内，由知县臧宪祖于康熙二十五年（1681年）捐俸盖建。政府每年供给口粮银和衣服，还动员其他社会力量自愿捐助。癞民所收养麻风病人，口粮供给纳入耗米内支付。

养济院和癞民所皆为慈善机构，坊中居民的捐助显然成为惯例被写入章程中，表明庙宇参与慈善事业已经成为常态，可见其社区权力中心的地位。

（二）士绅与社区

士绅一词在明清时期得到广泛使用，其中的"绅"指乡居官员，"士"指有功名者，特别指"生员"。士绅研究长期以来是史学研究中的一个重点和难点，前人和现代学者已经做过很多难以一致的研究。不过，士绅对于社区、社会的作用却能得到很多的共识：士绅是官府与民众的中间人，一方面要把民意上达给官府，另一方面又以官方代理人的身份把官方的意旨传到民间，甚至进而协助官府的行政工作。[①]

岭东古庙中的五块石碑，除了乾隆三十九年（1774年）《香灯铺记》主事者的身份不是很明显外，其他四个时期主事者的士绅身份都很明确地在碑文中表现了出来。

嘉庆五年（1800年）《廉明县主李太爷勘断香灯铺》：

> 乡老苏仕杰，廪生吴泰□，生员郑秀文、郑龙联，监生苏大章、郑光寿，职员姚堂吉。

《道光十六年"禁示"碑》：

---

① 李世众曾考究过士绅的概念以及士绅的权力来源和内部分化；参见李世众《晚清士绅与地方政治——以温州为中心的考察》，上海人民出版社，2006。

举人陈修，武举郑万选，耆民杨钦升、郑茂振等。

《同治七年"禁示"碑》：

举人王大勋、职员陈云阁、训导郑绍康、职员郑致馨、武举陈飞熊、监生姚开会、府职郑秉和、贡生陈锡周仝立告示。

《光绪三年"题帮"碑》

我裕绅郑秉和邀集社众绅士赴伯府案前卜定。
岭东四社绅士举人王大勋、训导郑兰叶、附贡黄梦青仝众刊立。

这些士绅有居乡官员，又有考取功名者。他们投入社区的公共事务，得到社会对其能力和地位的确认。从碑文叙述可知，他们参与并干预社区事务，把社区中侵占庙产、审勒成风等不法行为向官府报告。作为社会秩序的维护者，他们的意见往往都能得到官府的积极回应，士绅替代了官府所不能完成的局部整合作用。经历乾隆朝的强势后，嘉庆之后，国家和官府对地方社会的控制不断被弱化，因而能在上述碑刻中集中体现了士绅对社区的重要影响。

当然，士绅还有民众利益代言人的一面。他们会把民众的意愿反映到官府，希望官府给予保障。同治年间，平和坊出现"藉尸移累、平（凭）空捏灭"的不良风气，生员吴友兰等联名上报官府，除了要求查明相关案子外，还恳请对不良分子批准示禁，于岭东古庙前镌立"禁示"碑，让平和坊四社诸邑人等知悉。

从岭东古庙几通石碑所记叙的事例来看，对于平和坊民众而言，坊中那些举人、生员是他们的民意发言人。因为有功名身份，这些举人和生员能够更加方便接触到官府，把民众意愿上达。与此同时，官府也非常乐意这种社会权威的形成。因为教育和科举考试等因素的影响，这些举人和生员的观念与官府一致，他们便能够成为官府治理、教化地方的代理人。

四 小结

在中国传统区域社会研究中，前辈学者提出的"祭祀圈""信仰圈""区系""宗族""乡族""士绅""神庙祭典组织"等理论或分析工具，使我们能更好地把握和理解中国传统区域历史文化形成和发展的过程。其中，"士绅"和"神庙祭典组织"对本文有一定的启发作用。

本文以潮阳县治棉城平和坊岭东古庙为例，考察 18～19 世纪庙宇与社区、士绅与社区的关系。明清时期，潮阳县治的商贸持续发展，表现为护城河的开凿，墟集数量的增加，县治税口、港口的发展，以及大量农村人口和外来移民的迁入。这些移民一般会选择在城外聚集，先是结茅屋，然后筑瓦房，居聚日众，人口倍于城内居民，市集热闹。社区人口来源的多元化决定了社区的整合只能通过庙宇而不是宗族来实现，这就使得庙宇被视为社区的权力中心。岭东古庙不仅影响平和坊居民的生活，调解当地纠纷，还设立章程要求民众参与资助养济院、癞民所等慈善事业，对社区事务进行干预。

除了庙宇外，社区的整合和社会秩序的稳定，主事者的士绅身份是很明确的。这些士绅是平和坊中考取功名的举人和生员。一方面因为功名的身份，他们更容易接触到官府，便成为坊中民众意愿的代言人；另一方面，官府也乐意支持这些地方权威的形成，因为教育的影响和科举制度的存在，也因为18～19世纪的潮州地方社会，经历了乾隆朝的强势后，官府对地方的控制在不断弱化，这些士绅便成为官府治理地方的代理人。

潮州府城以及属县县治居民的迁入是一个复杂的课题，因为涉及户口、土地、赋税徭役以及"入住权"等重要问题。如何对县治进行深入的研究，还需努力。

责任编辑：温建钦

地方会社对民间宗教信仰的保存与革新

—— 以民国十七年前后潮阳双忠行祠善后董事会为中心[*]

陈新杰^{**}

摘 要：民国十七年（1928 年），国民政府内政部颁布《神祠存废标准》之后，围绕潮阳双忠行祠的存废，由当地士绅、工商、学界组成的潮阳双忠行祠善后董事会积极推动潮阳县政府向省民政厅提出保存申请，得到批准。董事会订立章程，于董事轮值、祭祀仪式、祭品名目、祭品分受，直至庙产登记，都有详细的规定与记载，从而使潮阳的双忠信仰走向程式化与制度化。本文介绍了潮阳双忠行祠善后董事会对双忠行祠的保存与革新的经过，考察了处于新的社会结构转型期地方会社在民间宗教信仰活动中的角色，及其对引导民间宗教信仰的走向和满足当地社会的精神需求方面的作用。

关键词：地方会社 双忠行祠 善后董事会 宗教信仰 潮阳

进入 21 世纪以来，针对潮州地区双忠公信仰的研究取得了系列令人瞩目的成果。陈春声教授发现，一个在"国家"的意识形态中具有合法地位的外来神明，要为某一地域的民众所接受，常常要通过灵验故事和占卜形式等来建立与地方社会的利益关系，但同时又可能是培养民众对于王朝和国家的认同感的机会。① 黄挺教授

---

* 本文承蒙潮阳双忠行祠现任理事长郑镇金先生、华侨大学陈景熙博士、潮阳第一中学陈泽文君提供相关文字资料，特致谢忱！

** 陈新杰，1962 年生，汕头市潮阳第一中学教师。

① 陈春声：《"正统"神明地方化与地域社会的建构——潮州地区双忠公崇拜的研究》，《韩山师范学院学报》第 24 卷第 2 期（2003 年 6 月），第 19～31 页；陈春声：《明末东南社会重建与乡绅之角色——以林大春与潮州双忠公信仰的关系为中心》，《中山大学学报》（社会科学版）2002 年第 4 期，第 35～43 页。

审视了官师、士绅、乡民三个社会阶层对待民间宗教的态度，对民间宗教信仰所反映的国家意识和乡土观念，民间宗教信仰所反映的国家政权与地方社会之间的关系作了深入的思考。① 两位教授均注意到在社会结构转型期，地方士绅的直接参与起到了重要的作用。本文则着重介绍 20 世纪 20 年代潮阳双忠行祠善后董事会对双忠行祠的保存与革新的活动，考察了处于新的社会结构转型期地方会社在民间宗教信仰中的角色，及其对引导民间宗教信仰的走向和满足当地社会的精神需求方面的作用。

一　民国十六年（1927 年）潮阳双忠行祠的修葺

萧锡光撰《潮阳之双忠庙》云：

> 潮阳城有关双忠公之庙宇，总共有四，一在县城大街（近东门）与旧城隍庙并列，曰双忠圣王庙；一在文光塔左侧（俗谓塔馆后祠）；一在东山麓奈（莲）河桥左邻曰俨雅堂；一在东门外之岭东宫。位于大街之双忠圣王庙，香火鼎盛，据称是处为二公之办公衙门。民间之祷求，咸集是处也。岭东宫之双忠庙，虽备列为二公之住宅，但设备简陋，香火亦较清淡，盖与大街相距匪遥故也。文光塔左侧之双忠庙，谓二公书斋。东山麓之俨雅堂谓二公之祠堂也。
>
> 在四所双忠祠宇中，以建筑伟大及风景言，当以东山之俨雅堂为最；大街之双忠庙，则以香火旺盛；馀文光塔左侧及岭东宫之两庙，不论庙貌及内容之陈设皆极简陋也。②

坐落在大街的双忠行祠，原是源泉社学的旧址。后因寇乱，士民请祷于东山双忠之神者，动经数里之遥，又会中外戒严，往迎不便，乃相率奉其遗像，入祀于此。因更名之曰"双忠行祠"。③

民国三年（1914 年），双忠行祠因地震损毁。迨民国十六年（1927 年）五月，由萧永康、郑鸿国等人发起，成立修葺行祠委员会。委员 75 人：

> 修葺委员会主任萧永康，副主任郑鸿国、周耀蕃，书记郑德□、黄作卿；委员萧朝达、郑家谟、李奕奎、郑懋典、许□鸿、萧笃生、吴瑛、郑培之、郑润泽、朱

---

① 黄挺：《民间宗教信仰中的国家意识和乡土观念——以潮汕双忠公崇拜为例》，《韩山师范学院学报》第 23 卷第 4 期（2002 年 12 月），第 9～21 页。

② 卓永坚：《潮阳新记》，大地出版社，1966，第 115 页。

③ （明）黄一龙纂修、林大春纂：《（隆庆）潮阳县志》，卷 9，"官署志·社学"，古瀛志乘丛刊，潮州市地方志办公室编印，第 84 页。

□铭、林良济、郑克仁、陈振铭、萧镇邦、许兴乔、郑赐惠、赵定□、许芝基、郑承初、萧汉杰、林挺芝、郑维垣、姚鼎元、郭世恩、郑祖文、林耀俊、朱祖□、颜希□、陈国桢、姚冀虞、姚传秋、郑秋坡、郑□爵、李华秾、姚之浦、郑维翰、萧秉琛、马印新、郑绍烈、郑鼎勳、姚冠英、郑伟、郑承銮、陈鸿范、陈鸿畴、徐暎澄、林毓文、萧振文、郭明德、林国贤、陈彦汉、郑通德、林春然、黄鉴瀛、萧汉墀、林焕璋、郑毓祥、林渭滨、萧文明、周耀荣、郑汉、郑□□、林国华、陈金泉、林家文、萧承稣、□□□、□□□、林恒之、萧世菜。①

林国华撰《重新双忠行祠庙记》云：

> 溯祠建去今三百年，中岂少补苴减漏者乎？奈碑志缺如，久近莫考。不遭民国三年地震，墙垣柱石，断裂堪虞，梁栋［瓦］楞，朽坏可虑，则修祠之举，未知俟于何时也？底为是故，所以有修之议，无如事经多载，议尚未决，非惧吉期难择，则虑经费莫筹，言人人殊，不免筑室道谋，贻讥有识！适郑君鸿国，归自沪，过汕闻而商诸萧君永康意同，邀邑绅乡老谘诹。此事从开议，金曰：经费当筹城厢丁口，日时宜卜庙祀明神。不谋而同，爰诸（疑为"之"字误写——引者注）庙卜吉，吉期定而工商殷富诸行户，于材料工作，输将乐助，踊跃争先。②

本次修建，因旧有庙宇较为浅狭，修葺委员会买下了庙后原属吴姓、徐姓、林姓等户的旧屋，扩建后殿。③ 经过五个月的修葺，新庙终于告成，十月十八日恭请张、许二公进庙升殿。《双忠行祠重修碑记》云：

> 窃本邑双忠行祠年久颓圮，丁卯夏五月，由在城各坊组织修葺行祠委员会，庀材鸠工重修，五阅月告成，十月十八日恭请张许二公进庙升殿，回溯圣庙香火鼎盛，［自宋］迄今，凡八百余年矣。同人等翘瞻庙貌重新，敬仰忠灵驻节，思维庙内陈设严整有加，所费不赀，恐日久弊生，乌可乏人维护？［用］是［妥］筹善后方法，［首］由林君家文发起，邀集绅商学各界组织行祠善后董事会。［醵资］置［租］，年竿定值年董事四人，每逢十月十八日，敬备香帛酒醴，诣庙致祭，勿忘祀典，并勒于石，以垂永远。④

---

① 《委员会名序依照抽签》，石刻存龙井双忠纪念馆。
② 林国华：《重新双忠行祠碑记》，石刻存龙井双忠纪念馆。
③ 萧氏四序堂萧智辉先生口述资料。萧智辉，潮阳双忠行祠善后董事会主任萧永康曾孙。2015 年 4 月 1 日，陈新杰访谈。
④ 善后董事会：《双忠行祠重修碑记》，民国十七年戊辰。石刻存龙井双忠纪念馆。

张、许二公进庙升殿之后，因"恐日久弊生"，"由林君家文发起，邀集绅商学各界组织行祠善后董事会。"据萧三吾、萧永康、林玉坡《呈请立案呈文》云：

> 民国十七年八月三号（即是夏历六月十八日）
> 呈为呈请备案重申布告保护事。窃我邑自宋以来，建庙崇祀唐忠臣张许二公，邑志彰彰。适双忠行祠庙年久将倾，去年择吉重修，早经修葺祠庙委员会公推永康为主任，绘具图说，附列章程，呈请前县长王叔增批准，布告在案。现工程完竣，其委员会名称当即解除，在永康等原冀稍卸仔肩，藉赋遂初，奈庙宇修葺重新，忠灵驻节，观瞻所系，讵可乏人主持，不加保护？用是改称为善后委员会，庶维护有责，亦俎豆常馨，一则敬仰二公之忠贞，一则稽察司庙之贪婪。虽目前庙内器具等件以及公议章程颇称完善，第恐日久弊生，在在堪虞，势不得不妥筹善后方法，备文粘列章程十七则，呈请钧核，准予备案，重申布告，并请饬警保护，以垂久远。实为公便。谨呈
> 潮阳县县长陈（权）[①]

组织行祠善后委员会的目的很明确，"一则敬仰二公之忠贞，一则稽察司庙之贪婪"。许是出于对地方情事的了解，组织者表达了他们的担忧，"第恐日久弊生，在在堪虞，势不得不妥筹善后方法"。呈文迅即得到潮阳县县长陈权批复"应准备案，并分别布告令行保护"。八月十七日潮阳县警察第一区署署长萧鹏飞也立即发表布告，强调"除饬警随时妥为保护外，合行布告所属商民人等，一体知悉毋违"。[②] 整个活动都在有条不紊地进行着。

二 潮阳双忠行祠面临的考验与善后董事会的应对

从民国十六年（1927 年）4 月开始，南京国民政府制定了一系列宗教法规，形成了一套系统的宗教管理政策。1928 年 9 月 2 日公布实施《寺庙登记条例》，9 月 22 日公布《废除卜筮星相巫觋堪舆办法》，10 月颁布《神祠存废标准》，1929 年 1 月颁布《寺庙管理条例》，12 月又颁布《监督寺庙条例》以取代《寺庙管理条例》，等等，试图对中国人的宗教和信仰进行整顿和清理，将宗教管理纳入法制的轨道，使之有法可依，有章可循。[③]

---

① 萧汉杰：《潮阳双忠行祠善后董事会文件录》，载《潮阳双忠行祠善后董事会录》（原书名阙，据序文补，封面红色，内文全 28 页），民国十九年手抄本，第 08 页。
② 萧鹏飞：《潮阳县警察第一区署布告》，载萧汉杰《潮阳双忠行祠善后董事会录》，第 11 页。
③ 郭华清：《南京国民政府的宗教管理政策论析》，《广州大学学报》2007 年第 2 期。

国民政府内政部颁布《神祠存废标准》，双忠行祠再一次面临考验。《双忠行祠堂泐石庙外碑文（石刻）》云：

> 我潮双忠行祠，丁卯岁本会提倡修葺重新，才不下年余，奉内政部指令各省《神祠存废标准》，适驻潮十三师奉令，迭将潮属大小神祠焚毁净尽，惟行祠张许二公神像，忠节凛然，名垂青史，当时虽未遽行损毁，本会戚然不安，职盦各界呈请县公署暨民政厅及省政府，转内政部核明，迅赐指令保存备案，蒙准指令省政府暨民政厅及本县县长知照，准予保存在案，合亟泐石，以垂永远。①

即是说，当时"潮属大小神祠焚毁净尽"二公神像虽存，亦是岌岌可危。

过去，驻军骚扰神庙的事曾有发生，民国十二年（1923年），桂屿的双忠祠就受到驻军的滋扰。陈秀升《癸亥地方苦兵患告双忠圣王张许二公之神文》云：

> 是夏，兵氛甚恶，民情汹汹，弗莫厥居，故为此冥冥不可知之举。乃越月而有客军一连，骤进神庙驻扎，声势张甚。是晚兵士犯霍乱吐泻症者三人，势将危殆，疑神降罚，亟向神前祈祷，次早即徙营他避，幸得不死。众目昭昭，咸称曰神灵不爽云！②

这次的形势显然已经不同。民国十八年（1929年）九月八日，《呈请潮阳县公署暨民政厅省政府保存双忠行祠呈文》云：

> 具呈人潮阳县商学绅耆各界暨民众代表萧永康、林家文、萧世莱、萧汉杰、郑懋典等，
>
> 呈为双忠赐额，历朝庙祀，叅请恩准布告保护，并恩转请保存备案，以重忠烈而志景慕事。……吾潮祠祀二公，素钦忠义卓著，实足令后人之景慕，与无稽附会之淫祠迥然不同。民国丁卯年，潮双忠行祠重行修葺，合邑工商学绅各界联盦呈请
>
> 县公署核准，当经王前县长叔增、陈前县长权，先后准予布告保护，勒石在案。迨去岁间
>
> 内政部颁布《神祠存废标准》，凡属忠烈节义，有功民族社会，足为群类所矜式者应为保存。例条核与潮双忠行祠二公节义贞忠正相符合。去年潮县区内大小神

---

① 萧汉杰：《潮阳双忠行祠善后董事会录》，第15页。
② 陈秀升主撰《桂屿文学社季征》第二期，第88页。

祠木偶泥像，被十三师焚毁皆空，惟双忠庙保存于今，依然无恙，毋须呈渎。查潮、普两县交界之贵屿双忠庙，昨经该处华美乡治安会电呈

广东善后公署乞准保留案，蒙"政字第二九一号"指令，仰潮阳县瞿县长暨普宁县县长会同查明具覆，饬遵保存在案。仰见褒扬先哲至意。萧永康、林家文、萧世菜、萧汉杰、郑懋典等为全县民众代表，仰忠节双悬，亘古同钦，理合具词，佥请

县公署、民众厅恩准布告，饬属保护，并恳转呈

省政府　暨内政部保存备案，以垂久远而志景慕，实叨公便。谨呈

潮阳县县长杜

民众厅厅长陈①

呈文极力强调潮之双忠祠"与无稽附会之淫祠迥然不同"，而与条例"凡属忠烈节义，有功民族社会，足为群类所矜式者应为保存"② 正同。双忠行祠自身其实具备保存的文化基础。清蓝鼎元撰《文光双忠祠祀田记》云：

> 余惟潮俗多淫祠，自昌黎公建邦启土而外，独双忠、大忠为正。大忠祀宋丞相文文山先生，双忠祀唐睢阳张许二公，皆可使百世下闻风起懦，维千秋纲常于不坠者也。……二公平生，气吞逆贼，忠愤常周宇宙，亘万古而不为少衰。使见戎马近郊，梯冲乘墉，必怒发裂眦，歼灭丑类，不留遗孑。此理之然而不可移易，亦为民御灾捍患之常，非棉人之好为语怪也。③

由当地乡绅、工商、学界组构的双忠行祠善后委员会，推动潮阳县政府前后几任县长向省民政厅提出保存申请，双忠行祠终于得到保存批准。

三　潮阳双忠行祠善后董事会的日常运作

双忠行祠善后委员会旋即着手订立章程，于董事轮值，祭祀仪式，庙产登记，直至祭品的分受，都做了详细的规定与记载，从而使潮阳的双忠信仰活动走向程式化与制度化。

---

① 萧汉杰：《潮阳双忠行祠善后董事会录》，第 12 页。

② 《神祠存废标准》"先哲类"：（丙）"对于国家、社会、人民，有捍患御侮、兴利除弊之事迹者"；（丁）"忠烈孝义，足为人类矜式者"，载《广东省政府周报》"民政"第 62、63 期合刊，第 71 页。

③ 蓝鼎元撰，郑焕隆选编、校注《蓝鼎元论潮文集》，海天出版社，1993，第 179 页。

（一）善后董事会的组成

表 1　潮阳双忠行祠善后董事会名录*

姓名	别号	生　年	履　历	子　嗣	社头/住址
徐映澄	晴波	戊午生人（1858）	前清……		
陈杰生	俊三	庚申生人（1860）	前清敕授		
李华称	月村	甲子生人（1864）	前清诰授员外郎	……庚子	
余业懋	鼎铭	乙丑生人（1865）	前清□贡生	仲男……潮……	
周耀邦	照秋	丁卯生人（1867）	前清□理问职衔	男……	
黄桂芳	丹谱	丁亥生人（1887）	清毕业附生		平和坊/岭东四社
萧应雄	杰臣	丁亥生人	前清儒林郎		南熏坊/涂库内
萧杰三		丁亥生人	清赏戴花翎候选同知		归厚坊/灰埕头
郑伟奇	异之	戊子生人（1888）	清毕业增生	次男信道庚戌人高小学校毕业	兴让坊/中央后巷
萧世棻	稚仙	戊子生人	日本法政学校毕业省议会潮阳县[议员]现任	长男师声县立高小学毕业	归厚坊/亭脚耐轩
林宴园		戊子生人	自治……公署……计各……		兴让坊/仰达轩/
萧懋和	槐阶	戊子生人	前清奉……	例授员外郎	
萧永康	寿臣	壬申生人（1872）	清甲午科举人	长男国三丙申人	归厚坊/延禄第
郭世恩	棣珊	壬申生人	民国……调隆……县长		南熏坊
郑懋典	慎五	甲戌生人（1874）	任琼[州乐会县县长]	[男]均煦广州法政专□法律毕业现任五都中学校长	平和东坊/白莲池醉石山房
萧镇邦	子衡	甲戌生人	前清国子监典籍		南熏坊/塗库内池仔社
黄鉴瀛	秋岚	丙子生人（1876）	前清布政司理问	男上标丙午人五都中学毕业生	南薰坊/北门内攀龙斋/
蔡家骥	纯卿	丁丑生人（1877）		男声鸿	平和西坊/后溪上宫社

续表

姓名	别号	生年	履历	子嗣	社头/住址
郑毓祥	精五	丁丑生人	前清诰授儒林郎	男希侨东中毕业	平和坊/岭东四社
萧文明	镜洲	丁卯生人（1867）	民国潮阳承审员		
许芝基	德庵	丁卯生人	前清□贡生		
陈鸿畴	寿田	丁卯生人	前清廪贡生		
萧庆麟	笃生	己巳生人（1869）	前清例贡生		
郑泽麟	简生	庚午生人（1870）	前潮阳……		
郑维垣	魁文	辛未生人（1871）	前……任潮……		
萧朝达	伯周	辛未生人	前清理问职衔民……长		
郑秋坡		辛巳生人（1881）	前清同……		
萧汉杰	三吾	癸未生人（1883）	前清副贡敕授内阁中书衔		归厚坊/松斋
陈素芳	坚夫		民国潮阳县知事		锦缠坊/柏轩
郑松坡		癸未生人	廪贡生［民国］前县议会议员	长男寿康岭东初等小学毕业	平和东坊/智房祠
郑文名	垂芳	甲申生人（1884）	前清监生		平和东坊/东门外太和巷
郑承均	湘浦	甲申生人	民国海门警察区长		南桂坊/小盐巷亦园
黄云书	作卿	丙戌生人（1886）	前清法政毕业历任惠来蕉岭承审员潮阳分庭书记官	长男鸿耀戊午人高小学校毕业/	兴让坊/思成学校
林耀俊	杰臣	戊寅生人（1878）	前清奉直大夫民国任军埠区长	男君哲庚戌人五都初级中学毕业	锦缠坊/新街/
萧训光		戊寅生人	前清儒林郎	男文渊甲寅人五都小学毕业	归厚坊/西门内亭脚
黄国梁	紫南	己卯生人（1879）	前清监生	长男厥里乙巳人	淳化坊/南门外风雅宫
林玉珊		己卯生人	前清奉直大夫潮阳县商会副会长县议会议员	次男邦任戊申人五都毕业	南薰坊/林合茂行
郑则士		辛巳生人（1881）	民国任惠来盐场知事普宁［县长］	长男汉川戊申人……	兴让坊/忍斋
郑海清	宴如	辛巳生人	前……		南薰坊
林家文	玉坡	辛巳生人	前清……井场……		
林成章	上仪	己丑生人（1889）	前清儒林……		

续表

姓名	别号	生年	履历	子嗣	社头/住址
萧士荣	/兰庭	庚寅生人（1890）	潮州公……		南薰坊
郑继善	仲勉	丁酉生人（1897）	民国大埔……	次男理仙己未人	平和西坊/赤杜园社
郑毓芳	徽岩	庚子生人（1990）	高等小学毕业/	男振南癸亥人	平和西坊/赤杜园社
郑克仁		庚子生人	县立中学毕业潮阳县警察第一区长		归厚坊/南门内源隆行
黄月波		庚子生人	前清监生	长男绍武己未人	南薰坊/太安门外建兴杉行
林廷达	平非	丙午生人（1906）	汕头高级中学毕业		兴让坊/李厝巷三号
郑耀泽	伯奋	丁未生人（1907）	上海南华高级商业学校毕业		兴让坊/署前寄庵

注：表中人物生年的公元纪年系引者所加。

资料来源：萧汉杰《潮阳双忠行祠善后董事会录》，第3页。

根据这份董事会名录，董事会员的组成，大约分为以下四类。

一是前清有功名者，如萧永康（1872—1943年），清光绪二十年（1894年）举人；授分部主事，福建补用知府；[1] 萧杰三，清赏戴花翎候选同知；萧镇邦，前清国子监典籍。[2] 萧姓12位董事中，除萧文明、萧世荣外，均为五贡出身。林耀俊，前清奉直大夫、民国任军埠区长。另有部分董事拥有贡生、监生、生员或捐纳职衔的身份。

二是民初政商界的强有力者，如郑则士（1873—1951年），南洋巨商。民国初回乡，开办汕头东亚兄弟染织厂；1921年任惠来盐场知事，1922年任普宁县长。[3] 又如陈素芳（1880—1973年），北平同文学院毕业，潮阳实业家。创办维新纺织厂、光利电灯长、潮汕电船公司等；民国十年（1922年）潮阳县知事。[4] 郑懋典，任琼州乐会县县长；其子均煦广州法政专法律毕业，时任五都中学校长。又如林玉珊，任潮阳县商会

---

① 潮阳萧氏宗亲联谊总会：《萧氏族谱》（下册），部分4，"人物篇"，天马出版有限公司，2006，第386～387页。

② 潮阳萧氏宗亲联谊总会：《萧氏族谱》（下册），部分4，"人物篇"，表4《明至清萧洵公世系五贡名表》，第419～432页。

③ 郑氏金浦系族谱编纂委员会：《潮阳金浦系族谱（第一册）》，"人物篇"，汕头市潮阳金浦历史文化促进会编，2012年8月，第432页。

④ 汕头市潮阳区地方志办公室等编《潮阳潮南人物志》，天马出版有限公司，2010，第151页。

副会长。① 光绪《潮阳县志》云："邑城赛会，自昔已然，而奢华过之。然天后会、双忠会犹资于商。"② 商人阶层在 20 年代的潮汕居于社会中心位置。③ 商人群体的加入，提供了充足的资金，确保了整个修葺活动的顺利进行。潮阳商会在双忠行祠的修葺与管理的过程中所扮演的角色，自然是不容忽视的。

三是活跃在本地区警政界者，如郑松坡，廪贡生，民国前县议会议员。郑承均，民国海门警察区长。黄云书，前清法政毕业，历任惠来蕉岭承审员、潮阳分庭书记官。郑克仁，县立中学毕业，潮阳县警察第一区长。萧文明，民国潮阳承审员。

四是有留学东洋或接受新式教育背景者，如萧世荣，日本法政大学毕业；省议会议员，时任潮阳县立中学校长。部分有中等学历的年轻人，亦厕身其间，这些人估计也有我们尚未了解的家族或经济方面之背景。

在这份名录中，不是以官阶、出资多寡论高低，也不是以董事会任职论高低，而是以年齿序列，体现了民国早期初始的平等意识。

寺庙和景观，是一种民间文化建构，其资源往往为建设者所控制。④ 在这份董事名单中，隐隐透露出董事们对权力传承的设计，即是董事们的后代对这份权力有继承的权利。又或可理解为，这种设计使董事会的主导权牢牢地掌握在较高文化素养的士绅阶层手中。名录中有萧姓 12 人，郑姓 15 人，林姓 6 人，黄姓 4 人，陈姓 3 人，其余姓氏 6 人。而曾经于清代对双忠行祠具有绝对影响力的姚姓，⑤ 在民国十六年（1927 年）的修葺活动中，尚能看到某些身影，但到了民国十七年（1928 年）的善后董事会，就不再见其踪迹；另一大姓赵姓的情况也是如此。这可能昭示一个现象，即是民国前期，县城的姚姓和赵姓之经济实力与社会影响力已然衰退或削弱。

许纪霖先生研究认为，民国的地方精英，包括有名的士绅，以及各种智能性精英，如绅商、商人、士绅经纪人，以及民国时代的教育家、军事精英、资本家、土匪头目等。⑥ 善后董事会会员的构成实际上也是比较复杂的，但未闻有土匪头目身份的人混迹其中。

董事会制定了值年理事制度，48 名会员编为 12 届，每届 4 人，在纪念日当神前笨值，理事届满，周而复始，则依序照地支年庚轮值：

---

① 姚旭东：《潮阳县商业志》第一章"私营商业"，第 6 节"行会组织"，称"民国十五年（1926 年）8 月，成立潮阳县商民协会，民国十九年（1930 年）改称潮阳县商会。"潮阳县商业局，1991，第 33 页。

② （清）周恒重修、张其翱纂：《光绪潮阳县志》，卷 11"风俗•社会"，第 06 页。

③ 黄挺：《商人团体、地方政府与民初政局下之社会权力——以 1921～1929 年的韩江治河处为例》，载《潮学研究》第 9 辑，潮汕历史文化研究中心、汕头大学潮汕文化研究中心编，花城出版社，2001，第 190 页。

④ 黄挺、周旭涛：《冠山文献》，华南研究文献丛刊 14，华南研究文献丛刊编辑委员会，香港科技大学华南研究中心，2012，第 021 页。

⑤ （清）臧宪祖修、萧纶锡等《（康熙）潮阳县志》，卷 12"坛庙"，故宫珍本丛刊，第 63 页。

⑥ 许纪霖：《〈晚清士绅与地方政治——以温州为中心的考察〉序言》，载李世众《晚清士绅与地方政治——以温州为中心的考察》，上海人民出版社，2006，第 5 页。

第一届戊辰年：萧永康、郭世恩、李华秋、郑耀泽；

第二届己巳年：郑泽麟、郑承均、陈素芳、林耀俊；

第三届庚午年：肖世莱、黄云书、林宴园、郑毓芳；

第四届辛未年；第五届壬申年；第六届癸酉年；第七届甲戌年；第八届乙亥年；第九届丙子年；第十届丁丑年；第十一届戊寅年；第十二届己卯年。[①]

会员轮值前 3 届均有记录，第一届始于戊辰年（1928 年），辛未年（1931 年）以后阙记，具体轮值情况已不清楚。

（二）章程的内容

民国十六年（1927 年）八月，修葺委员会曾将有关禁约若干条刊石。[②] 善后董事会在此基础上加以完善，制定章程共 17 项：

……

第 7 项、各行商祭神时期，或神诞，或神游，如有圣庙演剧者，本会得戒演淫戏，以端风俗；

……

第 10 项、庙内不许小贩摆物，并禁五行相命暨闲人在此喧哗，凡有不法行为，即行斥逐，否则请官厅拿办；[③]

……

章程内容大多属于公共秩序、卫生、治安和消防等方面的管理规范。第 7 项称"如有圣庙演剧者，本会得戒演淫戏，以端风俗。"何为淫戏？在潮汕地区，这种说教其实早就有过。明嘉靖间，广东监察御史戴璟就倡言"禁淫戏"：

访得潮属多以乡音搬演戏文，挑动男女淫心，故一夜而奔者不下数女。富家大族，恬不知耻。且又蓄养戏子，致生他丑。此俗诚为鄙俚，伤化实甚。虽屡行禁约，而有司阻于权势，率不能实行。今后凡蓄养戏子者令逐出外居。其各乡搬演淫戏者，许各邻里首官惩治，仍将戏子各问以应得罪名，外方者递回原籍；本土者发令归农。其有妇女因此淫奔者，事发到官，乃书其门曰"淫奔之家"。则人知所畏，而薄俗或可少变矣。[④]

---

① 萧汉杰：《潮阳双忠行祠善后董事会录》，第 28 页。
② 阖邑民众立，民国十六年八月，残缺石刻存龙井纪念馆。
③ 萧汉杰：《潮阳双忠行祠善后董事会录》，第 9 页。
④ 戴璟：《御史正风条约》，载《（嘉靖）广东通志》"风俗时节·禁淫戏"。

"以乡音搬演戏文"，演的或许就是《荔镜记》之类的以反映男女爱情为主题的潮剧。时臻民国，从士大夫对待这类潮剧的态度，约略可知当时的社会风气仍较保守。处于转型期的士绅如何引领社会精神生活的方向？实际上并无多少新意。

第 10 项"并禁五行相命暨闲人在此喧哗，凡有不法行为，即行斥逐，否则请官厅拿办"的内容，则是双忠行祠在日常管理中落实《废除卜筮星相巫觋堪舆办法》的具体体现。

（三）祭祀仪式与祝文

宗教仪式具体体现在祭祀仪式的固化与祝文的定式上。

1. 十月十八日祀祭圣庙行三献礼仪式

起鼓，一通，二通，三通，司事各执其事，主祭者就位，同祭者就位；迎神，跪，叩首，再叩首，三叩首，兴；跪，叩首，再叩首，六叩首，兴。

行初献礼（引会宦主祭），盥洗（至案前），跪，献香，献帛，献爵；叩首，再叩首，三叩首。主祭以下齐跪，读祝，叩首，再叩首，三叩首，兴；（引）复位。

行亚献礼（引主祭至案前），跪，献爵；叩首，再叩首，三叩首，兴；（引）复位。

行终献礼（引主祭至案前），跪，献爵；叩首，再叩首，三叩首，兴；（引）复位；读祝者焚祝，司帛者焚帛，化财，送神；跪，叩首，再叩首，三叩首，兴；跪，叩首，再叩首，六叩首，兴；礼毕。[1]

2. 虔祭双忠圣王祝文（每年十月十八日用）

维

中华民国十七年，岁次戊辰十月癸亥朔越十八日癸酉，善后董事会某某等谨以刚鬣柔毛、香帛酒醴、庶馐之仪，敢昭告于敕封忠靖福济昭圣灵佑效灵助顺王、敕封善利威济卫圣孚应扬仁振武王　张许二公之神曰：

维

神　双节万古，日月齐光。江淮保障，延祚全唐。元戎显迹，庙祀潮阳。平倭杀贼，惠保无疆。行祠庙古，重修堂皇。阳春告竣，卜吉允臧。时逢十月，纪念弗忘。衣冠济济，肃荐馨香。牺牲玉帛，酒醴笙簧。神其来格，鉴此精虔。

尚

---

① 萧汉杰：《潮阳双忠行祠善后董事会录》，第 24 页。

殓。①

对祀期和仪注的规定，似是仿自潮阳儒学祭孔；县志中不乏《祭双忠文》之类文字，却未见有祝文。政府保留双忠行祠的目的，"即崇拜先哲，亦重在钦仰其人格，宣扬其学说功烈。"② 民国十八年（1929 年）十月五日，厅长陈铭枢发布由广东省政府核转内政部备案的命令称："惟钦仰与迷信不同，凡从前一切烧香、拜跪、冥镪、牲醴等礼节，仍应遵照部令废止，庶于景仰先哲之中，仍寓革新风俗之意。"③ 但从上文祭神的仪式及下文的祭品看，所谓"革新风俗"依然是一句空话。

（四）纪念日祀神桌式（即祭品）

（仪定每年十月十八日纪念日应用桌品、鼓乐等件列左）

膳鸡熟重五斤、白糖面桃五十五个二十七斤八两、膳鸭熟重五斤、上白麻方五十五块十三斤十二两、乌鱼熟重五斤、面梨一百一十个十三斤十二两、龙虾熟重五斤、合桃一个重二斤、软蹄肉熟重五斤、葫芦塔一个二斤、又肉两方熟重五斤、五饼一副重二斤、生胙肉共重五斤、五层大塔一个、大水晶包一百个、龙眼干八两、枝方五十五分共五十五斤、双清大空心白糖四个带彩头冠、白糖软饼五十五块二十七斤八两、上冬瓜糕四架重三斤、三炎五果一副银意一元、正绍兴酒半斤、炮球一串银一元、上奇种茶一泡、大元宝二十对、种合茶米二两、中元宝三十对、坚只炭一斤、币帛共五盘大二盘作一连中二盘作一连、吹首鼓乐一班、大馨香三条、雇工脚四名、中馨香六条、税桌具并地毯等约二元、小馨香一包、题香油并赏庙祝银一元、铜它烛一对半斤、祝文一道用红帖全个、蜡烛十六对一斤、对联二对用万年红纸双连、白糖燕菜汤五瓯、通知会员帖用桃红纸、上白晚米一筒、尺八冬瓜灯笼一对，计一面"善后董事会"，一面"双忠圣王"，旁写"行祠庙"。④

从名目繁多的祭品可见排场的热闹盛大，开销之巨可想而知，一般民众的缺席亦自在情理之中。

---

① 萧汉杰：《潮阳双忠行祠善后董事会录》，第 25 页。
② 《广东省政府训令》，"民字第 1840 号"，1917 年 11 月 27 日，载《广东省政府周报》，"民政"第 62、63 期合刊，第 81 页。
③ 广东省民政厅转批：《潮阳县公署布告批》，第 596 号，载萧汉杰《潮阳双忠行祠善后董事会录》，第 14 页。
④ 萧汉杰：《潮阳双忠行祠善后董事会录》，第 25 页。

（五）办祭规则与祭毕后分受方式

1. 办祭规则

> 议祭费就本会会产每年收入，依上规定祭式办理，不得短少；
> 议在会产收入未充足以前，应由本会每员加派份资大洋五角；
> 议祀祭应用全牲猪羊，因会产收入未足，宜先向会员各自捐出多少听便，以省费；
> 议先五日与各人放帖收份资，有自捐猪羊者，银应一并先收；
> 议五牲枝方不到斤两者，补还后应罚大洋五式缴公；
> 议五牲不熟者，应罚大洋一元缴公；
> 议五牲浸汤者，应罚大洋一元缴公；
> 议每年纪念日，凡我会员均应整肃衣冠，亲到祀神，以昭诚敬；
> 议会员未能亲到时，应命子侄与祭，不得令仆役工人代表，以肃仪节。[①]

办祭规则写入《会录》，实际规定了董事会员必须履行的义务，即是在会产收入未足时须分担一定数额的经费。如果违约或祭品缺斤少两，则须补足并受罚。"每年纪念日，凡我会员均应整肃衣冠，亲到祀神，以昭诚敬"，"议会员未能亲到时，应命子侄与祭，不得令仆役工人代表，以肃仪节"，既突出了祭祀仪式的严肃性，又似乎昭示于董事名下履历后面还要列出各人子嗣的用意，而该项内容留空者应该是膝下没有或当时尚未有男儿的。

2. 祭毕后分受方式

祭毕后，丰富的祭品如何分受？善后董事会亦作了具体规定：

> 议祭毕每人受枝方一份、五牲一十两、水晶包二个；
> 议会宦（主祭者）到庙祀神，受胙肉一斤、合桃一个，如不到，归主祭人受；
> 议会长（年高者）到庙祀神，受五层大塔一座，如不到，归次长受，馀照推；
> 议会长十月十八早，先到庙验交五牲、枝方秤式，应受枝方一份；
> 议十月十八日祀祭，笋值来年常务员四名，每人受白糖馔盒一副；
> 议本会每年举正副书记二员，祭毕每人受枝方一份，正加石榴一盘，副加五饼一个；
> 议行三献礼生四员，祭毕各受枝方一份，胙肉一斤；

---

① 萧汉杰：《潮阳双忠行祠善后董事会录》，第 26 页。

议本年常务员四名，祭毕每人受五果一盘，五饼一个，其洽神福归经办者收受。①

履行了义务，自然可以获得相应的权利。祭毕之后祭品作为"洽神福"的吉祥物，参祭者自然是很为重视的，不会轻易拱手他人。

（五）祭业的购置与会产的登记

从祀神桌式看，双忠行祠用于祭祀和日常管理的费用开支不是小数目，因此，自修葺委员会到善后董事会，即购置价银大洋 280 两的铺间，然后"供纳输租"，作为收取租银的长久会产。

> 本会买受萧浩如粮质归一铺一间，计十一□（上"土"下"口"）并楼铺枋双面，今已改造前后作为二小间，坐落在本县南门外首社东畔首间，坐东向西去处。批佃郑同发、郑广福泰供纳输租。今因修葺行祠庙费用不敷，积欠各号数项，现将结束，无可清还，经已召集委员会开会讨论，公共同议决，将该铺出转；实欲价银大洋二百八十两正，当面招到行祠庙董事会前来承买，置入行祠庙董事会，永为双忠圣王祭业。出得原价银二百八十两正不减，其银就立契日收清，即还各号数项，其铺随即会明店佃交还行祠庙董事会前去管业批佃供租。②

该项租期 5 年，佃户"每年纳还租银大洋 28 元、18 元正，分作三月、九月两季输纳还清"③。这项活动是在民国十七年（1928 年）五月二十九日完成的。

除了祭业外，双忠行祠的会产还有各项祭器，包括"祠内仪器器具"和"官房仪器器具"，"本会承置南门外首社瓦屋楼铺契文"和"店佃郑同发号、郑广福泰两摺供批文"等，④ 董事会都一一登记备查。

程式化实际亦是制度化的问题。

四　小结

清代，潮阳县城每年二月有"双忠会"。锦衣舞马之观，甲于东南诸郡。⑤ "双忠

---

① 萧汉杰：《潮阳双忠行祠善后董事会录》，第 26 页。

② 萧汉杰：《潮阳双忠行祠善后董事会录》，第 21 页。

③ 郑同发号、郑广福泰：《店佃郑同发号郑广福泰两摺供批文》，载萧汉杰《潮阳双忠行祠善后董事会录》，第 22 页。

④ 萧汉杰：《潮阳双忠行祠善后董事会录》，第 16 ~ 20 页。

⑤ 周恒重修、张其翽纂：《光绪潮阳县志》卷 11 "风俗·社会"，第 6 页。

会"指的是双忠公巡游活动。① 县城士绅在这些活动中无疑起到了组织、协调的作用。关于士绅在此中的身份和职任,黄挺教授曾就此有过精辟的论述,即"在阐释双忠公宗教象征意义的过程中,士绅实际上是在官师和乡民之间充当'通译'。一方面,他们要站在乡土社会的立场,陈述乡民崇信双忠公的缘由,将双忠公崇拜的乡土文本转达给官师;另一方面,他们也不会忘记自己的身份和职任,总要利用张许故事的原典文本,强调神明的忠义品格,施教于民。"② 这个意见,用于观察潮阳双忠行祠善后董事会的会员同样是适用的。

双忠行祠善后董事会遵循既定的政策法规进行申诉、维护和管理,体现出地方士绅们积极拥抱"国家"的强烈意愿。陈弃瑕曾说:"邑中合群办事,群策群力,赞成者多系一家族一乡社之私事,以合境全力赴办公益者甚尠。而地方一切事均付诸大族绅士之手,握地方事权,地方财权,所办却非公益。且多遭握权者之忌,稍弱者,则握权者得显为干涉,讽其停止,其颇能自立者,或媒孽倾陷以中伤之,摧残其宏毅勇为之气概,即有时在野人士,愿任其劳,而功归握权之人享受,而握权与握权者,又各相按剑,事齐事楚,不一而当。废然而返,事既不济,资又曷筹?"③ 仅仅过了 20 年,潮阳双忠行祠的保存与善后,似乎不再是"一家族一乡社之私事",而是人民之后,潮阳县城士绅群策群力办成的一件公共事业。在国民政府除旧布新的大背景下,旧式士绅与新式士绅合群办事,使双忠行祠的建设和管理提升到一个新的层次。"潮阳双忠行祠善后董事会"的组构,反映出在新的社会结构转型期,地方士绅的会社意识并以会社名义对政府提出诉求的时代特征。表明在 20 世纪 20 年代的潮汕地区,地方会社已是一支不可等闲视之的社会政治力量。

透过分析,我们可以看到 20 世纪 20 年代潮阳双忠行祠善后董事会对双忠行祠的保存与革新的整个过程,特别是地方士绅的参与和引领,潮阳双忠行祠的祭祀活动呈现程式化与制度化。总之,地方会社对民间宗教信仰的保存与革新的活动,对引导民间宗教信仰的走向和满足当地社会的精神需求有积极的意义。

责任编辑: 周修东

---

① 双忠公巡游路线,于清嘉庆二十一年(1886 年)由潮阳知县王奇云做了具体的规定,载《呈请县主王批定路引碑》,石刻存龙井双忠纪念馆。

② 黄挺:《民间宗教信仰中的国家意识和乡土观念——以潮汕双忠公崇拜为例》,《韩山师范学院学报》第 23 卷第 4 期,2002 年 12 月,第 17 页。

③ 陈弃瑕:《潮阳县关于合群办事捐资济公之民事调查》,载(清)崔炳炎编《光绪年间潮阳风俗调查》,出版单位不详,汕头潮汕历史文化中心藏宣统元年正月本,第 31 页。

海外移民与侨乡联系之变

——乙未年（2015 年）大吴修德善堂养心社晋香活动

摘 要： 海外移民与侨乡间的联系形式多种多样，神缘即其中一种。移民可在移居海外的过程中，将原本在侨乡祭祀的神灵请到侨居地祭拜。这一伴随移民出洋的神灵便将海外移民与侨乡在情感、空间、宗教仪式上联系起来。现今潮州市大吴村修德善堂养心社与新马各修德善堂联系密切，把祭祀共同神灵——宋大峰祖师作为彼此联系的主要媒介。本文尝试透过乙未年（2015 年）大吴修德善堂晋香团在新加坡进行的晋香活动以及新加坡修德善堂养心社的宗教仪式，试图分析海内外善堂间的互动关系，探讨海外移民与侨乡联系的新变化。

关键词： 侨乡 海外移民 华侨华人 善堂

华人出洋务工，通过寄送侨汇的方式赡养家庭或对侨乡及国家进行捐资，维持与侨乡的联系，同时也对侨乡经济文化事业及国家经济发展起着重要作用。[1] "银信合一"的侨批通过水客或批局的运作将侨汇的寄送与汇兑制度化。[2] 华人出洋对侨乡影响深刻，通过捐资改善了侨乡的社会面貌，比如修建桥梁道路、重修庙宇宗祠、建立学校水

---

* 王惠，女，香港中文大学历史系博士生，研究方向为海外华人华侨史、潮汕侨乡史。

[1] 关于侨汇研究已有很多著作，例如，林金枝：《侨汇对中国经济发展与侨乡建设的作用》，《南洋问题研究》1992 年第 2 期，第 21～34 页；夏诚华：《近代广东省侨汇研究（1862～1949）——以广、潮、梅、琼地区为例》，新加坡南洋学会，1992；袁丁、陈丽园：《1946～1949 年广东侨汇逃避问题》，《华侨华人历史研究》2001 年第 3 期，第 9～20 页。

[2] 陈丽园：《潮汕侨批网络与国家控制（1927～1949）》，《汕头大学学报》（人文社会科学版）2003 年第 S1 期；Liyuan，Chen，Interactions between South China and the Chinese Communities in Southeast Asia：A Study of the Teochew Remittance Networks，1911–1949，Diss，2007。

厂等。同时，华人出洋也影响侨乡的生活习惯、宗教文化与建筑风格等，特别是那些在结束海外务工或经商回到侨乡的人，他们将海外生活习惯、文化风俗等也带到了侨乡。[①] 改革开放之后，海外移民与侨乡的联系又频繁起来。例如海外移民回乡祭祖[②]，侨乡宗族重新建构[③]。以广东澄海后沟村为例，从 1981 年开始至 2010 年，华侨对侨乡的大规模捐资达 34 次，主要捐资集中在 20 世纪 80 年代末 90 年代初，主要包括对乡村的学校、基础设施建设以及老年人福利等事业的资助。留在海外未"落叶归根"的移民亦可通过多种方式与侨乡产生联系，例如，海外侨刊的出版发行[④]。新加坡潮州人则通过神缘[⑤]与中国大陆产生情感维系。例如，现今潮安浮洋镇大吴村中修德善堂养心社于 1980 年代，重新与海外联系，加强彼此之间交流。海外修德善堂通过协助重修大吴修德善堂、举办文化晋香等活动加强了与侨乡间的沟通。随着侨乡经济生活水平的提高，侨乡人民也会走出去，加强与海外移民的互动往来，不再是海外移民单方回乡的"探亲""访问"活动。[⑥]

　　本文试图通过分析乙未年（2015 年）潮汕地区大吴修德善堂养心社与庵埠太和善堂及各分社到新加坡各修德善堂的晋香活动，说明晋香活动作为侨乡与海外移民互动活

---

① James L. Watson, *Emigration and the Chinese Lineage: The Mans in Hong Kong and London*, Berkeley: University of California Press, 1975. 陈达：《南洋华侨与闽粤社会》，商务印书馆，1938。

② Kuah-Pearce, Khun Eng. *Rebuilding the Ancestral Village: Singaporeans in China*, NUS Press, 2011.

③ Woon, Yuen-fong, The Guan of Kaipingcounty in the 1990s. Still a cohesive group, in the Douw, Leo., Post, Peter, and Koninklijke Nederlandse Akademie Van Wetenschappen. Afd. Letterkunde. *South China: State, Culture and Social Change during the 20th Century*. Amsterdam; New York: North-Holland ed. Verhandelingen Der KoninklijkeNederlandseAkademie Van Wetenschappen, Afd. Letterkunde; Nieuwe Reeks, D. 169. Amsterdam; New York: North-Holland, 1996.

④ Hsu, Madeline Y. "Migration and Native Place: *Qiaokan* and the Imagined Community of Taishan County, Guangdong, 1893 – 1993," *The Journal of Asian Studies* Vol. 5p, No. 2 2000, pp. 307 – 331.

⑤ 海外移民可通过血缘、地缘、业缘关系在侨居地与其他华人产生联系，也通过这些联系与原乡产生维系。

⑥ 关于新加坡、马来西亚善堂研究，可以参见 Tan Chee-beng, "Charitable Temples in China, Sinpapore, and Malaysia," *Asian Ethnology*, Vol. 71, No. 1, 2012, pp. 75 – 107。中文翻译版参见陈志明、孟庆波《善堂——中国、新加坡和马来西亚的慈善寺堂》，《华侨华人历史研究》2014 年第 2 期，第 24 ~ 38 页。关于大峰祖师信仰流传至泰国，可参见林悟殊《泰国大峰祖师崇拜与华侨报德善堂研究》，淑馨出版社，1996。新加坡李志贤有诸多文章围绕新加坡修德善堂展开论述，例如，《跨越南中国海的信仰网路——潮人善堂文化在新加坡的传播与发展模式》，载周照仁主编《2009 海洋文化国际学术研讨会会后论文集》，海洋科技大学出版社，2009，第 14 ~ 26 页；《香茶水的信仰网路——新加坡潮人善堂宗教仪式的观察》，载周照仁主编《2009 海洋文化国际学术研讨会会后论文集》，海洋科技大学出版社，2009，第 38 ~ 44 页；《柳缘渡人：从宗教仪式看新加坡潮人善堂信仰的文化内涵——以"扶乩"仪式为例》，载刘宏主编《海洋亚洲与华人世界之互动》，华裔馆、华裔网，2007，第 94 ~ 122 页；《宗教仪式、文化认同、商业网络：新加坡潮人善堂信仰与社群的多层面互动》，载林玮毅编《民间文化与华人社会》，亚洲研究学会，2006，第 69 ~ 98 页；《慈善事业、宗教仪式、社群认同：新加坡潮人善堂信仰的三元互动模式》，载赖宏编《第六届国际潮学研讨会论文集》，澳门潮州乡会，2005，第 343 ~ 379 页；《从宗教仪式看新加坡潮人善堂信仰的文化内涵》，载《马来西亚柔佛新山潮州八邑会馆七十周年纪念特刊》，潮州八邑会馆，2005，第 128 ~ 134 页；《慈善事业与文化传承：新加坡潮人善堂现代角色的二元化》，新加坡《亚洲文化》2005 年第 29 期，第 86 ~ 100 页。

动形式之一，对侨乡与海外移民之间的联系所产生的影响。

实际上，2014 年（甲午年）农历九月九日，新马各修德善堂恭请宋大峰祖师百年回銮，对大吴修德善堂养心社、庵埠太和善堂、潮阳报德古堂等香火有渊源诸堂进行宗教文化参访活动。2015 年（乙未年）农历十月宋大峰祖师诞前夕，大吴修德善堂养心社与潮汕其他友堂共赴新马晋香，一定程度上可以说，此次乙未年晋香活动是前一年宋大峰祖师百年回銮的延续。

一　大吴村与宋大峰祖师

大吴村，古称凤书陇①，现隶属潮州市浮洋镇，是著名侨乡②，又因其泥塑出名，有"广东省民间艺术之乡"之称。大吴村，由大吴与肖畔林二自然村组成，主村大吴，单姓吴，传说先辈吴姓祖先从福建携三子迁居潮州，长子定居大吴。③ 肖畔林，创于明末，原有萧、林二姓，后肖姓他迁，现仅存林姓。④ 大吴村 1988 年⑤约有 430 户，共 1955 人，人均耕地 0.26 亩，至 2011 年增至 560 户，共约 2600 人。⑥ 改革开放后，大吴村经济实力逐步增强，形成以陶瓷、珠品、泥塑为主的支柱产业。⑦ "1987 年，全村人均收入超 500 元，比改革前的 1978 年增长 3 倍多。至 1996 年人均收入达 3000 余元。"⑧ "2005 年全村总产值 2708 万元，农民人均纯收入 4572 元。"⑨ "2009 年，全村生产总值达 2.2 亿元，村集体经济收入 100 万元，农民人均纯收入 8000 元。"⑩ 大吴村经济建设与文化建设并重，在潮汕地区享有盛名。"2006 年被定为潮州市社会主义新农村建设示范点。此后，大吴村先后被中共广东省委、广东省人民政府授予'广东省文明村'荣誉称号，被广东省文化厅定为广东省民族民间艺术之乡，被中央精神文明建设指导委员会办公室评为'第四届全国创建文明村镇'，被广东省爱国卫生运动委员会评为广东省卫生村，被广东省司法厅、广东省人民政府评为全国民主法治示范村、被潮州

① 关于大吴村的古称，主要说法来自村里的材料，以及村里人的一些说法，其来源需要进一步核查。
② 关于大吴村是侨乡的说法，可以从三个方面判断，一是经济收入当中侨汇所占的比重；二是乡民如何表达；三是乡村材料及地方志当中的记录。
③ 凤书敬老院老人协会主修《大吴吴氏族谱》，出版社不详，1996。
④ 关于大吴吴氏及肖畔林村村庄情况的介绍，目前较为详细的材料有，潮州市浮洋镇志编纂办公室编《浮洋镇志》，出版社不详，1989；凤书敬老院协会主修《大吴吴氏族谱》，出版社不详，1996；以及大吴村村碑。但这些资料产生的时间均较现代。
⑤ 1988 年，大吴村"粮食总产 10680 担，亩产 786 斤；主要工副业有陶瓷、泥塑、抽纱、珠绣等，全村企业总收入 70.8 万元"。载潮州市地方志编纂委员会编《潮州市志》，广东人民出版社，1995，第 2150 页。
⑥ 潮州市地方志编纂委员会编《潮州市志》，第 2150 页；谢悦新、陈祖煌主编《"十一五"时期广东社会主义新农村建设掠影》，中国农业出版社，2011，第 409 页。
⑦ 谢悦新、陈祖煌主编《"十一五"时期广东社会主义新农村建设掠影》，第 410 页。
⑧ 王本尊：《海外华侨人与潮汕侨乡的发展》，中国华侨出版社，2000，第 165 页。
⑨ 张德扬：《广东社会主义新农村建设百村调查》，中国农业出版社，2007，第 383 页。
⑩ 谢悦新、陈祖煌主编《"十一五"时期广东社会主义新农村建设掠影》，第 410 页。

市委评为固本强基先进基层党组织。"①

改革开放后，大吴村经济实力逐步增强，形成以陶瓷、珠品、泥塑为主的支柱产业，现今有出口企业 3 家，上规模企业 30 家，家庭作坊 100 家。同时，"大吴泥塑"以及"潮安县旅游专业村"等称号，吸引了商业投资，增加了乡村的集体经济收入。

大吴村的经济文化发展与当地社会环境密不可分。浮洋镇 1988 年约有耕地 33724 亩，人口 80090 人。② 浮洋亦是侨乡，"旅居海外的侨胞及港澳同胞约 4.2 万人，镇内归侨、侨眷及港澳同胞亲属 2.1 万人。"③ 华侨对乡镇发展有着重要贡献，"1978～1988 年，全镇侨胞捐资 235 万元兴办福利事业和发展工农业，主要的建设项目是：创建大吴、颜厝、东巷、高义、仙庭、福洞、乌洋等学校和中心幼儿园，还兴办一批自来水设施和交通设施。"④

大吴村内的主要寺庙有土地庙两座、凤书古庙（三山国王）一座、神农庙一座以及修德善堂相关堂宇。大吴修德善堂初创于光绪二十八年（1902 年），乡人从庵埠太和善堂恭请宋大峰祖师，设为分社。光绪三十三年（1907 年），揭阳人张运杰皈依佛门，常住大吴，施医赠药，施棺赠葬，圆寂后受乡人礼拜，为运杰菩萨。1916 年，大吴乡人恭请祖师圣驾临新加坡，先后创立新加坡修德善堂养心社与同德善堂。⑤ 同德善堂后与 1940 年创立的念心社于 1950 年合并为同德善堂念心社。⑥

关于大峰祖师为何人已经有很多讨论，民间更是有诸多传说。大多记录都表明，大峰祖师于北宋宝元二年（1039 年）出生于福建省，俗姓林名灵噩。皈依佛门后，云游四方行善，因在潮阳和平建和平桥而闻名。⑦ 因此和平村有报德古堂以歌颂大峰祖师的业绩，而报德古堂也成为众善堂恭请大峰祖师的起点。而对于大吴修德善堂来说，他们是从庵埠太和善堂⑧请来的香火。后者则是从报德古堂分香而来。庵埠太和善堂现今已经建立包括大吴修德善堂在内的十六个分支机构，其中一个分支建立在马来西亚。大吴修德善堂，如上文所述，又将大峰祖师的香火传递到了新马地区。

而此次的晋香活动，是至今最大一次将上述由神缘脉络所联系起来的众慈善组织聚集起

---

① 谢悦新、陈祖煌主编《"十一五"时期广东社会主义新农村建设掠影》，第 409 页。

② 潮州市地方志编纂委员会编《潮州市志》，第 2144 页。

③ 潮州市地方志编纂委员会编《潮州市志》，第 2146～2147 页。

④ 潮州市地方志编纂委员会编《潮州市志》，第 2146～2147 页。

⑤ 大吴修德善堂福利会编印：《大吴修德善堂养心社新堂宇落成庆典纪念册》，出版社不详，2010。

⑥ 同德善堂念心社（Thong Teck Sian Tong Lian Sin Sia）是由同德善堂与念心社于 1950 年在新加坡文德路口门牌 1 号 A 合并而成。同德善堂前身为守愚堂，创立于 1940 年，设址于新加坡金吉律门牌 20 号，新加坡日据时期易名为同德善堂。发起人林楚狂等由中国大吴村将运杰菩萨香火请来。念心社创立于 1940 年，坛址为新加坡坛沙球拉律门牌 640 号三楼。（《同德善堂念心社金禧纪念特刊 1949～1999》，出版社不详，时间不详，第 5 页）。

⑦ 林俊聪：《潮汕的善堂》，载《昇平文史》（创刊号——潮汕善堂专辑 1），1996，第 11～20 页。

⑧ 关于庵埠太和善堂的研究，可以参见林瑜《庵埠太和善堂的发展与思考》，《韩山师范学院学报》2013 年第 34 卷第 5 期。

来的大型活动。简言之，在有关大吴村修德善堂养心社供奉宋大峰祖师的崇拜体系中，直接参与乙未年（2015年）晋香活动以及具有神缘脉络联系的慈善组织，其结构如图1所示。

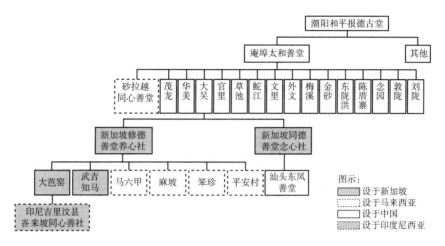

图1　乙未年（2015年）晋香活动相关善堂

注：图中仅仅记录了与晋香活动相关的庙堂。

二　晋香团活动

此次晋香团队组织庞大，参与人员众多，达300人。从新加坡修德善堂养心社的接机安排来看，前后共有八次机场接机，可见参与人数之多。最先到达的是来自汕头存心善堂的相关负责人，四位负责人在2015年12月2日先行到达。大吴修德善堂与庵埠太和善堂晋香团于12月3日、4日陆续到达。[①] 12月4日晚新加坡修德善堂养心社组织晚宴，宴请此次晋香团员。

正式晋香活动是从第二日即12月5日开始。此次活动人员众多，组织庞大，所有行程安排紧密。先是早8点钟所有团员集合于新加坡修德善堂养心社，对宋大峰祖师等众神进行祭拜。又于早9点钟前往武吉知马修德善堂，进行拜祭祖师等仪式活动。当日午宴由新加坡修德善堂于新加坡醉花林[②]设"千人宴"，宴请晋香团及新马地区各友堂

---

① 部分团员参与了旅行团组织的东南亚旅行，部分善堂管理人员则是由中国直接出发至新加坡，所以并非所有人员同一时间到达。

② 此次宴席选在新加坡历史悠久的华人俱乐部——醉花林。醉花林俱乐部成立于1845年。"早期，民间视之为'潮州阿爷'的俱乐部。醉花林俱乐部在新加坡早期华人社会里有着极其独特的地位，在英殖民地时期可以说是本地潮帮的权力核心，在潮人社会中扮演者重要的角色，是本地潮人社会历史发展的见证。"互联网文献：《醉花林俱乐部的历史》，http://www.chuihuaylimclub.com/introduction.html，最后访问日期：2016年3月30日。

代表。此次"千人宴"共发出邀请函 2000 份，善信随喜乐捐。宴会当日，新加坡修德善堂养心社向前来晋香的友堂代表赠送礼物，并为在本堂服务 20 年以上的董事赠送纪念品。同时，从中国远道而来的太和善堂在宴会期间，播放了 2014 年恭请宋大峰祖师百年回銮的录像资料，展现了前后两次活动的延续性。同时，这也是中国国内社团组织不断发展完善，与海外社团组织加强联系的体现。当日下午，晋香团又依次到同德善堂念心社、大芭窑修德善堂等外展开晋香活动。晋香团每到一处善堂，基本流程是：主持人主持全体晋香团成员向众神灵晋香、善信晋香以及麒麟队晋香。晚宴则有大吴村侨居于新加坡的知名华侨①吴耀玉后人宴请众乡亲。大吴村为表达对吴耀玉家族支持家乡建设的感谢，特编辑出版纪念册，送给其家族人留念。

12 月 6 日，晋香团当中的 200 多人已经乘机返回，余下的 100 多人将于 7 日离开。6 日并无正式晋香活动，而只是在午餐与晚餐时间，分别由大巴窑修德善堂和武吉知马修德善堂宴请。气氛轻松，属一般交流与感情沟通。

值得注意的是，此次晋香活动，麒麟队②的出色表演颇受欢迎。麒麟队有 50 多人参与组织表演，年龄最小者只有 13 岁。全部队员均是来自文里村③。这支表演队成立不久，此次是受文里太和善堂之邀，参与晋香活动。而麒麟队初次与善堂结缘则源于2014 年 11 月的宋大峰祖师百年回銮活动④。根据麒麟队队员介绍，此次晋香活动，队员每人需要交纳约 4000 元旅费。麒麟队的表演技艺在当地也闻名遐迩。虽然与善堂的晋香活动结合在一起，但是他们又与善堂的组织管理完全独立。从文化角度看，麒麟队跟随善堂的活动直接把中国文化带到了东南亚地区，为善堂宗教文化活动交流注入新的形式。同时也说明，潮汕地区经济文化水平的提高，以及与海外世界交流的愿望。

另外，汕头存心善堂四名代表又于 12 月 12 日、13 日到印尼吉里汶县峇来坡同心善社参加其五十五周年纪念活动，而后者则是从新加坡大巴窑修德善堂分香而设，所以新加坡一些友堂负责人也参加了这一纪念活动。

从晋香团紧密的行程安排中，我们可以看到多重效果互相作用。首先，如图 1 所示，晋香团的活动将有神缘联系的慈善组织紧密联系起来，通过这种晋香的互动，彼此之间加强了联系；其次，此次晋香活动的庞大组织与完美收场是潮汕侨乡社会经济文化水平提高的间接体现，团员积极参与晋香活动，体现了经济生活与宗教文化生活的结合；再者，作为侨乡的大吴村，利用晋香活动也与海外华侨加强了联系，将神缘与血缘联系在一起。

① 本文中对"华侨"的运用并无政治或法律层面的含义，此种称呼来自大吴乡民的说法。
② 感谢麒麟队队员蔡伟栓接受访谈与提供信息。
③ 根据队员介绍，文里村也是侨乡，由一条马路将村分为内文里、外文里，而队员则全部来自内文里。
④ 百年回銮是指，2014 年 11 月，新马各修德善堂将祖师金身请回大吴修德善堂养心社的仪式。活动期间，曾晋香文里村太和善堂。

三 仪式展现

从中国去新加坡参访的晋香团在晋香活动之后，紧接着便是宋大峰祖师圣诞（农历十月二十九），即 12 月 10 日。在上文的论述中我们可以看到，因为宋大峰祖师的信仰因缘，将分布在中国、新加坡、马来西亚以及印尼甚至是世界上很多地方的团体组织联系起来，构成一个广泛的宗教文化网络。而晋香圆满结束之后，各团体组织又回到各自的庙堂开始筹备祖师圣诞法会。也就是说，在以宋大峰祖师为核心的宗教文化网络中，各团体组织即是组成网络的各个节点，晋香活动的产生与发展将各个节点联系起来，活动之后各个节点虽然在空间上分离但却在时间上保持了一致性，将于同一时间共同祭拜大峰祖师①。以新加坡修德善堂养心社为例，1916 年大吴人将大峰祖师香火传入新加坡，先后在新马地区建立七间善堂，善堂间联系频繁，如有重大盛典或法会都会彼此照应帮忙。

而每一个团体组织所举行的法会方式是其按照发起人或组织者从中国传承来的，是中国传统宗教文化在海外的进一步发展，特别对海外的华人华侨有重要的文化认同意义。新加坡李志贤指出，"新加坡的潮人善堂信仰作为一种移民宗教，是源于侨乡的社会文化资源，是潮人独特的民俗，具有浓厚的传统性和乡土性。新加坡的善堂所举行的大大小小的宗教仪式，皆据潮州传统礼俗和仪式，可谓潮人宗教民俗的一个整体写照，在当地潮人社群里对侨乡的社会文化有传承的重要作用，故此，源于侨乡的善堂，也就已经不仅是潮人移民参与宗教活动的重要场所，更是寄托着他们对家乡亲人的深切怀念，并令他们产生对自身文化的一种归属，这种强烈的'根'的观念和意识，也就直接促使善堂信仰这种传播自家乡的文化资源很快地在本地的族群中发展起来。"②

以新加坡修德善堂养心社于 12 月举行的启建清供为例，首先，由于这是该善堂建堂以来的第一个百年，意义非凡，所以不同于以往只举行两日的启建清供，2015 年选择了三日的启建清供；其次，仪式的发展与衍变来自中国，根据善堂相关人士介绍，所有仪式均是向最初创堂的师父学习，而师父则是从中国来的；再次，三日的仪式体现了中国传统宗教文化在当地的发展与传承。因为这是以潮州人为主的慈善团体，仪式的组织者与参与者祖籍大都是来自中国潮州，操潮州口音诵读经文，甚至布置法坛所用专业器皿多数也是从潮州定制而来（参见表 1）。

从表 1 中我们可以了解到，三天的仪式从早晨 5 时开始，至夜晚 11、12 时结束，仪式由善堂经乐股众多成员轮流负责。由于乙未年（2015 年）为百年庆典，其他友堂，

---

① 实际上并不是每一间善堂都会选择在农历十月廿九举行大峰祖师圣诞，因有其自身组织安排的考虑，也会合理选择其他时间，或者可以通过向祖师扶乩的方式征询意见。例如新加坡有些善堂选择将大峰祖师晋庙的时间作为一个重要的时间点，每年在此日举行法会。

② 李志贤：《从宗教仪式看新加坡潮人善堂信仰的文化内涵》，载《马来西亚柔佛新山潮州八邑会馆七十周年纪念特刊》，2005。

例如马来西亚笨珍分堂的经乐股成员也会到新加坡修德善堂养心社协助仪式完成。亦有昔日因工作繁忙暂时离开善堂的善信或成员借此次重要庆典回到善堂帮助完成三日仪式。仪式的顺利开展与完成，是善堂上下众人共同努力的结果。仪式的表现形式、法坛设计风格以及经文服装等，均是对中国传统宗教文化的传承与发展。仪式当中除了对传统儒释道三教的融合，更有对祖先的追念，是传统中国"家"文化的体现。善信更是从各区赶来，参与仪式的完成。除了宗教文化意义之外，新加坡修德善堂养心社亦会在法会期间为社区内的老年人发放红包，完成其从事慈善事业的责任。[①]

表 1　新加坡修德善堂养心社启建清供三天时间表

12 月 8 日		12 月 9 日		12 月 10 日	
5：00	落擂五更平旦	5：00	落擂五更平旦	5：00	落擂五更平旦
8：15	起鼓严督坛仪	8：15	起鼓严督坛仪	8：00	起鼓严督坛仪
8：45	发表墨一函	8：45	福场杨枝早供	8：30	福场杨枝早供
9：30	福场圆坛启请	9：15	十王宝忏初起	9：15	慈悲三昧水忏
10：00	千佛鸿号初起	9：30	追荐祖先考妣	10：00	罗布十献奇珍
10：30	金刚妙典初起	10：30	大乘金刚宝卷	11：00	是午天厨妙供
11：00	是午天厨妙供	11：00	是午天厨妙供		
休息		休息		休息	
13：30	起鼓严督坛仪	13：30	起鼓严督坛仪	13：00	起鼓严督坛仪
14：00	阐扬金刚妙典	14：00	竖列接引神幡	13：30	赎放飞禽生灵
14：45	现在千佛鸿号	14：45	谭唱金刚妙典	14：00	奉献金牒科仪
15：30	大乘金刚宝卷	15：30	十王宝忏圆满	14：30	金刚妙典圆满
				15：00	三昧水忏圆满
休息		休息		休息	
19：15	起鼓严督坛仪	19：00	起鼓严督坛仪	17：15	起鼓严督坛仪
19：45	妙法莲华普门	19：15	十音莲池海会	17：30	设放瑜伽焰口
20：45	虔献祈福宝灯	20：00	关赞地藏福灯	22：30	大谢福场圆满
21：30	千佛鸿号圆满	23：15	安坛起擂三更		
22：00	安坛起擂三更				

此后的农历十一月初三，即 12 月 13 日，为诸多善堂所崇拜的运杰菩萨圣诞，各善堂亦会有相关的祝寿仪式。以大芭窑修德善堂为例，其庆祝运杰菩萨圣寿祝寿仪式：（一）全体肃立；（二）鸣钟鼓；（三）奏乐；（四）主席上香；（五）献香花；（六）献清茶、献时果；（七）献蟠桃、献寿面；（八）拱读祝文；（九）虔诵心经三遍；（十）向运杰菩萨圣前行三跪九叩首礼；（十一）化祝文（奏乐）；（十二）礼成。仪式

---

① 派发红包，每包 40 新加坡元，共发 1000 个。

同样由经乐股成员负责，持续时间从清晨至下午两三点钟，期间亦有善信、友堂到庙堂参拜诸神与祖先。

总的来说，以宋大峰祖师为主的团体组织所实施的仪式，有同有异，可以理解是文化传播过程中的适应性改变，而在不同国家与地区开展的仪式在时间上保持了一致性。值得注意的是，在现今新加坡所能完整展现的仪式是源自中国，而中国的传统宗教文化因解放初期各种政治运动而中断。改革开放之后，民间对宗教文化复苏的诉求使其转向海外，特别是在侨乡地区。也就是呈现出来以大吴村为例的善堂文化与宗教文化复苏的转变过程，侨乡将诉求转向海外的华人华侨，保留中国传统文化的海外华人华侨在血缘或神缘等因缘之下返回侨乡，重构了原本属于侨乡的传统宗教文化。这一问题仍值得进一步探讨。

四　总结

此次晋香活动是自中国改革开放以来，大吴侨乡所组织的规模最大的晋香活动，涉及多个地区、多个善堂、政府单位与其他社会组织，在中国潮汕侨乡、慈善团体以及东南亚华人社群中有广泛的社会影响。其作用与意义可以从以下几个方面考虑：首先，晋香活动加强了侨乡与海外移民的联系，是新中国建立之后侨乡与海外移民联系的新形式。同时，乙未年（2015年）的晋香活动是甲午年（2014年）祖师回鸾活动的延续。此次晋香活动涉及多个单位，不再仅限于大吴修德善堂与海外修德善堂的互动，其他以宋大峰祖师为祭祀信仰的团体也加入到了晋香活动中，形成以神缘为纽带的庞大宗教文化网络。其次，此次晋香活动亦是各慈善团体的联谊活动，是中国大陆各慈善团体之间的联系方式之一，也是中国与海外慈善团体联系的重要方式。慈善团体组织作为民间重要的社会慈善组织力量，逐步发挥着重要作用，对提高社会经济，改善人们生活质量，以及传播民间慈善理念有积极促进作用。再次，海内外慈善团体的互动关系体现了宗教文化网络与社会经济水平二者之间的关联。改革开放以来，潮汕侨乡社会经济水平提高，当地人民对宗教文化生活的诉求与海外华人华侨保持的中国传统宗教文化生活方式相结合，使得慈善与传统宗教文化信仰的结合，势必成为侨乡发展的重要社会资本。

表2　考察行程表

时间	内容				
12月4日晚	接机、接风宴				
12月5日	于新加坡修德善堂养心社晋香	于武吉知马修德善堂晋香	醉花林"千人宴"	于同德善堂念心社晋香	于大巴窑修德善堂	晚宴由华侨宴请
12月6日	部分团员返回	午宴于大芭窑修德善堂		晚宴于武吉知马修德善堂		

续表

时间	内容	
12 月 7 日	晋香团所有团员返回中国	
12 月 8、9、19 日	宋大峰祖师圣诞	
12 月 12 日		印尼吉里汶县峇来坡同心善社五十五周年纪念
12 月 13 日	运杰菩萨圣诞	

责任编辑：欧俊勇

清季民国岭东基督教会学院式神学教育初探

——以贝理神学院为例

江哲聪[*]

摘　要：基督教神学教育在福传事业中的地位极其重要，中国基督教神学教育有学徒式与学院式两种模式，本文以贝理神学院为个案，尝试对清季民国岭东基督教学院式神学教育作一初探。岭东基督教会贝理神学院在中西两方教会人士的共同努力下，在其73年的办学历程中，入学条件、修业条例逐步严格，学制渐趋规范，教会的进名考试十分严格，为岭东教会的自传事业做出了重要贡献。

关键词：清季民国　岭东基督教会　神学教育　贝理神学院

一　引言

近代来华宣教士认识到宣讲福音的关键工作应由受过训练的中国人来承担，因为他们与同胞之间没有语言、思想上的阻碍，而且西方差会不能派出足够的传教士到中国这块广袤的土地上。是故宣教士十分重视培训中国传道人，而基督教神学教育亦被称为"宣教事业的冠冕"。中国基督教神学教育有两种模式，其一是学徒式神学教育，此模式强调圣经学习和宣道实践，通常由传教士个别传授；其二是学院式神学教育，此模式注重神学和以神学为中心的文科训练，通常为正式的学校教育。第一种神学教育模式是各西方宣道会于开教之初普遍采用的模式，然而，随着福传事业的发展，仅仅受过初级宣道训练的本地助手渐渐不足以承担福传重任，因此，培养受过系统神学训练的本地教牧便成为急务。

＊　江哲聪，1987年生，潮汕历史文化研究中心青年委员会委员。

岭东长老会是最早提出"自管（自治）、自养、自播（自传）"原则的近代中国本土教会，培养本地传道人才是自传的重要内容，是教会实现自治的前提之一，因此，岭东长老会曾设立两所神学院以培养传道人。这两所神学院分别为汕头的贝理神学院与五经富的观丰神学院。本文以贝理神学院为个案，尝试对清季民国岭东基督教会学院式神学教育作一初探。

二　贝理神学院简史

英格兰长老会海外宣道会于 1871 年，由施饶理和卓威廉二位宣教士在汕头组织创办神学院以培养合乎主用的传道人，地址位于庵埠路头（即升平街礼拜堂），人称"老书斋"，有学生 7 人，其中 2 人属客籍。1873 年学生均回礼拜堂或宣道所做主工。1874 年复课，在塔仔前（中正路）东座建成校舍，名为以约轩，意为该院以研究新旧约圣经道理为目的。10 月有学生 6 人，陈树铨（陈开遴）为管理员，[①] 卓为廉、玛坚绣二位牧师任教师。1881 年学生共 21 人，始定学制为四年。后学校不敷使用，幸得一位英国热心女信徒贝理夫人的资助，捐建新校舍。为纪念该信徒亡夫贝理先生，遂改校名为贝理书院。1901 年刘泽荣牧师来主院监。是时，因教务发展，传道人员不足，为应时势之急需，贝理书院招生条件很宽松，学生学力至为参差不齐。[②] 但这些学生后来并没有让教会失望。[③] 至 1914 年学生人数已至 30 余人，由汕尾来就学者 11 人，是时为贝理书院最繁荣之时期。1916 年，聿怀中学迁崎碌新校，贝理书院得拓用其校舍。1926 年因时局原因，学生在施雅各牧师的带领下前往泉州上课。适华英中学停办，原华英校长华河力牧师、教师陈泽霖均到贝理任教。[④]

后来，教士会认为由教士会负责培训传道人，再由本地教会来使用的模式不合理，于是，在 1928 年的汕头区会秋会上，教士会请汕头区会负责办理该校。在 1929 年春会上，区会委办丘家修请宣道会帮助解决神学院教师薪水、常年费及校舍问题，得到宣道会许可。1929 年 9 月区会选举成立由 11 人组成的贝理神学院董事会，其成员为丘家修、华河力、汲多玛、董马利、麦端仁、林重三、陈泽霖、侯章甫、林之纯、郭启瑞、吴国维。[⑤] 其中华河力、汲多玛、董马利、麦端仁为宣教士，但这"并不意味着宣教士不愿放弃对贝理的控制，而是贝理的维持和发展离不开宣道会的指导和帮助。区会专函

---

①　汕档：《贝理神学院简史》，档案编号：12 - 11 - 31；吴国维：《贝理圣经学院章程草案序》，《奋进》1949年第 4 卷第 1~2 期。

②　汕档：《贝理神学院简史》，档案编号：12 - 11 - 31。

③　班华德：《汕头教会百年史实》（*The History of the English Presbyterian Mission 1847 - 1947*），陈希贤译，香港基督教潮人传道会编，1979，第 84 页。

④　汕档：《贝理神学院简史》，档案编号：12 - 11 - 31。

⑤　汕档：《汕头区会第 105 次会议》，1929 年 9 月 10~11 日，档案编号：民国资料 C288。

对宣道会开设贝理神学院造就人才服务教会的成绩表示感谢",[①] "而宣道会则希望贝理在汕头区会的管理和监督下能够顺利发展"。[②] 1931 年教士会正式将该校移交给区会，正校名为贝理神学院。聘汲多玛、徐腾辉二牧师任正、副院长。施雅各牧师任教师，在贝理司铎 32 年的刘泽荣牧师虽已告老，但仍留院助理教务。为适应时代需求，神学院要求考生需有初中以上文化程度方能报考。1932 年汲多玛牧师受派赴南洋教政，徐腾辉博士被聘为贝理神学院院长。[③] "徐腾辉早年就读于华英中学，后考入上海圣约翰大学，毕业后去美国读神学，在普林斯顿大学一年，在哈特福特学院二年，1925 年回国，在华英任教一年。但为了进一步研究神学，又决定回美国再读两到三年神学。"[④] 因其卓荦的才华，"早在 1929 年即徐腾辉回国前一年，教士会已经就他将来在神学院的工作甚至薪水标准都做了考虑和安排。"[⑤] 1932 年学院开始制定严格的修业条例，以半年为试习期，成绩不及格者即令退学。1930～1934 年，中华全国基督教协进会发动了声势浩大的"五年布道奋进运动"，其目的为提高信徒灵命、加强教会团结、增加信徒数量，其具体内容共有八项：宗教教育之改进；基督教家庭之提倡；识字运动之推行；布道事业之扩展；受托主义；青年事业之注重；乡村重建及基督化经济关系。这场运动影响遍及全国，贝理神学院的基督教青年会在这样的大背景下，一为"救济贫寒失学之青年，除文盲之讥，作根本救国事工"，二为"实施宗教教育，灌输圣经道理""宣传救道，引人归主"，开办了平民学校，实施免费教育，除教授圣经、民众千字课，还有体育、音乐、做游戏等课程。[⑥] 1933 年神学院派员与浸信会商议合办神学院，未获成功。[⑦] 当年共有 17 人投考，男女比例 16：1，赴校投考者共 10 人，男 9 女 1，录取 5 人，备取者 2 人。尚有 7人因故不能依期投考，需待开学时再行补考。[⑧] 1934 年，区会请教士会向𦱿民学校讨回所借校舍以便修建刷新应用；是年贝理神学院首届董事会期满，再选举林重三、吴国维、华河力、施雅各、麦端仁、陈作瑞、胡若霖、丘家修、陈泽霖、徐腾辉、林之纯等

① 汕头区会会长汲多玛等致英国长老会宣道会函（1930 年 10 月 18 日），No. 683，H－10，EMPA。转引自胡卫清《近代中国教会的自立：以潮惠长老会为典型个案（1881～1951）》第 14 页，载《胡卫清博士论文集》，汕头大学图书馆藏。

② F. M. C. to the Moderator of the Swatow Presbytery, 2nd Feb., 1931, No. 688, H－10, EMPA, 转引自胡卫清《近代中国教会的自立：以潮惠长老会为典型个案（1881～1951）》第 14 页，载《胡卫清博士论文集》，汕头大学图书馆藏。

③ 汕档：《贝理神学院简史》，档案编号：12－11－31。

④ H. F. Wallce to P. J. Maclagan, 3 June, 1926, No. 674, H－10, EMPA. 转引胡卫清《近代中国教会的自立：以潮惠长老会为典型个案（1881～1951）》，第 13～14 页，载《胡卫清博士论文集》，汕头大学图书馆藏。

⑤ T. Campell Gisben and H. F. Wallce to P. J. Maclagan, 13 November, 1929, No. 692, H－10, EMPA. 转引自胡卫清《近代中国教会的自立：以潮惠长老会为典型个案（1881～1951）》，第 14～15 页，载《胡卫清博士论文集》，汕头大学图书馆藏。

⑥ 《汕头贝理神道学院基督教青年会开办平民学校之经过》，《岭东大会月刊》1932 年第 9、10 期合刊。

⑦ 汕档：《贝理神学院简史》，档案编号：12－11－31。

⑧ 《岭东大会月刊》，1933 年第 11～12 期合刊。

11 人组成新董事会，① 其中华河力、施雅各、麦端仁为宣教士。因施雅各牧师回国，贝理缺少教员，故区会商聘丘加修牧师继任。② 是年，改为秋季入学，学生入学需有初中文凭，不给膏火，学生每年交膳费 80 元。③ 本年学生共 15 人，新生 12 名，老生 3 名。女生因各方面原因暂停招收。区会咨请教士会向宣道会续借贝理校舍，自 1934 年度起订约 3 年。又代请宣道会自 1934 年秋季贝理神学院学生实行自费起，对每年所帮贝理 3000 元之款仍勿减少，而用剩之款准交财政部特别保留为将来自费生毕业加薪之用，未获照准。徐腾辉举议此案仍交贝理董事妥议具复，区会通过。④ 贝理教员因兼理会务，致碍功课，区会决定转请宣道会多派一位牧师来汕帮助教学兼理会务。⑤ 1935 年，区会鉴于去年为首次实行收费制度，为顺利过渡，该年入学之学员毕业后工作由区会负责，每月薪金为 25 元。但以后的学员毕业后区会则不再负责，若有自立堂会有意聘请，则薪金由双方商洽，如若区会有所任用则其薪金每月仍付给 25 元。还决定当年再招生新生一班，名额最少 4 名，以后每两年招新生一次。⑥ 因区会不负责分配工作，对考生的吸引力减少，结果当年报名人数竟不及 4 名，无法开班。同时，教士会又将派贝理教师华河力牧师驻潮安，如是则必将削弱学院的师资力量，因此区会派续行部与教士会协商，以期挽留华牧师，⑦ 但教士会未能照准。另一方面，区会决定撤销不负责安排神学院毕业生职位的决定，并规定嗣后每两年招生一次，学额 3 名。⑧ 此外，今后贝理毕业生得教职员介绍在区会任职者，若在毕业后 7 年内未曾考试进名及格，区会不必继续负调派之责。⑨

1937 年秋，因汕头受日机轰炸，学校停课数月，年底复课，学生有 18 人。是年秋，区会提请考虑将贝理与闽南圣专合办，⑩ 1938 年 4 月，区会即派徐腾辉、林重三、丘加修与闽南代表洽商，又因丘加修辞去贝理教员职务，神学院议聘郑少怀牧师于 5、6 月接任，其川资、什费由贝理供给，薪金则蒙五经富区会传道组乐意负担。其时贝理董事任期已满，区会议决仍派原班董事继续任职。⑪ 是年秋，徐腾辉受派赴印度马德拉斯参加世界基督教大会，施雅各患病回国，教士会又有新计划不能兼顾，遂决定停办神学院，学生被送往闽南圣专修毕所业，每生年缴膳川学宿等四费共法币 80 元，其余由

① 汕档：《汕头区会第 115 次会议》，1934 年 3 月 20～22 日，档案编号：民国资料 C295。
② 汕档：《汕头区会第 116 次会议》，1934 年 10 月 16～18 日，档案编号：民国资料 C295。
③ 汕档：《贝理神学院简史》，档案编号：12－11－31。
④ 汕档：《汕头区会第 116 次会议》，1934 年 10 月 16～18 日，档案编号：民国资料 C295。
⑤ 汕档：《汕头区会第 117 次会议》，1935 年 4 月 2～4 日，档案编号：民国资料 C295。
⑥ 汕档：《汕头区会第 117 次会议》，1935 年 4 月 2～4 日，档案编号：民国资料 C295。
⑦ 汕档：《汕头区会第 119 次会议》，1935 年 10 月 29～11 月 1 日，档案编号：民国资料 C295。
⑧ 汕档：《汕头区会第 120 次会议》，1936 年 4 月 16～20 日，档案编号：民国资料 C295。
⑨ 汕档：《汕头区会第 122 次会议》，1937 年 4 月 15～17 日，档案编号：民国资料 C295。
⑩ 汕档：《贝理神学院简史》，档案编号：12－11－31。
⑪ 汕档：《汕头区会 124 次会议》，1938 年 4 月 26～28 日，档案编号：民国资料 C295。

贝理负责。归来经传道部考试，仅一人合格。①

贝理停办后，徐腾辉院长不知何故从区会离职，区会派候乙初、华河力、林之纯、谢禀正接洽聘请徐腾辉为区会总干事兼青年及宗教教育事工总干事，并向教士会接洽请其负责徐腾辉薪金，② 但因时局影响，徐腾辉未能就职。③ 自神学院停办后，便有人提出资送高级神学生到他校学习之议，但有呼无应，致使传道人才大起恐慌。区会为济急起见，于1940年春会上着传道部设计开办圣经学院，④ 但此后开办圣经学院一事并无进展。1942年教士会建议由区会选派人员组织宗教教育部以提倡促进区会之宗教教育事业，区会决定由传道部派员组成宗教教育组，与教士会合作办理宗教教育及妇女工作。⑤ 1943年，教士会决定从是年起，每年赞助有志于读神学的高中毕业男生每人每年2000元，并首次出门路费各1000元。⑥ 1944年传道部建议：目前教牧人才缺乏，对于教会事业影响殊大，请区会迅速设法造就人才，以应急需。区会议决着常委会从速恢复贝理神学院或筹办圣经学院以培养中级人才。⑦ 1945年派吴国维牧师等为筹办委办，提出筹办圣经学院计划：1. 院址拟用贝理旧址；2. 课室除道学科自设教室外，其他科均在聿怀中学寄读；3. 职员设主任教员一位，讲师若干人；4. 学额暂定六名至八名；5. 学生学膳费及课本费由学员院津贴一半；6. 经费预算：开办费约5万元，常费约25万元，共计30万元。⑧ 乃于1948年秋商得英兰长老会同意在大会集权下将潮安怀理训练院全部并入，招收男女生，聘林悦禧女士为院长，胡德牧师、孔祥林教授等为教师，孔教授毕业于山东齐鲁神学院，曾任东北神学院教授十余年。自此，贝理圣经学院遂出现于潮安南堤顶。⑨ 贝理圣经学院学制三年，学生必须具有初中学历，各级课程设置见表1。

表1　贝理圣经学院各学年课程

第一学年 第一学期	第一学年 第二学期	第二学年 第一学期	第二学年 第二学期	第三学年 第一学期	第三学年 第二学期
旧约大纲	旧约大纲历史	旧约（被掳前）	旧约（被掳前）	旧约（被掳及被掳后时代）	旧约（被掳及被掳后时代）
新约大纲	新约概论	新约（使徒行传、符类福音）	新约（保罗书信、路加福音）	新约（约翰福音、罗马书）	新约（约翰著作、以弗所书、歌罗西书）

---

① 汕档：《贝理神学院简史》，档案编号：12 - 11 - 31；《汕头区会第125次会议》，1940年5月23～24日，档案编号：民国资料C295。
② 汕档：《汕头区会第125次会议》，1940年5月23～24日，档案编号：民国资料C295。
③ 汕档：《汕头区会第129次会议》，1943年10月5～7日，档案编号：民国资料C295。
④ 汕档：《贝理神学院简史》，档案编号：12 - 11 - 31。
⑤ 汕档：《汕头区会第128次会议》，1942年6月10～13日，档案编号：民国资料C295。
⑥ 汕档：《汕头区会第129次会议》，1943年10月5～7日，档案编号：民国资料C295。
⑦ 汕档：《汕头区会第130次会议》，1944年5月10～12日，档案编号：民国资料C295。
⑧ 汕档：《汕头区会第131次会议》，1945年10月16～20日，档案编号：民国资料C295。
⑨ 汕档：《贝理神学院简史》，档案编号：12 - 11 - 31。

续表

第一学年 第一学期	第一学年 第二学期	第二学年 第一学期	第二学年 第二学期	第三学年 第一学期	第三学年 第二学期
耶稣生平	耶稣教训	教会历史	本国教会史	神道学	神道学
地理常识	教会历史	神道学	神道学	教牧学	教牧学
卫生常识	宗教教育	宣道法	宣道法	宗教比较学	宗教比较学
心理学	崇拜	宗教教育——儿童	宗教教育——青年	家庭教育——成人基督化家庭	国文
教会史	国文	国文	国文	家庭卫生	英文
灵修生活	英文	英文	英文	国文	风琴
国文	音乐	音乐	音乐	英文	
英文	圣经地理	风琴	风琴	音乐	
音乐及风琴	风琴			风琴	

资料来源：林悦禧《贝理圣经学院章程草案》，载汕头档案馆藏《奋进》第 4 卷第 1、2 期（1949 年 2 月）。

1948 年秋学期学生共 14 人，计男生 9 人，女生 5 人，合原怀里训练院的 5 名女生，共 19 人。年龄最幼者 18 岁，最大者 30 岁。学院安排胡德牧师教授旧约大纲、教会历史、崇拜、英文等课程同时兼任男生指导员；黎节姑娘教授新约大纲、使徒行传、英文、音乐；胡德牧师娘教授卫生常识、地理常识；黄馥华女士教授约翰福音、训练儿童主日学工作、风琴；丘玉麟先生教授国学；林悦禧女士教授神学、宣道法、耶稣生平、心理学、灵修生活、宗教教育，指导实习工作及训练成人主日学工作。林悦禧为原怀理女子宗教训练院院长，胡德及其夫人、黄馥华、丘玉麟皆为原怀理女子宗教训练院教师。[①] 学员每天 6 时起身，晚上 9 时半就寝，早晨崇拜自 8 时半~9 时由教职员轮流主理，晚祷自 7 点~7 点半，由院生轮流主持。上课时间为上午 9 时~12 时，下午 2 时~4 时，课外作业有练习风琴、图画、整理屋宇，青年会各种活动。实习工作为院生每主日上午参加礼拜堂崇拜，下午在北院及妇学教儿童及成人主日学，每礼拜三晚则分组到潮安堂各信徒家庭主领联家礼拜。贝理免收学宿费，米则必须自备，菜费照市价规定收取，柴由院方供给。医药费方面，平常医药由院方供给，特请医生特别治疗之注射药费均由该生负责。神学院还为经济困难之学员特请董事会与英兰长老会代募得助学金予以资助。资助条件包括：（1）须先期有本地教会教牧职员之介绍并证明其属清贫；（2）须有优良之品行对院中团体生活有良好影响；（3）对功课及一切工作须勤奋努力。资助金发给后如果因功课成绩不佳或操行失检，得由学院停止发给或追回已发之款。学院规定每礼拜一早联合怀德妇学并所有西人、住宅工友举行"在主里一家"之大家庭礼拜。为使学员适应乡村教会之需要，学院要学生日常生活力求俭

① 林悦禧：《潮安怀理女子宗教训练院近讯》，《奋进》1947 年第 11~12 期合刊。

朴、简单、耐劳刻苦，举凡修洗衣着、挑水应用、整洁屋宇均由院生亲自操作。院前的一片菜园由学员种植蔬菜，礼堂前种植花木概由学员修理浇灌，礼堂布置亦由学员负责，篮球场也由学员通力合作开辟。学院毕业条件为：须修完本院规定之三年课程并考试及格；具有为教会工作人员的生活特质；毕业后须在岭东大会之二区会服务三年并续学本院所指定课程，成绩优异者准送其升学以宏造就或经大会区会续订之考试及格则为正式教师予以保障。①

1949 年春学期共有学员 19 人，实习工作除与上学期相同的内容外，还每月一次到附近堂会或布道所主持崇拜及主日学、团契。课外活动除园艺工作外，曾组织表演队在主日学、妇女事业人员进修会上表演，收效颇佳。此外，岭东大会人才委员会特派由东北莅汕工作且宗教教育经验丰富的杜锡恩教士来贝理任教。② 1949 年的暑假，学院要求院生回各自的教会，协同当地教会创办夏令妇女学校、儿校或成人识字班、研经班等工作，藉使所学证之实用。其中，潮安、凤塘、龙湖、揭阳世光堂、观音山、桃光堂、陂头、盐灶埠头、鳌头等地成功开办，而其他地方或因时局影响，地方人心不宁，工作无从开展；或因当地教牧或职员未予同意，而致不能开办。③

1950 年，院长林悦禧准备出国留学，胡德牧师夫妇亦回英国，贝理董事会遂聘请徐腾辉博士帮忙院务④（据 1948 年入读贝理圣经学院的何銮娟老阿姨回忆，林悦禧是去英国进修神学，之后贝理院长一职由徐腾辉接替）。1951 年 3 月初，贝理停办。⑤

20 世纪早期，神学院毕业生欲进名（即取得牧师的备选资格，成为待聘牧师）者，需向潮惠长老大会交其毕业凭照，由大会纪事通知潮惠长老总会所派主理考试者，主理考试者则照总会所定应考书籍示期考试。考试共分两次，科目有：（1）圣经（内容包括读经、小引事实，后者乃引用圣经中的某件事实或某一段话，进行神学上的申论）；（2）注解（考解读《以弗所书》）；（3）圣会史（指定教材为《教会史》上下册，分两次考）；（4）真道证据（指定教材为丁韪良著《天道溯源》，第一次考上、中卷，第二次考《释疑汇编》）；（5）上帝道总论（指定教材为《神道要论》，第一次考上半部分，第二次考下半部分）；（6）牧师本分（第一次考试指定教材为花之安著《马可讲义》、《宣道津梁》，第二次考试指定教材为《潮惠长老总会公例》）；（7）文论并传道（考察用白话、文言文各写一篇讨论传道的文章以及讲道）。迨经考毕则报知总会核准，然后敕知所属大会以行进名之礼。大会查明其人确由神学院毕业、任事既历五年（读书时

①　汕档：《贝理神学院简史》，档案编号：12-11-31；林悦禧：《贝理圣经学院本学期概况报告》，《奋进》1949 年第 1、2 期。
②　林悦禧：《贝理圣经学院报告》，《奋进》1949 年第 8 期。
③　林悦禧：《贝理圣经学院院生暑期工作概况》，《奋进》1949 年第 10、11 期。
④　《岭东大会会闻》，《嘉音奋进合刊》1950 年 5 月。
⑤　口述史料：何銮娟女士，2016 年 3 月 13 日，电话访谈。

曾经派任教习传道其年限亦算在五年之内）、熟习会事、品行志向纯正则可进名。① 至
20 世纪 30 年代，若非岭东大会所属神学院毕业的考生欲受考试进名，则需由区会介绍
于大会考试委办省察是否合格并定其应考何章程，对在教会任事时间则不做规定。② 迄
20 世纪 40 年代，则又规定必须有主持堂会经验之教师（即传道先生）方能参加进名考
试。考试共分两类，高中程度的神学院毕业生参加第一类考试，考试分两期，第一期考
新旧约导论、基督教在华历史与现状、大会会章、常识测验、公共崇拜的领导并说教；
第二期考新旧约注释、教会历史、教牧学、论文。具大学及大学以上程度之神学院毕业
者则参加第二类考试，考公共崇拜的领导并说教、大会会章两科。③

三　几点思考

"英国大学的传统神学教育，通常兼修大学文科和神科的课程"，④ 但因岭东地区民
众的受教育水平所限，英兰长老会不可能把本国的神学教育模式照搬到岭东，于是采用
的做法是强调神学训练而忽视文科教育，把完成中等教育作为进入神学院学习的条件
（在此之前实施比中等教育更低的标准）。这种做法应当说是切合实际的。

"1935 年有'世界主要传道区域第一份神学研究报告'之称的'韦格尔报告'，建
议将中国神学院校分为以下三级：（1）神学院（theological college），专收高中毕业生，
教以四年课程；（2）圣道书院（theological training school），专收初中毕业生，通常教
三年课程；（3）神学研究院（graduate school of theology），专收大学毕业生，并教以一
至三年课程。……'韦格尔报告'对中国神学院校的分类，后被普遍采用。"⑤ 显然，
贝理神学院属于圣道书院，是一种初等神学教育。

金陵神学院农科教授朱敬一牧师曾指出岭东教会人才缺乏问题非常严重，因为他在
1947 年曾对岭东长、浸两会做过调查，发现岭东布道人才大学和神学毕业者占 2.5%，
高中和同等水平神学毕业者 6.3%，初级神学或圣经学校程度者 72.5%，初中及小学文
化程度者占 18.7%。这些人中年龄在 40 岁以下者仅为 30%，40 岁以上者为 70%，平
均每人负责 2.4 个堂，平均服务年限为 23 年，由于工作人员青年人少，中老年人多，
一般受旧式教育的人，不能应付现代教会和社会的问题，又少有进修机会。⑥

朱敬一所说的大学和神学毕业者对应韦格尔报告中的神学研究院，高中和神学毕业
者对应韦格尔报告中的神学院，初级神学或圣经学校程度者对应韦格尔报告中的圣道书

① 《潮惠长老教会公例》，上海美华书馆，1907，第 61~65 页。
② 《中华基督教会岭东大会公例》，汕头圣教书局，1934，第 17 页。
③ 汕档：《中华基督教会岭东大会公章》，1948 年 12 月，第 24 页，档案编号：民国资料 C128。
④ 徐以骅：《教会大学与神学教育》，福建教育出版社，2000，第 16 页。
⑤ 徐以骅：《教会大学与神学教育》，第 13~14 页。
⑥ 朱敬一：《岭东乡村教会观感》，《奋进》1947 年第 9 期。

院，初中及小学文化程度者指义工培训班。笔者认为，岭东地区的神学院虽然实施的只是初等神学教育（包括贝理神学院、观丰神学院、浸信会的礐石神道学院），但不可否认的是，该地区的布道人才绝大多数都是本地区的神学院培养的，这是岭东地区神学院不可抹杀的功绩。

教牧人员青黄不接，是阻碍福音广传的严峻问题。朱敬一指出，岭东长、浸两会传道人待遇低下，是教会的年轻人不愿意读神学、教会留不住优秀的青年人才的原因之一。[①] 此外，笔者发现还有一个原因：岭东长、浸两会的神学院，都有过中断办学的历史：1939～1948年秋，贝理神学院停办；浸信会的礐石神道学院办学则更是时断时续，[②] 这也致使岭东长、浸两会教牧人才缺乏。

至于高级神学人才缺乏的问题，则是全国教会的普遍现象，非岭东教会所独有，甚至有很多教会不愿意启用大学生。1927年司徒雷登在给燕京托事部的一份备忘录中指出由于学生受理想主义和爱国主义的影响，差会经济支持的减少和缺乏使用大学生的远见，大学毕业生愿意担任教牧的在短期内势必为数甚少。[③] 中华续行委办会调查特委会则指出："许多教育上和灵性上条件很好的青年克制自己没有献身做教牧工作，因为教会没有表示想要他们的愿望。过去六个月中，笔者知道有两个受过大学教育的青年，他们自愿作牧师的候选人，可是被他们本宗派的教会所拒绝，因为教会觉得花35元或40元的月薪来聘请一个传道士，薪水太高了。用一个大学或神学毕业生的薪水可以请到三四个圣经学校毕业生。"[④] 但就现存的中文档案来看，笔者发现，英兰长老会教士会、岭东长老会汕头区会对高级人才倒是非常重视和欢迎的，前文述及汕头区会聘请徐腾辉为贝理神学院校长，选举徐为贝理神学院董事会董事，徐离职后区会又欲聘请其任总干事兼青年及宗教教育事工总干事等要职；此外，教士会也重视对高级神学人才的培养，如前述1943年，教士会决定从是年起，每年赞助有志于读神学的高中毕业男生一笔费用并首次出门路费；贝理也有培养高级神学人才的政策：1949年贝理圣经学院规定"学生毕业后须在岭东大会之二区会服务三年并续学本院所指定课程，成绩优秀者准送其升学以宏造就"。

在贝理神学院的办学历程中，宣道会在人力、物力上给予了巨大支持。就物力而言，在教士会移交贝理给汕头区会前，对贝理的支持自不待言，而移交之后的情形又是如何呢？前已述及1928年教士会在汕头区会秋会上，请汕头区会负责办理该校，在1929年春会上，区会委办丘家修请宣道会帮助解决神学院教师薪水与学院常年费及校舍问题，得到宣道会许可。自此以后，每年由汕头区会提出预算，再由宣道会拨款。其所拨款项见表2。

---

① 朱敬一：《岭东乡村教会观感》，《奋进》1947年第9期。
② 《岭东基督教浸信会简史》，复印手稿，汕头大学图书馆藏。
③ 徐以骅：《教会大学与神学教育》，第106页。
④ 中华续行委办会调查特委会编《1901～1920年中国基督教调查资料》（原《中华归主》修订版），中国社会科学出版社，1987，第1118页。

表 2 宣道会给予贝理神学院的拨款

单位：银元

年度	神学院	年度	神学院
1901	300	1926	2980
1914	2540	1930	2850
1918	3200	1931	3000
1921	2704	1935	2381
1923	3068	1936	5152
1924	2910	1938	5150
1925	2930		

资料来源：此表数据由胡卫清教授根据贝理神学院相关英文档案资料统计得出。

在人力方面，宣道会、教士会也给予贝理重大支持，卓为廉、玛坚绣、施雅各、汲多玛、华河力、胡德伉俪、黎节、杜锡恩等男女宣教士[1]均为贝理的神学教育事业做出了重大贡献。

或许有人会指责贝理在自养、教员本色化方面做得很不够，但教会实现自立是一个渐进的过程，不可能一蹴而就，因之我们不能苛责前人。其实，贝理神学院能够实现一定程度上的本土化，恰恰与教士会的努力密不可分，因为正是教士会认为由教士会负责培训传道人，再由本地教会来使用的模式不合理，并请汕头区会负责办理该校，才有了贝理的移交。

另一方面，岭东已出现特出的本土神学人才，如徐腾辉、刘泽荣、丘家修、郑少怀、林悦禧、黄馥华等，而徐、林二人更担任贝理神学院院长，他们均为中国的神学教育做出了贡献。

怀理女子宗教训练院与 20 世纪 40 年代贝理圣经学院的课程均聘请知名民间文学研究者丘玉麟先生为国文教师，据何銮娟回忆，教授的内容有写作、四书五经等内容，丘玉麟并非基督徒[2]，但教会并未介意这一点，可见教会开放的胸怀；贝理圣经学院课程以神学课为主，同时还兼顾中国传统知识传播，反映了其文化教育的适应性。学院还很重视培养学员的生活能力，开设了卫生常识、家庭卫生课。

综上所述，贝理神学院在中西两方教会人士共同努力下，在其 73 年的办学历程中，入学条件、修业条例逐步严格，学制渐趋规范，教会的进名考试十分严格，为岭东教会的自传事业做出了重要贡献。

责任编辑：欧俊勇

---

[1] 据何銮娟女士回忆，贝理的外籍教师除汕头档案馆馆藏资料所提到的这些人外，还有慕甘礼、郭马利夫妇。口述史料：2016 年 3 月 13 日，何銮娟女士，电话访谈。

[2] 口述史料：2016 年 3 月 13 日，何銮娟女士，电话访谈。

附　　录

积极进取　寻求潮学研究的新突破

——2016 潮学年会工作报告

罗仰鹏[*]

各位嘉宾，各位特约研究员、青委委员，同志们：

今年刚好是潮汕历史文化研究中心成立 25 周年。25 年来，研究中心在刘峰创会理事长及一批批乡贤俊彦、学者同人的共同努力下，取得了非常骄人的成绩。研究中心从零开始，到今天已出版《潮汕文库》近 300 种约 8000 万字，《潮学通讯》51 期约 800 万字，《侨批文化》23 期约 350 万字，《汕头特区晚报》"潮汕文化"专版 600 期约 550 万字，《汕头日报》"潮学论坛"300 期约 80 万字，共有近亿万字出版字数；收集到侨批档案 12 万多封，侨批研究工作也开展得有声有色，已被联合国教科文组织列为与《黄帝内经》《本草纲目》一样的世界记忆遗产；研究中心已拥有藏书约 30000 册，收藏书画 620 件，可以说潮汕文化相关书籍藏书量是潮汕地区包括高校最多的。潮汕历史文化研究中心还构建了研究交流平台，让特聘研究员和青委委员（各有一百余人）在潮学研究领域成为主力军，较好解决了新老交替、继往开来的问题。25 年来，研究中心的工作成果受到社会各界的广泛好评。

现将 2015 年工作做一简要回顾。

2015 年主要工作

一　全面动员，为我市的文化建设建言献策

1. 为建设华侨经济文化合作试验区积极建言

为配合市委、市政府的中心工作，研究中心积极发挥自己在文化方面的优势，开展

---

* 罗仰鹏，潮汕历史文化研究中心理事长。

关于华侨经济文化合作试验区文化合作方面的调查研究，广泛征求研究中心顾问、特约研究员、青委委员的意见，自5月初开始到7月历时2个多月，形成《关于华侨试验区文化合作的若干建议》呈报市委、市政府，得到市委、市政府的高度重视，陈茂辉书记，孙光辉、郑通声、周镇松、张应杰、马逸丽、赵红等市领导作了批示，市委办公室于今年3月17日复函称："根据市领导批示精神，按照《建议》内容涉及的单位职能，市委办公室将《建议》分送16个单位，由其中的市委宣传部、市外事侨务局、市档案局和金平区分别牵头进行认真研究。目前，上述单位均反馈其牵头有关单位研究提出的意见，并着手推进相关工作。""复函"约5000字，对本中心提出的六个方面的建议，分别详细反馈了"研究处理情况"。《建议》中的六个方面的意见均已被吸纳于市委、市政府建设华侨经济文化合作试验区的若干决策中。

2. 为发挥侨批档案作用积极建言

《广东参事馆员建议》（2015）第18期刊登陈汉初副理事长撰写的《关于保护和利用汕头侨批文化资源的建议》。省委常委、常务副省长徐少华批示："请转省档案馆阅研。"省档案馆已吸纳有关建议，先后在汕头等地召开侨批收藏工作座谈会，向私人收藏家及有关侨批公藏单位征求意见。

3. 研究中心有关同志应邀为多项文化工作提供学术支持或接受专业咨询

为省市民政厅主持的《广东地名故事》拍摄和为美国"周恩来和平研究院"拍摄"周恩来足迹行"接受采访；

为中央电视台《潮汕七日红》电视纪录片撰写资料，接受专访；

参加评选市"老字号"店、厂和"汕头文化符号"工作，任评委；

参加汕头市文艺创作课题评审，任民俗组组长和应邀出任《汕头旅游故事》编辑工作总顾问。

二 积极推进研究和出版工作，成绩斐然

（一）研究课题的策划和立项方面

（1）2013年研究课题完成情况及2015年研究课题立项情况。

2013年的课题，中心遵照学术规范，面向全社会接受潮汕文化研究课题申报。立项课题44项，至2015年底，已完成并经学术委员会及理事长办公会议通过结项的课题16项，申请延期的13项，结项时间未到的1项，因各种原因放弃的14项。

2015年申报课题，审查通过立项的共有34项，其中著作15项，小丛书7项，论文6项，出版资助6项。

学术委员会完成10项研究课题的结项评审；完成2015年课题的立项评审。

（2）《潮汕人物辞典》编辑工作已完成历代方志、正史中潮汕历史人物的资料搜

集、摘录、汇集及编制资料索引工作。其中古代卷人物资料索引 6001 人，近现代卷人物资料索引 6368 人，古代卷凡例已完成并发放给编写者，现已进入编写过程。

（3）重大课题《潮汕近现代经济史稿》筹备工作启动。12 月 10 日召开"潮汕近现代经济史研究"筹备工作会议，初拟该项工作聘请省政府参事陈鸿宇担纲负责。

（二）出版专著、文集和本中心二报三刊方面

（1）自 2015 年开始，研究中心出版的图书，已全部由正规出版社出版，使用国家统一书号。全年共编辑和出版（包括资助出版）专著及文集 7 种，分别是：隗芾著《潮人、真潮人》、陈韩星著《潮剧的喜剧传统》、鄞镇凯著《汕头埠旧事》、黄晓丹辑《〈詹安泰全集〉集外文》、郑俊镔编《流行潮州弦诗》和《海邦剩馥：侨批档案研究》、《潮学集刊》（第四辑）。此外，沈建华著《侨批情结》、欧瑞木著《潮海水族大观》两书已编辑完成。以上图书，部分已出版，部分正在出版中。

（2）《潮汕文库》大型丛书编撰工作全面启动。

在《潮汕文库》大型丛书编委会领导下，文库编辑部制定文库项目支出管理制度及科研、审稿费预算方案。方案通过编委会审批通过并开始执行。制定文库书稿编辑体例，将文库分为文献及研究两大系列。

本年度文献系列立项课题，已完成交出版社的书稿 12 种（影印 7 种，排印 5 种）；研究系列书稿 8 种。书稿均已完成编校，即将出版。

（3）继续组织编辑出版本中心的二报三刊：《潮学通讯》《侨批文化》2015 年各二期；《潮学集刊》第 4 辑；《汕头特区晚报·潮汕文化》栏目 25 个专版；《汕头日报》理论专栏文章 10 多篇。总共刊发文章 300 多篇，100 多万字。

（4）组织"2014 年度二报二刊优秀稿件"评选工作，经学术委员会以无记名投票评审，共评出 2014 优秀稿件 37 篇，其中一等奖 4 篇、特稿奖 3 篇、二等奖 11 篇、三等奖 19 篇，《潮汕文化》优秀版面 4 个。并分别给予奖励，以激励研究者更好开拓潮学研究的深度和广度。

三　开展和参与国内国际学术交流活动，
推进潮汕文化传播工作

1. 举办 2015 潮学年会

2015 年 5 月 15 日，中心召开"2015 潮学年会"，顾问陈德辉、韩山师范学院院长林伦伦做了发言，香港中文大学饶宗颐学术馆学术部主任郑炜明教授做学术报告。来自汕头、潮州、揭阳、汕尾等地的特约研究员、青委委员及新加坡、马来西亚、泰国和香港的潮学研究学者共 120 人参加会议，带来论文近 50 篇。创会理事长刘峰应邀出席。

2. 开展与央视合作拍摄《海那边——潮汕侨批》电视专题片的前期工作

研究中心与央视合作拍摄《潮汕侨批》电视专题片，经多方联系筹划，做好中央电视台该专题摄制组的联络及实地考察、意向协商、资金筹备等工作，已与中央电视台有关部门达成合作意向，并获市财政部分款项资助。

3. 开展纪念中国人民抗日战争暨世界反法西斯战争胜利 70 周年活动

为纪念抗战胜利暨世界反法西斯战争胜利 70 周年，研究中心搜集相关侨批档案，制作、举办"纪念中国人民抗日战争暨世界反法西斯战争胜利 70 周年侨批档案专题展"，连续展出 3 个月，反响强烈，《汕头日报》《汕头特区晚报》、汕头电视台全方位报道，中国人民银行、汕头大学、民盟广东省委、深圳卫视等举办的纪念活动均从中取材。

中心编辑出版的《汕头特区晚报》"潮汕文化"版和《侨批文化》期刊也组织刊发纪念抗战胜利 70 周年专刊。

4. 多方面参与国内国际学术交流活动

2015 年 12 月是国学大师、研究中心顾问饶宗颐教授百岁华诞，香港各界为其举行隆重的祝寿活动，罗仰鹏理事长应邀赴香港参加饶老祝寿晚宴并致送贺礼。研究中心还向同期在香港举行的饶宗颐先生学术研讨会发去贺信。

12 月，研究中心顾问、香港潮属社团创会会长陈伟南先生访问研究中心及侨批文物馆，中央电视台电视片《陈伟南》摄制组随行拍摄，中心顾问和副理事长与其座谈，协助拍摄。

前来研究中心座谈交流的有广州市文史研究馆一行 20 多人；著名历史学家、清华大学教授秦晖等；还有汕头大学学生团体"兴潮社"等等。

研究中心协办的大型国际学术会议有：8 月在加拿大维多利亚大学举行的"第十一届潮学国际学术研讨会"和 12 月在华侨大学厦门校区举行的"海外与侨乡：潮汕、闽南族群学术圆桌会议"。

研究中心有关人员应邀参加的学术文化交流活动有："第八届海峡两岸（厦门海沧）保生慈济文化旅游节世界闽南文化论坛"；汕头海关"'影'述历史，数说海丝"大型图片展评审会；福建"华侨与抗日战争"学术研讨会；广东省岭南祠堂文化研讨会；厦门"第六届海外华人研究与文献收藏机构国际会议——当代亚洲的海外华人"；潮州"海丝：陶瓷暨饶老百岁诞辰祝寿会"；湛江市"第三届岭南民俗文化节"；广东社科年会粤东海丝研讨会等。研究中心参会人员在大会作专题发言，有多篇论文获奖。

5. 继续做好潮汕文化进校园、社区及企业工作

研究中心与中华灯谜学术委员会联合举办了"中国（汕头）侨乡金秋谜会"暨"华侨文化专题展猜"活动，充分利用微信新媒体传播的多样性等优势，参与者达 20 多万人次，在社会上得到广泛好评。

研究中心还与沟南居委共建潮汕文化教育传播基地并举行揭牌仪式；参加广东省社

会主义新农村示范片的汕头市专家组工作；协助鮀东小学举办第五届文化艺术节暨潮汕文化进校园活动；应邀组团参加在湛江市举行的"第三节岭南民俗文化节"；协助我市在中山公园举办的潮汕抗日战争纪念馆布展工作；参加在汕头市私立广厦学校举行的粤闽学校灯谜进校园研讨会；参加丹霞小学潮剧进校园活动。

6. 侨批文物馆接待工作

侨批文物馆服务"海上丝绸之路"和汕头华侨经济文化合作试验区等宣传活动，一年来接受中央电视台、中央人民广播电台、中新社、南方日报、湖南卫视、厦门卫视、海内外媒体采风团等的采访，曾经一周内二度亮相"广东新闻联播"。接待国侨办、中组部、国土资源部、中央党校、住建部、外交部、财政部、工信部、国家档案局、国家能源局、海关总署、中国人民银行、中新社、中国致公党、省委宣传部、省政府参事室、广州文史馆等部门和台港澳有关社团、学校的调研和交流，全年接待团体127 批次 2751 人，免费开放 120 天，参观民众 7595 人次。

四　加强自身建设，健全规章制度，完善潮人网、资料库工作

特约研究员和青委会完成换届工作，增补部分成员；建立健全研究中心学术工作规划方案等。

潮人网完成改版工作，开通网上书店，增加藏书、藏画网上浏览及视频等栏目，全年上稿 921 篇。

资料库实现书画、侨批全部数字化。

图书资料室与汕头大学图书馆合作的潮州歌册扫描工作基本完成。

完善监控管理，书籍书标编号更换工作已完成大部分，电脑查询系统同步进行。

2016 年工作计划

第一，举办第七届"潮学奖"评奖活动。

这次评奖我们较早进行了组织动员，力求扩大范围和提高规范程度，我们召开评委会议，讨论通过评审方案和评审细则。我们已在 3 月把评奖启事和申报表发给各位特约研究员、青委委员和各相关机构。到目前已收到评奖申报 50 多件，我们接受申报的截止时间是 5 月底，希望各位有符合申报条件成果而尚未申报者，抓紧时间申报。如个别因各种原因未见到评奖启事和申报表者，可在潮人网下载，或与本中心联系。同时，也欢迎在座各位推荐好的研究成果和优秀论著。

借此机会，我在这里谨代表中心同人追念原中心特约研究员和中心首届学术委员会副主任隗芾教授。隗教授于 2016 年春节刚过不幸因病辞世，这无论对本中心，还是对

潮汕历史文化研究这个领域，都是一大损失。不是潮人胜似潮人的隗教授曾经在潮汕历史文化研究方面，作出过很大贡献，他在本中心出版过多部专著，发表过不少文章。2015 年中心还刚出版他的《潮人，真潮人》一书。中心主办的"潮汕文化"专版已分别于 2 月下旬和 3 月上旬刊发两篇追念文章和隗教授的两篇遗作；《潮学通讯》也已组织撰写了一组悼念文章，将于今年第一期作为专栏集中刊发，借以表达我们对这位潮汕历史文化研究的资深学者的真切追思和悼念。

第二，积极筹备，配合中央电视台《侨批》专题纪录片的拍摄和播出，这项工作正积极进行中，最近已完成剧本提纲的征求意见，5 月正式开拍。

第三，协助《潮汕文库》大型丛书文献系列第一期书目出版及第二期书目的收集、编辑、出版工作。计划在文库第一阶段书籍出版之际，在广州召开研讨会。

第四，完成 2013 年度课题到期结项，做好 2015 年度部分已完成的课题结项审核，部分结项课题陆续安排出版。

第五，实施中心重点课题《潮汕近现代经济史稿》启动工作，已确定聘请省政府参事陈鸿宇教授负责策划和担任全书主编。目前全书提纲和各章节撰稿人正在物色中。

第六，出版《潮汕文化选》第 7 集。组织编辑出版《潮汕人物辞典》（古代卷）。

第七，继续做好《潮学通讯》《侨批文化》《潮学集刊》出版。继续出版《汕头特区晚报》潮汕文化版和《汕头日报》理论栏目。

第八，支持学术委、青委会举行各项学术活动。中心以后仍吸收各界人士加入特约研究员和青委委员队伍，入选条件应在学术刊物上公开发表两篇以上潮学研究论文或有潮学专著的作者。

第九，继续开展潮汕文化进校园进社区活动，拟增加的工作点有：金园实验中学、金龙小学、金平区木坑社区。

第十，举办"第二届中国（汕头）侨乡金秋谜会"。

第十一，联合有关单位举办专题研讨等学术活动。

第十二，完成图书资料室查询系统的建设工作；健全图书室借阅管理制度，征集、购买涉潮书刊，进一步充实馆藏。

同志们，潮汕文化研究中心一向致力于研究和传播潮汕历史文化，这是我们这一代学人义不容辞的责任，是千秋万代、传之久远的文化事业，也是文化强市的一项重要工作。让我们共同努力，积极进取，为我们这项文化事业的发展进步添砖加瓦，寻求潮学研究的新突破。

谢谢各位！

《潮学集刊》文稿格式

一　来稿正文格式

1. 来稿请依题目、作者、摘要、关键词、正文之顺序撰写。摘要以 300 字为限，关键词 3 个至 5 个。

2. 正文每段起首缩排二字，独立成段之引文，不加引号，左边缩排二字，引文每段起首仍缩排二字；紧随独立引文之下段正文起首是否缩排，视其与引文之关系而定。

3. 句子中标点使用中文全角符号。除破折号、删节号各占两格外，其余标点符号各占一格。

4. 注释采用插入脚注方式，注释符号用①、②、③标示，注释号码单页起。

5. 正文中数字一般用阿拉伯数字，但具体情况应考虑前后文决定。

示例：二十多人，三十上下，上百人。

朝代年份用汉字数字，其后在圆括号内用阿拉伯数字注释公元年份。

示例：康熙十五年（1676 年）。

二　注释格式

（一）引用近现代文献

1. 引用专书：作者，《书名》，出版者，出版年份，页码。

若没有出版者、出版年份，则注明"出版者不详""出版日期不详"。示例：

郑振满：《明清福建家族组织与社会变迁》，湖南教育出版社，1992，第156～159页。

2. 引用论文集、文集文章：作者，《篇名》，论文集编者，《论文集名称》，出版者，出版年份，页码。示例：

宫崎市定：《宋代宫制序说》，载佐伯富编《宋史职官志索引》，京都大学东洋史研究会，1963，第16～22页。

引用文献作者和文集编者相同时，后者可以省略。示例：

唐振常：《师承与变法》，《识史集》，上海古籍出版社，1997，第65页。

3. 引用期刊论文。

（1）以时间单位出版的刊物：作者，《篇名》，《刊物名称》，年份，卷，期，页码。示例：

汪毅夫：《试论明清时期的闽台乡约》，《中国史研究》2002年第1期，第9～25页。

（2）按卷期为单位出版的刊物：作者，《篇名》，《刊物名称》，卷，期（年份），页码。示例：

张兆和：《中越边境跨境交往与广西京族跨国身份认同》，《历史人类学学刊》第2卷第1期（2004年4月），第130～131页。

（3）引用期刊的刊名与其他期刊相同，应标注出版地点以示区别。示例：

费成康：《葡萄牙人如何进入澳门问题辨证》，《社会科学》（上海）1999年第9期，第17～35页。

4. 引用刊载于报纸的文章：作者，《篇名》，《报纸名称》，发表时间，第×版。示例：

郑树森：《四十年来的工作小说》，《联合报》1989年8月11日，第27版。

5. 引用会议论文：作者，《篇名》，×会议论文，会议地点，年份。示例：

中岛乐章：《明前期徽州的民事诉讼个案研究》，国际徽学研讨会论文，安徽绩溪，1998年。

6. 引用未刊学位论文：作者，《篇名》，×士学位论文，大学及具体院系，年份，页码。示例：

李丰楙：《魏晋南北朝文士与道教之间的关系》，博士学位论文，台湾政治大学中文所，1978，第192页。

7. 引用未刊手稿、函电、私人收藏等，标明作者、文献标题、文献性质、收藏地点和收藏者、收藏编号。示例：

陈序经：《文化论丛》，手稿，南开大学图书馆藏。

《蒋介石日记》，毛思诚分类摘抄本，中国第二历史档案馆藏。

《陈云致王明信》，1937年5月16日，缩微胶卷，莫斯科俄罗斯当代文献保管与研究中心藏，495/74/290。

《傅良佐致国务院电》，1917年9月15日，中国第二历史档案馆藏，北洋档案1011～5961。

8. 采用作者访谈整理的口述史料，标明"口述史料"、访谈对象姓名身份及其出生年份，访谈时间、地点。示例：

口述史料：达濠从德善堂坛生、紫豪阁录文李明典（1920 年生），2005 年 6 月 7 日，汕头镇邦街李明典寓所。

9. 采用作者收集整理的碑刻材料，标注"碑刻材料"：置立时间、置立者《碑刻名称》，目前位置，抄录时间。示例：

碑刻材料：甲戌年（1934）江亢虎《饶山天洞》，汕头市礐石风景区汕头慈爱善堂，2012 年 8 月 30 日陈嘉顺抄录。

10. 采用互联网文献，标注"互联网文献"：责任者，《文章名称》，网站名称，网址。示例：

互联网文献：潮汕历史文化研究中心《潮汕历史文化研究中心征集青年委员会委员启事》，潮人网，http：//www.chaorenwang.com/channel/whdt/showdontai.asp？nos＝341。

（二）引用古代文献

1. 采用影印版古籍，请标明影印版本信息。示例：

王鸣盛：《十七史商榷》卷 12，乐天书局，1972 年影印广雅书局本，第 1 页。

2. 古代文集的标注方式。

（1）别集：先列书名，再列篇名。示例：

蓝鼎元：《鹿洲初集》卷 12《大埔县图说》，收入《近代中国史料丛刊》续辑第 403 册，文海出版社，1976 年影印光绪六年版，第 897 页。

（2）总集：先列文章作者（文集的名称看需要再考虑是否列出），再列总集作者以及总集名。示例：

陈一松：《为恳天恩赐留保宪臣以急救民疏》，收入冯奉初《潮州耆旧集》卷 19，香港潮州会馆，1980 年影印光绪三十四年版，第 336 页。

3. 古籍中部类的标注方式。示例：

赵尔巽等撰《清史稿》卷 345《列传·永保》，中华书局，1977，第 11166 页。

4. 正史中人物传之附传的标注方式。示例：

《魏书》卷 67《崔光传附崔鸿传》。

5. 引证编年体典籍，通常注出文字所属之年月甲子（日）。示例：

《资治通鉴》卷 2000，唐高宗永徽六年（655 年）十月乙卯。

6. 一些古籍的版本可以直接通过某丛书来反映，可省去具体出版情况。示例：

朱熹：《家礼》（《文渊阁钦定四库全书》版），卷 1，第 1 页。

（三）引用英文文献

基本规范同于中文注释。

作（编）者姓名按通常顺序排列，即名在前，姓在后。作者为两人，两人姓名之间用 and 连接。

编者后加 ed. ，两人以上的加 eds. 。

期刊名称和书名使用斜体标注，论文和文章用引号 " " 标注，主标题与副标题之间用冒号相隔。

页码方面，单页标注 p. ，多页标注 pp. 。

1. 专著的引用格式。

Kenneth N. Waltz, *Theory of International Politics*, McGraw-Hill Publishing Company, 1979, p. 81.

Hans J. Morgenthau, *Politics among Nations*：*The Struggle for Power and Peace*, Alfred A. Knopf Inc. , 1985, pp. 389 - 392.

2. 编著的引用格式。

David Baldwin, ed. , *Neorealism and Neoliberalism*：*The Contemporary Debate*, Columbia University Press, 1993, p. 106.

Klause Knorr and James N. Rosenau, eds. , *Contending Approaches to International Politics*, Princeton University Press, 1969, pp. 225 - 227.

3. 译著的引用格式。

Homer, The Odyssey, trans. *Robert Fagles*, Viking, 1996, p. 22.

4. 论文的引用格式。

Robert Levaold, "Soviet Learning in the 1980s," in George W. Breslauer and Philip E. Tetlock, eds. , *Learning in US and Soviet Foreign Policy*, Westview Press, 1991, p. 27.

Stephen Van Evera, "Primed for Peace：Europe after the Cold War," *International Security*, Vol. 15, No. 3, 1990/1991, p. 23.

Nayan Chanda, "Fear of Dragon," *Far Eastern Economics Review*, April 13, 1995, pp. 24 - 28.

5. 报纸的引用格式。

Rick Atkinson and Gary Lee, "Soviet Army Coming apart at the Seams," *Washington Post*, November 18, 1990.

6. 政府出版物的引用格式。

Central Intelligence Agency, Directorate of Intelligence, *Handbook of Economic Statistics*, US Government Printing Office, 1988, p. 74.

7. 会议论文的引用格式。

Albina Tretyakava, "Fuel and Energy in the CIS," paper delivered to Ecology '90 conference, sponsored by the America Enterprise Institute for Public Policy Research, Airlie House, Virginia, April 19 - 22, 1990.

8. 学位论文的引用格式。

Steven Flank, *Reconstructing Rockets*：*The Politics of Developing Military Technologies in Brazil, Indian and Israel*, Ph. D. dissertation, MIT, 1993.

9. 互联网文献的引用格式。

Astrid Forland，"Norway's Nuclear Odyssey，"The Nonproliferation Review，Vol. 4，Winter 1997，http：//cns. miis. edu/npr/forland. htm.

10. 转引文献的引用格式。

F. G. Bailey，ed. ，*Gifts and Poisons*：*The Politics of Reputation*，Basil Blackwell，1971，p. 4，quote from Paul Ian Midford，*Making the Best of a Bad Reputation*：*Japanese and Russian Grand Strategies in East Asia*，Dissertation，UMI，No. 9998195，2001，p. 14.

三 注释说明

1. 中文书名、期刊名、报纸、剧本的符号为《》；论文篇名、诗篇为《》；学位论文采用《》。

2. 撰著在作者姓名之后加冒号表示。如果是"编""主编""编著""整理""校注""校点"等其他责任形式，不加冒号。示例：

京族简史编写组编《京族简史》，广西民族出版社，1984，第84页。

3. 两个或三个责任方式相同的责任者，用顿号隔开；有三个以上时，只取第一责任者，其后加"等"字。示例：

徐寿凯、施培毅校点《吴汝纶尺牍》，黄山书社，1992。

许毅等：《清代外债史论》，中国财政经济出版社，1996。

4. 责任方式不同的责任者，用逗号分开，译著的翻译者，古籍的点校者、整理者可按此例。示例：

欧阳兆熊、金安清：《水窗春呓》，谢兴尧点校，中华书局，1984，第192页。

5. 书名原有的补充说明等文字，应放在书名号之内。示例：

任继愈主编《中国哲学发展史（先秦）》，人民出版社，1983。

6. 非公元纪年的出版时间应照录，其后加公元纪年，1949年后用公元纪年。示例：

陈恭禄：《中国近代史》，商务印书馆，民国二十四年，1935。

7. 引用图书版权页中表示版本的文字（如"修订本""增订本"等）应照录。示例：

蔡尚思、方行编《谭嗣同全集》（增订本），中华书局，1981。

8. 引证书信集、文件汇编及档案汇编中的文献，应标注原始文献形成的时间。示例：

蔡元培：《覆孙毓修函》，1911年6月3日，载高平叔、王世儒编注《蔡元培书信集（上）》，浙江教育出版社，2000，第99页。

9. 同一本书只需在第一次出现时标明版本，以后若用同一版本则可省略版本信息。

《潮学集刊》征稿启事

1. 《潮学集刊》由潮汕历史文化研究中心主办，潮汕历史文化研究中心青年委员会承办。

2. 本刊主要发表潮汕历史文化研究中心特约研究员、青年委员会委员研究潮汕历史文化的学术成果，以及新近出版的潮汕历史文化研究专著的书评，同时欢迎国内外学术同人踊跃赐稿。

3. 本刊为学术年刊，由社会科学文献出版社公开出版。

4. 本刊实行匿名评审制，所有发表之论文均须经两名或以上评审人审阅通过。

文稿中请勿出现任何显示作者身份之文字。

5. 本刊发表论文稿件一般不超过 1 万字。书评稿件不超过 3000 字。稿件正文及注释体例，请遵照《〈潮学集刊〉文稿格式》。

6. 来稿请注明篇名、作者姓名、所属机构、职称、通信地址、电话、电子邮件等联络资料，并附摘要约 300 字及关键词 3 个至 5 个。

7. 来稿请通过电子邮件，以附件形式提供 Word 文本稿件。

投稿邮箱：cswhqw@ 126. com　　抄送　liksbox@ 126. com

8. 本刊不设稿酬，来稿一经采用刊登，作者将获赠该期学刊。

9. 来稿文责由作者自负。